Breve historia del mundo

Breve historia del mundo

Pablo Martín Ávila

LIBSA

© 2023, Editorial libsa
C/ Puerto de Navacerrada, 88
28935 Móstoles (Madrid)
Tel. (34) 91 657 25 80
e-mail: libsa@libsa.es
www.libsa.es

Colaboración en textos: Pablo Martín Ávila
Edición: Equipo Editorial LIBSA
Diseño de cubierta: Equipo de Diseño LIBSA
Maquetación: Diseño y Control Gráfico y Equipo de Maquetación LIBSA

ISBN: 978-84-662-4237-0

DL: M 4646-2023

Contenido

Cronología

Hace 541 millones de años.
Primeros seres vertebrados.

Hace 2 200 millones de años.
Vida multicelular.

Hace 541 millones de años.
Primeros seres vertebrados.

Hace 66 millones de años.
Extinción del Cretácico.
Desaparición de los dinosaurios.

Hace 34 a 23 millones de años.
Aparición de los primeros simios.

Hace 2 millones a 300 000 años.
Homo erectus.

Hace 320 000 años.
Homo sapiens.

DE LA FORMACIÓN DE LA
TIERRA AL ORIGEN DE LA VIDA

LOS ANTEPASADOS HUMANOS

LA PREHISTORIA Y EL
INICIO DE LA CIVILIZACIÓN

Hace 20 000 a 15 000 años.
Llegada a América por el
puente de Beringia.

Hace 16 000 años.
Pinturas de bisontes en Altamira
(España).

3500 a. C.
Invención de la rueda en Uruk.

3500 – 1800 a. C. Civilización de Caral.
3300 a. C. Aparición de la escritura en Uruk. Inicio de la civilización del valle del Indo.
3300 – 1200 a. C. Civilizaciones egeas.
3273 – 2987 a. C. Narmer, primer faraón de Egipto.
3000 aprox. – 400 a. C. Civilización olmeca.
950 a. C. Fundación de las primeras ciudades mayas.
814 a. C. Fundación de Cartago.
800 a. C. Aparición del hinduismo.
776 a. C – 393 d. C. Juegos Olímpicos.
753 a. C. Fundación de Roma.
403 a. C. Instauración de la democracia ateniense.
44 a. C. Asesinato de Julio César.

1492. Toma de Granada por los Reyes Católicos. Llegada de Colón a América. Expulsión de los judíos de los reinos de España.
1517. Reforma protestante de Lutero.
1522. Elcano culmina la primera vuelta al mundo por mar.
1571. Batalla de Lepanto.
1643. Toma de Pekín e inicio de la dinastía Qing.
1648. Paz de Westfalia.
1654. Coronación de Luis XIV.
1712. Máquina de vapor de Newcomen.
1721. Pedro I se proclama emperador de Rusia.
1751 – 1772. Publicación de la Enciclopedia.

LA EDAD ANTIGUA   LA EDAD MEDIA   LA EDAD MODERNA

304 – 439. Período de los Dieciséis Reinos en China.
313. Constantino firma el Edicto de Milán que permite el cristianismo.
330. Fundación de Constantinopla.
410. Primer saqueo bárbaro de Roma por Alarico.
476. Rómulo Augústulo es depuesto como último emperador romano de Occidente.
536. El Imperio bizantino conquista Italia.
552. El budismo llega a Japón.
570 – 632. Vida de Mahoma.
650. Colapso de Teotihuacán.
663. Inicio del califato Omeya.
718. Batalla de Covadonga. Comienzo de la Reconquista.
800. Coronación de Carlomagno como emperador.
879. Fundación de la Rus de Kiev.
1054. Cisma de Oriente.
1065. Fundación Reino de Castilla.
1096 – 1099. Primera cruzada.
1206. Fundación del Imperio mongol.
1299. Fundación del Imperio otomano.
1325. Fundación de Tenochtitlán.
1453. Caída de Constantinopla. Fin del Imperio romano de Oriente.

1776. Declaración de Independencia de los Estados Unidos de América.

1793. Luis XVI y María Antonieta son ajusticiados en la guillotina.

1804. Napoleón Bonaparte coronado emperador de Francia. Aprobación del Código Civil napoleónico.

1808 – 1814. Guerra de Independencia española.

1810. Pronunciamiento de Hidalgo.

1815. Batalla de Waterloo. Congreso de Viena.

1819. Bolívar lanza el discurso de Angostura.

1822. Primer Imperio mexicano. Independencia y Primer Imperio brasileño.

1837 – 1901. Era victoriana.

1839 – 1842. Primera Guerra del Opio.

1848. Revoluciones de Francia, Austria, Italia y Alemania. Segunda República francesa. Publicación del *Manifiesto comunista*.

1864. Fundación Asociación Internacional de Trabajadores.

1869. Inauguración del Canal de Suez.

1871. Roma es declarada capital del Reino de Italia. Se proclama a Guillermo I de Prusia emperador de Alemania.

1884 – 1885. Conferencia de Berlín para el reparto de África.

1889. Constitución Meiji de Japón.

1898. Guerra hispano–americana.

2001. Ataques terroristas del 11 de septiembre.

2008. Quiebra de Lehman Brothers. Croacia entra en la UE.

2010 – 2012. Primaveras árabes en: Túnez, Egipto, Libia, Siria, Yemen, Bahrein…

2012. Acceso al poder de Xi Jinping en China.

2014. Anexión rusa de Crimea.

2016. Referéndum sobre la salida del Reino Unido de la Unión Europea.

2016. Acuerdos de paz FARC – Gobierno colombiano.

2020. Inicio de la pandemia de Covid-19.

2022. Invasión rusa de Ucrania.

LA EDAD CONTEMPORÁNEA   EL SIGLO XX   NUESTROS DÍAS…

1912. Fin del Imperio chino.

1914 – 1918. Primera Guerra Mundial.

1917. Revolución rusa. Abdicación de Nicolás II y caída del Imperio ruso.

1920 – 1923. Fundación de la República de Turquía.

1929. Crac de la bolsa de Nueva York. Inicio de la Gran Depresión.

1936 – 1939. Guerra Civil española. Gran Revuelta Árabe.

1939 – 1945. Segunda Guerra Mundial.

1945 – 1948. Fundación democracias populares en Europa del Este.

1945. Fundación de las Naciones Unidas.

1949. Creación de la OTAN. Fundación de la República Popular China.

1958. Tratado de Roma fundación instituciones europeas.

1967. Guerra de los Seis Días.

1975 – 1989. Transiciones democráticas en República Dominicana, Ecuador, Portugal, España, Perú, Honduras, Bolivia Argentina, Brasil, Uruguay, Paraguay, Panamá y Chile.

1991 – 2001. Guerra de los Balcanes.

2002. El euro entra en circulación.

Presentación

Corría el año 430 a. C. cuando Heródoto publicó en Grecia sus *Nueve libros de la historia*. Algún siglo después, cerca del año 100 a. C., el escritor chino Sima Qian repetía la gesta con su obra *Memorias históricas*. A ambos autores les movió el mismo espíritu y un interés común: narrar de manera ordenada, cronológica y temáticamente los hechos que habían acaecido en sus respectivos entornos para dejar constancia de ellos, preservar su memoria y darlos a conocer a su generación y a las futuras. Por esta razón, Heródoto y Sima Qian son considerados los primeros historiadores de Occidente y Oriente. Ambos dieron comienzo en sus respectivas culturas a una mayor consideración de la historia como ciencia social básica para el conocimiento y el bien de la humanidad.

La historia universal recoge, como lo hicieron Heródoto y Sima Qian, el conjunto de hechos que han tenido lugar en torno al ser humano desde el inicio de su existencia hasta nuestros días. De acuerdo con la ciencia histórica más moderna, el relato de estos hechos ha de estar verificado y transmitirse de manera objetiva. Solo así se podrá hablar de un verdadero volumen histórico.

El libro que tiene en sus manos busca ofrecer al lector del siglo XXI un texto que, siendo plenamente fiel a los valores y modelos de estudio de la historia universal, se adapte al lenguaje y las formas de comunicación propias de la actualidad.

Las páginas de este volumen dan comienzo con la formación de nuestro planeta, hace 4 500 millones de años, y en ellas se explica su formación y como apareció la vida en sus formas más primitivas. Más adelante, con los primeros humanos en el año 320 000 a. C., nace la historia de la humanidad, lo que de manera genérica se denomina Prehistoria. Mucho más adelante, ya en el año 3500 a. C., llega el momento en el que tradicionalmente los estudiosos han fijado el inicio de la historia entendida como un conjunto de escritos que relatan hechos acaecidos en un lugar determinado. Este gran salto para la humanidad tuvo lugar en el entorno de la civilización sumeria, en el creciente fértil de los ríos Tigris y Éufrates. Desde entonces es cuando gracias a los documentos históricos podemos establecer un relato más ordenado y fiel de los acontecimientos que sucedieron a los seres humanos. Este prolijo periodo en el que la historia ha pasado a estar escrita es de apenas

5 500 años, pero coincide con el máximo desarrollo alcanzado hasta el momento por el ser humano.

Este volumen recoge de manera compacta un resumen de los hechos más destacados de la historia de la humanidad. En sus páginas, el lector más versado en esta ciencia social podrá encontrar un trabajado esquema que abarca los temas y puntos más importantes de la historia. De la misma manera, al lector aficionado se le ofrece un completo libro, con un lenguaje directo y accesible, que le llevará a recorrer la historia de la humanidad de una forma sencilla y rigurosa, dándole la posibilidad de descubrir nuevas culturas, civilizaciones, personajes o acontecimientos, además de ayudarle a comprender el porqué de algunos de los cambios y evoluciones que nuestras sociedades han tenido a lo largo del tiempo.

Para alcanzar el objetivo divulgativo de este libro, el volumen se ha estructurado en diez grandes capítulos que abarcan desde el origen de nuestro planeta hasta nuestros días. Como se ha indicado, el relato avanza en un orden cronológico para que se pueda entender de una manera más sencilla en qué situación se encontraban cada una de las civilizaciones, culturas y pueblos en un momento determinado de la historia, y cómo los hechos que ocurrían a alguno de ellos podían tener una determinada influencia en el resto.

Este autor ha optado por utilizar la periodización clásica de la historia, aquella que la divide en edades, desde la Prehistoria, pasando por la Edad Antigua, Edad Media, Edad Moderna, hasta la Edad Contemporánea. Sin embargo, desde finales del siglo XX y comienzos del siglo XXI algunas escuelas de ciencia histórica han propuesto una nueva periodización con seis periodos: primeras civilizaciones, sociedades clásicas, posclásico, moderno temprano, el largo siglo XIX y la era contemporánea. Pese a que este enfoque busca una mayor universalidad de los periodos históricos, antiguamente demasiado centrados en la historia europea, todavía no ha sido aceptado y adoptado mayoritariamente como norma.

En las páginas anteriores a esta presentación el lector encuentra una detallada cronología, a modo de guía rápida, en la que aparece información concreta sobre surgimientos, caídas y desapariciones de reinos, imperios y culturas, descubrimientos tecnológicos o geográficos, guerras y firmas de tratados de paz de gran trascendencia, así como referencia a la vida y las acciones concretas de importantes personajes históricos. Todo ello para que, de una manera muy organizada y visual, se tenga un rápido acceso a esta información. Por ejemplo, el lector podrá sorprenderse al observar de un simple vistazo cómo pasó más tiempo desde la construcción de las pirámides de Guiza hasta el fin del reinado de Cleopatra que desde la caída de Cleopatra hasta nuestros días, dando así idea de la extensa duración del Imperio egipcio.

Tras esta presentación, hablamos de un asunto de suma importancia: qué es la historia y su periodización. Partiendo de su objetivo básico, la narración de los acontecimientos sucedidos en el pasado, ofrecemos también datos de cómo es su método de estudio, de los sistemas de periodización y de la importancia de esta ciencia social.

Las páginas reservadas al relato de los hechos relativos a la historia del mundo comienzan con el capítulo sobre el origen de nuestro planeta, en el que de una manera breve y sencilla se resume cómo se formó la Tierra, dónde y porqué surgió la vida, la evolución que tuvieron las formas de vida simple hasta llegar a desarrollar formas complejas que colonizaron el planeta. En estas páginas el lector también encontrará una referencia a los antepasados de los seres humanos, aquellos primates y homínidos de cuya evolución surgió nuestra especie.

En el espacio dedicado a la Prehistoria y el inicio de la civilización se detalla cómo, dónde y por qué aparecieron los primeros seres humanos modernos y de qué manera se fueron extendiendo por el mundo. El lector podrá seguir la evolución del ser humano desde el Paleolítico hasta el Neolítico. Descubrirá también las primeras formas de arte humano y el nacimiento de la economía agrícola. En este capítulo no se ha seguido la tradicional división de la Prehistoria en Edad de Piedra, Edad de Bronce y Edad de Hierro, debido a que hoy en día resulta poco útil a la hora de comparar los avances de las diferentes civilizaciones del mundo, puesto que esta división solo refleja si las culturas y civilizaciones manejaban o no una determinada tecnología (herramientas y objetos de bronce, o lanzas y utensilios de corte de hierro, entre otros). De esta manera, no se tenía en cuenta su nivel de evolución cultural, sino solo si disponían de unos metales concretos y conocían la manera de transformarlos en objetos para su propio uso. Esto podía llevar, por ejemplo, a que las avanzadas culturas precolombinas o de Oceanía, que tenían extensos conocimientos astrológicos, agrícolas y arquitectónicos, con sociedades complejas capaces de construir grandes monumentos, elementos artísticos y con una desarrollada organización social, quedaran catalogadas como civilizaciones ancladas en la Edad de Bronce o de Hierro hasta que milenios más tarde accedieran a nuevas tecnologías por el intercambio surgido con el contacto con los pueblos europeos.

El capítulo sobre la Edad Antigua da inicio con la llegada de la escritura y termina apenas tres siglos después del comienzo de nuestra era. En sus páginas el lector recorrerá todos los continentes observando el nacimiento de importantes culturas e imperios que comenzaron a crear sociedades desarrolladas con una organización social compleja. El inicio de las múltiples relaciones y contactos con otros pueblos llevó al surgimiento de los ejércitos reglados, que participaron en innumerables guerras y conquistas que traían un incontable auge y caída de reinos e imperios. En este periodo histórico el lector encontrará un completo detalle del surgimiento y declive de civilizaciones mundiales tan importantes como los olmecas, la Grecia Clásica o las primeras dinastías chinas.

La Edad Media es el término de la periodización clásica, que, como ya se ha indicado, es la utilizada en este libro, pero que actualmente es la que más detractores tiene debido a que surgió para referirse principalmente a los hechos históricos que ocurrieron en Europa. Para continuar con esta nomenclatura a efectos prácticos, pero superar las reticencias que existen sobre el término «Edad Media», este libro mantiene su apuesta por un enfoque global y el lector encontrará sucesos históricos que tuvieron lugar en América, Corea, Japón, China o la India, entre otras regiones. En estas páginas también se destacan las similitudes entre culturas y sistemas de organización social en distintos continentes, como, por ejemplo, el feudalismo que surgió en Europa y el que se dio en Asia. Así, al lector se le ofrece una visión más global para entender de una manera más clara los procesos de cambio que se produjeron en esta época.

El capítulo dedicado a la Edad Moderna refleja los avances culturales y técnicos que consiguieron que civilizaciones y pueblos de varios puntos del planeta iniciaran la época de las grandes expediciones, incluida la hazaña de la circunnavegación de nuestro planeta por primera vez en la historia. Con estas expediciones aumentaron los contactos entre reinos, imperios, culturas y civilizaciones, llegaron conquistas, guerras y aniquilaciones, pero también el mestizaje y nuevos alimentos y herramientas. Por primera vez en la historia, el hombre era consciente del conjunto del mundo en el que vivía y de la creciente importancia de las relaciones entre los pueblos.

La Edad Contemporánea abarca el periodo entre la independencia de los Estados Unidos y la Revolución francesa, ambas a finales del siglo XVIII, hasta la caída del Muro de Berlín ya casi en el albor del siglo XXI. Es un periodo corto, comparado con otras edades de la historia, pero en el que se aceleraron los cambios económicos, políticos y sociales de una manera nunca vista hasta ese momento. Por esa razón, este periodo se ha dividido en el libro en tres capítulos: «El inicio de la Edad Contemporánea: las diferentes formas de gobierno»; «El siglo XIX: liberalismo, imperialismo y nacionalismo», y «El siglo XX, la era de los enfrentamientos globales».

En el inicio de la Edad Contemporánea el lector podrá encontrar cómo en Europa y Norteamérica una nueva teoría económica y social llamada liberalismo comienza a socavar las férreas estructuras sociales del antiguo régimen absolutista y aboga por una mayor participación de los ciudadanos en la toma de decisiones del Estado. En Rusia se conforma el monolítico Imperio ruso y en Japón y China se producen grandes cambios en la manera de gobernar ambos imperios, aunque con resultados muy diferentes.

El capítulo dedicado al siglo XIX muestra cómo las revoluciones agrícola e industrial comenzadas en el siglo anterior traen una época de importante desarrollo económico, científico y técnico que modernizará las sociedades en todo el planeta. En este tiempo tres filosofías políticas: el liberalismo, el imperialismo y el nacionalismo, junto con el movimiento obrero, serán el motor del importante cambio que se producirá en imperios, reinos, repúblicas y civilizaciones —quedarán marcados por incontables guerras, pactos secretos y acuerdos—, así como del colapso de antiguos imperios y del surgimiento de un gran número de nuevos países que se incorporarán como actores clave del devenir de la historia.

El siglo XX de nuestra Edad Contemporánea se inicia con la Primera Guerra Mundial, que remueve los cimientos de las estructuras políticas y de las sociedades de todo el mundo, pues sus efectos tuvieron reflejo en todos los continentes. El mundo surgido tras esta contienda siguió siendo un tiempo bélico que desencadenó la Segunda Guerra Mundial y, tras ella, vio nacer un nuevo orden mundial basado en una política de bloques. El lector encontrará en este capítulo todos los datos necesarios para comprender y analizar gran cantidad de hechos históricos, muchos de ellos con un impacto directo todavía en nuestros días. Con este objetivo se detallan desde los orígenes hasta las consecuencias de los más importantes acontecimientos de ese periodo de enfrentamientos globales.

El último de los capítulos se denomina «Nuestros días…», y en él se reflejan los hechos ocurridos en el mundo desde los ataques terroristas del 11 de septiembre de 2001 hasta temas de extrema actualidad, como la posición internacional de la Rusia de Putin, la China de hoy en día, en la que surgió la pandemia de COVID-19, hasta el Brexit o la gran esperanza de colaboración mundial que es la lucha contra el cambio climático y la consecución de los Objetivos de Desarrollo Sostenible. En estas páginas hasta los lectores más jóvenes encontrarán nuevas claves para analizar hechos que su memoria ya puede recordar.

Este autor ya ha publicado en esta editorial casi una decena de libros históricos, religiosos y sobre cuestiones políticas y globales. En esta ocasión el reto al que se ha enfrentado ha sido el de elaborar un breve relato cronológico de la historia del mundo de una manera rigurosa, accesible, directa y objetiva que permita al lector contar con todas las claves de los principales acontecimientos históricos que hasta el momento ha vivido la humanidad.

Los orígenes de la periodización

Para la Real Academia Española, la historia es la narración y exposición de los acontecimientos pasados, y dignos de memoria, sean públicos o privados, además del conjunto de los sucesos políticos, sociales, económicos, culturales, etc., de un pueblo, cultura o nación. Esta extensa definición que inicia estas páginas lleva a que, a día de hoy, el término historia sirva de paraguas para albergar una gran cantidad de elementos que van desde hechos concretos acaecidos en una determinada fecha a descubrimientos, producción artística y hasta los recuerdos y la memoria de las personas. La historia se sirve para sus fines de los progresos que se producen en áreas como la arqueología, la antropología, el estudio del clima y de los fenómenos naturales ocurridos en el pasado, del estudio de lenguas e idiomas tanto vivos como muertos, o incluso se beneficia de los nuevos descubrimientos científicos que ayudan a acercarnos a un hecho, lugar o resto histórico del que obtener nuevos datos que no se podían conocer por otras vías. Tal es el caso de la datación por carbono 14, el uso de escáner, el estudio del ADN y el ADN mitocondrial, etc. De esta manera la historia como ciencia social se vale de toda aquella ciencia, técnica o conocimiento que permita conocer, o mejorar el conocimiento existente, sobre un evento del pasado. Esta amplia definición otorga a la historia, todavía hoy, un papel principal entre las ciencias sociales como una fuente inagotable de conocimiento sobre la propia existencia del ser humano.

¿POR QUÉ LA HISTORIA?

En su origen etimológico griego *historía* significaba literalmente 'consulta', conocimiento adquirido mediante la investigación. Este énfasis en la investigación como juicio para presentar los hechos de la manera más objetiva posible es el que a lo largo de los tiempos se ha impuesto como piedra de toque y paradigma para el estudio de la historia. Los universalmente reconocidos como padres de la historia, Heródoto (484-425 a. C.) en Grecia y Sima Qian (145-86 a. C) en China, pusieron en práctica en sus obras un trabajo de sistematización, investigación y orden de los hechos históricos. Las *Historias* de Heródoto, compuestas por nueve volúmenes, y las *Memorias históricas* de Qian acudieron por primera vez a fuentes primarias, tales como legajos literarios, escritos gubernamentales, manuscritos religiosos... para investigar los hechos que plasmarían en sus obras. Los dos historiadores, en este asombroso paralelismo de sus obras, reflejan incontables hechos históricos, como guerras y tratados de paz junto a biografías de los gobernantes y sus intrincadas vidas familiares, en un intento por ofrecer un mayor contexto de los acontecimientos que sirviera para facilitar su entendimiento. Con el tiempo ambos fueron acusados de salpicar sus obras con demasiadas explicaciones mitológicas, que si bien no reflejaban con exactitud algunos hechos descritos, sí que fueron de gran utilidad en el futuro para conocer la cultura y las creencias de aquellos pueblos.

Desde el surgimiento de las primeras civilizaciones estas han sido conscientes del paso del tiempo y de la necesidad de ordenar de manera cronológica los acontecimientos históricos, o mitológicos, que de forma oral o escrita habían llegado hasta ellos, para crear una memoria histórica que transmitir a las generaciones futuras evitando su olvido. Comparando diferentes culturas de la Antigüedad se observa que la mayor parte de ellas comenzaron a tratar de explicar situaciones como la creación del hombre, hechos de su día a día o catástrofes naturales dando lugar a puntos concretos de referencia en una línea del tiempo que se convirtió en una periodización propia de esa cultura o civilización.

Los sumerios, hacia el año 3000 a. C., reflejan en el poema épico y mitológico de la *Epopeya de Gilgamesh*[1] hechos comunes con los de otras culturas, como un diluvio universal del que los dioses solo salvaron a una pareja de humanos. Esta periodización basada en las hazañas del héroe servía para establecer un punto fijo en la historia de su propio reino. En 1922 se encontró en Larsa (Irak) un prisma de barro cocido, datado hacia el año 1817 a. C. y que forma parte de un conjunto

---

1. El mito de Gilgamesh ejerció una potente influencia sobre la *Odisea* y la *Ilíada* de Homero. El griego reproduce en sus escritos la historia del viaje del héroe, los peligros que encuentra e incluso pasajes exactos de la epopeya en los que únicamente cambió los nombres de los dioses sumerios por los de deidades griegas.

de objetos que contienen la Lista Real Sumeria, los nombres de los reyes sumerios ordenados de forma cronológica, que comienza por los anteriores al gran diluvio, con un carácter claramente mitológico y de reinados de varios centenares de años, y prosigue con las dinastías gobernantes posteriores al diluvio, cuyos reinados parecen más ajustados a lo que hoy se entiende como hechos históricos.

En la cultura china la periodización está estrechamente ligada al sistema imperial de gobierno. Durante centenares de siglos la tradición oral china se servía de la sucesión de dinastías para ordenar cronológicamente los hechos tanto mitológicos como históricos de su cultura. Este ciclo dinástico siempre repetía un mismo patrón: los primeros reyes o emperadores de una dinastía eran excelsos gobernantes, reflejados en la mayoría de ocasiones como héroes de inteligencia sobrehumana, a los que sucedían reyes de menor preparación y cuya dinastía entraba en decadencia por el ascenso al trono de débiles monarcas cegados por sus propias ambiciones a los que una nueva dinastía de gobernantes heroicos sustituía para restaurar el orden. El historiador Sima Qian escribió entre los siglos II y I a. C. las *Memorias históricas*, que consumaban la tradicional periodización china basada en los ciclos dinásticos y se remontaban hasta los primeros emperadores mitológicos cerca del 2852 a. C.

La cultura clásica griega ligó su cronología a mitos, héroes, dioses y posteriormente a los eventos políticos del Estado. El escritor y filósofo griego Hesíodo (700 a. C.) plasmó en su poema didáctico *Trabajos y días* una periodización de la historia que dividía en Edad de Oro, Edad de Plata, Edad de Bronce, Edad de los Héroes y Edad de Hierro, de las cuales esta última se correspondía con su tiempo. En otra de sus obras incrustó sobre estas edades una cronología de todas las deidades griegas, desde los primeros titanes hasta los dioses olímpicos y sus sucesores. Homero (siglo VIII a. C.) utiliza episodios bélicos, como la guerra de Troya y los

Historia sin mitos

El poeta romano Ovidio (43 a. C.-17 d. C.) reflejó en su libro *Las metamorfosis* la historia desde que se origina el mundo hasta la muerte de Julio César y la transformación de su alma en una estrella del firmamento. Ovidio se sirvió de la periodización escrita por Hesíodo 700 años antes, pero decidió suprimir la Edad de los Héroes.

Argonautas, a modo de referencias en las que insertar otros hechos acaecidos antes, durante o después de las mismas. Con el tiempo se añadió una periodización adicional, basada en la fundación de los templos y ciudades y en las olimpiadas, lo que resultaba más ajustado al concepto actual de cronología.

La tradición judeocristiana ha tenido durante siglos su propia periodización. Su mayor reflejo es la Biblia, que presenta en sus páginas la historia del hombre desde la creación del universo hasta el fin del propio tiempo. Para los judíos los tiempos fundamentales estaban reflejados en los libros del *Génesis*, el *Éxodo,* y más tarde en cronologías relativas a los profetas o a los reyes, sobre las que se reflejaban hechos históricos y mitológicos relativos a su viaje como pueblo. San Pablo (5 al 10-58 al 67) y san Agustín (354-430) son los autores de las dos principales periodizaciones del cristianismo. San Pablo dividió la historia en tres periodos: bajo la naturaleza, que abarcaba desde la creación hasta Moisés; bajo la ley, se extendía desde la entrega de las tablas de la ley a Moisés hasta el nacimiento de Jesús, y bajo la gracia, que se refería a la nueva era cristiana de aquel momento y del futuro. La periodización realizada por san Agustín fue un referente en Occidente durante más de un milenio. Se basaba en el tiempo que utilizó Dios para la creación y estaba compuesta por seis periodos: la creación del mundo, el diluvio universal, la vida de Abraham, los reinados de David y Salomón, el cautiverio en Babilonia y el nacimiento de Cristo, cuya edad era contemporánea y se extendería hasta que se diera cumplimiento a las profecías escritas en el libro del *Apocalipsis.*

En el continente americano los aztecas desarrollaron una suerte de periodización reflejada en la leyenda de los cinco soles. En ella no solo se recogen sus creencias, sino que tiene también tiene una clara intención de ordenar de manera cronológica los hechos mitológicos y fundacionales de su identidad, que se estaban transmitiendo por tradición oral. La periodización azteca es muy exhaustiva y refleja la duración de cada periodo en años exactos de su propio calendario. El primer sol se llamaba Tezcatlipoca, duró 676 años, durante los cuales el resto de dioses crearon a grandes humanos y gigantes. Este mundo desapareció debido a fuertes temblores en la Tierra y el hombre fue devorado por los jaguares. El segundo sol, Quetzalcóatl, tuvo una duración de 675 años, tiempo en el que la Tierra fue habitada por hombres-mono que se alimentaban de frutos en los árboles. El tercer sol, Tláloc, también llamado «el que hace brotar», se extendió durante 364 años; él era el dios de la lluvia y el rayo, y en este periodo los hombres-mono comían simientes de trigo. Chalchiuhtlicue era la mujer de Tláloc; ella fue el cuarto sol y duró 312 años, hasta que las lluvias torrenciales arrastraron a los hombres-pez hasta los océanos. El quinto sol es Tonatiuh y se corresponde con la creación del hombre y su tiempo contemporáneo.

El nacimiento en Europa de las teorías de la Ilustración (siglo XVII), con su apuesta por la aplicación del método científico a todos los órdenes de la vida y el fervor por el conocimiento humano desligado de los dogmatismos religiosos, llevó a diversos autores franceses y alemanes de la época a definir la historia como los hechos ocurridos a la humanidad desde la aparición de la escritura. Desde aquel momento comenzó a desarrollarse una periodización de la historia centrada en el ser humano. El historiador alemán Cristóbal Cellarius (1638-1707) fue el creador de la que hoy se considera periodización tradicional, o historicista, que divide la historia en Edad Antigua, Edad Media y Edad Moderna, a la que más tarde se le añadiría el término Edad Contemporánea. Como consecuencia de esta periodización todo lo anterior a la aparición de la escritura, y hasta la aparición del hombre, pasó a denominarse Prehistoria.

El economista Karl Marx (1818-1883) y el historiador Friedrich Engels (1820-1895), teóricos alemanes que fundaron el pensamiento comunista, también aportaron una propuesta de periodización de la historia basada en las clases sociales dominantes en cada periodo y en quién determinaba el tipo de medios de producción y se beneficiaba de ellos. En su propuesta se definían cinco periodos: el comunismo primitivo, el modo de producción esclavista, el modo de producción feudal, el modo de producción capitalista y el comunismo del futuro.

La periodización tradicional ha tenido una vigencia incontestable entre los estudiosos durante siglos, pero a mediados del siglo XX comenzó a ser cuestionada. El historiador francés Marc Bloch (1886-1944) planteó que la historia tenía como objetivo reflejar «todo el acontecer humano en el tiempo», por lo que desde la aparición del género *Homo* en la Tierra todo debería considerarse como tiempo histórico completo, y lo anterior, como estudio de los orígenes de la vida. El problema de esta definición es que no vino acompañada de una periodización completa y resultó difícil someterla a un orden cronológico definido con claridad.

Desde finales del siglo XX y principios del siglo XXI el sistema de periodización historicista está siendo sometido a una profunda revisión debido a su carácter excesivamente eurocéntrico. Edades como el Medievo carecen de sentido aplicadas a la mayoría de civilizaciones no occidentales. También la división de la Prehistoria en Edad de Piedra y Edad de los Metales, con sus Edades del Cobre, Bronce y Hierro, son reflejo de un punto de vista eurocéntrico, pues tiene como foco los pasos dados por la civilización occidental, sin tener en cuenta los de otras civilizaciones y culturas. Los críticos con el sistema de periodización tradicional ponen de manifiesto que la periodización de la Prehistoria estaba basada exclusivamente en el uso y dominio de unas técnicas de transformación de los minerales y pasaba por alto la complejidad de la organización social de los pueblos y la trascendencia cultural de una civilización en una determinada región. Indican también que con la aplicación de este sistema nos encontramos con que algunas tribus indígenas y determinadas culturas aborígenes puedan clasificarse como pertenecientes a una determinada Edad de los Metales, cuando en realidad son contemporáneas y son un reflejo más del hombre que en el siglo XXI habita el planeta Tierra.

Historiadores, antropólogos y estudiosos de otras ciencias sociales modernas están buscando una propuesta de periodización que alcance el suficiente consenso en la comunidad científica y que permita una superación de la periodización tradicional. En la actualidad varias escuelas de historiadores y universidades han propuesto una aproximación a la historia alejada de las culturas dominantes y denominada historia mundial, que se enfoca en las temáticas comunes a múltiples culturas de diferentes regiones. Su propuesta divide la historia en seis periodos: civilización temprana, sociedades clásicas, era posclásica, primera era moderna, el largo siglo XIX y la era contemporánea o era moderna.

Este proceso de revisión y de búsqueda de un nuevo estándar todavía no ha finalizado, por lo que es común que a modo de referencia temporal se utilice la periodización tradicional, pero que el contenido de la misma se rija por un enfoque más cercano al de la teoría de la historia mundial, como así ocurre en las siguientes páginas de este libro.

El origen de nuestro planeta

La Tierra fue bautizada con ese nombre hace tan solo unos 1000 años con una palabra de origen germánico que significa 'suelo', pero su origen se remonta a más de 4550 millones de años.

DE LA FORMACIÓN DE LA TIERRA AL ORIGEN DE LA VIDA

Nuestro sistema solar era solo una nube de polvo y gas que, debido a una disrupción aún no explicada de manera definitiva por la ciencia, inició un proceso de aceleración y concentración que llevó a que en el centro del sistema la gravedad fuera tan intensa que los protones de hidrógeno se fusionaron, liberando helio y una ingente cantidad de energía que dio lugar al Sol, la estrella de nuestro sistema solar. En este proceso de su nacimiento, el Sol consumió la práctica totalidad de la materia que existía en la nube de gas primigenia. El resto de la materia comenzó a circular de manera caótica, produciendo colisiones que dieron lugar a elementos de materia de mayor tamaño. Cuando estos nuevos elementos alcanzaban suficiente envergadura comenzaron a estabilizarse y a tomar una órbita constante alrededor del Sol, creando los planetas que conocemos en la actualidad.

La Tierra es el cuarto de los planetas interiores del sistema solar y se encuentra a una distancia de 150 millones de kilómetros del Sol. Tras su formación primigenia y puesta en órbita alrededor del Sol, la Tierra comenzó una evolución que la ha moldeado y ha creado las circunstancias químicas, geológicas y biológicas que se conjugaron para que en ella surgiera la vida tal y como la conocemos. Las transformaciones y la evolución física de nuestro planeta se representan en orden cronológico en la escala temporal geológica, o tiempo geológico, que permite a los científicos de todas las ramas situar sus descubrimientos sobre los eventos acaecidos en la Tierra y en el nacimiento de la vida para conformar una sucesión ligada, coherente y ordenada que dé sentido a la permanente evolución del planeta. Esta escala se compone de cuatro eones: hadeico, arcaico, proterozoico y fanerozoico.

Eones, eras y periodos

La escala temporal geológica se compone de eones, que se dividen en eras, que a su vez están compuestas de periodos. Atendiendo a este criterio, a día de hoy la Tierra se encuentra en el periodo cuaternario (que se inició hace 2,5 millones de años y llega hasta nuestros días) de la era cenozoica del eón fanerozoico.

El eón hadeico se utiliza de manera informal y cubre el periodo desde la formación de la Tierra, hace algo más de 4550 millones de años, hasta el comienzo de la vida en torno a 4000 millones de años atrás. En este tiempo la Tierra no tenía todavía ninguna de las características reconocibles del planeta en la actualidad. Se trataba de una bola de gases, como el nitrógeno, el metano, el amoniaco, el dióxido de carbono o el vapor de agua, que conformaban una atmósfera sin oxígeno y que permitía el paso completo de los rayos ultravioletas. El núcleo terrestre estaba formado principalmente por hierro y níquel en estado líquido que se concentraban en el centro del planeta. Durante este tiempo incontables asteroides chocaban con la Tierra consiguiendo que la superficie y el conjunto del planeta se calentaran todavía a mayor velocidad. Esta fusión de los materiales y el calentamiento llevó al núcleo todo el hierro metálico y creó un campo magnético que todavía hoy nos protege de los vientos solares.

El siguiente evento de suma importancia que acaeció a la Tierra fue la creación de su satélite, la Luna. Las evidencias científicas apuntan a que hace 4500 millones de años un objeto que habría estado en la misma órbita que la Tierra, también a 150 millones de kilómetros del Sol, varió su equilibro en la órbita debido a que la Tierra aumentaba su masa y su fuerza gravitacional, y de esta manera el objeto alteró su trayectoria y colisionó con la Tierra. En este choque el planeta capturó parte del núcleo lunar, que se sumó al terrestre, dando mayor estabilidad al planeta, y el satélite arrasó con la mayor parte de la corteza terrestre. En el proceso la Tierra expulsó una gran cantidad de calor y su temperatura bajó, lo que permitió que comenzara la formación de las placas tectónicas. Tras esta colisión, y durante unos 500 millones de años, la Tierra vivió un proceso de enfriamiento que creó una corteza terrestre algo más sólida. Los océanos aparecieron en la Tierra hace unos 4200 millones de años gracias a la bajada de la temperatura en la superficie hasta el entorno de los 227 °C y la lluvia de dióxido de carbono.

En la fase final del eón hadeico se produjo el llamado bombardeo intenso tardío. Durante más de 200 millones de años la Tierra, la Luna y otros planetas recibieron el impacto de incontables meteoritos, muchos de ellos de centenares de kilómetros de diámetro, que modelaron la incipiente corteza terrestre, trajeron al planeta elementos químicos no disponibles hasta el momento en la corteza, y por el súbito aumento de la temperatura esterilizaron parcialmente los incipientes océanos de la Tierra.

El eón arcaico comenzó hace 3800 millones de años, cuando todas estas condiciones favorecieron el aumento de la complejidad de las reacciones químicas que se daban en los océanos y aparecieron compuestos que tendían a utilizar los recursos disponibles y, a su vez, eran catalizadores junto con otros de nuevos elementos que añadían su complejidad a la interacción de todo el sistema químico. En este punto del tiempo los científicos sitúan el comienzo de la vida unicelular microbiana. El siguiente gran acontecimiento que explica la evolución del planeta y de la vida ocurrió hace unos 3000 millones de años con la aparición de la fotosíntesis en organismos que utilizaron la energía del Sol para nutrirse de agua y dióxido de carbono y crear nuevas moléculas muy ricas en energía y liberar, en el proceso, oxígeno. Este punto de inflexión de la vida en la Tierra produjo la llamada catástrofe del oxígeno por la que desaparecieron las formas de vida que no fueron capaces de adaptarse a la nueva atmósfera, pero el gas propició una capa de protección contra las radiaciones ultravioletas que es fundamental para el desarrollo de la vida tal como la conocemos. En este periodo, hace 3200 y 2500 millones de años, los geólogos han determinado que se creó la mayor parte de la corteza continental del planeta, dando inicio a la tectónica de las placas y su movimiento.

El eón proterozoico comenzó hace unos 2400 millones de años y duró hasta hace 542 millones de años. Su inicio coincidió con uno de los momentos en los que la incipiente vida del planeta corrió un grave peligro de desaparecer: la gran oxidación. Durante millones de años la fotosíntesis y las reacciones químicas asociadas al hierro y al dióxido de carbono de los océanos y la atmósfera fueron cambiando la composición química del planeta, y cuando los océanos fueron suficientemente oxidados, se produjo un exorbitante aumento del oxígeno que era liberado a la atmósfera. Paradójicamente a otros fenómenos que hemos sufrido en tiempos mucho más recientes de nuestra historia, el exceso de oxígeno en la atmósfera creó una gruesa capa de ozono que terminó con los gases de efecto invernadero que mantenían la Tierra a una cierta temperatura y se produjo una glaciación global, que transformó el planeta en una enorme bola de nieve. Tuvieron que transcurrir más de 300 millones de años para que finalizara esta glaciación, que según se retiraba exponía la corteza terrestre a una erosión masiva que volvía a producir reacciones químicas que liberaban gases de efecto invernadero. De este modo el planeta recuperó unas temperaturas más cálidas y adecuadas para avanzar en la evolución.

Hace cerca de 200 millones de años comenzaron a surgir los primeros organismos multicelulares, que avanzaron hacia la creación de formas de vida cada vez más complejas, desde las proteínas de los virus hasta las eucariotas. Los científicos han datado hacia 1200 millones de años la aparición de las algas rojas, eucariotas, llamadas *Bangiomorpha pubescens*, que son consideradas el organismo multicelular más antiguo con reproducción sexual. Trescientos millones de años más tarde aparecieron las plantas pluricelulares, organismos cuyas células tenían una clara diferenciación de su trabajo y dependían unas de otras para la supervivencia de todo el conjunto que formaba el organismo.

Durante el eón proterozoico también se vivieron importantes cambios en la superficie de la Tierra desde un punto de vista geológico. Hace 1800 millones de años alcanzó su tamaño máximo el supercontinente Columbia. En el entorno de los 1600 millones de años antes de nuestros días estaba conformado por partes de las posteriores Antártida, sur y norte de China, la Amazonia, Siberia o amplias partes de Australia. Cerca de 1000 millones de años más tarde, entre 1100 y 750 millones de años, apareció Rodinia, un supercontinente de la zona ecuatorial de la Tierra que comenzó a escindirse hasta en ocho partes, con el consiguiente efecto en los océanos y en los puntos calientes tectónicos del planeta. De estos movimientos geológicos se derivó un cambio en la química de la atmósfera y de la superficie terrestre que trajo consigo, hace entre 720 y el 635 millones de años, una nueva oxigenación y glaciación similar a la del eón arcaico.

El eón fanerozoico, cuyo nombre deriva de dos vocablos griegos que significan 'visible' y 'seres vivos', comenzó hace 541 millones de años. Su nombre hace referencia a la principal característica de este tiempo: la evolución, complejidad y diversidad de incontables formas de vida en la Tierra. Este eón perdura hasta nuestros días y es el tiempo geológico en el que nos encontramos en la actualidad. Al comienzo del fanerozoico tuvo lugar la denominada explosión cámbrica, en la que se conjugaron una nueva atmósfera equilibrada en oxígeno, la capa de ozono que protegía la Tierra de la radiación ultravioleta y la aparición en el agua de los primeros vertebrados, los peces con espinas. Otro de los hitos más importantes de la evolución se produjo hace 440 millones de años, cuando las algas y otros organismos complejos comenzaron a salir del agua, invadir la superficie terrestre y por ende a llenarla de restos orgánicos que permitieron la evolución de los artrópodos acuáticos hacia los arácnidos y miriápodos terrestres. Las plantas marinas que salieron del agua pronto evolucionaron hacia plantas vasculares, con raíces, que se asentaron en la superficie. Al igual que en otros momentos de la evolución, esto trajo un aumento del oxígeno disponible en la atmósfera y un necesario reequilibrio que se tradujo en una amplia extinción de especies que no se adaptaron a las temperaturas más frías.

El Carbonífero es un periodo dentro del eón fanerozoico que se extendió hace entre 359 y 299 millones de años. La importancia de este periodo radica en que la temperatura estable y relativamente cálida que había alcanzado la Tierra favoreció el desarrollo de las plantas con semillas. Este hecho multiplicó de manera exponencial su propagación y la colonización del planeta. Aparecieron entonces árboles de gran tamaño con corteza leñosa de hasta 20 metros de altura e innumerables algas que colonizaron los océanos y pantanos que cubrían la superficie terrestre. Los residuos vegetales de estas plantas se transformarían más tarde en el carbón que todavía hoy utilizamos como combustible fósil. La superpoblación de

Fósiles vegetales

Durante el Carbonífero las gigantescas plantas que poblaron la Tierra tenían mucha más corteza que madera. En aquel periodo la relación era de 8 partes de corteza y 1 de madera, llegando algunos ejemplares a tener 20 a 1. En la actualidad los árboles modernos tienen una relación de 1 a 4. Toda esa corteza quedó en los estratos terrestres y creó la práctica totalidad del carbón que los humanos han utilizado durante siglos.

grandes plantas aumentó los niveles de oxígeno en la atmósfera y trajo consigo el desarrollo de enormes insectos voladores y grandes vertebrados terrestres.

En el aspecto puramente geológico, durante el Carbonífero se produjo la formación de Pangea, el mayor continente que ha habido en el planeta y que ya contenía los continentes que conocemos en la actualidad. Pangea se concentraba en torno al ecuador, pero su extensión norte-sur alcanzaba ambos polos, y se encontraba rodeado de Panthalasa, el mar universal. La formación de Pangea tuvo varias consecuencias sobre la vida: se redujeron el nivel de los océanos y el tamaño de la línea costera, por lo que desaparecieron gran parte de las especies marinas, y en el centro del continente, muy alejado de las costas, apenas había precipitaciones, por lo que allí se formaron enormes desiertos.

Un continente extraordinario

Pangea fue el supercontinente antecesor de los actuales. Se formó hace 335 millones de años por el movimiento de las placas tectónicas. Inició su fractura hace 252 millones de años, y la escisión de las diferentes masas de tierra quedó completa hace unos 180 millones de años. Contenía las actuales Eurasia, América del Norte, América del Sur, África, Antártida, Australia y el subcontinente indio que todavía estaba separado de Eurasia.

Durante los siguientes periodos geológicos, Pérmico, Triásico, Jurásico y Cretácico, se sucedieron una serie de extinciones masivas que los científicos creen producto de la actividad volcánica y del impacto de meteoritos sobre la Tierra.

La mayor de todas ellas se produjo en la transición del Pérmico al Triásico hace 250 millones de años. La erupción de un supervolcán en Siberia o el impacto de un meteorito en la costa noroeste de Australia —que produjo el cráter Bedour, el tercero de mayor impacto que se ha podido analizar en la superficie terrestre— expulsó a la atmósfera una enorme cantidad de gases sulfurosos que dio lugar a una acidificación de los océanos. El resultado de todo ello fue la desaparición de más del 70% de todas las especies que habitaban los continentes y cerca del 95% de las especies marinas.

En el siguiente periodo geológico, el Jurásico, los dinosaurios se escindieron de los reptiles y evolucionaron de manera independiente. Las erupciones volcánicas producidas durante unos 10 000 años, antes de que Pangea se separara definitivamente en varios continentes, trajo cambios en la flora y la fauna. Hacia 201 millones de años atrás los mares se hicieron más ácidos y tuvo lugar un calentamiento global que propició que los dinosaurios aumentaran de tamaño y se hicieran dominantes en las zonas continentales. También durante este periodo los primeros mamíferos comenzaron a diferenciarse de sus ancestros, todavía tenían un pequeño tamaño y un cierto parecido a las actuales musarañas.

En el Cretácico, hace unos 66 millones de años, se produjo la última de las grandes extinciones masivas que cambiaron el curso de la historia del planeta. A finales del siglo XX los estudiosos científicos encontraron en la península de Yucatán, México, un cráter de 180 km de diámetro llamado Chicxulub. De su estudio y comparación con el resto de fósiles y registros geológicos de este periodo encontrados alrededor del mundo se fraguó la teoría de que un asteroide de entre 10 a 15 km de diámetro impactó en aquel lugar produciendo un súbito cambio en las condiciones de vida del planeta. Como consecuencia de aquel choque hubo una expulsión de gases y polvo a la atmósfera que dificultaron la llegada de los rayos solares a la superficie terrestre, lo que impidió a plancton y plantas que realizaran la fotosíntesis. Además, la temperatura del planeta cayó de manera repentina. De este modo, las cadenas alimentarias de gran parte de los seres vivos se vieron afectadas y hubo una extinción que acabó con el 75% de las especies de la Tierra. Los tetrápodos, animales vertebrados de cuatro patas, con más de 25 kg de peso se extinguieron por completo, incluyendo todos los dinosaurios conocidos, a excepción de los aviarios. Este importante cambio fue también una oportunidad para las especies capaces de adaptarse de manera más rápida y eficiente a las nuevas condiciones climáticas y biológicas[2]. A finales de este periodo los mamíferos consiguieron evolucionar de manera más individualizada dando lugar a los ancestros de ballenas, murciélagos o caballos. Hace alrededor de 63 millones de años vivió también el último ancestro común a todos los primates.

---

2. Del agua a la tierra, y… viceversa. Los científicos creen que hace unos 440 millones de años los primeros seres vivos pasaron de los océanos a colonizar las tierras emergidas. Tras la extinción del cretácico y la desaparición de los dinosaurios, hace aproximadamente 66 millones de años, los mamíferos comenzaron su desarrollo para llegar a ser los vertebrados dominantes. Hace 34 millones de años algunos mamíferos terrestres, como los *basilosaurus*, regresaron al océano. De estos animales surgirían las ballenas y los delfines actuales.

LOS ANTEPASADOS HUMANOS

Los primates, aparecidos hace entre 65 y 55 millones de años, son el orden animal del que descendemos los seres humanos. Surgieron entre los pequeños mamíferos de la época mientras los grandes reptiles todavía dominaban el reino animal. Vivían en bosques tropicales, principalmente en las ramas, comían insectos y su aspecto era parecido al de los actuales lémures. Demostraron una gran capacidad de adaptación y evolución frente a los retos de un entorno natural en constante cambio. Durante decenas de años evolucionaron adquiriendo unas características que les diferenciaban con claridad de otros mamíferos. Los primates, ya entonces, poseían un cerebro de mayor tamaño en relación con el cuerpo, los pulgares se desarrollaron para ser oponibles y adquirieron una gran destreza para utilizar las extremidades superiores. También gozaban de gran agudeza visual con ojos grandes dirigidos hacia el frente y con capacidad para la visión estereoscópica y en color. Como consecuencia de su importante desarrollo visual los primates perdieron gran parte del afinado olfato propio de los mamíferos terrestres. Antropólogos y científicos también destacan como gran cambio el dimorfismo sexual por el que machos y hembras presentaban características físicas diferentes en cuanto a coloración del pelo, masa muscular o el ancho de la pelvis.

Los primeros simios aparecieron hace entre 34 y 23 millones de años durante el periodo del Oligoceno. Los catarrinos, o simios del Viejo Mundo, evolucionaron en dos superfamilias: los cercopitécidos, de los que en la actualidad conocemos al macaco, el mandril o el colobo, y los homínidos, que no tenían cola y entre los que se encuentra el ser humano. El ancestro más antiguo conocido de los homínidos es el *Rukwapithecus* cuyo fósil, solo de la mandíbula, se encontró en Tanzania y tiene poco más de 25 millones de años de antigüedad.

Al comienzo del periodo Mioceno, que se extendió hace entre 23 y 7,2 millones de años, surgió también en África la familia de los proconsúlidos, unos homínidos con una excelente agilidad que les permitía trepar y saltar de un árbol a otro, correr por el suelo a cuatro patas y a gran velocidad e incluso incorporarse y correr solo sobre sus patas traseras. Los estudios sobre la evolución sitúan a los proconsúlidos justo en el límite previo a la separación de los homínidos entre las ramas que dieron lugar, por una parte, a los simios, tanto a los gibones como a los antropomorfos (orangután, chimpancé y gorila), y, por otra parte, a los antropopitecos y al género *Homo*.

Adaptación anatómica

Tras los proconsúlidos la rama de los simios siguió una evolución acorde con su vida en los árboles, desarrollando unos brazos largos y manteniendo el pulgar oponible también en sus extremidades inferiores para poder trepar y anclarse a las ramas con mayor facilidad.

Los primates que habían aparecido en el continente africano se extendieron durante el Mioceno a otras regiones de Eurasia, como el *Dryopithecus* que surgió hace unos 12 millones de años y del que se han hallado restos tanto en Europa como en Asia Meridional. Muchas de estas especies convivieron en el tiempo, como demuestran los excepcionales restos fósiles de los montes Siwalik en la India.

El siguiente salto evolutivo se produjo cuando algunos homínidos comenzaron a caminar sobre las dos piernas[3]. Hasta principios del siglo XXI se consideraba a los australopitecos como los primeros homínidos que consiguieron tal logro. Este género de primates habitó amplias zonas de África hace entre 3,9 y 2 millones de años. Eran de un tamaño relativamente pequeño y ligera estructura ósea, su cabeza permanecía erguida y caminaban con una postura de la columna vertebral muy similar a la humana. Su desaparición se cree ligada a la desertificación de su hábitat producto del cambio climático. Su intento de adaptación incluyó el fuerte desarrollo de los músculos y dentición implicada en la masticación para poder comer algunos vegetales más duros.

Todavía no se conoce con certeza de qué exacto homínido bípedo provienen los primeros *Homo*, pero los científicos creen que alguna rama de australopitecos transformó también su dieta en carnívora, evolucionó y dio comienzo al género *Homo*[4].

---

3. *Ardipithecus ramidus.* Conocido como Ardi, fue un homínido con 4,4 millones de años de antigüedad del que hace pocos años se descubrieron restos de cerca de 40 individuos al norte de Etiopía. El análisis de los fósiles ha concluido que eran bípedos y caminaban con la espalda erguida, pero todavía poseían pulgares abatibles en los pies. Este descubrimiento adelanta casi medio millón de años el inicio del bipedismo en los humanos.

4. *Homo rudolfensis.* Fue una de las primeras ramas de *Homo* que habitó amplias zonas del este de África. Apareció hace unos 2 millones de años y se extinguió solo 300 000 años más tarde. Fue coetáneo del *Homo habilis* y al *Homo ergaster.*

Los científicos sitúan la aparición del *Homo habilis* en África hace 2,3 millones de años. Su principal característica fue la creación de objetos de piedra. Estas protoherramientas le ayudaban en determinadas tareas del día a día, desde la caza al aplastamiento de vegetales. Su alimentación era en un alto grado carnívora carroñera. Se diferenciaba de otros homínidos de la época, fuera del género *Homo*, en su cráneo, que era más redondeado y de mayor capacidad. La hembra, debido a ser bípeda, poseía una pelvis de menor tamaño, con lo que el periodo de gestación se acortó y, en consecuencia, tuvo que aumentar el tiempo dedicado a la crianza. Este cambio trajo un aumento de la relación social de dependencia entre los miembros de cada grupo. Se han encontrado restos de *Homo habilis* en Etiopía, Kenia, Tanzania y Sudáfrica.

El siguiente paso evolutivo en el camino hasta el hombre actual llegó con el *Homo erectus*. Este homínido apareció hace 1,9 millones de años y se extinguió hace 117 000 años. Vivió en amplias zonas de Asia Oriental, especialmente en Indonesia y China. Tenía una bóveda craneal con frente y pómulos muy planos, poca diferenciación entre el área nasal y el resto de la cara, una mandíbula sin mentón y dientes proporcionalmente más pequeños que otros homínidos. Caminaba muy erguido, con un cuerpo esbelto, podía alcanzar una altura de hasta 180 cm. Su capacidad craneal era mayor que la de los anteriores ancestros humanos y, en algunos casos, llegó al límite mínimo del humano moderno. Entre los restos encontrados destacan el *Homo erectus erectus*, también conocido como Hombre de Java, y el *Homo erectus pekinensis*, el Hombre de Pekín. Este último se descubrió en un gran yacimiento de fósiles a las afueras de la capital china, en el que también se encontraron toscos y primitivos útiles de piedra y hueso, y restos de fogatas que confirman que el Hombre de Pekín ya dominaba el fuego. Los estudios científicos actuales consideran que el Hombre de Java y el Hombre de Pekín vivieron en pequeñas comunidades, medianamente aisladas. Fueron los *Homo erectus* que llegaron hasta África los que evolucionaron en varias especies ya humanas, como el *Homo heidelbergensis* y el *Homo antecessor*.

El *Homo antecessor* fue el homínido más antiguo que habitó en Europa hace 800 000 años. Sus rasgos faciales comenzaban a mostrar una evolución hacia el rostro humano, aunque todavía poseían una dentición antigua y en proceso de adaptación a su dieta más completa. Se cree que los adultos, de los que apenas se han encontrado restos fósiles, alcanzaban una estatura de entre 160 a 185 cm y un peso entre 60 y 90 kg. Los principales yacimientos con restos de *Homo antecessor* se encuentran en Ceprano (Italia), Norfolk (Inglaterra) y en Atapuerca (España).

Atapuerca

En el yacimiento arqueológico de Atapuerca se han encontrado los restos de humanos más antiguos de Europa. Los fósiles han sido datados hace 800 000 años y su estudio supuso un importante paso para comprender la evolución humana. El descubrimiento dio nombre a una nueva especie humana: el *Homo antecessor*. En 2016 se encontraron los restos de neandertal más antiguos hasta la fecha y han sido datados de hace 430 000 años. La excavación fue declarada por la Unesco Patrimonio de la Humanidad en el año 1999.

La fase previa a la aparición del *Homo sapiens* fue una época asombrosa de la evolución. Durante largo tiempo tres diferentes especies, ya de humanos inteligentes, convivieron en amplias regiones del planeta compitiendo por los recursos existentes. El *Homo neanderthalensis*, el *Homo sapiens* y el Hombre de Desínova fueron coetáneos, evolucionaron de manera paralela y, según confirma el ADN de los restos fósiles, llegaron a cruzarse en varios momentos de la historia. Esta competición terminó en la extinción de algunos y la evolución hacia los humanos modernos.

El *Homo neanderthalensis* vivió en Europa y zonas cercanas de Asia y África hace entre 240 000 y 30 000 años. Su complexión estaba adaptada a las frías zonas en las que surgió: era fuerte, ancho, de pequeño tamaño, pero con gran potencia muscular, con las aletas de la nariz muy desarrolladas y los pulgares de las manos preparados para el uso de herramientas. Eran cazadores y recolectores que se agrupaban en pequeños grupos. El apogeo de los neandertales tuvo lugar hace unos 100 000 años beneficiados por una época de clima cálido, que produjo un mayor número de vegetales comestibles disponibles, mayor facilidad para la caza y, por tanto, una mejora significativa de la dieta que dio como resultado un aumento de la longevidad y la calidad de vida. Hace entre 75 000 y 60 000 años y hasta hace 20 000 años se produjo la glaciación de Würm que heló el norte de Europa y llevó a los neandertales a huir hacia tierras más cálidas en las penínsulas del Mediterráneo, Oriente Próximo y África, y que dio comienzo al declive de esta especie.

La extinción del *Homo neanderthalensis* es objeto de intenso debate, y con cada nuevo descubrimiento se avanza en la elaboración de una teoría más completa. El consenso científico sitúa la desaparición de los neandertales hace entre 40 000 y 39 000 años.

Los últimos homínidos en extinguirse fueron descubiertos ya en el siglo XXI, en el año 2004 en la isla de Flores (Indonesia) y en 2007 en la isla de Luzón (Filipinas).

El *Homo luzonensis* pudo vivir en Filipinas hace entre 220 000 y 19 000 años. Los restos encontrados corresponden a un fémur y muestran una especie de muy pequeño tamaño, apenas 120 cm de altura; se desconoce cómo podía ser el rostro y su dentición. La comparación con otros restos de especies del género *Homo* dio un resultado negativo, al igual que las pruebas realizadas a poblaciones autóctonas modernas. De esto se desprendió que ni era un antepasado de los *Homo sapiens* que habitaban Filipinas ni una especie conocida con anterioridad.

Por su parte, el *Homo floresiensis* encontrado en Indonesia también resultó ser una especie única no relacionada con los *sapiens*. Estudios actuales creen que su antepasado inmediato es el *Homo erectus* y que evolucionó para adaptarse a las características de la isla en la que fue encontrado, teniendo nulo contacto con el exterior, lo que le aportó unas propiedades únicas. Los miembros de esta especie sufrían enanismo insular, su estatura superaba por poco 1 metro de altura y pesaban alrededor de 25 kg, lo que los convierte en la especie *Homo* más pequeña y de menor envergadura. Sus brazos eran largos en proporción a su cuerpo, lo que indica que todavía trepaban por los árboles.

La importancia de estos recientes descubrimientos de nuevas especies del género *Homo* radica en que desde los neandertales no se había hallado ninguna otra especie de este género que fuera coetánea a los humanos modernos. El que ambos restos no estén relacionados entre sí, pero compartan unas determinadas características ha desafiado a la tradicional historia lineal de la evolución y abre nuevas líneas de investigación que en el futuro podrán arrojar luz sobre las partes todavía no conocidas de los ancestros del ser humano.

La Prehistoria y el inicio de la civilización

El *Homo sapiens*, humano moderno, apareció hace unos 320 000 años y durante decenas de miles de años fue una más de las especies del género *Homo* (*Homo hidelbergensis*, *Homo rhodesiensis*, *Homo neanderthalensis*, *Homo floresiensis* y *Homo luzonensis*) que habitaban el planeta. Los estudios científicos realizados a los restos fósiles encontrados hasta el momento apuntan también a una interacción directa entre el *Homo sapiens* y alguna de las ramas *Homo*, pero el resto de especies se fueron extinguiendo, y tras la desaparición del *Homo luzonensis,* el *Homo sapiens* quedó como la única de las especies *Homo* que ha sobrevivido hasta nuestros días.

LA APARICIÓN DE LOS PRIMEROS HUMANOS MODERNOS Y SU EXPANSIÓN POR EL MUNDO

Los científicos manejan en la actualidad dos teorías sobre la evolución de los humanos modernos: una apunta a una evolución en múltiples regiones y otra, a una evolución en África y una expansión posterior por el resto del planeta.

La teoría multirregional apuesta por llevar el origen de los humanos modernos a una evolución local, en diferentes partes del mundo, del *Homo erectus* que se había extendido por África y Eurasia. De esta manera, grupos que vivieron prácticamente aislados, como el Hombre de Java, el Hombre de Pekín, etc., habrían ido evolucionando de manera independiente, con algún contacto e intercambio, y habrían dado origen al *Homo sapiens* en sus respectivos lugares. Esta teoría ha perdido fuerza en los últimos años gracias a los extensos estudios de ADN realizados a los fósiles encontrados en yacimientos alrededor del mundo y que parecen confirmar un origen común de los humanos modernos.

La mayor parte de los científicos apuestan en la actualidad por una evolución centrada en África. Desde esta región algunas especies del género *Homo* habrían emigrado a otras partes del mundo antes de la aparición del *Homo sapiens*. Una vez que el humano moderno apareció en África, sucesivas oleadas de migraciones habrían salido del continente para adentrarse en otras regiones. Al llegar a ellas se habría producido tanto un choque por disputarse los recursos existentes como un intercambio y mezcla entre especies, que en todo caso terminaron con la extinción de las otras especies *Homo* y su remplazo por el *Homo sapiens*. Los datos recabados del ADN apuntan a que los humanos modernos tienen trazas genéticas de los neandertales, el *Homo floresiensis* y el Hombre de Desínova[5].

Los últimos estudios del ADN mitocondrial, también llamado nuclear, realizados a personas vivas muestran que la variación que existe entre el ADN de los seres humanos es menor que la variación que existe en los simios actuales. Esto apunta a que el humano moderno, durante su evolución, tuvo que vivir lo que se ha denominado cuello de botella, o reducción drástica de la población, que hizo que las siguientes generaciones provinieran de un núcleo muy concreto y reducido de sujetos sobre los que cayó el peso de la procreación y evolución de la especie.

Evolución humana

La explosión y erupción del monte Toba, en la isla de Sumatra (Indonesia), ocurrida hace unos 74 000 a 71 000 años, produjo un repentino cambio climático que afectó a todo el planeta. Las especies *Homo* vivas quedaron diezmadas y el ser humano estuvo a punto de desaparecer.

Hay una serie de características físicas de los seres humanos que ya estaban apuntadas cuando surgió el *Homo sapiens* y que durante decenas de miles de años de evolución se han convertido en signo diferenciador con otros homínidos. El

---

5. El Hombre de Desínova encontrado en Siberia (Rusia) es un ejemplar del género *Homo* que habitó la región hace entre 1 millón y 40 000 años. En la excavación se descubrieron unos restos de trascendental importancia para la evolución humana. El análisis de los fósiles ha demostrado la hibridación de esta especie con los neandertales, de cuyo ADN posee casi una quinta parte, así como con los *Homo sapiens* en al menos dos momentos de su existencia, portando ADN que coincide con humanos actuales de Asia y Oceanía.

cerebro humano, que tiene un volumen de unos 1350 cm^3 y es uno de los más grandes en relación con la masa total del sujeto, consume por sí solo alrededor del 20% de la energía corporal, y la evolución de sus cortezas y conexión con el sistema nervioso central han permitido el enorme desarrollo intelectual del que gozan hoy los humanos. La columna vertebral se diferencia de los simios en su curva en el área lumbar, que permite al humano caminar erguido casi en un ángulo de 90º desde la cintura. Los cambios que se produjeron en el fémur, inclinado levemente hacia el interior, la versátil capacidad de rotación de la rodilla y la evolución del pie, con un talón estable y alargado, los dedos de menor tamaño y el pulgar que dejó de ser oponible, tienen como sentido evolutivo dejar de vivir en los árboles y pasar a ser un firme sostén de todo el cuerpo del humano.

La pelvis del *Homo sapiens* se encuentra levemente girada hacia el interior para soportar mejor el peso de los órganos, pero le resta velocidad a la hora de caminar y correr. La pelvis de la hembra es más cerrada que en otros homínidos, lo que unido a que la vagina humana se sitúa en la parte casi frontal del pubis da como resultado un canal del parto largo, sinuoso y casi en ángulo recto, por lo que la gestación uterina humana es extremadamente corta comparada con la de otros mamíferos. Los neonatos humanos tienen un alto nivel de inmadurez en comparación con los simios. El bebé nace con apenas un 25% de la capacidad cerebral que tendrá el humano en su madurez, cuando el chimpancé nace ya con el 65% del total.

La visión del humano, heredada de los prosimios, es en tres dimensiones y en color. Su diferencia evolutiva vino con la posición más central de los ojos en el rostro que permite una visión más aguda hacia el horizonte, favoreciendo su capacidad visual y de abstracción[6].

Los científicos creen que los humanos modernos, tras surgir y evolucionar en África, salieron de este continente hace unos 200 000 años en pequeñas oleadas, que todavía no pueden ser descritas con exactitud debido a la escasez de restos fósiles que permitan trazar las rutas seguidas. Hay evidencias fósiles tales como una mandíbula descubierta en el Monte Carmelo (Israel) datada hace unos 177 000

---

6. La paradoja de la no especialización. El conjunto de la evolución física del humano le ha llevado a ser una de las especies vertebradas menos especializadas del planeta. Esta falta de una cualidad física concreta orientada a la supervivencia en un determinado ecosistema, o bioma, le ha convertido en uno de los seres más adaptables a las cambiantes características ambientales.

a 194 000 años que presenta un muy alto nivel de correlación con la mandíbula humana y junto a la cual se hallaron sofisticadas herramientas. En Israel también se encuentra el yacimiento de Qafzeh, con una antigüedad de entre 100 000 y 130 000 años, que está considerado el enterramiento ritual humano más antiguo conocido hasta la fecha. En Daoxian (China) se ha encontrado un yacimiento con dentición datada hace entre 80 000 y 100 000 años que es prácticamente similar a la de los humanos, lo que lleva a pensar que el *Homo sapiens* había alcanzado Asia en esa época. Gracias al estudio del ADN de estos hallazgos se ha podido deducir que todas estas migraciones, que salieron de África mucho antes de lo que tradicionalmente se pensaba, no están relacionadas genéticamente con el hombre moderno.

Estudios recientes han demostrado que todos los humanos no africanos, en la actualidad, desde europeos a aborígenes del Pacífico y nativos americanos, tienen un nexo común genético de un grupo de humanos modernos que ha sido rastreado hasta la considerada gran migración del *Homo sapiens* hace entre 50 000 y 70 000 años. Este grupo partió de África y llegó, con el paso del tiempo, hasta todos los lugares habitados del planeta. En su camino interactuó, e incluso se mezcló, con otras especies del género *Homo*, pero estos linajes no alcanzaron la madurez adecuada y desaparecieron con el tiempo.

La gran migración estaba motivada por cambios que alteraron el clima en aquel periodo. La primera zona fuera de África en la que se establecieron fue en Oriente Próximo y el Indostán. Prueba de ello es que en análisis realizados a la actual población de la India ha mostrado la mayor diversidad genética tras la africana. Con posterioridad, hace unos 65 000 a 50 000 años la expansión llegó al Sudeste asiático, desde donde los humanos modernos decidieron adentrarse en el mar y, costeando en rudimentarias balsas, fueron llegando a las islas del este de Indonesia y finalmente a Australia y Nueva Guinea. La cuarta y la quinta oleada partieron casi simultáneamente de Oriente Próximo, hace unos 45 000 a 35 000 años en direcciones opuestas a Europa y Asia Meridional. La expansión hasta Extremo Oriente se produjo desde el centro y el norte de Asia, y no desde el Indostán, debido a que la cordillera del Himalaya, con sus extremas temperaturas, resultaba inexpugnable en aquel momento. El cambio en las condiciones climáticas permitió el paso desde Asia hacia América a pie hace unos 20 000 a 15 000 años, llegando hasta el extremo sur del continente americano entre el año 15 000 a 12 000. De hace 14 800 años datan los restos arqueológicos de Monte Verde (Chile), que son considerados los más antiguos hallados hasta la fecha. Las últimas colonizaciones de los humanos modernos llegaron a Filipinas hace tan solo 3500 años y a las islas del Pacífico Sur apenas 1000 años después.

Nivel de las aguas

El puente de Beringia fue un pedazo de tierra que unió Asia y América en lo que hoy es el estrecho de Bering. Surgió en dos momentos de la historia debido a la bajada del nivel del mar producido por las glaciaciones. La primera vez que se formó fue hace unos 40 000 años. La segunda vez fue hace unos 25 000 años y permaneció hasta hace 10 500 años, cuando el nivel de las aguas volvió a ascender separando de forma definitiva, y hasta la fecha, los dos continentes.

EL HOMBRE DEL PALEOLÍTICO

El Paleolítico es el primer periodo temporal de la llamada Edad de Piedra de la Prehistoria, según la periodización tradicional o historicista, que al hablar del hombre como *Homo sapiens* en su conjunto, y no en referencia a determinados grupos de población, puede resultar mucho más útil que otras referencias que todavía no han sido plenamente aceptadas entre la comunidad de científicos e investigadores.

El Paleolítico es el periodo de mayor duración de la historia de la humanidad. Dio comienzo hace más de 2,5 millones de años y terminó hace unos 12 000 años. Esto supone que, hasta el momento, el 99% del tiempo que el ser humano ha habitado la Tierra ha tenido lugar durante este extenso periodo. Recibió su nombre, en el siglo XIX, de manos del arqueólogo John Lubbock, que utilizó dos palabras griegas que vienen a significar 'de piedra antigua' para hacer referencia al uso de este elemento como herramienta entre las especies del género *Homo* que habitaban el planeta.

El hombre moderno surgió en la recta final del Paleolítico, lo que no fue obstáculo para convertirse en la única especie del género *Homo* que sobrevivió a este periodo histórico. El *Homo habilis*, cuyo nombre deriva de latín y significa 'hombre hábil', fue el primero de los humanos arcaicos del que hay referencia que utilizara sus extremidades para modificar elementos de su entorno y fabricar toscas herramientas hasta su extinción hace algo más de 1,6 millones de años. Los

Homo erectus, Homo antecessor, Homo heidelbergensis y *Homo floriensis* son algunas de las especies que habitaron la Tierra durante esa época y que crearon con mayor o menor destreza utensilios de piedra para su vida diaria.

Las dos especies del género *Homo* de las que se han encontrado más restos fósiles y cuyo modo de vida se ha podido estudiar más profundamente son el *Homo sapiens* y el *Homo neanderthalensis,* ambas coetáneas durante más de 70 000 años.

Los neandertales vivieron desde hace 240 000 hasta hace entre 40 000 y 30 000 años. Ocuparon varias regiones de Oriente Medio, Asia Central y Europa. Físicamente gozaban de extremidades cortas, una amplia capacidad torácica y unas caderas más anchas que las del *Homo Sapiens.* Estudios recientes han demostrado que anatómicamente se encontraban preparados para emitir sonidos articulados y poseían una suerte de lenguaje.

Su vida estuvo intrínsecamente ligada a los cambios que se produjeron en el clima en varios momentos de su existencia. Su origen está relacionado con la glaciación de Mindel, por la que las poblaciones de *Homo heidelbergensis* que habitaban el norte de Europa tuvieron que buscar acomodo en zonas más cálidas al sur del continente. Esta migración trajo un importante coste en cuanto a número de vidas y produjo el aislamiento de los grupos en sus nuevas ubicaciones. La escasez de miembros y el nuevo entorno favorecieron la especialización de la especie, y al llegar el fin de la glaciación estos grupos poseían unas características propias, diferenciadas de las de su antecesor, que los convertían en una nueva especie del género *Homo.*

Los estudios actuales cifran su población en Europa en tan solo 7000 ejemplares, que se mantuvo de manera constante a lo largo de su existencia. Desde el punto de vista antropológico, los estudios realizados sobre sus asentamientos apuntan que tenían una organización social en la que se diferenciaban los trabajos según el sexo y se cuidaba de los miembros mayores del clan. Los asentamientos de neandertales se organizaban en torno a una gran hoguera que nunca se apagaba y servía para dar calor, cocinar y crear alguna de sus herramientas. Disponían de zonas específicas para dormir o para hacer vida en común. Los grupos estaban en constante movimiento y los formaban de 5 a 15 miembros, familiares y en ocasiones con un alto grado de consanguinidad debido al escaso número de miembros de la especie.

La alimentación de los neandertales estaba muy ligada a la zona que habitaba cada grupo. La base común procedía de la recolección de frutos y vegetales, que cocinaban de manera rudimentaria en el fuego común de sus asentamientos. La proteína la obtenían principalmente de la carne de grandes animales, como caballos, bóvidos, rinocerontes o mamuts, pero cada clan la completaba con moluscos y tortugas en las zonas costeras o pájaros y roedores en las zonas boscosas.

Su uso de las herramientas dio lugar a la cultura Musteriense, cuyo nombre proviene de la cueva de Le Moustier (Francia), donde a finales del siglo XIX se encontró un importante yacimiento con gran cantidad de herramientas que clarificaron el día a día y el estilo de vida de los neandertales del Paleolítico medio. Los objetos se fabricaban en piedra, siguiendo una técnica por la que se tomaba una gran roca de la que mediante golpes con otras piedras se iban extrayendo piezas triangulares de diferentes tamaños. Estos objetos se trabajaban después de manera individual para producir la herramienta deseada. En los asentamientos de neandertales se han encontrado puntas, hendedores, piezas dentadas con el filo con numerosas muescas, perforadores de punta final o cuchillos de dorso con las hojas muy anchas. Todos los objetos estaban insertados en mangos, lo que terminó afectando a la evolución física de sus manos, que desarrollaron unos pulgares de gran precisión.

Asentamientos neandertales

España es el país en el que hasta el momento se han descubierto más asentamientos de neandertales. En la actualidad se han identificado más de 25 yacimientos con importantes restos históricos, desde Atapuerca en Burgos hasta la cueva de Nerja en Málaga o la Sima de las Palomas en Murcia.

Desde un punto de vista del desarrollo trascendental, simbólico y religioso, los neandertales son de los primeros homínidos de los que tenemos conocimiento del inicio de estas expresiones. Con el estudio de los huesos hallados en los yacimientos se ha determinado que practicaban el canibalismo ritual, y que desde hace unos 100 000 años habían desarrollado una forma de enterramiento en la que los cuerpos de los fallecidos se colocaban en posición fetal. Existen en la actualidad diversos estudios que arrojan resultados de diferente signo en cuanto a la existencia de un inicio de expresión artística entre los neandertales: por una parte, se cree que debido a que su mano se especializó en el uso de herramientas con mango, la disposición de sus falanges les impediría crear objetos algo más refinados; por otra parte, recientes investigaciones creen que elementos como conchas con pigmentos, plumas o garras de aves encontrados en los yacimientos son reflejo de un incipiente ánimo artístico.

No existe un motivo único que explique por completo la extinción de los neandertales, y es probable que esta se debiera a un conjunto de causas, entre las que el encuentro con el *Homo sapiens*, que había llegado a Europa desde África, es la más importante. Los neandertales siempre fueron una especie con pocos miembros y se vieron diezmados durante su éxodo hacia zonas más cálidas para evitar los efectos de la glaciación. Los *Homo sapiens* llegaron a las zonas habitadas por neandertales en una proporción de 10 a 1, por lo que los neandertales fueron masacrados en los combates y tuvieron que huir a zonas todavía más inhóspitas en las que apenas encontraban alimentos. Los *Homo sapiens* también llevaron a Europa algunas enfermedades endémicas de África para las que los neandertales no estaban preparados. Como último motivo también se cree que pudo existir una hibridación, o mezcla, de ambas especies por sometimiento y asimilación.

Ya se ha indicado en anteriores páginas que el *Homo sapiens* salió en diferentes oleadas de África para extenderse por el resto de los continentes. La primera gran revolución tecnológica propiamente humana se produjo hacia la mitad del Paleolítico con la aparición en Asia Occidental de la cultura de la lámina. Este tipo de conocimiento transformó la forma y tipo de las herramientas que fabricaban los humanos modernos y supuso un punto de inflexión que favoreció el desarrollo posterior y la transformación en la vida sedentaria que se produjo en el Neolítico. Con esta tecnología se dio comienzo al Paleolítico superior, la última etapa de esta época que duró desde hace unos 40 000 a 12 000 años.

La cultura de la lámina y el buril producía hojas de piedra extraídas de piedras y vetas de gran tamaño. Su principal característica es que este sistema requería especialistas, o protoartesanos, que idearan la pieza antes de su extracción y que hubieran sido entrenados en el uso de las herramientas con las que obtenerla. Estas láminas tenían los bordes paralelos, eran muy alargadas, con una proporción correcta entre altura y anchura, de manera habitual un mínimo de 2 a 1, que evitara su rotura. Este tipo de herramientas, mucho más complejas, se diferenciaban de las de culturas anteriores como la musteriense, basada en el uso de herramientas de simples lascas de diferentes tamaños.

Aunque existen yacimientos de humanos modernos del Paleolítico superior en varios continentes, el mayor número de ellos y mejor conservados se han encontrado en Eurasia, desde la península ibérica hasta Francia, Italia, Israel, Rusia y el sudoeste de Asia[7].

El humano moderno del Paleolítico era de naturaleza nómada. Vivía tanto en cuevas, en las regiones o épocas del año más frías, como en asentamientos temporales al aire libre, en los que construía pequeñas chozas con materiales como la paja, las pieles, los huesos y otros restos de plantas y árboles que encontrara en su entorno. Al igual que los neandertales, los *Homo sapiens* tenían dividido el trabajo en función del sexo.

Para establecer una línea temporal del humano moderno durante el Paleolítico superior se toman como referencia los llamados complejos culturales o culturas arqueológicas de determinadas áreas geográficas en las que los hombres de aquel momento utilizaban una tecnología propia para la creación y uso de herramientas. Siguiendo estas culturas se pueden apreciar los avances conseguidos durante la evolución física y social del *Homo sapiens*.

La cultura Auriñaciense estuvo vigente durante 8000 años, desde hace 38 000 a 30 000 años y se fue extendiendo desde el este al oeste de Europa. De hecho, a día de hoy los principales yacimientos descubiertos se encuentran en Francia, Bélgica, Inglaterra y el norte de la península ibérica. En estas regiones durante este periodo de tiempo, el clima era glaciar y se produjeron grandes variaciones en las temperaturas máximas y mínimas con apenas unos años de diferencia. En este contexto los hombres de la cultura Auriñaciense vivieron de manera mayoritaria en cuevas que les protegían del frío. Eran cazadores que fabricaron gruesos raspadores de sílex, grandes láminas que todavía se acompañaban de pequeñas herramientas con lascas propias de culturas anteriores. Con los huesos crearon mangos para las

---

7. En las cuevas de Chukutien (China) se han encontrado los restos más importantes del hombre del Paleolítico en Asia. En un primer momento en la excavación se hallaron rudimentarios utensilios que se utilizaban para cortar y rasparero, pero después de varios años de investigación se dio con un yacimiento en la llamada cueva superior que reveló importantes avances culturales y del modo de vida de los hombres que habitaron aquella región. Allí se encontraron esquirlas de hueso que habían sido pulimentadas, a su vez, con otras herramientas más elaboradas. Desde un punto de vista de su desarrollo cultural, aparecieron agujas, pequeñas joyas y objetos de adorno.

herramientas y desarrollaron el uso de las azagayas, unas armas realizadas en hueso o en asta de ciervo que eran lanzadas con las manos. La fabricación de azagayas fue perfeccionándose con el paso del tiempo y comenzó a ser lanzada con mangos y otros objetos propulsores o a incluir plumas que ayudaban a estabilizar su vuelo y aerodinámica.

Más adelante, hace entre 30 000 y 20 000 años, se desarrolló en Eurasia la cultura Gravetiense. Los principales yacimientos encontrados hasta la fecha se sitúan en una franja que va desde la península ibérica y el Mediterráneo Septentrional (Francia, Italia, los Balcanes) y continúan por el mar Negro hasta Ucrania y Rusia. Durante este periodo el clima era extremadamente frío y los principales animales disponibles tanto para la caza como para el uso de sus huesos y astas fueron los mamuts y los renos. Sus herramientas principales fueron los buriles, los raspadores y las puntas de dorso rectilíneo. El avance más importante de este tiempo fue el comienzo de la cocción de la arcilla.

La cultura Solutrense perduró 7000 años desde hace 22 000 a 15 000 años. Se dio únicamente en Francia y la península ibérica. Pese a ello, es considerada como una de las más importantes del Paleolítico superior por las innovaciones técnicas que se desarrollaron en las herramientas y por su excelso arte rupestre. En este periodo se desarrolla el retoque plano que permite crear piezas de tipo hoja de laurel con gran capacidad de corte en ambas caras. Se introduce también la talla de piezas basadas en percutores blandos que permiten moldear y conseguir herramientas más potentes y que tuvo también su influencia en el arte de la época. En los últimos años se introdujo otra innovación más, que consistía en aplicar calor al sílex mientras se tallaba, lo que hacía más fácil la fabricación de las piezas y otorgaba una mayor durabilidad a la herramienta. Los avances también continuaron en cuanto a los mangos de las herramientas y al uso cotidiano de pequeñas herramientas de hueso, como la aguja y el anzuelo para la pesca.

La cultura Magdaleniense es una de las últimas del Paleolítico superior. Apareció hace 18 000 años y duró hasta hace 8000 años. Se extendió por la península ibérica, Francia y el centro y este de Europa. Los estudios hablan de este periodo como el de la primera civilización europea occidental debido a que el aumento demográfico del grupo originario obligó a que se extendiera por otros territorios con el fin de conseguir más materias primas para la fabricación de sus herramientas y mejores recursos naturales para su alimentación. En este periodo continúa el uso de las herramientas creadas en anteriores culturas, pero los avances son claros y se produjeron sobre todo en dos frentes: por una parte, en la fabricación de gran número de utensilios con los que crear a su vez herramientas más específicas tanto para la caza como para la recolección o el arte, y, por otra parte, en la fabricación de piezas que les permitió la explotación de los recursos marinos. La pesca había estado basada en el uso de redes y pequeños anzuelos que se utilizaban en los márgenes de los ríos y en la orilla del mar. Durante la cultura Magdaleniense el hombre fabricó barcas de madera, que no han perdurado hasta nuestros días, para adentrarse en el mar y también garfios y arpones que permitieron la pesca de ballenas, cachalotes y otros seres marinos de mayor tamaño.

EL ARTE Y LA TRASCENDENCIA EN EL PALEOLÍTICO

Paralelamente a la evolución de las herramientas propias de las culturas arqueológicas del Paleolítico superior se produjo la aparición del arte, una forma de expresión del creciente desarrollo intelectual del ser humano, de su aspiración a la trascendencia y el simbolismo para encontrar explicación a aquello que no manejaba. No existe un origen o una pieza concreta que haya sido definida como el inicio del arte humano. Sin embargo, sí se apunta a que hubo un momento en el que el *Homo sapiens* africano comenzó a fabricar pequeñas piezas en hueso o piedra que llevaba consigo a modo de amuletos y que se pueden identificar ya con la creación intencional de un objeto que no tenía una utilidad directa para la consecución de objetivos tangibles, como la caza, creación de fuego, fabricación de otras herramientas, etc., sino que eran una manera de representación simbólica de un sentimiento o una experiencia imaginativa.

Durante el Paleolítico, y de manera especial en su periodo superior, surge el arte bajo dos expresiones: el arte mueble, de objetos que podían ser transportados, y el arte rupestre, que quedaba de manera fija en las paredes de las cuevas. Cuando se estudian ambos, se puede observar que ya entonces estos objetos y pinturas eran realizados utilizando técnicas como el dibujo, el grabado, el relieve, el estampado, el modelado y la pintura. Por tanto, es en el Paleolítico superior, hace entre 30 000 y 10 000 años, cuando gran parte de las técnicas artísticas que hoy todavía se siguen utilizando aparecieron de manera asombrosamente rápida entre los humanos.

A día de hoy se han catalogado más de 10 000 piezas de arte mueble del Paleolítico encontradas en diferentes yacimientos de todo el mundo. La temática, el uso y el material utilizado abarcan una amplia variedad de categorías: pequeños objetos naturales, como conchas, huesos, dientes, que ya existían y que eran modificados ligeramente para personalizarlos y ser utilizados como colgantes o joyas. Piedras en las que se pintaban o grababan pequeños símbolos o animales; los arqueólogos piensan que algunas de estas piezas podrían ser bosquejos de los trabajos que luego se realizarían en las cuevas. Estatuas y figuras talladas de marfil con forma humana, especialmente de mujer, y de animales. Piezas de huesos de animales grabadas o pintadas. Huesos tallados, de mayor tamaño que los anteriores, que implicaban un mayor tiempo de fabricación, mayor esfuerzo y detalle, y que tendrían un fin religioso para atraer la suerte y favorecer la caza.

Durante el periodo gravetiense del Paleolítico superior el arte mobiliario alcanza uno de sus hitos más celebrados. De esta época son las figuras femeninas, conocidas de manera popular como venus, que estaban realizadas en piedra, madera, barro, marfil, asta o hueso. Se han encontrado más de 300 piezas en yacimientos que van desde los montes Pirineos hasta Siberia. Las piezas son de pequeño tamaño y tienen entre 4 y 25 centímetros. Los arqueólogos indican que son representaciones de la mujer de aquel tiempo con dos posibles variaciones: unas intentaban reflejar de la manera más natural posible una cierta cotidianeidad; otras muestran una sobrerrepresentación de alguna parte concreta del cuerpo femenino, como las mamas, la vulva, las caderas…, con una intención más simbólica y religiosa que buscaba favorecer aspectos como la fertilidad. Las venus son consideradas como un objeto personal o religioso de uso diario. No se han encontrado junto a restos en enterramientos, sino que han aparecido asociadas a lugares públicos de los asentamientos tales como habitaciones o altares.

Amuleto de la fertilidad

La primera venus fue encontrada en 1893 en Brassempouy (Francia). La más famosa de todas es la venus de Willendorf (Austria), encontrada en 1908. Es una figura completa, de unos 11 cm de altura, de piedra caliza y pintada en ocre. Representa a una mujer desnuda, con mamas, caderas y vulva muy voluminosas, con brazos apenas imperceptibles. Se cree que era un símbolo y amuleto para la fertilidad.

En los periodos solutrense y magdaleniense se desarrolló el arte rupestre, que consistía en la elaboración de pinturas y grabados en las cuevas en las que habitaban los modernos humanos de aquella época.

En las cuevas y grutas se utilizaron técnicas como el bajorrelieve, el moldeado de la arcilla, la aplicación de plantillas o el dibujo con los dedos y las manos[8]. La pintura rupestre incluía colores como el naranja, amarillo, chocolate, rojo claro…, todos ellos derivados de ocres y óxido de hierro. La utilización de estos pigmentos indica que contaban con un conciso trabajo de preparación.

El arte paleolítico muestra una reducción de temas debido al inicial momento de la evolución humana. Las pinturas reflejan en la mayoría de las ocasiones animales y, en menor medida, hombres y mujeres o escenas de caza. En estas últimas, los animales, como bisontes, caballos, ciervos…, tienden a aparecer aislados, de pie, corriendo o en actitud de lucha. Los humanos son representados de forma esquemática, con una gran diferencia frente a la atención y detalle dedicado a las pinturas de animales, aunque en ocasiones están adornados con algunos atributos animales o máscaras.

Los estudios relacionan el arte rupestre con la religión de los hombres de esos tiempos. Las pinturas encontradas hasta el momento muestran diferentes intenciones en su creación. Algunas pertenecen a la denominada magia simpática, cuya intención era crear una superstición positiva sobre lo que debían vivir en el futuro. Otras pudieron ser realizadas por chamanes, que se introducían en las cuevas, en la oscuridad, entraban en un trance hipnótico y pintaban sus visiones sobre la roca. Las escasas pinturas que contienen hombres con máscaras, atributos animales o pequeños disfraces estarían relacionadas con un uso ritual de la propia cueva, que sería una suerte de capilla para los miembros del clan.

La gran mayoría de las cuevas encontradas hasta el momento con arte rupestre se encuentran en Eurasia, especialmente entre Francia, Italia y la península ibéri-

---

8. Los dibujos de manos. Eran de las formas más comunes de pintura rupestre. Unas veces bastaba con mojar la mano sobre pintura fresca e impresionar con ella la roca. En otras ocasiones un determinado diseño era realizado sobre la mano que después era aplicada sobre la pared de la cueva. El tercer método era una combinación de aplicación directa y en espray: la mano se colocaba sobre la roca y con un pequeño tubo se soplaba pintura seca sobre la pared. El resultado era una imagen en negativo de la mano.

ca. La cueva de Chauvet (Francia) tiene unos 30 000 años de antigüedad y en su interior se han encontrado centenares de pinturas de hasta 13 especies diferentes de animales, entre ellos, algunos tan exóticos como hienas o leones. La cueva de Altamira (España) posee pinturas datadas hace entre 35 000 y 11 000 años. En Altamira se puede analizar la evolución pictórica del arte rupestre, desde imágenes en negativo de las manos hasta pinturas de bisontes, caballos, cabras y otros animales con formas más abstractas.

El análisis de los yacimientos ha proporcionado también una idea de los ritos funerarios del hombre del Paleolítico superior y, gracias a ello, se han podido esbozar también algunas líneas de su religiosidad. Los enterramientos formaban una parte más del poblado o zona en la que habitaban las tribus. En la mayor parte de las ocasiones los muertos se sepultaban en la propia vivienda, lo que indica que no eran temidos. El cuerpo se disponía en posición fetal, con la cabeza protegida, y era enterrado junto con utensilios y alimentos. Tras modernos estudios se ha podido determinar que algunos cadáveres eran pintados con ocre, lo que muestra un ritual complejo relacionado con la llegada de la muerte. Estos ritos indican que los hombres del Paleolítico superior tenían un incipiente sentimiento de trascendencia en la vida, así como una solidaridad dentro del grupo, no solo entre vivos, sino también con las generaciones pasadas. El arte rupestre revela también otras creencias totémicas hacia los animales, una línea de religiosidad que se iría acrecentando con el tiempo.

EL NEOLÍTICO

El Neolítico es el último de los periodos de la Prehistoria. El género *Homo* había vivido desde su aparición, hace más de 1 millón de años, como cazador y recolector de frutos. Durante decenas de miles de años su alimentación se basó en carroña, caza de alimañas y los frutos de fácil acceso en arbustos y árboles. En la última fase del Paleolítico, hace apenas unos 40 000 años, su desarrollo cognitivo y la evolución adaptativa de su físico permitió a la especie *Homo sapiens* producir herramientas que le permitieron programar la caza de animales de mayor tamaño y cocinar al fuego carne y vegetales, pero todavía vivía de manera nómada, cambiando continuamente de localización en la medida que los recursos de una zona se extinguían o debido a la acción de fenómenos de la naturaleza. En este contexto los recursos invertidos en crear asentamientos de mayor calidad eran ineficientes, pues en poco tiempo debían abandonarse para volver a establecerse en otro lugar. Las posesiones materiales también eran una desventaja, puesto que se tenían que trasladar de un lugar a otro. Por último, la natalidad y los índices de supervivencia de los neonatos estaban muy marcados por las precarias condiciones de vida del nomadismo.

EL NACIMIENTO DE LA AGRICULTURA

Con la llegada del Neolítico se produjo un nuevo avance en la historia de la humanidad y el hombre comenzó a dominar su entorno natural para mejorar su calidad de vida. La revolución neolítica se produjo en varias fases y en diferentes momentos históricos para cada uno de los pueblos que avanzaron hasta este periodo de desarrollo social y tecnológico. Los primeros signos se dieron hacia el 10 200 a. C. en Oriente Próximo. Las bases de la civilización neolítica no aparecieron a la vez, ni de una sola fuente, en las diferentes regiones del planeta. Desde Oriente Próximo se extendieron hacia Asia Menor, el norte de África y Mesopotamia para llegar al área de los ríos Yangtsé y Amarillo en China hacia el 9000 a. C. Entre el 9000 y el 6000 a. C. llegaron a Nueva Guinea en el Pacífico. En el conteniente americano surgieron de manera independiente en tres grandes regiones: en el centro de México entre el 5000 y el 4000 a. C. para extenderse a la costa del Pacífico de Sudamérica hacia el 4500 a. C. y finalmente al este de Norteamérica entre el 4000 y 3000 a. C. Al África subsahariana llegaron entre el 5000 y el 4000 a. C. En Europa los primeros asentamientos neolíticos descubiertos se encuentran en Albania y datan del 6500 a. C. Durante los siguientes 2000 años la revolución neolítica se fue extendiendo por el

Encuentro entre pueblos

El modo de vida neolítico duró en el norte de Europa hasta el 1700 a. C.; en China, hasta el 1200 a. C., y en algunas regiones de Norteamérica y de Oceanía, hasta el encuentro con pueblos europeos entre el siglo XV y el XVIII, en la época de las grandes exploraciones.

resto de Europa hasta alcanzar tardíamente algunas zonas del norte de Europa entre el 4500 y el 1700 a. C. Debido a esta disparidad de fechas y regiones, el Neolítico tiene que ser entendido no como un periodo concreto de la historia, sino como el tiempo que transcurrió entre el fin de la vida nómada cazadora y el comienzo de un tiempo en el que la agricultura, la ganadería, el intercambio económico y el uso de los metales transformarían de nuevo la sociedad.

La revolución neolítica trajo la aparición de los primeros asentamientos estables. Con ellos se produjo un cambio de paradigma que afectaría a todos los niveles de la vida social, económica y trascendental del ser humano. Con el paso de una vida nómada a una sedentaria cobraron sentido la construcción de edificaciones más estable y de mayor calidad, la acumulación de posesiones personales, tales como herramientas o vestidos, domesticar los animales, construir monumentos religiosos perdurables…, y con todo ello, una mejora de la calidad de vida que se tradujo en un aumento de la natalidad, la supervivencia de los neonatos y el aumento de la esperanza de vida.

La economía del Neolítico estaba basada en una explotación agrícola y ganadera de los recursos que trajo grandes avances en cuanto a la cantidad y la calidad de las nuevas herramientas necesarias para un óptimo trabajo de la tierra. Al inicio del Neolítico fueron fundamentales el hacha de pedernal y la hoz, todavía de piedra pulida; más adelante se impusieron la azada y el palo de cavar. El hombre del Neolítico se asentó en terrenos aptos para el cultivo, que en un primer momento eran suelos ligeros, como los del inicio de los montes o en las cercanías de los ríos, tal y como ocurrió en el Nilo o en el creciente fértil del Tigris y el Éufrates. La consecución de cosechas derivó en la necesidad de almacenar el grano; de ahí, el desarrollo de la cerámica, la cestería y la construcción de hoyos y hórreos de almacenaje.

Incorporación de alimentos

Durante el Neolítico se incorporaron a la dieta alimentos tan conocidos como: el maíz, el trigo, las harinas, la pasta, el pan, la miel, la leche de cabra… y también la cerveza o la hidromiel, una bebida de unos 15° de alcohol realizada con miel, agua y polen.

Esta nueva economía potenció la marcada diferenciación del trabajo por sexos: la mujer asumió, además del cuidado de los hijos, la incipiente agricultura y el tejido de los hilos. El hombre cuidaba del ganado, cazaba y fabricaba las herramientas y los útiles para las tareas cotidianas. Cada hogar se ocupaba por completo de cada una de las tareas necesarias para su subsistencia: ganadería y agricultura propias, fabricación de herramientas, horneado de alfarería, tejido de ropa... La artesanía como forma de especialización no llegó hasta la creación de las ciudades.

La organización social neolítica se componía de pequeñas tribus que vivían en asentamientos cercanos, compartían unas mismas afinidades culturales y estaban compuestas por múltiples linajes que se entremezclaban para reforzar los lazos dentro de la comunidad. Durante los primeros milenios del Neolítico la organización social era muy igualitaria, con una economía comunal y de tribu. Con los asentamientos, el concepto de posesiones, en especial, la propiedad de piezas de ganado y el acceso al agua de riego, la sociedad se fue estratificando y comenzaron a surgir diferentes categorías dentro del grupo. Pero en el estudio de los asentamientos no se ha encontrado gran diferencia en el tamaño de las casas o en la cantidad de objetos con los que los difuntos eran enterrados, lo que da idea de una distribución igualitaria de los bienes. Estos estudios describen también la sociedad del Neolítico como tribus pacíficas: apenas se han encontrado armas en los yacimientos, los asentamientos carecían de construcciones de defensa que hicieran pensar en la existencia de peligro de invasión, y aunque es cierto que en algunas culturas se han encontrado pequeños fosos que rodeaban a la aldea, posiblemente su objetivo sería evitar la entrada de animales salvajes que aniquilaran al ganado.

La aldea del Neolítico fue un concepto en constante evolución, desde los primeros campamentos que se ocupaban de manera estacional hasta asentamientos más estables y, más tarde, las primeras localidades y ciudades. Las aldeas se situaban en zonas elevadas, próximas a zonas fértiles gracias al paso de ríos o lagos. La estructura interna varía de una región del planeta a otra, motivada por cuestiones climáticas o de peligros, como animales salvajes, riadas, épocas de sequía... El núcleo central de la aldea contenía las casas, hornos, lugares de almacenaje de excedentes agrícolas y ganado. Esta área solía estar vallada o contar con un foso para impedir que los animales domésticos escaparan o fueran atacados. En el exterior se despejaron caminos que llegaban a cada una de las plantaciones. Las casas[9] estaban adaptadas al medio, ligeras, abiertas, más pequeñas en las zonas cálidas y más grandes, con materiales aislantes y realizadas en piedra en las áreas frías. Eran más o menos cuadradas, con un fogón en el centro, camas a cada lado y pequeñas estanterías en las paredes para guardar los utensilios del día a día. Junto a las casas podía encontrarse una construcción menor con entre dos y tres estancias, algunas utilizadas como depósitos y otras como retretes. Las villas más avanzadas, como las de Egipto y zonas de Líbano, Siria y Mesopotamia, comenzaron a construir los primeros templos. Los restos hallados en Jericó (Cisjordania) o en el-Obeid (Irak), si bien diferentes, muestran una base común que con el tiempo sería el modelo de los primeros lugares de culto en gran número de culturas y posteriores civilizaciones. El templo se construía sobre una plataforma, tenía forma rectangular y contaba en su interior con un altar y una zona para los sacrificios. En el exterior los muros solían ser de barro y ya contaban con pequeños refuerzos en forma de contrafuertes.

Control de las aguas

En el-Obeid (Irak) entre el 5000 a. C. y el 4000 a. C. la agricultura vivió uno de sus mayores avances gracias al control de las aguas mediante los canales de regadío.

LOS MONUMENTOS MEGALÍTICOS Y EL ARTE DEL NEOLÍTICO

Uno de los mayores retos del estudio de la Prehistoria, del tiempo vivido por los humanos antes de la aparición de la escritura, es el de investigar las creencias religiosas solo basándose en los restos materiales de los yacimientos. Este reto es aún mayor en el Neolítico, en el momento en que diferentes culturas alrededor del mundo vivieron una intensa revolución agrícola que cambió su modo de vida y comenzó a dar forma a las sociedades que en apenas unos miles de años se convertirían en las grandes civilizaciones de la Edad Antigua.

---

9. La alfarería. Recientes estudios creen que la mujer fue la inventora del moldeado y cocción de la arcilla. Gracias a esta técnica se podían almacenar cereales, el agua, o cocinar los alimentos de una manera más elaborada. Más tarde la técnica sirvió para crear bloques de barro cocido para la construcción.

El hombre del Neolítico continuó desarrollando las primeras manifestaciones de trascendencia y religiosidad aparecidas en el Paleolítico. El chamanismo y el totemismo propios de los grupos de cazadores nómadas que buscaban atraer con sus objetos fetiche la buena suerte sobre sus batidas dieron lugar a manifestaciones más elaboradas. Los antropólogos destacan dos importantes hechos para entender la evolución de la religión en el Neolítico. En primer lugar, el sedentarismo asociado a la agricultura impregnaba de nuevos valores al ser humano. El agricultor comenzó a desligarse de la inmediatez de la caza, a entender procesos como la siembra, que hasta un largo tiempo después no daba sus frutos, y que estos eran mejores si durante el proceso había intervenido una cantidad concreta de lluvia, de sol, y no se habían dado fenómenos como las tormentas, el granizo, la sequía, etc. Esta circunstancia abrió la mente de los hombres para entender que en su nueva vida era fundamental que muchas cosas ocurrieran de la manera correcta. Esto trajo consigo un abanico más grande de fenómenos a los que adorar y más tarde sobre los que crear una mitología. En segundo lugar, durante el periodo final del Neolítico, y junto a la especialización de otras profesiones, comenzaron a surgir en las poblaciones más grandes castas de sacerdotes dedicadas a un culto determinado. La profesionalización de la dirección del culto es un hecho fundamental para la expansión de las creencias religiosas.

Durante todo el Neolítico se extendió el culto que se ha denominado de la diosa madre. Es el elemento común a todas las culturas en Eurasia, África y Asia Menor. Se han encontrado en múltiples yacimientos centenares de figuras realizadas en barro, piedra y hueso que representan el cuerpo femenino.

El arte neolítico evoluciona hacia una mayor amplitud de temáticas, pero su principal diferencia con tiempos anteriores es el inicio de la representación con una clara intención artística y no de simple copia o traslación de la realidad. Las figuras de la pintura sobre piedra o vasijas, los grabados, relieves y el arte megalítico tienen una clara armonía geométrica que sacrifica realidad por belleza. El arte inicia esta nueva fase entrando en lo simbólico, en figuras, escultura y trazos que pretenden transmitir una idea o concepto más que el retrato de los mismos.

La forma de arte más conocida de este periodo se dio a finales del Neolítico y se ha denominado arte megalítico. Consistía en el tallado de la piedra y la construcción de estructuras que se situaban en un punto determinado con una intención religiosa. Este arte implicaba también la aplicación de mejoras técnicas en la extracción de la piedra, su transporte y posterior colocación. Las tres principales tipologías de monumentos megalíticos de la época son el menhir, el dolmen y el crómlech.

Los menhires fueron la primera de las manifestaciones del arte megalítico. Consisten en piedras poco o nada talladas de hasta 10 m de altura que se erigían dejando una parte de la piedra enterrada sobre el terreno para evitar que se cayera. Apenas hay datos que indiquen el sentido exacto y el porqué de la ubicación de los menhires. La mayoría de los estudios coinciden en que la intencionalidad religiosa estaba relacionada con ritos funerarios debido a que en la planta de los menhires y en sus alrededores se han hallado objetos como piezas de cerámica, restos humanos e incluso cenizas. Algunos alineamientos de menhires, como los más de 3000 encontrados en Carnac (Francia), hacen pensar que también pudieron ser utilizados como cementerios para las sucesivas generaciones de una tribu o clan.

Los dólmenes son unas estructuras compuestas por losas de piedra esculpidas para formar una suerte de mesa o altar que podían situarse tanto exentos como cubiertos de tierra en túmulos. Todo el conjunto forma una cámara que en ocasiones albergaba restos mortales. Se cree que tenían una intención funeraria por los huesos hallados en su interior, pero también hay estudios que sugieren que eran erigidos a modo de señal que delimitaba y reclamaba para un clan un determinado territorio. El dolmen evolucionó hacia las denominadas tumbas de corredor, en las que las piezas verticales se extienden más allá de la losa horizontal. El mayor desarrollo tecnológico de finales del Neolítico transformó estos monumentos añadiéndoles una falsa cúpula y pilares para formar una cámara más profunda, un esquema que dio lugar a los templos y la disposición de las columnas en su interior. Se han encontrado restos de este tipo de construcción en Corea, la India, Oriente Próximo, África y Eurasia, con especial profusión en Francia, Inglaterra y la península ibérica.

Losas de piedra

La península de Corea es el lugar del mundo con una mayor concentración de dólmenes del mundo. Se han descubierto más de 35 000 conjuntos que suponen cerca del 40% del total del planeta.

Los crómlechs son una construcción megalítica formada por dólmenes insertados en el suelo que se disponen siguiendo una forma elíptica o circular. Es un tipo de monumento del que apenas quedan unas pocas manifestaciones en Reino Unido, Francia, la península ibérica, India, el continente americano y algunos países bálticos. Fueron el más tardío de los tipos de arte megalítico y los conocidos a día de hoy datan de entre el año 3500 y el 2000 a. C. Todos los estudios coinciden en su carácter funerario y de señalamiento de una determinada necrópolis, pero varias teorías actuales les otorgan también un componente sagrado y como lugar de culto en el que se practicaban determinados ritos.

En Stonehenge (Reino Unido) se encuentra el crómlech más conocido y estudiado de entre los yacimientos de monumentos megalíticos. Fue construido de diferentes fases entre los años 3100 y 2000 a. C. El conjunto está compuesto de cinco anillos concéntricos: el exterior es un foso y los cuatro anillos restantes están formados por dólmenes que estaban coronados por dinteles. En el complejo se han encontrado restos de casi seis decenas de hombres y mujeres que habían sido quemados antes de ser enterrados, lo que reafirma el carácter ritual del lugar. La disposición de las piedras en Stonehenge y el hallazgo de una avenida principal en una posición que, puesta en relación con el conjunto concuerda con determinados ciclos solares, han llevado a que en la actualidad diferentes estudios crean que los hombres de aquella región ya disponían de rudimentarios conocimientos de astronomía, que constituían una base importante de su religión.

La Edad Antigua

Sumeria es considerada la civilización urbana más antigua del mundo y la primera en desarrollar la escritura. La historia como tal comienza, por tanto, en Sumeria. Las ciudades-Estado sumerias eran recintos urbanos, normalmente amurallados, independientes entre sí. Cada una de ellas crecía en torno a un templo, ya que los sumerios creían que eran los propios dioses los que habían fundado sus asentamientos como lugares de culto. Al frente de cada ciudad podía haber un sumo sacerdote, llamado *ensi,* o un monarca, conocido como *lugal.*

SUMERIA, EL IMPERIO ACADIO Y LAS PRIMERAS CIUDADES-ESTADO

Sus orígenes se remontan a la cultura de Uruk, una sociedad que se extendió desde el Neolítico hasta la Edad de Hierro. Ubicada en la cuenca del Éufrates, la cultura de Uruk fue la primera en descubrir la rueda en el año 3500 a. C., que se aplicó tanto al transporte como al invento del torno del alfarero. Fue también en Uruk donde apareció por primera vez la escritura, en el año 3300 a. C.

Otras sociedades que habitaban la zona de Mesopotamia habían logrado un grado considerable de desarrollo. Al fusionarse con la cultura de Uruk apareció, en torno al año 2900 a. C., la civilización sumeria, cuya historia suele dividirse en tres periodos fundamentales: el periodo dinástico arcaico, el Imperio acadio y el renacimiento sumerio.

El periodo dinástico arcaico se caracterizó por la aparición, por primera vez en la historia, de las llamadas ciudades-Estado. No obstante, desde un punto de vista cultural, las diferentes ciudades-Estado de este periodo, como Uruk, Ur, Lagash, Umma o Nippur, compartieron una misma base cultural que les hizo pertenecer a la misma civilización.

La Lista Real Sumeria contenía los nombres de los reyes de este periodo, aunque algunos de ellos tienen un carácter claramente mitológico. La lista se ha encontrado en documentos y piezas de barro cocido y se divide entre gobernantes antediluvianos (anteriores al diluvio universal) y posdiluvianos. En ella se incluyen varios reinados que son claramente mitológicos, pues son de imposible longevidad, ya que su supuesta duración abarcaría varios siglos. Algunas de las figuras míticas que aparecen en este periodo son Gilgamesh, Enmerkar o Dumuzid. El soberano más antiguo del que hay evidencias históricas comprobadas fue Enmebaragesi (aprox. 2900-2800 a. C.), rey de la ciudad-Estado de Kish.

El Imperio acadio apareció en el siglo XXIII a. C. a raíz de las conquistas militares de Sargón de Acad (aprox. 2270-2215 a. C.), que se hizo con el poder en la ciudad de Kish, fundó una nueva capital y conquistó una a una el resto de ciudades sumerias. Su reino se considera el primer imperio de la historia de la humanidad y su territorio se extendió más allá de la cuenca del Tigris y el Éufrates para incluir Siria, el Líbano y llegar a la costa mediterránea. Los sucesores de Sargón lograron mantener y expandir las fronteras establecidas por su fundador, aunque a menudo debieron enfrentarse a revueltas por parte de las ciudades ocupadas. En torno al año 2200 a. C., los nómadas amorreos y gutis invadieron el Imperio acadio, lo que dio paso a una época de anarquía política durante la cual las ciudades-Estado debían pagar tributo a los invasores para mantener su autonomía.

El llamado renacimiento sumerio comenzó aproximadamente un siglo después de la caída del Imperio acadio. Hacia el año 2100 a. C., el entonces rey de Uruk logró expulsar a los invasores gutis del territorio sumerio. Uno de sus generales, Ur-Nammu[10] (aprox. 2130-2094 a. C.), se rebeló contra él y logró conquistar un imperio aún más grande que el de Sargón. Tras varias generaciones de estabilidad, en el año 2003 a. C. cayó el último Imperio sumerio a manos de los amorreos. Durante los siguientes dos siglos regresó el régimen de las ciudades-Estado, que duró hasta que Hammurabi (1810-1750 a. C.) accedió al poder en Babilonia.

La civilización sumeria presentó a lo largo de su historia una estructura social relativamente compleja. En la cúspide de la pirámide social se encontraba el rey,

---

10. Ur-Nammu fue uno de los gobernantes más famosos de la civilización sumeria. A diferencia de muchos de sus predecesores, no se dedicó a conquistar un gran imperio, sino a consolidar el bienestar en las ciudades-Estado bajo su dominio. Realizó una gran labor en reformas de la administración y en construcción de infraestructuras. Durante su reinado se compuso el Código de Ur-Nammu, que es la compilación de leyes más antigua que ha llegado hasta nosotros.

seguido de los sumos sacerdotes, los militares y los escribas. Un tercer escalón lo ocupaban los artesanos y comerciantes, seguidos de campesinos y obreros. El peldaño social más bajo correspondía a los esclavos. La mujer estaba relegada a un lugar secundario, aunque existían mujeres dedicadas al sacerdocio y también a algunas profesiones artísticas, como la música, el baile o incluso la poesía.

La civilización sumeria se basó fundamentalmente en la agricultura, que se desarrolló en gran parte gracias a la proximidad de los ríos Tigris y Éufrates. Los sumerios crearon un complejo sistema de canales, diques y estanques que les permitieron cultivar amplias zonas de regadío. La agricultura dio paso al uso del calendario, ya que el año agrícola se regía en función de la época de lluvias y de las crecidas de los ríos. También criaban animales, como bueyes, vacas, ovejas, cabras y cerdos, además de pescar.

Desde un punto de vista militar, los sumerios emplearon cobre y bronce para construir sus armas. Aunque utilizaban el hierro para orfebrería, no llegaron a emplearlo en la guerra. Inventaron el carro de combate, del cual tiraban burros salvajes. Poseían también barcos, construían murallas en torno a sus ciudades y eran capaces de realizar labores de asedio.

El idioma sumerio no pertenece a ninguna de las ramas lingüísticas que han llegado hasta la actualidad, por lo que se considera una lengua aislada. Los sumerios desarrollaron dos tipos de escritura: la jeroglífica pictórica, utilizada en los textos más antiguos y, más tarde, en los de carácter religioso, y la cuneiforme, que se extendió y se aplicó para escribir otros idiomas de la zona. Los jeroglíficos sumerios constituyen el lenguaje escrito más antiguo que se conserva, por lo que los sumerios se consideran los inventores de la escritura. Los sumerios realizaron también importantes descubrimientos en el ámbito de las matemáticas, especialmente en aritmética, geometría y álgebra.

La religión sumeria es muy compleja, ya que fue cambiando a lo largo de los siglos y cada ciudad-Estado tenía un dios o dioses diferentes. Se cree que los sumerios tomaron la mayoría de sus mitos de pueblos anteriores y que, a su vez, tuvieron enorme influencia en la creación de relatos mitológicos posteriores, como la creación del hombre a partir del barro, el mito de Eva y la costilla de Adán o el diluvio universal, entre otros. La leyenda sumeria más conocida es la de la *Epopeya de Gilgamesh*, que es el relato épico más antiguo que se conserva y que versa sobre la mortalidad del ser humano frente a la inmortalidad de los dioses.

Los templos sumerios, al igual que la mayoría de sus construcciones, estaban hechos de ladrillo de barro. Los más famosos eran los llamados *zigurats,* pirámides escalonadas que se consideraban la morada de los dioses, a la que solo los sacerdotes tenían acceso.

CARAL, LA CIVILIZACIÓN MÁS ANTIGUA DE AMÉRICA

Caral fue una de las civilizaciones conocidas más antiguas del mundo. Situada en la costa de Perú, al norte de la ciudad de Lima, existió entre los años 3500 a. C. y 1800 a. C. Floreció alrededor de tres ríos, el Fortaleza, el Pativilca y el Supe, en cuyo valle fueron apareciendo hasta 30 ciudades que formaron una única entidad política y cultural.

Aunque el origen de esta civilización se remonta a la fundación de la ciudad de Huaricanga, considerada el asentamiento urbano más antiguo de América, pronto la Ciudad Sagrada de Caral se convirtió en el epicentro de esta cultura. Sin llegar a ser ciudades-Estado, cada uno de estos núcleos tenía sus propios líderes. Aunque se sabe muy poco de su organización política, parece que la sociedad se basaba en la existencia de grupos familiares o *aillus*, al frente de cada uno de los cuales había un patriarca o *curaca*. Este modelo de organización se prolongó durante milenios en las sociedades andinas.

Su sistema económico estaba basado en el comercio entre los asentamientos costeros y los que se encontraban en la zona montañosa. Las ciudades costeras se especializaron en la pesca, mientras tierra adentro se desarrollaban actividades agrícolas y ganaderas. Construyeron sencillos canales de riego para llevar el agua desde los ríos a los campos de cultivo. Resulta llamativo que Caral no llegó a descubrir la cerámica, sino que utilizaban calabazas secas y otros elementos vegetales como recipientes.

Las diferentes ciudades crecían alrededor de un templo de forma piramidal construido de piedra y adobe, alrededor del cual se disponían las casas y plazas ceremoniales. Las principales obras arquitectónicas se han encontrado en la Ciudad Sagrada de Caral, donde destaca la llamada Pirámide Mayor, cuya finalidad era probablemente ritual.

Aunque se sabe poco de la religión de Caral, se cree que muchas de sus creencias se encuentran en la base de la mitología del Altiplano. Contaban también con conocimientos astronómicos que les permitieron descubrir el calendario, que utilizaban para regular las cosechas. También se han descubierto evidencias de que en Caral se fabricó el primer *quipu*, un sistema de nudos y cuerdas que, milenios más tarde, utilizarían los incas como forma de codificar información.

Hacia el año 1800 a. C., las ciudades de la zona de Caral fueron abandonadas. Se desconoce la causa exacta, aunque la mayor parte de las teorías apuntan a desastres naturales, como terremotos o los efectos del fenómeno climático El Niño. Al abandonar sus hogares, los pobladores de Caral fundaron nuevas ciudades donde continuaron desarrollando su cultura, garantizando así la continuidad de la civilización andina.

Construcciones sagradas

El asentamiento arqueológico de El Áspero es uno de los más ricos de la civilización Caral. Destaca la existencia de tres templos de forma piramidal, construidos a base de plataformas, conocidos como Huaca Alta, Huaca de los Ídolos y Huaca de los Sacrificios. En este último hay evidencias de que se practicaban sacrificios humanos.

LA CULTURA DEL VALLE DEL INDO, EL PERIODO VÉDICO Y LA «SEGUNDA URBANIZACIÓN»

La civilización del valle del Indo surgió aproximadamente en el año 3300 a. C. como heredera de las culturas neolíticas que poblaban el subcontinente indio. Su principal característica fue la transición de sociedades agrícolas a una comunidad urbana, mucho más compleja. Aunque su nombre se debe al río Indo, se extendió hasta el Ganges y llegó incluso hasta el norte de Afganistán.

Uno de los principales logros de esta cultura fue, precisamente, el desarrollo de las ciudades, que contaban con una planificación mucho más avanzada que otras civilizaciones coetáneas, como Sumeria o Egipto. Cada núcleo urbano crecía alrededor de una ciudadela en la que había edificios de naturaleza religiosa y administrativa. No se ha encontrado ninguna estructura que pueda asimilarse a un palacio, de lo cual se ha deducido que su organización política no era monárquica.

A su alrededor se trazaban avenidas principales y secundarias, que daban acceso a viviendas de varias habitaciones que se orientaban hacia un patio interior. Utilizaban ladrillos para la construcción, así como un sistema de drenajes y un primitivo alcantarillado. Aunque se han encontrado restos de más de 2500 ciudades y poblados, los asentamientos más importantes fueron las ciudades de Harappa y Mohenjo-Daro.

El segundo gran logro de la cultura del valle del Indo fue el descubrimiento de la escritura. El idioma harapano, o lengua de Mohenjo-Daro, se plasmó por escrito en breves secuencias de símbolos que aún no han sido descifrados. La mayoría de los ejemplos que se han descubierto aparecen inscritos en sellos de piedra, en los que los caracteres están grabados junto a dibujos que representan animales tanto reales como mitológicos.

Los habitantes de la cultura del Indo desarrollaron un complejo sistema agrícola y ganadero. También empleaban metales y fabricaban objetos de arcilla, entre ellos, estatuillas, en especial figuras femeninas más estilizadas que las antiguas diosas de la fertilidad. El comercio fue otro de sus grandes avances tanto entre las diferentes ciudades como con civilizaciones extranjeras. Existen restos arqueológicos que demuestran que hubo contactos comerciales con Sumeria, con la península arábiga y con Persia.

Hacia el año 1500 a. C., la cultura del valle del Indo comenzó a apagarse por razones desconocidas, dejando paso al ascenso de los pueblos indoarios. Se inauguró así el periodo védico, conocido por la composición de los *Vedas*, los cuatro textos sagrados más antiguos de los pueblos indoarios que habitaban en el norte del subcontinente indio. El más antiguo de ellos es el *Rig-Veda*, y los otros tres son, en gran medida, copias del primero.

Los *Vedas*, compuestos oralmente en idioma sánscrito, describen detalladamente la sociedad de la época. En el momento en que se compuso el *Rig-Veda*, la cultura aria consistía en grupos tribales y pastorales que contaban con una organización monárquica. Cuando la cultura indoaria comenzó a expandirse hacia la cuenca del río Ganges, su sociedad se hizo cada vez más agrícola y se organizó en una jerarquía de cuatro *varnas* o clases sociales, origen de las castas hindúes.

Los indoarios practicaban la religión védica, que se basaba en la existencia de una serie de rituales, administrados por una casta de sacerdotes conocidos como *brahmanes*. El objetivo de estos ritos era garantizar la continuación del *dharma*, el

Poemas sánscritos

Además de los *Vedas*, durante el periodo védico se compusieron los dos grandes poemas épicos sánscritos, el *Ramayana* y el *Mahabharata*. El primero cuenta la historia mitológica del dios hindú Rama, mientras que el segundo tiene por protagonista al dios Krishna. En ambos casos, se cree que el argumento está inspirado en luchas dinásticas que tuvieron lugar en el reino de Kuru.

orden natural del universo determinado por los dioses, pero amenazado constantemente por las fuerzas del caos. El vedismo se encuentra en el origen de las posteriores religiones de la India, que heredaron gran parte de sus conceptos filosóficos, mitos y tradiciones.

La expansión de las diferentes tribus indoarias encontró un punto de giro en el siglo XIV a. C., cuando se produjo la llamada batalla de los Diez Reyes. De esta batalla emergió el reino de Kuru, considerado la primera organización de corte estatal del subcontinente indio. Pronto comenzaron a surgir otros reinos, conocidos como *janapadas*, de los cuales los más importantes fueron Panchala, Kosala y Videha.

La fundación del reino de Kuru coincide con el inicio de la Edad del Hierro en la cultura védica. El rey Parikshit y su sucesor Janamejaya (aprox. siglo X a. C.) transformaron Kuru en la potencia política, religiosa y cultural dominante en el noroeste de la India. Con el tiempo, el reino de Kuru declinó y el centro de gravedad de la cultura védica se fue desplazando hacia el este, primero hacia el reino de Panchala y posteriormente al de Videha, situado en el actual Nepal. En este periodo se produjo una consolidación de estados cada vez mayores, hasta llegar a la creación de 16 reinos que se extendieron por todo el norte del subcontinente indio. Con el surgimiento de estos estados dio comienzo el periodo conocido como la «segunda urbanización», en la que se originaron nuevos asentamientos urbanos en la llanura del Ganges. Uno de estos grandes reinos fue Magadha, que tuvo un papel determinante en la creación de dos de los más grandes imperios de la India: el Imperio maurya y el Imperio gupta.

Hacia el 800 a. C. apareció con rasgos distintivos la religión hinduista, marcada por el surgimiento de nuevos movimientos ascéticos que desafiaron la ortodoxia de los rituales védicos. Con el hinduismo surgió el concepto de reencarnación como ciclo de nacimiento y muerte llamado *samsara*. En la misma época, Mahavira (aprox. 540-468 a. C.) fundó una nueva corriente espiritual que se convertiría en el jainismo.

Los 16 reinos fueron convergiendo hasta formar, en el siglo V a. C., cuatro entidades mayores: Vatsa, Avanti, Kosala y Magadha. Fue en esta época cuando vivió Siddharta Gautama[11], el Buda histórico, fundador del budismo. Desde ese momento coexistirán en el subcontinente indio tres religiones, hinduismo, jainismo y budismo, que comparten elementos entre sí, pero que poseen también profundas diferencias en su teoría y en la práctica.

En el año 530 a. C., Ciro el Grande (aprox. 600-530 a. C.), emperador de Persia, llegó por primera vez al subcontinente indio sometiendo algunas zonas a su dominio. Apenas una década después, gran parte de la región noroccidental del subcontinente quedó bajo el control del Imperio persa y así permaneció hasta la conquista de Alejandro Magno (356-323 a. C.) en el año 327 a. C.

LA CIVILIZACIÓN EGIPCIA: DE SUS ORÍGENES AL PERIODO TARDÍO

El Antiguo Egipto se considera una de las civilizaciones más longevas de la historia. Durante más de tres milenios, y a pesar de los inevitables cambios, mantuvo una homogeneidad cultural, política y religiosa que no ha tenido parangón en ningún otro lugar del mundo. Egipto creció en las orillas del río Nilo, que, gracias a sus crecidas anuales, creaba una franja de tierra fértil y cultivable en medio del desierto. Su territorio se expandió hasta llegar a la frontera del mar Rojo, incluyendo incluso la península del Sinaí.

---

11. Siddharta Gautama Buda vivió entre los siglos V y VI a. C. en el reino de Magadha. Su familia pertenecía al clan de Sakia y su padre era, probablemente, un oligarca o jefe electo de su región. Según el relato tradicional, Siddharta vivió su infancia y juventud rodeado de riquezas y comodidades, pero cuando conoció por primera vez la pobreza y la enfermedad de la mayoría de sus contemporáneos, renunció a su posición para tratar de alcanzar la iluminación. Creó una filosofía basada en la supresión del sufrimiento, para lo cual es necesario escapar al ciclo de muerte y reencarnación hasta alcanzar el nirvana.

Los orígenes de la civilización egipcia se remontan a cerca del año 3300 a. C., al llamado periodo protodinástico. Las antiguas culturas neolíticas del valle del Nilo comenzaron a asentarse y a fundar las primeras ciudades, como Tinis. En esta época se produjo el inicio de la unificación política. Los distintos *nomos*, pequeños territorios que contaban con sus propias dinastías reinantes e incluso con sus propios dioses, se fueron organizando hasta constituir dos grandes reinos: el Bajo Egipto en la zona del delta del Nilo y el Alto Egipto, que se extendía hacia el sur hasta la primera catarata. Los nombres de algunos gobernantes de este periodo han llegado hasta nosotros, como Horus Escorpión y Horus Ka, aunque es difícil separar la realidad histórica del elemento mitológico.

El último rey del periodo protodinástico fue también el primer faraón de Egipto: Narmer[12] (aprox. 3273-2987 a. C.), responsable de la unificación del Alto y Bajo Egipto. Con él se iniciaron tanto el periodo arcaico como la primera de las 31 dinastías que tuvo el Antiguo Egipto antes de entrar en el periodo helenístico. Durante esta época se produjo la consolidación de la monarquía, que por aquel entonces tenía un marcado carácter militar. Los faraones tuvieron que asegurar la defensa del territorio, especialmente contra los nómadas libios. Las fronteras egipcias se expandieron hacia el sur, más allá de la primera catarata del río Nilo, y hacia el este, llegando hasta el mar Rojo. Se produjo un importante proceso de urbanización que incluyó la construcción de la ciudad de Menfis. Se consolidaron también tanto la religión como la estructura social que permanecerán prácticamente inalteradas durante toda la historia de Egipto.

La economía del periodo arcaico tenía su base en la agricultura, que continuó siendo la base de la sociedad durante toda la historia de Egipto. Se creó el sistema de impuestos en especie, de forma que el faraón era el principal receptor de trigo de todo el país. El grano se almacenaba en los silos reales, que garantizaban la seguridad alimentaria. En esta época se inició también el desarrollo del comercio, así como la explotación minera de piedra y oro.

El segundo faraón de la III Dinastía, Zóser (2700-2663 a. C.), está considerado como el fundador del siguiente periodo de la historia de Egipto, conocido

---

12. Narmer está considerado como el primer faraón que reinó sobre todo el país de Egipto. Se identifica con el rey Menes de la tradición egipcia, unificador del Alto y Bajo Egipto. Su existencia histórica queda demostrada en la paleta de Narmer, que representa al soberano luciendo por primera vez la doble corona.

como el Imperio Antiguo. En esta época, la capital se estableció definitivamente en Menfis y se consolidaron los logros políticos, económicos y sociales iniciados en el periodo arcaico.

Pirámide de Saqqara

La pirámide escalonada de Saqqara fue construida para el faraón Zóser a partir de los diseños del visir y arquitecto real Imhotep, que con el tiempo pasaría a ser adorado como un dios. La pirámide escalonada es el primer monumento de estas características en Egipto y representa el inicio del periodo más glorioso de la arquitectura egipcia.

El apogeo del Imperio Antiguo se produjo durante la IV Dinastía, a la cual pertenecen los tres faraones en cuyo honor se erigieron las pirámides de Guiza: Keops (aprox. 2600-2558 a. C.), Kefrén (aprox. 2570-2525 a. C.) y Micerino (aprox. 2543-2511 a. C.). Durante la IV Dinastía se consolidó el poder real y se dio forma a los principales ritos funerarios. El faraón se consideraba la encarnación viviente del dios Ra y era el único que tenía el acceso garantizado a la otra vida. También se consolidó la expansión territorial, conquistando la península del Sinaí y expandiendo las fronteras meridionales del imperio.

Durante la V y VI dinastías tuvo lugar la decadencia y colapso del Imperio Antiguo. Los faraones pasaron a ser considerados hijos de Ra en vez de la encarnación del propio dios, lo cual les hizo más dependientes de la casta sacerdotal. Al debilitarse el poder del faraón, los gobernadores provinciales, los llamados nomarcas, comenzaron a adquirir mayor independencia y con frecuencia se enfrentaron entre sí. Un rasgo positivo de este periodo es que el comercio experimentó un gran desarrollo. La tecnología naviera se perfeccionó y se enviaron expediciones comerciales marítimas a lugares lejanos, como el reino de Punt (actuales Etiopía y Somalia) en busca de ébano, marfil y otros productos de lujo.

Hacia el año 2200 a. C. se produjo una grave sequía que dañó las cosechas durante un largo periodo. Esto generó una terrible hambruna que dejó sumergido al país en una gran inestabilidad. El poder del faraón pasó a ser casi únicamente simbólico y eran los nomarcas los que gobernaban efectivamente Egipto.

Fue así como cayó el Imperio Antiguo, que dio paso al Primer Periodo Intermedio, una época caracterizada por invasiones extranjeras y conflictos civiles.

Caída de un imperio

La caída del Imperio Antiguo es la primera revolución documentada de la historia. El papiro conocido como *Lamentos de Ipuur* cuenta cómo fueron derribados los faraones: «El rey ha sido expulsado por los miserables. Los mendigos se han convertido en dueños de los tesoros. Los ricos están de luto, los pobres de fiesta. En cada ciudad se dice: expulsemos a los poderosos que están entre nosotros».

Entre la VII y XI Dinastía el poder del faraón fue tan débil que, posiblemente, los soberanos reinaran solo de nombre y su influencia se viera circunscrita a la ciudad en la que residían. La capital cambió de ubicación y se trasladó de Menfis a Heracleópolis. Surgieron dinastías reales enfrentadas, entre las que destacaba la que tenía su centro en la ciudad de Tebas, donde el dios Amón comenzaba a cobrar cada vez más importancia. Los nomarcas fueron los auténticos gobernantes del país en una época convulsa, plagada de conflictos internos y hambrunas, durante la cual Egipto perdió gran parte de su influencia exterior. Sin embargo, tal y como sucede a menudo en épocas de crisis, el Primer Periodo Intermedio fue un momento de florecimiento literario y artístico del que provienen algunas de las obras de arte más bellas que se conservan del Antiguo Egipto. Fue también una época en la que el culto funerario se extendió a todas las clases sociales. El faraón y la familia real ya no eran los únicos que tenían acceso a la otra vida, sino también todo aquel que pudiera pagarse los ritos correspondientes.

El Imperio Medio se inició alrededor del 2050 a. C. con la reunificación de Egipto. Aunque los faraones lograron someter a su dominio a la mayor parte de los nomarcas, con algunos de ellos solo fueron capaces de crear una relación de fidelidad semejante al sistema feudal de vasallaje. El rey estaba asesorado por un Consejo de los Grandes, que tenía un poder considerable. Aunque se reforzó el poder real, la superioridad política del faraón no fue equiparable a la del Imperio Antiguo. Fue con el inicio de la XII Dinastía cuando se consolidó un poder central del faraón que privó a la nobleza y al clero de gran parte de sus potestades.

Se realizaron importantes campañas militares de conquista territorial, especialmente hacia el sur, donde se llegó hasta la tercera catarata del Nilo. También se llevaron a cabo importantes obras de ingeniería, como la irrigación de la zona del actual El Fayum, donde se construyó un innovador sistema de canales que aumentó el rendimiento agrícola del país. El comercio adquirió una nueva dimensión gracias a los tratos que se realizaban con dos núcleos ubicados en la isla de Creta y en la ciudad de Biblos (actual Libia). Para garantizar la seguridad de la ruta que unía Egipto con el reino de Punt, se construyó un canal hidráulico que unía el mar Rojo con uno de los afluentes del río Nilo, creando así el primer antecedente del canal de Suez.

Durante el Imperio Medio, el dios Amón fue adquiriendo cada vez mayor importancia en el panteón egipcio, al tiempo que la ciudad de Tebas se convertía en un centro religioso de primer orden.

Hacia el año 1800 a. C. se produjo la invasión del pueblo hicso, procedente de la zona de Canaán, que venció a los faraones egipcios e instauró una nueva dinastía, dando origen al Segundo Periodo Intermedio. La capital se estableció en el delta del Nilo, en la ciudad de Avaris. El territorio egipcio no estaba unido bajo el poder de un único faraón, sino que se enfrentaron diversas dinastías coetáneas y, a menudo, rivales. En general, se considera un periodo confuso que se extiende desde la XIII hasta la XVII Dinastía, cuando el nomarca de la ciudad de Tebas declaró su independencia respecto a los soberanos hicsos y llevó a cabo una reconquista del país que dio paso al Imperio Nuevo con capital en Tebas.

El faraón Ahmose I (aprox. 1570-1525 a. C.) ha pasado a la historia como el gobernante que derrotó finalmente a los hicsos y logró expulsarlos del país. Con él se instauró una dinastía de faraones guerreros que llevaron a cabo grandes campañas militares y extendieron las fronteras de Egipto hacia Canaán y Siria hasta alcanzar incluso el río Éufrates. El dios Amón se convirtió en el más poderoso del panteón egipcio y sus sacerdotes lograron acumular cada vez mayor influencia, no solo política, sino también económica, al ser responsables de la recolección de impuestos. Para evitar problemas sucesorios, se asentó la costumbre de que el faraón se casara con su propia hermana. Esto llevó a que, tras la muerte sin descendencia de Tutmosis II (aprox. 1510-1479 a. C.), su hermanastra Hatshepsut (aprox. 1510-1458 a. C.) ascendiera al trono ya que su sangre era más pura.

Tanto Hatshepsut como sus sucesores continuaron la actividad militar y condujeron a Egipto a su momento de máxima expansión territorial. La influencia egipcia en toda la región fue cada vez mayor, y los faraones mantuvieron fluidos contactos diplomáticos con otros reinos, como Mitanni o Hatti. Se construyeron templos por todo el país, especialmente en la ciudad de Tebas, de los que son ejemplo los de Luxor y Karnak. El poder de los sacerdotes de Amón no dejó de aumentar y llegaron incluso a rivalizar con el propio faraón.

El aumento de la influencia de la casta sacerdotal probablemente estuvo en el origen de la revolución monoteísta de Amenofis IV (1372-1335 a. C.), que prohibió el culto a los dioses egipcios tradicionales y proclamó a Atón como único dios, pasando él mismo a llamarse Akenatón[13]. Su reinado se conoce como el periodo de Amarna, una época llena de intrigas políticas en la que, además de la revolución religiosa, se llevó a cabo una importante revolución artística. Sus sucesores, sin embargo, eliminaron el culto a Atón, y Egipto regresó a la religión tradicional bajo el reinado del faraón Tutankamón. Tras la muerte de este se inició una de las épocas de mayor prestigio y expansión del Imperio egipcio: el llamado periodo ramésida.

Los faraones de esta época expandieron los confines de Egipto incluyendo la totalidad de Canaán y parte de Siria y Libia. Los soberanos egipcios trataron de contener la expansión del Imperio hitita, apostaron por el comercio y lograron que la cultura egipcia ejerciese una gran influencia sobre el resto de civilizaciones del este del Mediterráneo, además de cobrar elevados tributos a las naciones vecinas.

El reinado de los faraones posteriores a Ramsés II (aprox. 1307-1213 a. C.) estuvo marcado por la aparición de los pueblos del mar, una expresión acuñada por los propios egipcios que engloba a diferentes grupos étnicos que migraron hacia el Oriente Próximo en torno al año 1200 a. C. Existen varias hipótesis respecto a su identidad, pero se cree que pudo tratarse de una amalgama de filisteos, minoicos, aqueos e incluso troyanos. Los pueblos del mar, aliados con los libios, atacaron el Bajo Egipto durante el reinado del faraón Merenptah (aprox. 1220-1203 a. C.), que

13. Nefertiti (aprox. 1370-1330 a. C.), la gran esposa real de Akenatón, es una de las figuras femeninas más conocidas de la historia de Egipto, en parte debido al descubrimiento de su famoso busto, que da testimonio de su gran belleza. Nefertiti fue también una importante figura política de su tiempo, que estuvo involucrada en el gobierno del reino y que desempeñó un papel protagonista en las revoluciones religiosas, artísticas, políticas y sociales del periodo.

logró defender las fronteras de su imperio, aunque no pudo evitar que los piratas filisteos perjudicaran el comercio marítimo.

Durante las siguientes décadas se sucedieron varios faraones de nombre Ramsés. En esta época los soberanos debieron enfrentarse nuevamente al creciente poder de los sacerdotes de Amón. Hubo problemas económicos causados por las malas cosechas, la crisis del comercio internacional y la pérdida sucesiva de los tributos que llegaban de los estados vasallos. Los libios, que habían sido derrotados por Merenptah, lograron su objetivo de introducirse en Egipto y establecerse de forma autónoma en la orilla occidental del delta del Nilo.

El Imperio Nuevo acabó con la llamada guerra de los impuros, que enfrentó al clero de Amón con los partidarios del dios Seth. La guerra se resolvió con un cisma que volvió a dividir al Alto y Bajo Egipto como dos reinos independientes, lo que dio paso al Tercer Periodo Intermedio. Las dos dinastías reinantes eran de origen libio: en el Bajo Egipto, con capital en Tanis, los gobernantes se proclamaron faraones, mientras que en el Alto Egipto los reyes se establecieron en Tebas y emplearon el título de sumos sacerdotes de Amón. Se trata de las dinastías XXI a XXV, que existieron de forma parcialmente coetánea.

El cisma del imperio vino acompañado de profundos problemas económicos y sociales que permitieron que, alrededor del año 680 a. C., los reyes de Asiria invadieran Egipto, expulsaran a las dos dinastías reales y colocaran en el trono a un faraón de origen asirio. Con este hecho se inició el Periodo Tardío o Baja Época y Egipto permaneció en manos de la dinastía saíta hasta que Alejandro Magno derrotó al Imperio aqueménida en el año 332 a. C. y se hizo con el poder también en Egipto sin apenas resistencia.

Aunque la historia de Egipto desde el periodo protodinástico hasta la conquista de Alejandro Magno dura aproximadamente 3000 años llenos de cambios políticos, la cultura y el sistema social egipcios se mantuvieron más o menos estables durante todo este tiempo.

La sociedad estaba rígidamente jerarquizada. En la cúspide del sistema se situaba el faraón, que era considerado una figura divina y el garante de la estabilidad y el orden en el universo. Por debajo de él, y con mayor o menor poder según las épocas, se situaban los nobles y la casta sacerdotal. Los nobles podían provenir de los distintos centros territoriales de poder, o bien del entorno de la familia real, visires y altos funcionarios que habitaban la corte faraónica. En cuanto al clero, durante la historia egipcia se fueron sucediendo castas sacerdotales de diferentes dioses, siendo los sacerdotes de Amón los que más poder llegaron a acumular. Los gremios sacerdotales también controlaban algunos oficios, como el de la medicina, lo cual les daba aún mayor influencia. Por debajo de estos se situaba la casta de los militares, que a menudo se alzaron contra el poder y se convirtieron en faraones tras derrotar al soberano reinante. A continuación, estaban los escribas, comerciantes y artesanos, que gozaban de un alto grado de estabilidad económica. En último término estaban los obreros y campesinos, por debajo de los cuales únicamente se situaban los esclavos.

El papel de la mujer en el Antiguo Egipto no se conoce con claridad. Se trataba de una sociedad indudablemente patriarcal, aunque las mujeres gozaban de mayor independencia que en otras sociedades. Había mujeres poderosas, como las grandes esposas reales o las madres de algunos faraones, que ejercían un papel determinante en cuestiones políticas, además de reinas como Hatshepsut que llegaron a gobernar por derecho propio. También había sacerdotisas y cortesanas cuya relevancia social era muy considerable.

Uno de los aspectos más conocidos de la cultura egipcia es su religión. La mayoría de los dioses egipcios provenían de regiones o ciudades concretas, desde las cuales su culto se expandía para adquirir carácter nacional. A lo largo de la historia egipcia distintos dioses, como Ra, Amón, Horus y Osiris, fueron adquiriendo más importancia. El culto funerario de Osiris fue un eje vertebrador de la sociedad egipcia durante toda su existencia. Los egipcios tenían una gran fe en la otra vida y dedicaban grandes esfuerzos a garantizar que accederían a la resurrección. Esto implicaba la conservación íntegra del cuerpo mediante técnicas de momificación, así como su depósito en un lugar a salvo de los ladrones de tumbas. El difunto era enterrado con una serie de objetos cotidianos que debían acompañarlo a la otra vida, así como con un conjunto de oraciones[14] que le ayudarían a superar las pruebas y dificultades que pudiera encontrar en el Más Allá.

---

14. Los ritos funerarios. Los egipcios recopilaron sus creencias funerarias en una serie de textos, entre los que destacan el *Libro de los Muertos*, el *Libro de las Cavernas*, los Textos de las Pirámides y los Textos de los Sarcófagos. Se trata de una serie de oraciones, encantamientos y ensalmos que ayudan al difunto a superar las distintas pruebas a las que se enfrentará para poder acceder al Más Allá. Una de las escenas más conocidas es el Juicio de Osiris, durante el cual el corazón del fallecido se pesaba en una balanza contra la pluma de la verdad, llamada Maat.

Una de las piezas esenciales de la cultura egipcia fue la escritura, que se desarrolló aproximadamente en el año 3000 a. C. La primera forma de escritura que emplearon los egipcios fue la jeroglífica, que combinaba signos ideográficos con otros de carácter silábico e incluso alfabético. Con el tiempo se fueron desarrollando otros tipos de escritura, como el hierático y el demótico, que son derivaciones del jeroglífico.

El arte egipcio ha llegado hasta nosotros fundamentalmente a través de los monumentos funerarios y religiosos, que se construían con vocación de durar para toda la eternidad, frente a los palacios y edificios civiles, que tenían un carácter puramente temporal. En pintura y escultura, el arte egipcio se caracteriza por el *horror vacui* y por el hieratismo de las figuras, que no representaban tanto a individuos concretos como a estamentos sociales. La única excepción, ya mencionada, es el periodo de Amarna, durante el cual el arte adquirió un carácter mucho más naturalista y un fuerte realismo.

La comprensión que se ha llevado a cabo de la historia del Antiguo Egipto está directamente relacionada con los restos que han llegado hasta la actualidad, que tienen carácter religioso o funerario, por lo que hay muchos detalles sobre la vida cotidiana de los antiguos egipcios que aún se desconocen. El Periodo Tardío, no obstante, no supuso el fin de la historia egipcia, que continuó tras la conquista de Alejandro Magno con el periodo ptolemaico y, después, con la época romana.

LAS CIVILIZACIONES EGEAS: CICLÁDICA, MINOICA Y MICÉNICA

Las civilizaciones egeas fueron un grupo de culturas que surgieron en torno al mar Egeo antes del periodo helénico: la civilización cicládica, la minoica y la micénica. Su existencia se extendió entre el año 3300 a. C. al 1200 a. C.

De acuerdo con los restos arqueológicos que se conservan, la civilización cicládica fue la más antigua de las tres. Según la periodificación clásica, se ubica entre la Edad del Cobre y la del Bronce. Su ámbito geográfico es el archipiélago de las Cícladas, un grupo de islas ubicadas entre Creta y Espóradas. Algunas de las Cícladas más conocidas y con restos arqueológicos más abundantes son Miconos, Santorini, Delos y Naxos. Las raíces de la civilización cicládica se remontan al periodo neolítico, en torno al año 5000 a. C., pero hubo que esperar hasta el año

3300 a. C. para que los habitantes de las islas dieran un gran empuje a la tecnología naval que permitió el contacto con otras culturas y un extraordinario desarrollo del comercio. Paralelamente se extendió el cultivo de la vid y la explotación de metales como el cobre y el bronce, lo que generó una sociedad cada vez más próspera. Los distintos asentamientos, ubicados en las diferentes islas, se erigieron junto a la costa y no se han encontrado restos de fortificaciones, lo cual permite suponer que eran una sociedad relativamente pacífica. Esto cambió a partir del año 2200 a. C., cuando las Cícladas sufrieron la invasión de la civilización minoica procedente de Creta.

Todavía hoy hay pocos destalles sobre la cultura cicládica, se desconoce el idioma que utilizaban y no hay apenas detalles acerca de su religión. Se conservan restos de enterramientos, normalmente en forma de cista, con el difunto colocado en posición fetal probablemente como símbolo de renacimiento. Se han encontrado expresiones artísticas, como los ídolos y estatuillas de mármol, que representan normalmente figuras femeninas. También destacan las llamadas sartenes cicládicas, objetos de cerámica cuya forma oscila entre un plato, una bandeja y una sartén, de decoración muy elaborada, cuyo uso exacto es desconocido.

La civilización minoica tiene su origen en la isla de Creta y se remonta al periodo paleolítico, aproximadamente hacia el año 7000 a. C. A partir del año 3000 a. C. se inició el llamado Minoico Antiguo o Prepalacial, en el que la isla experimentó un considerable aumento demográfico al tiempo que se realizaban algunas mejoras tecnológicas, como la introducción del torno de alfarería y la metalurgia del bronce. Los minoicos practicaban un intenso comercio con otras culturas del Mediterráneo, incluidas las Cícladas y Egipto. Hacia el año 2000 a. C. hubo algún tipo de conflicto interno, pues algunos asentamientos minoicos desaparecieron y surgieron otros nuevos, lo que dio paso al periodo de los Primeros Palacios, el desarrollo de la cerámica de Kamarés y el descubrimiento de la escritura.

Los palacios eran estructuras urbanas que iban mucho más allá de ser simples residencias para miembros destacados de la comunidad, eran auténticos centros económicos, religiosos y políticos. Sus estructuras arquitectónicas, construidas en torno a un patio central, contaban con varios pisos que se comunicaban mediante pequeñas escaleras. La fachada estaba hecha de piedra porosa y disponía de una entrada monumental. Entre las distintas estancias destaca la abundancia de almacenes, lo cual permite deducir que parte de la función de los palacios era la distribución de alimentos al modo de los silos reales egipcios. Se cree que el control de las actividades productivas y comerciales se realizaba desde los palacios, que en su mayoría carecían de sistemas defensivos. Aunque tenían una función meramente civil, también había espacios destinados al culto. El más conocido de los palacios minoicos es el de Cnosos, aunque existen otros, como el de Festo o Petra.

En este periodo apareció también la escritura, el llamado jeroglífico cretense que, a día de hoy, no ha sido descifrado. Sucesivamente se fueron desarrollando otras dos formas de escritura, el lineal A y el lineal B, que sí que han sido al menos parcialmente descifrados. En cuanto a la cerámica de Kamarés, presenta un policromado distintivo del periodo y se cree que conformaba un objeto de lujo solo al alcance de las élites sociales.

Disco de Festo

El ejemplo de escritura minoica más famoso y enigmático que se ha encontrado hasta ahora es el disco de Festo, cuya escritura no se corresponde ni el con el jeroglífico cretense ni con los lineales A y B. La inscripción se practicó mediante impresión de sellos jeroglíficos sobre la arcilla blanda, formando una secuencia en espiral hacia el centro del disco. En la actualidad, su contenido sigue sin descifrarse.

Fue en esta época cuando la civilización minoica se impuso política y militarmente sobre las Cícladas. El comercio también experimentó un considerable desarrollo y existe constancia de relaciones comerciales con Chipre, Egipto y Mesopotamia. Sin embargo, hacia el año 1700 a. C. se produjo un violento terremoto en la isla de Creta. Muchos de los palacios quedaron destruidos y, según algunos historiadores, es posible que algunos pueblos invasores procedentes de Anatolia aprovecharan el momento de caos para invadir la isla.

Tras la catástrofe comenzó el periodo de los Segundos Palacios. Sobre las ruinas de los antiguos palacios se erigieron otros nuevos, más grandes y lujosos, que controlaban extensas porciones de terreno. Su estructura laberíntica ha quedado reflejada en el mito del Minotauro. La actividad naval creció mucho durante el periodo y hay testimonio de contactos comerciales con regiones relativamente remotas, como el norte de África o la isla de Samotracia. Hubo, además, asentamientos estables, al modo de colonias, en varias de las islas Cícladas.

Entre el 1639 y el 1616 a. C. tuvo lugar una violenta erupción volcánica en la isla de Santorini, conocida como la erupción minoica, que provocó profundos daños en toda la región. La civilización minoica, no obstante, perduró casi dos siglos más hasta que en 1450 a. C. se produjo su ocaso por motivos desconocidos, dejando al albur de la invasión micénica.

La organización política de la civilización minoica estaba íntimamente ligada a la existencia de los palacios. Cada uno de ellos representaba una unidad de poder, al frente de la cual había un monarca, probablemente de naturaleza hereditaria. Se cree que el rey de Cnosos ejercía una cierta superioridad sobre el resto, actuando de *primus inter pares* y dotando a la isla de una relativa unidad política.

La cultura minoica destaca en gran medida por su desarrollo artístico. Los diferentes palacios estaban ricamente adornados con esculturas y, sobre todo, pinturas al fresco. Muchos de estos últimos representan escenas de tauromaquia, por lo que se ha podido deducir que su práctica era muy habitual en la isla de Creta.

En cuanto a la religión minoica, cabe destacar su carácter matriarcal, ya que los cretenses adoraban casi exclusivamente a diosas femeninas. Se ha especulado mucho sobre el papel de la religión minoica en el desarrollo de la mitología de la Grecia Clásica, y es muy probable que las diosas madre minoicas estén en el origen de divinidades griegas como Perséfone o Deméter, que contaban además con sus propios cultos de naturaleza mistérica.

La última de las civilizaciones egeas es la micénica, que representa la primera cultura avanzada que existió en la Grecia continental. A menudo se identifican con los aqueos, el conjunto de pueblos griegos que aparecen en la *Ilíada* y en la *Odisea* de Homero (aprox. siglo VIII a. C.) y que, según la historia, se enfrentaron a la ciudad de Troya. Se caracterizó por el surgimiento de una serie de centros de poder más o menos independientes entre sí, entre los que destacan Micenas (que dio nombre a toda la civilización), Pilos, Tebas y la propia Atenas. Estos centros de poder se organizaban como estados palaciales, semejantes a los minoicos. La sociedad estaba dominada por una élite guerrera que expandió las fronteras de esta civilización hacia las Cícladas y la isla de Creta.

Los orígenes de la civilización micénica se remontan al año 1700 a. C. Tras expandirse por el Peloponeso y Grecia Central, hacia el siglo XV a. C. invadieron

Ficción o realidad demostrada

Durante siglos se creyó que el relato de guerra de Troya que realiza Homero en la *Ilíada* era ficticio. Sin embargo, el arqueólogo alemán Heinrich Schliemann (1822-1890) decidió demostrar la veracidad de los hechos y llegó a descubrir las ruinas de la ciudad de Troya. Igualmente, realizó importantes descubrimientos en Micenas que permitieron demostrar la existencia histórica de los pueblos aqueos.

Creta, donde la civilización minoica había entrado en decadencia. Allí inauguraron el periodo Monopalacial, en el que únicamente el palacio de Cnosos fue reconstruido, pero sometido a una dinastía de origen micénico. Algunos historiadores han sugerido que la presencia de elementos culturales que combinan características minoicas y micénicas se debe a que la hegemonía micénica en la isla fue apoyada por un sector de la población minoica.

Entre 1390 y 1200 a. C. tuvo lugar la época de mayor esplendor de la cultura micénica. Se construyeron los palacios más grandes y se llevó a cabo la mayor expansión territorial con la fundación de colonias no solo en Creta, sino también en otras islas del mar Egeo e incluso en zonas más alejadas del Mediterráneo.

Hacia el siglo XII a. C. se produjo el colapso de la civilización micénica. Algunos historiadores han querido vincular este hecho con la aparición de los pueblos del mar que también asolaron Egipto en este mismo periodo, aunque las causas exactas permanecen desconocidas. Tanto Grecia continental como las islas del mar Egeo entraron en un periodo de caos que, en la historiografía griega, se conocía como la Edad Oscura, que a su vez dio paso a la Grecia arcaica.

Aunque la civilización micénica era fundamentalmente guerrera, han llegado hasta la actualidad abundantes muestras de su cultura. Además de los restos arquitectónicos de los palacios, destacó por la construcción de *tholos*, santuarios de forma circular semejantes al oráculo de Delfos que se construiría siglos más tarde. También cabe señalar la cerámica policromada micénica, la producción de esculturas de pequeño tamaño y los frescos de influencia minoica. Una de las artes más características fue el uso de la orfebrería, como es el caso de la célebre máscara de Agamenón descubierta por Heinrich Schliemann que, sin embargo, no perteneció al personaje retratado en la *Ilíada*.

La religión micénica contaba entonces con muchas divinidades que más tarde se adorarían en la Grecia Clásica, como Zeus, Poseidón o Atenea. Igualmente, hay restos que vinculan la escritura micénica con el posterior alfabeto griego, por lo que muchos historiadores creen que las civilizaciones egeas formaron el sustrato de lo que más adelante sería la Grecia Clásica.

EL ESPLENDOR DE LA CULTURA MESOPOTÁMICA: BABILONIOS Y ASIRIOS

La historia de Mesopotamia se remonta a la civilización sumeria, más de 3000 años a. C. Tras el Imperio acadio y la época de las ciudades-Estado, Babilonia tomó protagonismo como el principal centro de poder en la cuenca del Tigris y el Éufrates. Con el Primer Imperio babilónico, el Imperio asirio y el Segundo Imperio babilónico, Mesopotamia alcanzó una expansión política, económica y cultural sin precedentes, proyectando su influencia más allá de sus fronteras por todo Oriente Próximo.

Tras la caída del último Imperio sumerio en el año 2003 a. C. a manos de los amorreos, Babilonia surgió como una más de las ciudades-Estado que florecieron en Mesopotamia en aquella época. En el 1894 a. C., Babilonia aparece por primera vez como entidad política independiente. Poco después, el ejército babilonio conquistó la ciudad de Sippar, situada 70 km al sur, aumentando así su territorio. Más adelante, el rey Sumu-la-El (aprox. 1837-1781 a. C.) selló una alianza matrimonial con los reyes de Uruk, con la que acrecentó aún más su influencia en la región. Pero no fue hasta la llegada de Hammurabi (1810-1750 a. C.) en el 1792 a. C. cuando el llamado Imperio neobabilónico comenzó su auténtica expansión.

Las primeras décadas del reinado de Hammurabi se aprovecharon para hacer mejoras en la ciudad de Babilonia, como obras públicas y amurallamiento defensivo. En torno al 1763 a. C., conquistó la práctica totalidad del territorio de Mesopotamia, realizó una serie de divisiones administrativas y puso a un gobernador al frente de cada una de ellas. Su labor más conocida, sin embargo, es la promulgación del Código de Hammurabi, el primer código legal que ha llegado hasta nuestros días.

A la muerte de Hammurabi, su hijo se encontró con una serie de revueltas que acabaron con la independencia de algunas de las ciudades del sur de Mesopotamia. Durante su reinado y el de sus sucesores el Imperio babilónico no

Código de Hammurabi

El Código de Hammurabi contiene 282 leyes escritas recogidas en 12 tablas. El código enumera una lista de delitos y estipula el correspondiente castigo, que oscila entre la pena de muerte, la desfiguración o el ojo por ojo. El código también fue el primero en contemplar la presunción de inocencia, ya que establece que tanto el acusado como el acusador tienen derecho a aportar pruebas.

dejó de perder territorios e influencia hasta que en el año 1595 a. C. los hititas lo conquistaron definitivamente y saquearon la ciudad de Babilonia. Durante los siguientes cinco siglos, la ciudad estuvo dominada por las dinastías casitas, que mantuvieron un papel menor en la región con la única excepción del rey Nabucodonosor I (aprox. 1140-1100 a. C.), que gobernaba Babilonia cuando fue invadida por el Imperio asirio.

En la misma época en que Babilonia empezaba a florecer como una más de las ciudades-Estado que poblaban Mesopotamia tras la caída del Imperio acadio, Assur surgió como un centro político y cultural de primer orden que se conoce como el Imperio Antiguo asirio. Hammurabi se anexionó su territorio, por lo que Asiria pasó a ser parte del Imperio babilonio hasta su caída a manos de los hititas. A partir del siglo XVI a. C., Mesopotamia entró en una época confusa en la que es objeto de invasiones por múltiples potencias extranjeras, entre los que destacan los egipcios, los hititas y el país de Mitanni. Alrededor del siglo XIV a. C., Asiria recuperó todo el territorio que había llegado a poseer en tiempos del primer imperio y la cultura experimentó grandes avances con la construcción de imponentes ciudades. Hacia el año 1200 a. C. se produjo la llegada de los pueblos del mar, que pusieron una vez más en jaque el poder de Assur, hasta que en el año 911 a. C. se constituyó el Imperio neoasirio, cuya principal característica fue el uso del hierro, que le proporcionó una ventaja bélica decisiva sobre sus competidores. La influencia de Asiria se extendió por todo el Creciente Fértil y alcanzó su máxima expansión bajo el reinado de Asarhaddón (aprox. 713-669 a. C.), que luchó contra Egipto y llegó a saquear la ciudad de Menfis.

Alrededor del año 627 a. C., el Imperio asirio comenzó a desmoronarse debido a las luchas internas. Babilonia recuperó su independencia y volvió a convertirse en el centro de poder más importante en Mesopotamia. Durante algo menos de un siglo, los sucesivos reyes de Babilonia[15] llevaron a cabo extensas campañas militares y desarrollos sociales y económicos de primer orden. El Imperio neobabilónico sucumbió en el año 549 a. C. con la conquista del rey persa Ciro II el Grande.

La cultura mesopotámica fue extraordinariamente rica y diversa, ya que se extendió a lo largo de miles de años y, aunque tuvo distintos focos geográficos, es posible hallar en ellos algunas características comunes. La religión era politeísta, en general cada ciudad adoraba a su propio dios o grupo de dioses, aunque había algunos más o menos comunes (aunque con distinto nombre), como Anu, Enki o Ishtar. La filosofía mesopotámica, y en especial la babilónica, tuvo gran influencia sobre el pueblo de Israel, por lo que muchas de sus tradiciones se han transmitido al judaísmo y al cristianismo. Un ejemplo muy claro es la leyenda diluvio universal.

Los antiguos mesopotámicos creían que el poder de los reyes era de origen divino. Se consideraba que los dioses eran los auténticos poseedores de la tierra, mientras que los soberanos no eran más que sus delegados, encargados de gobernar y de complacer a los dioses construyendo, restaurando y manteniendo sus templos. En Babilonia, Hammurabi y algunos de sus descendientes emplearon el título de rey del Universo y rey de las Cuatro Partes del Mundo. Del mismo modo, los reyes de Asiria usaron siempre el título de vicario y sumo sacerdote del dios Assur.

La sociedad mesopotámica estaba basada en la familia como unidad básica. Existía la propiedad privada y la herencia, reconocida también para las mujeres. Las castas privilegiadas incluían a los nobles, los sacerdotes y los miembros del ejército, aunque los agricultores y ganaderos representaban el fundamento económico. Existía un potente grupo de mercaderes, artesanos y artistas cuyas condiciones de vida eran muy superiores a las del campesinado.

Las lenguas asiria y babilónica evolucionaron del acadio y se escribían empleando la escritura cuneiforme. La literatura experimentó un gran desarrollo; destaca la *Epopeya de Gilgamesh*, que tuvo gran influencia sobre otras culturas coetáneas e

---

15. Nabucodonosor II (605-562 a. C.) fue uno de los principales reyes del Imperio neobabilónico. El relato bíblico, confirmado por las evidencias arqueológicas, explica cómo invadió Judea y capturó la ciudad de Jerusalén. Miles de judíos fueron deportados a Babilonia y el Templo de Salomón fue arrasado. Nabucodonosor también llegó a invadir Egipto y llevó a cabo exitosas campañas en Siria y Fenicia.

incluso posteriores. La astronomía y las matemáticas gozaron de gran importancia, así como el urbanismo y la arquitectura en torno al *zigurat*.

EL IMPERIO HITITA

La civilización hitita fue un gran imperio que controló la mayor parte de Oriente Próximo, incluida Mesopotamia, entre los siglos XVII y XII a. C. Su principal característica fue la superioridad militar, ya que los hititas fueron el primer pueblo del Mediterráneo en dominar el uso del hierro y utilizarlo para fabricar armas.

Los orígenes del pueblo hitita son, hasta cierto punto, desconocidos, ya que aún se discute si eran originarios de la península de Anatolia o si llegaron hasta allí desde las estepas del sur de Rusia cruzando los Balcanes. Los primeros testimonios sobre los hititas se remontan al siglo XX a. C., cuando los mercaderes asirios establecieron las primeras colonias comerciales en Anatolia Central y, de este modo, entraron en contacto con los nativos.

Alrededor del año 1680 a. C. se constituyó el llamado Reino Antiguo hitita en torno a la ciudad de Hattusa, que pasó de ser un pequeño principado a una auténtica potencia con intereses en Asia Menor y Siria. Parece ser que su fundador fue Labarna (aprox. 1700-1600 a. C.), que agrupó a las diferentes ciudades-Estado y los pequeños reinos de alrededor bajo una autoridad central. Él y sus sucesores realizaron frecuentes campañas contra los habitantes de la zona de Siria, como los hurritas, el reino de Mitanni o la ciudad de Alepo, e incluso realizaron una incursión bélica hasta Babilonia en el año 1595 a. C.

Los conflictos sucesorios, la inestabilidad interna y la falta de una economía organizada obligaron a los hititas a retirarse de nuevo hacia el centro de Anatolia. Es lo que se conoce como el periodo medio, durante el cual se produjo una profunda disminución del poderío hitita. Los sucesivos reyes no pudieron evitar el ascenso del poder de Mitanni, que llegó a convertirse en una auténtica amenaza para ellos y les arrebató diversos territorios en Siria. De este periodo de relativa decadencia existe escasez de restos arqueológicos y documentales, lo cual impide conocer casi nada acerca de los reyes de la época más allá de la continua lucha por el trono y los numerosos desórdenes dinásticos.

A partir del año 1430 a. C. comienza el llamado Reino Nuevo, que coincidió con la época de mayor expansión y poderío del Imperio hitita. Durante esta época se impulsó la equitación y se inventó el carro de combate, que proporcionó una poderosa ventaja a los hititas en el campo de batalla. Gracias a ello, los sucesivos monarcas fueron capaces de contener la expansión de Mitanni y comenzar a arrebatarle territorios hasta que llegaron a convertirlo en Estado vasallo. Con el rey Suppiluliuma I (aprox. 1395-1322 a. C.), el Imperio hitita se convirtió en el más poderoso de la región frente a la debilidad relativa de otros, como Egipto, Babilonia y Asiria.

Alianza matrimonial y de imperios

El rey Suppiluliuma intentó sellar una alianza matrimonial con Egipto que habría unido ambos imperios. En lo que se conoce como el caso de Dahamunzu, una serie de tablillas demuestran que una reina viuda de Egipto se ofreció para casarse con el heredero al trono hitita. Sin embargo, cuando el príncipe acudió a Egipto para la celebración de la boda, fue asesinado. Se cree que la reina pudo ser Nefertiti, viuda del faraón Akenatón.

Tras la muerte de Suppiluliuma, sus sucesores continuaron la expansión militar tanto en el Oriente Próximo como en zonas más lejanas, como la propia Micenas, al tiempo que aumentaron las tensiones con Egipto. Con la subida al trono del faraón Ramsés II[16], la guerra se hizo inevitable y se produjo la batalla de Qadesh, que frenó los intentos de expansión egipcia. Sin embargo, el incipiente Imperio asirio aprovechó la rivalidad entre egipcios e hititas para expandir su propio poder: tras ocupar lo que quedaba de Mitanni, los asirios se enfrentaron a los hititas, a

---

16. Mucho de lo que se sabe del Imperio hitita proviene de las llamadas *Cartas de Amarna*, un conjunto de tablillas encontradas en la antigua capital del faraón Akenatón que contienen la correspondencia diplomática que mantenían los faraones con monarcas de las naciones vecinas, incluidos los hititas. Gracias a estas tablillas se conoce con detalle el nombre de los reyes hititas, las luchas intestinas y los golpes de Estado que tuvieron lugar, así como guerras e incidentes diplomáticos.

quienes arrebataron Babilonia y obligaron a replegarse de nuevo en la península de Anatolia.

El Imperio hitita desapareció en torno al año 1200 a. C., cuando la llegada de los pueblos del mar provocó un terremoto político que sacudió el equilibrio de poder en toda la cuenca oriental del Mediterráneo.

Sobre la cultura hitita, sin embargo, se sabe muy poco. Es posible que desarrollara su propio sistema de escritura a base de pictogramas, aunque más tarde adoptaron la escritura cuneiforme de los sumerios. El arte hitita fue llamado, desde tiempos de la Antigua Grecia, arte ciclópeo debido al gran tamaño de las obras y a su relativa tosquedad. También se han encontrado algunos objetos de orfebrería, trabajados fundamentalmente en hierro, que también tienen un cierto carácter basto. Tenían una religión con sobreabundancia de dioses, más de 1000, y rituales mágicos que se empleaban en todo tipo de situaciones cotidianas: nacimientos, ritos de paso, adhesión de un hombre al ejército, batallas y, por supuesto, ritos funerarios. Los hititas desarrollaron también un sistema de adivinación mediante la interpretación de sueños, el examen de las entrañas de animales sacrificados o la observación del vuelo de las aves.

El Imperio hitita tuvo un carácter fundamentalmente militar. El grado de desarrollo y sofisticación de su cultura no llegó al nivel del de otras civilizaciones de su época, lo cual ha hecho que muchas de sus tradiciones no les sobrevivieran. Constituyeron, sin embargo, una fuerza formidable que rivalizó con los grandes imperios de Egipto, Babilonia y Asiria.

ORÍGENES DE LA CIVILIZACIÓN EN EXTREMO ORIENTE: CHINA, COREA Y JAPÓN

La historia en Extremo Oriente empezó en China, donde surgió la civilización más antigua de la zona y la primera en descubrir el uso de la escritura. La cultura china tuvo una influencia decisiva sobre los pobladores de los territorios vecinos, como la península de Corea o el archipiélago de Japón, que, no obstante, terminaron por desarrollar sus propias civilizaciones.

Según la tradición china, el periodo más antiguo de su historia es el de los Tres Augustos y los Cinco Emperadores, que son gobernantes de carácter mitológico que habrían existido antes de la dinastía Xia, entre los años 2852 y 2070 a. C. Aunque las historias que se cuentan sobre estos personajes tienen carácter legendario, asegurando que vivían cientos de años y que eran capaces de realizar hechos milagrosos, es posible que el origen de estas leyendas se encuentre en reyezuelos o jefes tribales del tercer milenio a. C., que consiguieron varias victorias militares antes de la unificación bajo la dinastía Xia.

La propia dinastía Xia (aprox. 2070-1600 a. C.) se encuentra también a caballo entre la historia y la mitología. Según la leyenda, el último de los Cinco Emperadores encargó a los jefes de la tribu Xia que construyeran diques para controlar las inundaciones del río Amarillo. Estos no solo ejecutaron con éxito la tarea, sino que implementaron un sistema agrícola sin precedentes que trajo enorme prosperidad a toda la región, motivo por el que el emperador decidió legar el trono al jefe de los Xia, que fue el primero en hacer el cargo hereditario. Probablemente, los Xia lograron controlar a las distintas tribus situadas al oeste de la actual Pekín y unificarlas bajo su mandato.

La dinastía Shang (aprox. 1600-1046 a. C.) se fundó cuando su primer líder derrotó a los Xia en la batalla de Mingtiao, se hizo con el control de sus territorios y se expandió por todo el valle del río Amarillo. Fue la primera dinastía de cuya existencia hay constancia histórica documentada gracias al descubrimiento en los restos de la ciudad de Yin de una serie de huesos de animal y conchas de tortuga con los primeros ejemplos de escritura china conocidos hasta el momento. La mayor parte de estos objetos se empleaban para la adivinación a modo de oráculo. Estas inscripciones también han permitido conocer que en ese periodo se practicaba la caza, la agricultura y la pesca. Según algunos de los grabados con varias representaciones de soberanos embriagados o entregados a conductas licenciosas, los últimos gobernantes de esta dinastía se dejaron llevar por el hedonismo. Con el paso del tiempo la dinastía Shang languideció y fue sustituida por la Zhou.

La dinastía Zhou (1046-221 a. C.) fue la más longeva de la antigüedad en China, aunque posiblemente también la más convulsa. Tradicionalmente está dividida en dos periodos: el de los Zhou occidentales, que se extendió hasta el año 711 a. C., y el de los Zhou orientales, que duró hasta el año 221 a. C.

Los Zhou occidentales derrotaron a la dinastía Shang en la batalla de Muye, en lo que se consideró la transición de unos soberanos corruptos a una dinastía de reyes virtuosos. Se mantuvo la capital en la ciudad de Yin por razones ceremoniales y se estableció un sistema de corte feudal llamado *fengjian*, que dividía la sociedad en cuatro tipos de personas, dependiendo de su origen y oficio, y establecía relaciones de vasallaje. Durante esta época se desarrolló también la teoría del mandato del Cielo, que establece que solo los gobernantes dignos y virtuosos, que actúan por el bien de su pueblo, gozan de la bendición de los dioses y, por tanto, son aptos para reinar. Un gobernante sin el mandato del Cielo es susceptible de ser derrocado sin que el que cometa tal acto reciba castigo de los dioses.

En el año 711 a. C. se organizó una rebelión de varios señores feudales contra el rey Zhou, que se vio obligado a desplazar la capital a la ciudad de Chengzhou (actual Luoyang). Aunque la dinastía real mantuvo el poder de forma nominal, el poder auténtico lo ejercían los nobles locales, que dividieron el territorio en más de 170 pequeños estados. Es el periodo de las Primaveras y de los Otoños, durante el cual vivieron dos de los grandes sabios chinos fundadores de las principales escuelas filosóficas del país: Confucio y Lao-Tse, creador del taoísmo.

Hacia el año 476 a. C., siete reinos lograron consolidarse como las entidades más importantes en el territorio de China cuando conquistaron o sometieron bajo su mandato a los demás, aunque el rey de la dinastía Zhou seguía manteniendo un papel simbólico y ceremonial. Es el llamado periodo de los Reinos Combatientes, ya que estos siete reinos lucharon entre sí durante dos siglos y medio, hasta que uno de ellos, el de la dinastía Qin, logró imponerse sobre el resto, acabó con la dinastía Zhou y su rey asumió el título de emperador, que hasta ese momento había estado reservado solo para los gobernantes mitológicos anteriores a la dinastía Xia.

Se inició así la dinastía Qin[17] (221-206 a. C.), que inauguró la época imperial china y tuvo una duración de tan solo 15 años. En esta época se crearon grandes infraestructuras y se afianzó el poder del emperador sobre todo el territorio chino. Debido a un conflicto dinástico, los Qin fueron muy pronto sustituidos por los

---

17. Qin Shihuang (259-210 a. C.) fue el primer emperador de China y promotor de uno de los logros más sorprendentes de toda su civilización: el inicio de la construcción de la Gran Muralla. Durante su época se construyeron los famosos guerreros de terracota que se conservan en la ciudad de Xi'an. Llevó a cabo también una importante labor unificadora, implantando el sistema de selección de funcionarios que, en cierta medida, perdura hasta la actualidad. Qin Shihuang sigue considerándose uno de los fundadores de la nación china.

Han (206 a. C.-220 d. C.), cuyo reinado duró más de cuatro siglos. La dinastía Han está considerada como un periodo dorado de la historia china, cuya influencia cultural aún permanece. Esta dinastía da nombre al grupo étnico mayoritario en la China actual.

El nuevo clan reinante respetó en gran medida la estructura administrativa ideada por los Qin, aunque fue más allá dividiendo el imperio en 13 comandancias más una zona adicional que incluía la capital de Chang'an, sujeta a control directo por parte del emperador[18]. El gobierno de la dinastía Han suele dividirse en dos periodos: los Han occidentales, con capital en Chang'an, y los Han orientales, que mantuvieron un control menos efectivo sobre el territorio y desplazaron la corte al este, cerca de la actual Luoyang. Entre ambos periodos, existió un periodo intermedio protagonizado por el usurpador Wang Mang (45 a. C.-23 d. C.), que instauró su propia dinastía, llevó a cabo grandes reformas económicas y trató de organizar un Estado basado en el pensamiento confuciano.

El periodo Han Occidental se caracterizó por la prosperidad económica y cultural, así como por la expansión de las fronteras y la apertura de rutas comerciales con Asia Central y con la India, entre ellas, la Ruta de la Seda, que fue la responsable de la entrada del budismo en China. Durante la dinastía Han Oriental, el poder de los emperadores fue debilitándose poco a poco hasta que alcanzó su punto más bajo con la Rebelión de los Turbantes Amarillos, que se saldaría con la abdicación del emperador y la división de China en tres reinos.

El periodo de los Tres Reinos (220-280 d. C.) se extendió a lo largo de 60 años, durante los cuales los tres clanes rivales lucharon entre sí para imponerse al resto. La dinastía Jin (280-304) fue la que resultó vencedora y, a pesar de las dificultades, logró mantener la nación unida durante apenas un cuarto de siglo, cuando China volvió a dividirse en pequeñas unidades rivales, dando lugar al periodo de los Dieciséis Reinos (304-439), una época caracterizada por la fragmentación política y el caos, y marcada por conflictos entre reinos que no lograron sobrevivir de manera duradera.

---

18. La emperatriz Lu Zhi (241-180 a. C.) es reconocida como una de las primeras gobernantes Han y también la primera mujer que reinó en China. Lu fue la primera consorte en ostentar oficialmente el título de emperatriz. Tras la muerte de su esposo fue honrada con el título de magnífica emperatriz viuda. Durante el reinado de su hijo y del sucesor de este, Lu Zhi fue quien ostentó el auténtico poder en China.

Durante los casi 25 siglos que transcurrieron desde la fundación de la dinastía Xia hasta el periodo de los Dieciséis Reinos, se sentaron las bases de la cultura china que han perdurado hasta la actualidad. Se desarrolló la escritura, partiendo de los primeros pictogramas que aparecieron en los huesos de la ciudad de Yin hasta la escritura china tradicional basada en los caracteres. Desde un punto de vista religioso, coexistieron en el tiempo y en el espacio la religión tradicional china que veneraba a las divinidades del cielo con las escuelas filosóficas taoísta, confucianista y budista. También se creó un sistema de administración que se considera la base de la actual burocracia, donde el mérito y la capacidad primaban sobre la clase en la que se hubiera nacido. Los antiguos chinos realizaron también importantes avances científicos y tecnológicos en campos tan diferentes como la astronomía, la navegación, la ingeniería o la medicina. En la antigua China se inventó la pólvora, que no tuvo uso militar, sino para fabricar fuegos artificiales, así como un antecesor de la imprenta.

Fue una de las civilizaciones más avanzadas de su época, que ejerció una influencia determinante sobre vecinos como Corea o Japón y que envió misiones comerciales a lugares tan lejanos como el mar Mediterráneo.

En Japón la presencia de humanos modernos se remonta a más de 35 000 años. La primera etapa de la historia japonesa se conoce con el nombre de periodo Jomon, que se extendió del año 11 000 al 500 a. C., y en historiografía convencional correspondería con una civilización neolítica. En ese periodo se desarrollaron la agricultura, la ganadería y la pesca, así como el uso de cerámica, aunque no se dio

Historia sin hechos demostrados

La historiografía antigua japonesa está recogida en los libros *Kojiki* y *Nihonshoki*, que supuestamente se compusieron mediante tradición oral y fueron recopilados por escrito en torno al siglo VIII d. C. El *Kojiki* se remonta a la creación del mundo por parte de los dioses. Según estas fuentes, el primer emperador del Japón fue Jinmu Tenno (660-585 a. C.), aunque, al igual que en otras culturas, hoy en día se considera que ni él ni sus primeros sucesores tuvieron existencia histórica. El primer emperador del cual existe cierta evidencia empírica fue Ojin, que reinó en torno al siglo IV a. C.

el paso de trabajar los metales. Se desconoce prácticamente todo sobre su cultura y modo de vida, aunque hay indicios de que existía un inicio de comercio entre los distintos asentamientos. Más tarde se abrió el periodo Yayoi, que se extendió hasta el año 300 d. C. y estuvo definido por dos avances importantes: el cultivo del arroz y el uso del metal. Se cree que llegaron inmigrantes, procedentes del continente, que provocaron un choque cultural con los nativos que generó una nueva sociedad estamental en la que se practicó el caciquismo. En esta época aparecieron las primeras menciones a Japón en los documentos chinos.

En cuanto a la península de Corea, su historia se remonta al año 2333 a. C., cuando el legendario rey Dangun fundó el primer reino, llamado Gojoseon. Los restos arqueológicos sugieren que en aquella época comenzaron a establecerse las primeras ciudades-Estado, que se fueron consolidando en entidades políticas de mayor tamaño que, con el tiempo, fundaron el periodo de los Tres Reinos de Corea.

LOS OLMECAS

La civilización olmeca, situada en el periodo preclásico de Mesoamérica, se desarrolló aproximadamente entre el siglo XXX y el año 400 a. C. entre el sudeste del actual estado de Veracruz y el oeste de Tabasco (México). Se trató de una de las civilizaciones más antiguas de América, cuya cultura y religión se encuentran en la base de muchas civilizaciones posteriores. Entre otros avances, se les atribuye el invento del calendario, la escritura y la epigrafía.

La historia de los olmecas es prácticamente desconocida, ya que los documentos escritos que se han conservado son muy escasos. Su presencia en Mesoamérica se articuló en torno a tres centros ceremoniales: San Lorenzo, La Venta y Los Tres Zapotes. A través del estudio de los restos arqueológicos ha sido posible reconstruir al menos una mínima parte de su historia.

San Lorenzo fue el centro más antiguo, cuyo apogeo se sitúa en torno al año 1150 a. C. Se construyó sobre una plataforma artificial de unos 50 metros de altura sin perímetro regular, que podría ser el antecedente de las pirámides mesoamericanas posteriores. Allí se han encontrado cerca de 50 esculturas de piedra, muchas de tamaño colosal. La zona también presenta numerosos montículos de pequeña envergadura que parecen coincidir con las últimas fechas de ocupación olmeca.

Algunos de estos montículos ya presentaban indicios del modelo de vivienda posterior que se desarrollaría en Mesoamérica: un patio central alrededor del cual se distribuían las habitaciones. Hacia el año 900 a. C., San Lorenzo fue saqueada por invasores de origen desconocido. Algunas de las cabezas monumentales fueron profundamente dañadas, otras enterradas y otras se cree que fueron trasladadas a otro centro ceremonial.

La Venta fue el centro ceremonial más importante de la civilización olmeca, ya que llegó a contar hasta con 20 000 habitantes. Su periodo de mayor desarrollo se sitúa entre el año 1200 y el 400 a. C. Allí se encuentra la pirámide más antigua de América, así como cabezas colosales semejantes a las de San Lorenzo y unos tronos de piedra maciza. Para realizar estas obras de arte, los habitantes de La Venta debieron transportar la piedra desde la Sierra de los Tuxtlas, a decenas de kilómetros, ya que el área donde se ubicaba la ciudad era de carácter pantanoso. Hacia el año 400 a. C., la ciudad fue abandonada, posiblemente debido a cambios climatológicos que obligaron a la población a emigrar hacia la costa del Pacífico.

Centro ceremonial

La pirámide de la Venta, la más antigua del continente, tiene unos 30 metros de altura y 128 metros de diámetro. Para su construcción se utilizaron alrededor de 100 000 metros cúbicos de barro cocido. La superficie exterior tiene diez entrantes y diez salientes que proporcionan a la estructura una forma redondeada. Estaba decorada con esculturas colosales que representaban animales mitológicos y contaba con una escalinata central que permitía ascender hasta lo más alto. Aunque se desconoce su finalidad, parece que podría haber tenido una función astronómica y religiosa.

El centro ceremonial de Los Tres Zapotes fue el último en desarrollarse. Se fundó en torno al año 1000 a. C., pero sobrevivió a los otros centros ceremoniales y continuó creciendo y expandiéndose más allá del periodo puramente olmeca, adentrándose en la época clásica. Así, Los Tres Zapotes es uno de los eslabones que enlazan la civilización olmeca con la edad dorada de Teotihuacán.

La religión olmeca desarrolló algunos elementos que estarán presentes en las culturas posteriores de toda Mesoamérica. Hay constancia de que se adoraban distintos fenómenos naturales, como la lluvia, los volcanes, la propia tierra o el Sol. También poseían dioses con forma de animal: el jaguar, la serpiente emplumada, el dragón olmeca y también mezclas de varias especies que daban lugar a seres mitológicos. Prácticamente todos ellos estarán presentes más tarde en Teotihuacán y en las civilizaciones maya y azteca.

En cuanto a la escritura, las primeras inscripciones olmecas se remontan al año 900 a. C., lo que la convierte en la más antigua de América. Combinaron glifos con escritura epigráfica, y aunque se han descifrado algunas partes, aún sigue sin conocerse del todo su significado. El arte olmeca es uno de los elementos más conocidos de esta cultura, sobre todo por las cabezas de tamaño colosal, y también altares, estelas, tronos e incluso máscaras de jade. Los olmecas desarrollaron asimismo el primer calendario mesoamericano y pudieron hacer grandes avances en el ámbito de la astronomía. Ambos inventos se aplicaron al desarrollo de una agricultura muy sofisticada.

LA CULTURA MAYA

La civilización maya fue una de las culturas más longevas y de mayor extensión territorial de todo el continente americano. Entre sus muchos logros destacan la invención del sistema de escritura más desarrollado de la zona, su arte, su arquitectura, su compleja mitología, así como sus avances en los campos de astronomía y matemáticas.

La historia maya suele dividirse en tres periodos: el preclásico, el clásico y el posclásico. Estos vienen precedidos por un periodo arcaico que se remonta al año 8000 a. C., cuando se establecieron los primeros asentamientos humanos en la zona y comenzó el desarrollo de la agricultura y la ganadería. El periodo arcaico corresponde, por tanto, a la época neolítica, según la historiografía convencional.

Aunque el inicio del periodo preclásico suele remontarse al año 2000 a. C., fue en torno al 950 a. C. cuando los mayas abandonaron el estilo de vida nómada y comenzaron a fundar los primeros asentamientos estables que, poco a poco, se expandieron hasta formar auténticas ciudades-Estado. Nakbé es la ciudad maya más antigua de la que existen restos arqueológicos. La ciudad ya contaba con la arquitectura monumental, los grandes edificios decorados y las calzadas que caracterizarían a las ciudades mayas posteriores. En esta época se introdujo el uso de la alfarería, así como de la escritura y del calendario. También se desarrolló el comercio, principalmente entre las propias ciudades mayas, aunque también con algunas civilizaciones vecinas, como es el caso de los olmecas. Alrededor del siglo I d. C., la civilización maya entró en decadencia por motivos desconocidos y muchas de las ciudades-Estado desaparecieron, aunque otras sobrevivieron a la crisis y continuaron su desarrollo en el siguiente periodo.

El periodo clásico se inició alrededor del año 200 d. C. y se extendió hasta el 900. Durante esta época, los mayas alcanzaron su máximo esplendor político, económico y cultural. El número de ciudades-Estado se multiplicó y estas adquirieron dimensiones aún más monumentales, con grandes templos, palacios, pirámides y enormes avenidas. Las más grandes llegaron a tener entre 50 000 y 120 000 habitantes y las relaciones entre sí no siempre fueron pacíficas. Solían tener un gobierno de corte monárquico, con un cacique que ostentaba un poder de origen divino.

La lejana Teotihuacán, ubicada en el valle de México, tuvo un contacto estrecho con algunas de las ciudades mayas, a veces en forma de comercio y otras de guerra. En el año 378, Tikal sufrió el ataque de una misión enviada por Teotihuacán, que depuso al cacique reinante e impuso un gobierno títere. Entre las ciudades mayas, la gran enemiga de Tikal era la ciudad de Calakmul. Ambas desarrollaron un intrincado sistema de vasallaje que conformó dos bloques rivales que se enfrentaron durante décadas.

Arquitectura maya

La ciudad de Tikal fue uno de los centros urbanos más importantes de la civilización maya. Aunque sus orígenes se remontan al siglo IV a. C., su época de mayor apogeo sucedió entre el año 200 y el 900 d. C. Tikal destaca por la cantidad y variedad de restos de arquitectura monumental maya: calzadas, pirámides, templos y palacios. Especialmente emblemático es el Templo del Gran Jaguar, una edificación funerario-ceremonial que se ha convertido en símbolo de la civilización maya.

Durante el siglo IX, la civilización maya sufrió un gran colapso por causas desconocidas, aunque los estudios actuales parecen indicar que coincidieron varios factores, como las luchas intestinas, el exceso de población y la coincidencia con un periodo de sequía. Las principales ciudades fueron abandonadas una vez más y cayeron en el olvido.

La civilización maya nunca contó con un gobierno unificado, sino que cada ciudad-Estado actuaba de modo independiente. Sí hubo algunas ciudades, como Tikal, Calakmul y Mayapán, que extendieron su poder más allá de sus fronteras y crearon redes de alianzas mediante un sistema de corte semifeudal. Especialmente durante el periodo clásico, el rey ejercía un poder absoluto y ocupaba también la cima de la casta sacerdotal. La sociedad, por su parte, estaba estrictamente dividida entre una élite de naturaleza nobiliaria o religiosa y el común de los ciudadanos. La tierra pertenecía a las castas nobles, que a su vez daban trabajo a los plebeyos como campesinos.

La guerra fue una constante en la civilización maya, ya que las ciudades-Estado luchaban constantemente entre sí y con enemigos externos, como es el caso de Teotihuacán. El rey solía dirigir en persona la batalla. Cuando una ciudad era derrotada, era habitual que sus habitantes fuesen sacrificados a los dioses de la guerra, o bien convertidos en esclavos. Los guerreros solían pertenecer a las clases aristocráticas y no solían servir a tiempo completo, sino que tomaban las armas solo en caso de guerra.

El comercio fue otro de los elementos fundamentales de la civilización maya, tanto dentro del propio territorio como con pueblos vecinos en todo el Caribe, Panamá e incluso Colombia. La base de la economía fueron la agricultura y la ganadería, aunque en las ciudades costeras también se practicaba la pesca.

La cultura maya experimentó un extraordinario desarrollo. Los mayas no hablaban una sola lengua, sino varios idiomas derivados de un tronco común que se denomina protomaya y que se remonta al año 2000 a. C. Desarrollaron un complejo sistema de escritura jeroglífica compuesto por unos 500 glifos, de los cuales aproximadamente 200 tienen carácter fonético. La ciencia dio grandes pasos en campos como la astronomía y las matemáticas, conocimientos que fueron aplicados al perfeccionamiento del calendario. La arquitectura fue uno de los elementos más distintivos de toda su cultura. Los mayas construyeron una considerable variedad de estructuras[19] que incluyen palacios, acrópolis, pirámides y templos en los que combinaban el uso de piedra y barro cocido.

La religión y mitología mayas se conocen gracias a tres textos sagrados: el *Popol Vuh*, que narra la creación de la Tierra y del primer hombre, y los libros de *Chilam Balam* y *Las crónicas de Chacxulubchen*. En cuanto a su concepción del universo, compartían con otras tradiciones el mito del diluvio al considerar que antes de su mundo habían existido otros que fueron destruidos[20]. Su religión, en manos de los sacerdotes, se caracterizaba por el naturalismo y el dualismo: tanto el bien como el mal son divinos y no prima necesariamente uno sobre el otro. Al igual que el resto de culturas mesoamericanas, creían que un amplio panteón de dioses y subdioses dirigían la existencia humana de forma implacable e incluso sangrienta.

LOS PUEBLOS CELTAS E IBEROS

Los pueblos celtas no supusieron una unidad política, religiosa ni cultural. Actualmente, la palabra celta tiende a referirse a un grupo de culturas variopintas que compartían el uso de las llamadas lenguas celtas, que comprenden el galo, el britónico, el gaélico o el celtibérico. Combinando las evidencias históricas, genéticas, lingüísticas y arqueológicas, puede afirmarse que los pueblos celtas habitaron gran parte de Europa Occidental durante el primer milenio a. C. hasta su asimilación por parte del Imperio romano.

El origen de los pueblos celtas está muy discutido. Existen evidencias de que podrían haber evolucionado a partir de la cultura de los campos de urnas, que se

---

19. El juego de pelota fue un deporte practicado por la mayor parte de los pueblos mesoamericanos desde el año 1400 a. C. hasta la llegada de los españoles. Además de formar parte de la vida diaria de olmecas, mayas y aztecas, el juego de pelota cumplía funciones rituales y servía para solucionar disputas entre clanes o incluso dentro de una misma familia. Se empleaba una pelota elaborada con caucho y resinas de unos 30 cm de diámetro y algo menos de 3 kg de peso.
20. El mito recogido en el *Popol Vuh* sobre el origen del hombre cuenta que este fue creado por decisión de los dioses. El primero fue hecho de barro, sin ningún éxito por la blandura del material. Posteriormente, se talló otro en madera, un intento igualmente infructuoso. El último se formó de maíz, y esta vez se obtuvo el éxito deseado; no en vano el maíz es alimento sagrado para los mayas.

extendió por gran parte de Europa, incluida la península ibérica, entre el año 1250 y el 750 a. C. Según esta teoría, los protoceltas habrían evolucionado a la cultura de Hallstatt (actual Austria) y después a la de La Tène (Suiza) para finalmente expandirse por distintas partes de Europa. En la península ibérica, los celtas coexistieron con los iberos y de cuyo mestizaje nacieron los celtíberos. Sin embargo, hay datos contradictorios que sugieren que los llamados pueblos celtas podrían tener un origen diverso tanto en el este como el centro y oeste de Europa, aunque compartirían un sustrato común que se remonta al Neolítico.

El primer registro histórico de la palabra celta se remonta a Hecateo de Mileto, que lo empleó en el año 517 a. C. para referirse a un pueblo que habitaba en la actual zona de Marsella. En el siglo V a. C., Heródoto llamó celtas a los habitantes del valle del Danubio y a las tribus de Europa Occidental. En el año 390 a. C., los galos cisalpinos liderados por su rey Breno (siglo IV a. C.) llegaron a saquear Roma.

Ya en el siglo I a. C. Julio César escribió que los galos eran en realidad uno de los diferentes pueblos celtas, entre los que cabía citar a los celtíberos, diferentes de los propios iberos o de los lusitanos. César había luchado contra ellos durante su conquista de la Galia, así como en sus campañas en la península ibérica y en las islas británicas. Los romanos conquistaron y asimilaron casi por completo a los distintos pueblos celtas.

En el año 476 d. C., en la última época del Imperio romano, los celtas solo permanecían en algunas partes del noroeste de Francia, Irlanda, Gales y Escocia. Durante el transcurso de la Edad Media, reforzaron su control de Escocia e hicieron varios intentos de ampliar su territorio en Inglaterra.

La lengua fue, quizá, el principal rasgo definitorio compartido por todos los pueblos celtas. Su origen se remonta al protoindoeuropeo y en general se divide en dos grandes familias: las lenguas celtas continentales y las insulares. En ambos

Alfabeto paleohispánico

Los bronces de Botorrita, de origen celtíbero, son los textos en lengua celta antigua más extensos que se conservan. Están escritos en alfabeto paleohispánico y se cree que son documentos procedentes de un juzgado. Aunque aún no han podido ser traducidos, se ha avanzado bastante en la identificación de los distintos signos.

casos, los ejemplos de piezas escritas en celta antiguo que se han conservado hasta la actualidad son bastante escasos. En las islas británicas, ya en la Edad Media, se produjo un desarrollo de las lenguas celtas que ha llegado hasta el presente.

La cultura celta fue extraordinariamente variada. Hay algunos rasgos artísticos más o menos comunes. En el arte céltico insular se dio una gran tendencia a los motivos geométricos, con zoomorfismo y preponderancia de lo ornamental sobre el contenido. Sus motivos característicos de lazos y espirales están muy influenciados por los vikingos. En cuanto al arte celta continental, destacan los castros celtíberos, así como las esculturas en piedra de animales como los Toros de Guisando.

La religión de los antiguos celtas no es muy conocida, ya que seguramente cada pueblo celta tenía sus propias divinidades, y la mitología que se conserva ha llegado muy distorsionada a la actualidad tras sufrir influencias romanas, vikingas, cristianas e incluso de la época del Romanticismo. El fenómeno del druidismo es conocido en gran parte por las descripciones de los autores romanos, que hablaban de los druidas como una casta de sacerdotes que se encargaban de oficiar los rituales del culto, de la enseñanza de los niños y que, en ocasiones, llevaban a cabo sacrificios humanos. La mitología irlandesa es una de las mejor conocidas gracias a obras literarias como el *Ciclo del Úlster*, que, sin embargo, fueron compuestas ya en la Edad Media.

En cuanto a los iberos, parece probable que su origen sea el mismo que el de los pueblos celtas: la cultura de los campos de urnas. En su periodo de mayor expansión ocuparon la mitad oriental de la península ibérica, desde el Mediodía francés hasta el Algarve portugués. Es muy poco lo que se sabe de la historia de los iberos, más allá de que su cultura se fusionó con la de los celtas para dar origen a los celtíberos. Existen referencias por parte de autores griegos y romanos que hablan de los iberos, vinculándolos en ocasiones con Tartessos, que los griegos consideraron que era la primera civilización propiamente europea. El historiador Arriano aseguró que los iberos formaron parte del conjunto de pueblos europeos que enviaron una delegación a Alejandro Magno en el año 324 a. C. para pedirle su amistad. Con la llegada de los romanos en el siglo I a. C., ambos pueblos se asimilaron culturalmente con los invasores, dando pie a una sociedad relativamente homogénea.

Los restos arqueológicos nos han permitido hacernos una idea de la sociedad ibera, que era rígidamente estamental y cuyas castas militar y sacerdotal revestían una gran importancia.

El idioma ibero ha llegado hasta la actualidad a través de inscripciones realizadas en placas de plomo. Los iberos utilizaron varios sistemas de escritura, todos ellos descifrados por haber sido compartidos con otras lenguas, aunque el ibero en sí no ha podido ser traducido. El arte ibérico tuvo sus mejores ejemplos en obras escultóricas de piedra y bronce[21], o bien de madera y barro cocido. Destacó también la cerámica, que se desarrolló a partir de la introducción del torno de alfarero a través del contacto con los fenicios. Su religión continúa siendo muy desconocida, aunque se sabe que adoraban a espíritus animales, como toros, lobos, linces, o buitres. En cuanto a los enterramientos, heredaron el rito de la incineración de la cultura de los campos de urnas. Conservaban las cenizas de los difuntos en recipientes más o menos ornamentados que solían ser enterrados en túmulos junto con ofrendas destinadas a la otra vida.

Los iberos tuvieron contacto con diversas culturas del Mediterráneo, de las cuales recibieron poderosas influencias. Los fenicios fundaron colonias en la costa levantina de la península ibérica para poder comerciar con los iberos e intercambiar productos manufacturados por materias primas, fundamentalmente metales. Los griegos también crearon colonias cerca de los asentamientos iberos, a los cuales exportaron tanto el alfabeto como el uso de la moneda. En cuanto a los cartagineses, tras la derrota frente a Roma en la primera guerra púnica (264-241 a. C.) fundaron un nuevo imperio en la península ibérica enfrentándose militarmente a los iberos y sometiendo a vasallaje a muchos de sus reyes y caciques.

Los iberos, al igual que el resto de pueblos peninsulares, desaparecieron tras la conquista romana de todo el territorio en el siglo I a. C., cuando pasó a convertirse en provincia romana.

---

21. La Dama de Elche es una de las esculturas más representativas del arte ibero. Data de los siglos V o IV a. C. y está realizada en piedra caliza. Se trata de un busto femenino que representa a una dama ricamente ataviada, cuyo rostro muestra unas facciones muy detallistas. En la cabeza lleva un tocado compuesto por una tiara cubierta por un velo, una diadema sobre la frente y dos rodetes laterales que enmarcan el rostro. En la parte posterior presenta una cavidad que ha permitido deducir que su uso fue funerario y se empleaba como recipiente para conservar cenizas humanas.

LOS FENICIOS Y SUS COLONIAS COMERCIALES: EL ÉXITO DE CARTAGO

La civilización fenicia o púnica se extendió desde su origen en Canaán, en el territorio de los actuales Líbano, Siria, Israel y Palestina, para fundar colonias comerciales por toda la cuenca sur del Mediterráneo, en el norte de África, Sicilia, Cerdeña, las islas baleares y la costa levantina de la península ibérica. Fenicia creó uno de los mayores imperios comerciales de la historia que fue pionero en técnicas de navegación. Los fenicios, además, inventaron el alfabeto que más tarde serviría de modelo para los griegos.

El origen del pueblo fenicio se remonta al año 2000 a. C., momento en que convivieron con otros pueblos del Creciente Fértil, como Sumeria, Babilonia e incluso el Imperio hitita. En la zona de Canaán empezaron a multiplicarse asentamientos costeros con una cultura y una lengua comunes que mostraban un especial interés por la navegación. La geografía de sus costas, óptima para la construcción de puertos, y la madera de sus bosques les brindaban los elementos básicos para construir barcos y organizar auténticas compañías de navegación. Estos asentamientos fueron evolucionando para formar ciudades-Estado, como Tiro, Biblos o Sidón, que aunque no guerreaban entre sí, nunca llegaron a presentar una unión política. En la propia Fenicia han quedado pocos restos que permitan conocer la historia de este pueblo, por lo que mucho de lo que se sabe de ellos ha llegado a través de las crónicas de sus vecinos.

Las primeras menciones de los fenicios provienen de Egipto, cuando el faraón Tutmosis III (¿?-1425 a. C.) invadió la zona en torno al 1500 a. C. A mediados del siglo XIV a. C., las ciudades de Tiros, Sidón y Biblos gozaban de un estatuto de alianza especial con los egipcios. Hacia el año 1200 a. C., la llegada de los llamados pueblos del mar sacudió la mayor parte de las civilizaciones de la región. Los fenicios lograron beneficiarse de la crisis sufrida por Egipto y por los hititas al emerger como el único imperio comercial con la flota marítima más potente de toda la región, un estatus que lograron mantener durante los siguientes ocho siglos.

Se estima que la época de mayor apogeo de la civilización fenicia se extiende desde el año 1200 hasta el 350 a. C. El poder fenicio descansaba enteramente sobre el comercio, que en un principio consistía en el trueque de los productos elaborados en Fenicia por las mercancías disponibles en otros lugares o, directamente, por materias primas[22].

La expansión del comercio llevó a los fenicios a una mejora continua de sus técnicas de navegación, estableciendo una talasocracia, o gobierno de los mares, que les permitía controlar comercialmente la práctica totalidad del Mediterráneo. Durante sus largos viajes, los mercaderes fenicios necesitaban abastecerse en distintos puntos del recorrido. Con el tiempo, esas escalas fueron transformándose en establecimientos permanentes que permitieron el almacenamiento y el comercio estable con los pueblos indígenas que la historiografía denomina colonias comerciales. En su empeño por alcanzar la supremacía marítima, los fenicios encontraron un digno rival en la civilización griega, que hacia la misma época había desarrollado avanzadas técnicas de navegación y creaba su propia red de colonias.

La colonización fenicia fue un fenómeno eminentemente comercial, aunque más tarde adquirió un carácter migratorio, cuando habitantes de toda Fenicia decidieron asentarse en estas colonias para buscar un futuro más próspero. También se establecieron colonias fenicias cerca de ciudades con mayor grado de civilización, donde obtenían concesiones, como, por ejemplo, la ciudad egipcia de Menfis.

Las colonias fenicias no tenían conciencia de pertenecer a una única civilización o imperio, sino que dependían funcionalmente de la ciudad-Estado que las había fundado. La mayor parte procedían de Tiro (colonias tirias), mientras Sidón (colonias sidonias) era la segunda en importancia. Existían algunas diferencias entre ambas. Los marinos procedentes de Sidón crearon asentamientos-almacenes amurallados sobre todo en la orilla norte del Mediterráneo, como Nápoles, Chipre, Creta y en la península ibérica, mientras que los de Tiro mostraron preferencia por la orilla sur, cuya colonia más destacada fue la de Qart Hadasht, futura Cartago.

---

22. Los fenicios fueron uno de los primeros pueblos antiguos en fermentar vino y expandir su tradición y cultura por todo el Mediterráneo. A través del comercio difundieron su conocimiento de la viticultura y de la producción de vino y propagaron las primeras variedades de vid por toda la región. Los fenicios tuvieron una influencia directa sobre las culturas griega y romana, que más tarde extendieron la viticultura por toda Europa. Los tratados agrícolas del escritor cartaginés Magón se consideran uno de los textos más antiguos sobre viticultura y fabricación de vino.

A partir del año 858 a. C., las metrópolis fenicias del Creciente Fértil comenzaron a sufrir el ataque de los grandes imperios del momento: Asiria, Babilonia y más tarde Persia. Cuando Ciro el Grande tomó Babilonia en el año 539 a. C., Tiro, Sidón, Biblos y el resto de ciudades-Estado fenicias tomaron la decisión de someterse a los persas. A partir de ese momento, el centro de gravedad de la civilización fenicia se trasladó a Cartago.

La fecha exacta de la fundación de Cartago se desconoce. La leyenda clásica atribuye su fundación a la princesa Dido (que fue amante de Eneas, escapado de Troya) en el año 814 a. C., y los restos arqueológicos confirman que su origen se sitúa en ese entorno. En cualquier caso, la colonia fue creciendo paulatinamente hasta que en el siglo VII a. C. la caída de Tiro ante los asirios originó la huida de gran parte de su población hacia Cartago. A partir de este momento la ciudad gozó de un importante aumento demográfico, tanto que comenzó a fundar sus propias colonias.

Cartago heredó la rivalidad que siempre había existido entre fenicios y griegos. Conforme declinaba el poder de las ciudades-Estado fenicias, sobre todo tras su absorción por los persas, los griegos iban aumentando su empuje colonizador, especialmente en la Cirenaica (actual Libia), el sur de Italia y Sicilia. En muchos lugares, las nuevas colonias griegas absorbieron o destruyeron los pequeños establecimientos comerciales fenicios.

A principios del siglo VI a. C., Cartago se erigió en defensa militar y comercial del resto de colonias fenicias con la creación de una liga marítima. La agrupación de los púnicos en torno al poder de Cartago dio lugar al surgimiento de un imperio comercial en el norte de África, sur de la península ibérica y Cerdeña. Pronto Cartago inició un sistema de conquistas territoriales para frenar la expansión griega, fomentando la colonización y resistencia fenicias. Los cartagineses se aliaron con las poblaciones locales, como etruscos en Italia o iberos en la península ibérica, para hacer frente a la presencia griega. La batalla de Alalia en el año 537 a. C. es uno de los combates navales más antiguos que aparecen recogidos en la historia. En ella etruscos y cartagineses obligaron a los griegos a abandonar la isla de Córcega. Esta victoria supuso la firma de un tratado de amistad entre Cartago y la incipiente República romana.

El éxito cartaginés a la hora de garantizar la supervivencia de los antiguos enclaves fenicios los llevó a enfrentarse a los griegos en diferentes escenarios. Las llamadas guerras sicilianas sacudieron el Mediterráneo entre los siglos v y iv a. C. y continuaron consolidando la superioridad de Cartago frente a sus adversarios. Ya en el siglo iii a. C., Pirro de Epiro (318-272 a. C.) quiso organizar una potente ofensiva panhelénica contra la República romana, que se había extendido por el sur de Italia, y Cartago, que controlaba la práctica totalidad de Sicilia. Las hostilidades se saldaron con el fracaso de las tropas griegas, lo que consolidó el poder de Roma sobre toda Italia. Se puso así de manifiesto la naciente rivalidad entre Roma y Cartago al quedar como las principales potencias del Mediterráneo.

¿Victoria o derrota?

Pirro de Epiro logró una primera victoria frente a las fuerzas cartaginesas en Sicilia en el 280 a. C. Sin embargo, sus tropas y recursos quedaron tan mermados tras la batalla que los griegos fueron rápidamente aniquilados por los romanos. En honor a ese episodio histórico se utiliza la expresión «victoria pírrica» para aludir a aquella que compromete tanto los recursos del ganador que es equiparable a una derrota.

Tras la derrota de Pirro, Roma se anexionó rápidamente las colonias griegas del sur de Italia, quedando así rodeada comercialmente por asentamientos púnicos. Cartago, por su parte, continuó enfrentándose a los griegos en la ciudad de Siracusa, en Sicilia. En el año 264 a. C., los romanos decidieron intervenir para evitar la hegemonía cartaginesa en la isla, lo que dio origen a la primera guerra púnica, que duró hasta el año 241 a. C. con enormes pérdidas para las dos partes. El enfrentamiento se saldó con la derrota de Cartago, que se vio obligada a pagar cuantiosas reparaciones de guerra, mientras la República romana se anexionaba Sicilia como provincia y se consolidaba como la principal potencia del Mediterráneo.

La derrota cartaginesa se vio seguida de inmediato por una revuelta interna, la guerra de los mercenarios, que se sublevaron cuando el Senado de Cartago se negó a pagarles su soldada dados los pobres resultados de la contienda. Aunque Roma desempeñó en un principio un papel neutral, pronto aprovechó la debilidad de su rival para declararle nuevamente la guerra. En esta ocasión las dos potencias no llegaron a enfrentarse militarmente y la República romana logró que los cartagineses le cedieran las islas de Córcega y Cerdeña.

Tras verse desplazada por Roma de su área de influencia original, Cartago se lanzó a la conquista de la península ibérica, haciéndose con las minas de plata de Cartagena y Andalucía. Roma, recelosa de la expansión púnica en el extremo occidental del Mediterráneo, declaró una vez más la guerra a Cartago, lo que dio comienzo a la segunda guerra púnica. El general Aníbal (247-183 a. C.) lanzó una gran ofensiva que llegó hasta las puertas de la ciudad de Roma. Los romanos respondieron en la península ibérica y el general romano Escipión el Africano (236-183 a. C.) atacó la propia ciudad de Cartago obteniendo una gran victoria que acabó con el Imperio cartaginés como gran potencia.

El Senado romano, sin embargo, veía necesario erradicar por completo a Cartago y evitar que pudiera resurgir. Se declaró así la tercera guerra púnica, que acabó en el año 146 a. C. con la destrucción de la ciudad de Cartago.

La cultura fenicia sirvió de nexo entre las distintas civilizaciones, pueblos y culturas del Mediterráneo. Gracias a su intensa actividad comercial, lograron que tecnologías, tendencias artísticas e incluso religiones de lugares lejanos se influyeran mutuamente. Destacó por la invención del alfabeto, que en principio constaba solo de consonantes, pero que más tarde incorporó las vocales. Su método de escritura se impuso en todo el Mediterráneo y está en la base del alfabeto griego y de los paleohispánicos, además del arameo. En cuanto a la religión, los dioses adorados por los fenicios varían de una ciudad a otra. En la ciudad de Sidón se veneraba a Astarté, Eshmún y Baal, mientras que en Tiro adoraban a Melkart, dios de la agricultura, de la vida y de la muerte.

Deidades con influencia

Las deidades fenicias tuvieron influencia sobre otros pueblos mediterráneos, entre ellos, los israelíes. Por ello, figuras como Baal o Astarté pasaron a la Biblia como demonios. La primera denominación del estrecho de Gibraltar, conocido por los griegos como las Columnas de Hércules, fue las Columnas de Melkart. Moloch, que también aparece mencionado en la Biblia como receptor de sacrificios infantiles, era el dios supremo de Cartago.

La cultura, lengua y religión cartaginesas fueron una continuación de la época fenicia, así como su modelo económico cimentado en el comercio. La sociedad era principalmente urbana y multiétnica, basada en el concepto de ciudadanía, que proporcionaba derechos políticos a los varones libres. El Imperio cartaginés comenzó como una monarquía en la cual unas pocas familias aristocráticas ostentaban el poder para evolucionar a una república regida por una asamblea de ciudadanos, que, no obstante, seguía teniendo carácter oligárquico.

EL IMPERIO PERSA AQUEMÉNIDA, LA PRIMERA SUPERPOTENCIA MUNDIAL

Se conoce como Imperio aqueménida al primer y más extenso de los imperios de los persas, que se extendió por Asia Menor, Oriente Medio, el Cáucaso, Asia Central y las costas helénicas entre los años 550 y 330 a. C. Sus enormes conquistas hicieron de Persia el imperio más grande que había existido hasta la fecha hasta convertirse, según algunos historiadores, en la primera superpotencia mundial.

Los orígenes de los persas se remontan a los pueblos iranios, como los partos y los medos, que se asentaron en Asia Central a principios del segundo milenio a. C. Hacia el año 1000 a. C., los medos crearon un imperio cuya existencia solo ha podido ser conocida gracias al relato de historiadores como Heródoto, algunos hallazgos arqueológicos puntuales y unas pocas referencias en textos asirios y babilonios. Los persas aparecieron por primera vez como un Estado vasallo de los medos.

Según la leyenda, la creación del reino persa corresponde a Aquémenes (siglo VII a. C.), un cacique de la tribu de Pasargada que logró aglutinar a los clanes persas bajo su mando, manteniendo el vasallaje respecto al Imperio medo. Tras cinco generaciones de reyes aqueménidas, fue Ciro II el Grande el que, según Heródoto, puso fin al sometimiento de los persas al Imperio medo cuando derrotó a su último rey entre el año 553 y 550 a. C. y fundó el Imperio aqueménida.

Durante los siguientes años Ciro emprendió la conquista de nuevos territorios, comenzando por Asia Menor, el reino de Lidia[23] y, finalmente, el imperio

23. Creso (aprox. 580-546 a. C.), rey de Lidia, fue el primer monarca conocido que acuñó moneda. Cuando Ciro lo derrotó, adoptó su costumbre, y así su reino se convirtió en el primer gran imperio que introdujo el dinero como herramienta para el comercio.

neobabilónico. La ciudad de Babilonia cayó en el año 539 a. C. Ciro asumió la titulatura regia babilonia, que incluía los títulos de rey de Babilonia, rey de Sumer y Acad y de todos los países. También conquistó Jonia, un fragmento de la costa de Anatolia que había estado tradicionalmente controlada por los griegos, lo que abrió un conflicto entre el Imperio persa y el mundo helénico que determinaría el resto de su existencia.

Ciro se presentó como liberador de las naciones conquistadas y tomó medidas como la protección de los cultos locales, respetando los sistemas políticos y religiosos, pero sometiéndolos al nuevo poder imperial. Tras su muerte, su hijo Cambises II (aprox. 550-522 a. C.) dirigió la conquista de Egipto, que probablemente ya había sido planeada por su padre, y asumió también el título de faraón. Cambises acabó suicidándose debido a una intriga palaciega y, tras un breve periodo de incertidumbre, subió al trono el rey Darío I (549-486 a. C.), que se vio obligado a pasar la mayor parte de su reinado sofocando rebeliones en distintos lugares del imperio, entre ellos, en Jonia, que recibió ayuda de la polis de Atenas. Darío se dedicó también a organizar el extenso territorio imperial. Reestructuró las satrapías, que ya existían desde el reinado de Ciro, y puso al frente de cada una de ellas a miembros de la familia real o de la alta aristocracia. También fundó nuevas ciudades, como Persépolis, donde estableció la capital imperial.

Además de continuar la expansión territorial hacia la India, Darío se enfrentó a los griegos en la primera guerra médica. En el año 490 a. C., Darío envió una flota a Grecia continental con el objetivo de castigar a los atenienses y sus aliados por haber enviado ayuda a Jonia. Los persas fueron derrotados en la batalla de Maratón, lo que obligó a Darío a trazar los límites de su imperio en Asia Menor.

El hijo y sucesor de Darío, Jerjes I (485-465 a. C.), decidió atacar por tierra a los griegos en lo que se conoce como la segunda guerra médica. El ejército persa penetró por el norte sin encontrar apenas resistencia, hasta que un pequeño contingente griego formado por guerreros de diferentes polis logró contenerlo durante tres días en las Termópilas. Aunque hubo enormes pérdidas para ambos bandos, los persas obtuvieron la victoria en la batalla de las Termópilas (480 a. C.), tras la cual Jerjes saqueó Atenas. Sin embargo, los griegos derrotaron a los persas en la batalla naval de Salamina, poniendo fin a la expansión persa en Europa.

Los sucesores de Jerjes tuvieron que hacer frente a continuos levantamientos en las satrapías, así como intrigas palaciegas que ponían en jaque la sucesión al

Un reinado amenazado

Darío III, el último soberano aqueménida, subió al trono persa prácticamente por casualidad. Su predecesor, Artajerjes III (425-338 a. C.), fue asesinado por el eunuco Bagoas, que deseaba situar al frente del imperio a un rey títere al que pudiera manejar. Eligió para este fin a Darío, un miembro relativamente lejano de la familia real. Cuando vio que su elegido era más independiente de lo deseado, Bagoas trató de envenenarlo, pero Darío lo obligó a beber su propia copa de veneno. Su reinado estuvo marcado por la amenaza exterior que suponía el reino de Macedonia, primero con Filipo II y, finalmente, con Alejandro Magno.

trono. El último rey persa aqueménida fue Darío III (aprox. 380-330 a. C.), que fue derrotado por Alejandro Magno, lo que puso fin a aquel imperio.

La organización política del Imperio persa aqueménida era muy compleja, ya que por primera vez se unieron bajo un mismo monarca naciones y etnias completamente diferentes. Cada satrapía gozaba de un elevado grado de independencia, sobre todo las de cultura y tradiciones más antiguas, como Egipto, Asiria o Babilonia, aunque todas rendían tributo al emperador. Para asegurar la unidad del imperio se creó una compleja red de calzadas que unían las principales ciudades y satrapías entre sí.

En gran medida, los persas adoptaron la cultura de los imperios que iban conquistando, principalmente de las ciudades mesopotámicas. El idioma persa antiguo no se escribía hasta que el rey Darío I ordenó inventar la escritura cuneiforme con el fin de realizar inscripciones monumentales. La lengua de más amplio uso era el arameo, que servía como lengua común en la mayor parte de las satrapías. Otras lenguas, como el egipcio o el griego, eran de uso estrictamente local. Del mismo modo, el arte persa se caracterizó por la fusión de estilos muy diferentes, fundamentalmente babilónicos, asirios y acádicos, pero también de otros territorios. Las principales manifestaciones artísticas son los palacios, que comenzaron a construirse a principios del siglo VII a. C. Cabe destacar que la escultura de bulto redondo perdió importancia frente a los bajorrelieves, imágenes decorativas con frecuencia de tamaño colosal.

Aunque los persas respetaron las tradiciones religiosas de los distintos pueblos que conquistaron, los aqueménidas se mantuvieron fieles a su propia religión, el mazdeísmo, que además gozó de una extraordinaria difusión por todo el imperio. Las doctrinas religiosas persas se remontan a la figura de Zoroastro, cuya existencia histórica no está demostrada y que podría haber vivido en cualquier momento entre el año 2000 y el siglo VII a. C. El dios supremo se denominaba Ahura Mazda, que dominaba el panteón, concentraba los atributos de las otras divinidades, pero no era el único dios al que se le reconocía existencia.

Cuando, seis siglos después de la conquista de Alejandro Magno, Ardacher I (180-242 d. C.) fundó el imperio persa sasánida, se consideró en gran medida heredero de los aqueménidas y se mantuvo fiel a la religión de Zoroastro.

ÁFRICA SUBSAHARIANA: LA EXPANSIÓN BANTÚ, EL REINO DE NOK Y EL PUEBLO YORUBA

Los pueblos bantúes, que en la actualidad se encuentran extendidos por la mayor parte de África subsahariana, tienen su origen hacia el segundo milenio a. C. en la zona del golfo de Guinea. Aunque se desconoce con certeza, es probable que la expansión bantú estuviera relacionada con la aparición de la agricultura intensiva y de la metalurgia del hierro en áreas del continente africano que hasta ese momento habían estado pobladas por tribus de cazadores-recolectores y ganaderos. Esta ventaja los llevó a desplazar a los pobladores originales de extensas zonas de África. La expansión bantú los condujo en un primer momento hacia el este, donde alcanzaron la zona de los Grandes Lagos, y hacia el sur, deteniéndose a unos 800 kilómetros de la actual Ciudad del Cabo.

Fue en el golfo de Guinea, en la zona originaria de los bantúes, donde surgió hacia el año 500 a. C. la cultura de Nok. Sus principales rasgos son el dominio del hierro y el desarrollo de una cerámica muy característica[24] que

---

24. Las terracotas de Nok son el elemento más conocido de esta cultura. Estas cerámicas presentaban un alto grado de desarrollo tecnológico y artístico tanto en el modelado de la arcilla como en la cocción de la cerámica. Los temas son principalmente figurativos y representan líderes o antepasados, así como estelas funerarias y algunos amuletos. Destaca la figura de *El pensador,* una escultura de terracota que representa a un ser humano sentado en actitud meditativa.

cuenta con una precisión técnica y artística muy superior a la de otras culturas de la zona. Esta superioridad cultural hizo que, durante años, los arqueólogos especularan con que la cultura de Nok descendía de algún modo de los egipcios, sin embargo no hay evidencia de que existiera contacto alguno entre ambos pueblos.

Los restos arqueológicos permitieron deducir que la estructura social de la cultura de Nok era muy compleja y probablemente contaría con un gobierno central. Al igual que otros pueblos vecinos, la gente de la cultura de Nok empleó métodos de cultivo intercalado para producir especies locales, como el caupí y el mijo perla. Se han descubierto diferentes asentamientos que presentan restos de fraguas, así como cimientos de diversos edificios realizados en piedra. También hay evidencias de murallas que protegían estos asentamientos, ubicados sobre todo en lo alto de colinas. No se tiene constancia de su sistema social, lengua ni religión, aunque parece que utilizaron el hierro con fines militares para asegurar su preponderancia sobre otros pueblos de la zona.

La cultura Nok se desvaneció hacia el año 300 d. C. sin que se haya encontrado una explicación definitiva para su desaparición. Algunas causas probables son epidemias, sequías u otro tipo de desastres natrales que obligaran a los Nok a seguir los pasos de sus antepasados bantúes y emigrar hacia otros lugares de África.

Existen varias culturas que, por los nexos artísticos y la evidencia arqueológica, parecen descender de los pobladores de Nok. Uno de ellos es el pueblo yoruba, que permaneció en la zona del golfo de Guinea, sobre todo en el territorio de la actual Nigeria. Según el mito, la fundación de los yoruba se remonta a una figura mitológica llamada Oduduwá, que creó al ser humano a partir del barro. Desde un punto de vista arqueológico, los primeros restos pertenecen al siglo IV a. C., cuando se fundó la ciudad de Ile Ife. Con el paso de los siglos, Ile Ife se fue convirtiendo en el centro de poder de todas las tribus de alrededor y llegó a crear un auténtico reino que se extendió hasta la Edad Media.

La religión yoruba es politeísta, aunque venera a Olorun como divinidad suprema creadora del mundo. Por debajo de él se sitúa un amplio panteón de dioses vinculados con los fenómenos meteorológicos. La religión yoruba ha tenido una influencia determinante en muchas tradiciones espirituales africanas e incluso de América Central y del Sur debido al fenómeno del tráfico de esclavos, ya en la Edad Moderna.

LA ANTIGUA GRECIA

La Antigua Grecia está considerada como el origen de la civilización occidental. Su territorio abarcaba la Grecia continental, las islas del mar Egeo y el oeste de Asia Menor, aunque a través del fenómeno de la colonización y, más tarde, gracias a las conquistas de Alejandro Magno, se expandió por toda la cuenca del Mediterráneo y Oriente Medio, llegando hasta Asia Central. Tanto el idioma como el sistema político, la filosofía, las matemáticas y otras áreas del pensamiento griego han tenido una influencia decisiva en el desarrollo de la historia siglos e incluso milenios después de su desaparición.

Se considera que la historia de la Antigua Grecia comienza tras el colapso de la civilización micénica en el 1200 a. C. El territorio helénico entró en un periodo conocido como la Edad Oscura, que se extendió hasta el siglo VIII a. C. y sobre el cual existe muy poca información. Han perdurado escasos vestigios arqueológicos y las referencias historiográficas, como la de Heródoto, son muy posteriores.

La población autóctona experimentó un súbito descenso demográfico, y el territorio griego se vio expuesto a la influencia migratoria de una serie de pueblos que llegaron desde el norte, como los dorios, que ocuparon la mayor parte del Peloponeso, Grecia Central y Creta, o los jonios, que colonizaron la mayor parte de las Cícladas. Este hecho se vio reflejado en la aparición de multitud de dialectos. Una de las pocas excepciones fue la ciudad de Atenas, cuya acrópolis siguió en pie, al igual que su sistema político monárquico, heredado de la época micénica. Tras la muerte del rey Codro (aprox. 1089-1068 a. C.), que se sacrificó a sí mismo para salvar la ciudad, los gobernantes atenienses pasaron a llamarse arcontes, aunque como el cargo era vitalicio, se considera que se trató de un régimen monárquico.

La floreciente economía micénica retrocedió nuevamente hasta la agricultura de subsistencia, con una sociedad organizada en pequeñas unidades que apenas excedían las 20 personas. La propiedad de la tierra y del ganado recaía sobre unos pocos oligarcas, mientras el resto de la población se dividía en esclavos, jornaleros y aparceros. El ámbito cultural y religioso se caracterizaba por una cierta continuidad respecto a la civilización micénica, aunque con una clara decadencia. La escritura micénica, que había estado solo en manos de las élites, se abandonó, motivo por el cual no quedan documentos escritos que daten de la Edad Oscura. En la cerámica, el estilo micénico degeneró para luego evolucionar hacia un nuevo modelo, el geométrico, que se adentraría hacia el siguiente periodo. Se abandonó la construcción en piedra y no se erigieron monumentos.

A partir del siglo VIII a. C., Grecia comenzó a abandonar la Edad Oscura para adentrarse en la época arcaica debido a dos causas fundamentales: la formación de las primeras polis y la reintroducción de la escritura, adaptando el alfabeto fenicio para crear el alfabeto griego. Los asentamientos dispersos de la Edad Oscura fueron adquiriendo características urbanas y empezaron a gestionar un territorio relativamente amplio. Así surgieron ciudades-Estado como Argos o Esparta, al tiempo que Atenas comenzaba a recuperar parte de su esplendor. Los arcontes pasaron a tener carácter decenal, lo que puso fin a la monarquía[25].

Los primeros siglos de la época arcaica se caracterizaron por la proliferación de conflictos militares entre las incipientes ciudades-Estado. Así, en el siglo VIII a. C. tuvieron lugar las guerras mesenias, que acabaron con la conquista de Mesenia por parte de Esparta y la esclavización de sus habitantes. Surgió así la clase social de los ilotas, que eran siervos de la ciudad de Esparta, conquistados por la fuerza de las armas y encargados de las labores más duras de la agricultura. En el siglo VII a. C. se produjo la guerra lelantina, que enfrentó a las polis de Calcis y Eretria y provocó la práctica desaparición de ambas ciudades.

Sobre esta misma época apareció una clase mercantil que se ocupó de crear una red comercial que iba más allá de Grecia, hasta Oriente Próximo. Los mercaderes comenzaron a acumular cada vez más poder, generando una fuerte tensión interna en muchas polis. Los regímenes aristocráticos, que por lo general gobernaban las ciudades-Estado, se vieron amenazados por la nueva riqueza de los comerciantes, que a su vez deseaban poder político. Los aristócratas comenzaron a ser reemplazados por la figura de los tiranos, que, en su sentido literal, eran hombres que usurpaban el poder al régimen anterior por la fuerza y lo ejercían de modo unipersonal.

---

25. Dracón (siglo VII a. C.) fue un legislador de Atenas que ocupó el cargo de arconte. Se propuso arrebatar a los nobles la facultad de juzgar arbitrariamente a los plebeyos, para lo cual procedió a publicar las leyes existentes que hasta ese momento se habían conservado por tradición oral. Una legislación para todos era el primer paso hacia la democracia. Fue también el autor de una estricta reforma que contemplaba penas muy severas incluso para los delitos más leves, de donde deriva el adjetivo «draconiano».

Cuatro polis principales ocuparon el centro de gravedad de la civilización griega de este periodo: Atenas, Esparta, Corinto y Tebas. Cada una de ellas había sometido a su control a las áreas rurales y pueblos menores de su alrededor. Por otro lado, Atenas y Corinto se habían convertido en grandes potencias marítimas y mercantiles. Esta relativa prosperidad provocó un aumento de población entre los siglos VIII y VII a. C., que a su vez desencadenó un fenómeno novedoso para la civilización griega: la colonización hacia Asia Menor por el este y la Magna Grecia y la península ibérica por el oeste.

Paradójicamente, no fueron las polis principales, sino las más pequeñas las que llevaron a cabo la colonización griega de la época arcaica. Ciudades-Estado como Calcis, Eretria, Mileto, Focea o Rodas, enfrentadas físicamente al mar y sin posibilidad de expansión territorial, se vieron obligadas a emigrar a causa de la presión demográfica. Se formaron expediciones navales compuestas por grupos más o menos numerosos, a los que incluso se prohibía volver a la polis de origen si fracasaban en su intento. Si los expedicionarios tenían éxito y lograban fundar una colonia, esta mantenía vínculos de dependencia religiosa y comercial, y alianza política con su ciudad de origen, la metrópoli. La emigración terminó en el siglo VI a. C., cuando el mundo griego ya había difundido su lengua y su cultura por gran parte de la cuenca mediterránea.

La guía de Delfos

Antes de partir para fundar una nueva colonia, los expedicionarios debían contar con el visto bueno de los dioses. Para ello, solían acudir al Oráculo de Apolo en Delfos, que proporcionaba una orientación geográfica general, así como consejo sobre el proyecto elaborado por la ciudad. A pesar de su carácter místico, los dictámenes del oráculo se caracterizaban por su sentido común: se recomendaba evitar lugares donde ya estuviera presente una civilización consolidada, como Egipto o Asiria. El lugar elegido debía ser accesible por mar, con fuentes de agua dulce en la cercanía y rodeado de indígenas con los que fuera posible comerciar.

Fue en esta época cuando nació la democracia ateniense. El tirano Pisístrato (aprox. 607-527 a. C.) se hizo con el poder en Atenas y lo legó tras su muerte a sus dos hijos. El aristócrata Clístenes (570-507 a. C.) pidió ayuda al rey de Esparta para derrocar a la tiranía. Este, sin embargo, intentó colocar un gobierno títere en la ciudad, por lo que Clístenes propuso establecer un nuevo sistema político en el que todos los ciudadanos compartieran el poder independientemente de su estatus. Comenzó así una Edad de Oro para Atenas que dio paso al siguiente periodo de la historia griega: la Grecia Clásica, que se extiende desde el 499 hasta el 336 a. C.

El primer hecho histórico del periodo clásico es la llamada revuelta jónica. El tirano de Mileto, una polis griega situada en la costa occidental de Anatolia, decidió incitar a las ciudades-Estado de Asia Menor y Chipre que habían sido ocupadas por los persas a que se rebelaran contra el poder imperial. Tras aplastar la revuelta, el rey Darío I decidió conquistar el mundo helénico e invadió Grecia en el año 490 a. C., iniciando así la primera guerra médica. El ejército persa fue derrotado por una coalición liderada por Atenas en la batalla de Maratón. La segunda guerra médica tuvo lugar diez años más tarde, cuando el heredero de Darío, Jerjes, volvió a intentar conquistar Grecia. Tras una primera victoria persa en la batalla de las Termópilas, los griegos derrotaron al ejército de Jerjes en la batalla naval de Salamina. Las guerras médicas continuaron hasta el año 449 a. C., cuando Macedonia, Tracia, las islas del Egeo y Jonia fueron liberadas de la influencia de Persia.

A partir de ese momento, la posición predominante de Atenas en el mundo helénico y en el mar Mediterráneo quedó consolidada. Se creó la Liga de Delos, una alianza de las principales polis lideradas por Atenas, que se encargó de mantener la paz tanto en Grecia continental como en las colonias del Mediterráneo. A esta época se la conoce como el Siglo de Pericles[26] (495-429 a. C.), época cumbre en la Grecia Clásica, en la que se dieron algunos de los principales avances en arte, filosofía, matemáticas y gobierno democrático.

La hegemonía ateniense no pudo más que despertar los recelos de Esparta y la Liga del Peloponeso, que estaba compuesta de diversas polis de la Grecia con-

---

26. Pericles (495-429 a. C.), llamado el Olímpico por su voz tronante y su habilidad como orador, fue uno de los más importantes juristas, políticos y militares de la Antigua Grecia. Durante sus años en activo, Pericles fomentó las artes y la literatura. Comenzó un ambicioso proyecto urbanístico que llevó a la construcción de la mayoría de las estructuras supervivientes en la acrópolis de Atenas. Pericles también fundó las bases de la expansión colonial ateniense.

tinental. Comenzó la guerra del Peloponeso, que se extendió entre el 431 y el 404 a. C. La contienda supuso una larga sangría para Atenas, que fue perdiendo sucesivas batallas al tiempo que sufría rebeliones internas incitadas por los espartanos. Debido al mal resultado de la guerra, Atenas sufrió un golpe de Estado que acabó temporalmente con el sistema democrático para sustituirlo por el gobierno de los Treinta Tiranos, un grupo oligárquico de 30 magistrados. Estos firmaron una dura paz con Esparta en virtud de la cual la ciudad perdía sus murallas, su armada y todas sus posesiones en ultramar. Al fin, en el 403 a. C., se restableció la democracia ateniense y la ciudad pudo comenzar su lenta recuperación.

A principios del siglo IV a. C., Grecia se encontraba bajo la hegemonía de Esparta, que, sin embargo, tenía una posición inestable, sustentada sobre todo por la superioridad militar. Comenzaron a esbozarse dos bandos: por un lado, Esparta y la Liga del Peloponeso y, por el otro, el sinedrión de Corinto, que agrupaba a Atenas, Corinto, Tebas y Argos. El Imperio persa aqueménida, aun sin participar en la contienda, se situó en las sombras financiando primero al bando de Atenas y luego, cuando pareció que este iba a obtener la victoria, al de Esparta. La llamada guerra de Corinto se alargó desde el 395 hasta el 387 a. C. y concluyó de modo no decisivo, con Esparta aún como potencia dominante, aunque claramente debilitada. El Imperio aqueménida consiguió que se reconociera su soberanía sobre las ciudades griegas de Jonia, que venía siendo uno de los principales motivos de fricción desde el inicio de las guerras médicas. Las polis de Grecia continental no volvieron a intentar interferir con el control de Persia en la región. Tras un siglo de luchas, Persia al fin logró el control sobre Jonia sin interferencias extranjeras, situación que duró hasta la conquista de Alejandro Magno.

El relativo equilibrio que surgió tras la guerra de Corinto se rompió en el año 371 a. C., cuando Esparta sufrió una derrota decisiva en la batalla de Leuctra al tratar de imponerse sobre la polis de Tebas. La victoria tebana marcó asimismo el comienzo del resurgir de Atenas como potencia en el mundo griego. Con sus murallas y su flota restauradas, recuperaron sus ambiciones marítimas y reunieron una alianza de ciudades del Egeo conocida como la Segunda Liga ateniense.

Los sucesivos conflictos entre Atenas, Esparta y sus respectivas coaliciones habían dejado a Grecia muy debilitada. Esta situación propició el surgimiento de Macedonia, liderada por el rey Filipo II (382-336 a. C.), como nueva potencia. En los primeros 20 años de su reinado, Filipo logró unificar su reino y ampliarlo hacia el norte y el oeste. Filipo intervino con frecuencia en los asuntos de las ciudades-Estado del sur, lo cual culminó en la invasión macedonia del Peloponeso del 338 a. C. Filipo derrotó al ejército aliado de Tebas y Atenas en la batalla de Queronea y se convirtió así en hegemón de toda Grecia. Obligó a la mayoría de las ciudades-Estado a unirse a él en la Liga de Corinto. Así, con una Grecia unificada bajo su mandato, Filipo declaró la guerra al Imperio persa aqueménida, pero fue asesinado al comienzo del conflicto, dejando el trono a su hijo Alejandro Magno.

La Antigua Greca fue una realidad compleja tanto por su extensión en el tiempo como por la presencia de diferentes ciudades-Estado independientes, cada una con su propio sistema político y sus particularidades. No obstante, hubo una evolución general más o menos compartida. Al principio de la época arcaica la mayoría de las ciudades-Estado tenían sistemas monárquicos heredados de la civilización micénica, que poco a poco fueron evolucionando a gobiernos aristocráticos, en los que grupos de magistrados o consejos de ancianos limitaban el poder de los monarcas. En Esparta, por ejemplo, existía una diarquía con la presencia de dos reyes, uno encargado de los asuntos administrativos internos y otro de hacer la guerra, aunque el poder de ambos estaba controlado por un órgano aristocrático llamado la Gerusía. Atenas[27] experimentó su particular evolución desde la monarquía hasta el sistema democrático, que después fue copiado por muchas otras ciudades griegas.

El deporte tuvo una enorme importancia en la Antigua Grecia, con espacios públicos dedicados a su práctica y juegos regulares que se organizaban a nivel local o panhelénico. Practicaban todo tipo de deportes atléticos, incluida la carrera, la lucha y el lanzamiento de disco o de jabalina, así como diversos juegos con bola, entre ellos, el *episkyros*, que es un antecedente directo del fútbol actual. De entre los antiguos juegos

---

27. La democracia ateniense fue un sistema que se asentaba bajo el concepto de ciudadano, que en aquel momento incluía solo a los varones adultos, descartando por tanto a mujeres, extranjeros y esclavos. Los ciudadanos tenían el derecho y deber de participar en el gobierno de la ciudad a través de varios cauces. Por un lado, estaban los magistrados, que eran los encargados de la administración diaria de la ciudad. Los había de dos tipos: los que se seleccionaban por sorteo y los cargos electos. Como instituciones fundamentales destacaba la Asamblea de todos los ciudadanos, la Boulé o consejo de los 500, de carácter rotativo, y los tribunales. Finalmente cabe citar el principio de «cualquier persona que lo desee», que implicaba que cualquier ciudadano tenía el derecho a implicarse en la medida en que quisiera en cualquier asunto de la ciudad.

griegos sin duda los más famosos son los Juegos Olímpicos, que comenzaron en el 776 a. C. y se celebraron hasta el 393 d. C. Normalmente tenían lugar en la ciudad de Olimpia cada cuatro años, lo que se conocía como una Olimpiada. Otros juegos que tuvieron lugar regularmente fueron los Píticos, los Nemeos y los Panatenaicos.

La cultura griega ha ejercido una influencia decisiva sobre el desarrollo de la humanidad, una influencia que todavía está presente en la actualidad. Los griegos inventaron la filosofía, palabra que fue utilizada por primera vez por Pitágoras (569-475 a. C.) en el siglo VI a. C. y significa 'amor al conocimiento' y pretende buscar una explicación lógica y racional a los fenómenos del mundo en vez de interpretaciones mitológicas o mágicas. La filosofía griega pasó por varias fases, desde los presocráticos a los sofistas y los cínicos, para llegar por fin a la cumbre del pensamiento griego con Platón (427-347 a. C.) y Aristóteles (384-322 a. C.). Dentro de la filosofía se desarrollaron otros campos, como las matemáticas y la geometría, donde también participó Pitágoras, cuyos teoremas siguen estudiándose en la actualidad. La filosofía griega abarcó también el ámbito de la medicina: Hipócrates de Cos (460-370 a. C.) fue el fundador de la medicina como ciencia y el creador del juramento hipocrático que aún realizan los profesionales sanitarios.

En el ámbito de la arquitectura, los griegos desarrollaron los tres órdenes clásicos: dórico, jónico y corintio. Sus edificios se caracterizaban por el uso de columnas y dinteles con una ausencia casi total del arco. Los edificios principales eran los templos, teatros al aire libre, ágoras, mausoleos y estadios. En cuanto a la arquitectura militar, los griegos defendieron desde la Edad Oscura sus ciudades con murallas, que dieron lugar a los recintos fortificados llamados acrópolis.

El Partenón, símbolo de Atenas

El Partenón, construido entre los años 447 y 432 a. C., es un templo de la acrópolis ateniense consagrado a la diosa Atenea Pártenos, «la siempre virgen». Es uno de los principales ejemplos del estilo dórico octóstilo, construido enteramente en mármol blanco, aunque en su momento estuvo policromado. Los frontones y el friso del Partenón estaban decorados con bajorrelieves realizados por el escultor Fidias, que representaban escenas mitológicas. En el interior se encontraba la estatua crisoelefantina de la diosa Atenea, que no se conserva en la actualidad.

En el arte griego destacaban, fundamentalmente, la escultura y la cerámica. La escultura griega se caracterizaba por su gran naturalismo y se desarrolló tanto en bajorrelieve como en bulto redondo. Los motivos habituales podían ser mitológicos, históricos, atléticos o incluso representar a ciudadanos destacados. En cuanto a la cerámica, tras el periodo geométrico que se remonta a la época micénica, obtuvo un elevado grado de sofisticación, con motivos pictóricos muy elaborados que representaban escenas mitológicas, bélicas o de la vida cotidiana. Otras artes que cabe mencionar son la música o el teatro.

La literatura griega se ha conservado extraordinariamente bien, por lo que gran parte de las obras clásicas han llegado hasta hoy en día. El poeta Homero (siglo VIII a. C.), autor de la *Ilíada* y la *Odisea*, es considerado uno de los padres de la literatura, que escribía en versos denominados hexámetros dactílicos. El universo literario griego fue extraordinariamente diverso, aunque cabe mencionar a autores como la poetisa Safo de Lesbos (650-580 a. C.) o los dramaturgos Sófocles (495-406 a. C.), Aristófanes (485-406 a. C.) y Eurípides (444-385 a. C.).

La religión de la Grecia Clásica nació como fruto del choque entre las creencias de los indígenas helénicos, que adoraban a la madre Tierra, y las que importaron los invasores indoeuropeos, de corte más marcial y patriarcal. Los dioses griegos eran fundamentalmente idénticos a los seres humanos, aunque con características físicas perfectas y poderes sobrenaturales. Las distintas divinidades nacían en un momento concreto y crecían hasta alcanzar una determinada edad, a partir de la cual no crecían más: así, Apolo era un eterno joven, mientras que Zeus se representaba como un hombre maduro. Los hombres les debían respeto y adoración, a cambio de lo cual los dioses les proporcionaban su favor.

Los antiguos griegos consideraban que la historia había vivido diversas etapas. La primera de ellas era la Edad de los Dioses, que se remonta a la creación del mundo por parte de las divinidades originarias y se extiende hasta la aparición de la humanidad, cuando las relaciones entre dioses y hombres eran mucho más estrechas. A continuación, la Edad de los Héroes, en la cual abundaban historias como las de Heracles o Perseo. La Edad de los Hombres sería la época histórica en la que los dioses, retirados en su morada en el monte Olimpo, no intervenían más que indirectamente en el mundo.

Aunque la cultura de la Antigua Grecia se difundió por gran parte de la cuenca del Mediterráneo gracias al fenómeno de la colonización, fue con la conquista de Alejandro Magno cuando alcanzó su mayor esfera de influencia.

ALEJANDRO MAGNO Y EL PERIODO HELENÍSTICO

Alejandro Magno fue el artífice de la expansión de la cultura y civilización griegas más allá del Mediterráneo, hacia Egipto, Oriente Próximo y parte de Asia Central. Aunque su imperio tuvo carácter efímero, su legado duró generaciones e inauguró una nueva era de la historia, conocida como el periodo helenístico, que se prolongó hasta la conquista de Grecia por parte de la República romana.

Tras el asesinato de Filipo II en el año 336 a. C., su hijo Alejandro fue proclamado rey de Macedonia con solo 20 años. La muerte de su padre supuso que algunas polis griegas sometidas por él se alzasen en armas contra Alejandro, que debía resolver dos problemas simultáneos: mantener el control de las ciudades y reclutar mercenarios de las polis para continuar la campaña de su padre contra Persia. Tras someter a las principales ciudades que se habían levantado contra él, logró que Atenas le abrirá sus puertas sin presentar resistencia y fue declarado hegemón de toda Grecia, título que ya había ostentado su padre.

Maestro y discípulo

A los 13 años, Alejandro Magno fue puesto bajo la tutela del filósofo Aristóteles, que fue su maestro durante cinco años en un retiro de la ciudad macedonia de Mieza. Aristóteles le ofreció al joven Alejandro una amplia formación intelectual y científica en una amplia variedad de ramas, como filosofía, lógica, retórica, metafísica, estética, ética, política y biología. Gran parte del pensamiento de Aristóteles se ve reflejado en el modo en que Alejandro intentó organizar su imperio.

Tras asegurarse el control de Grecia, realizó una leva masiva de soldados, preparó un imponente ejército con 160 embarcaciones, abastecimiento suficiente y armamento, y partió hacia Asia Menor para iniciar la conquista del Imperio persa. Liberó las ciudades griegas de la zona de Jonia, que habían sido causa de disputa antes de las guerras médicas, capturando Éfeso, Halicarnaso, Pérgamo y Mileto, entre otras, que lo recibieron como liberador. Conquistó toda la península de Anatolia antes de dirigirse hacia el corazón del Imperio persa aqueménida. Alejandro

Magno se enfrentó al rey Darío III en las batallas del río Gránico (334 a. C.) y de Issos (333 a. C.). Tras esta última capturó a la familia real persa, a la que trató con gran respeto, llegando a casarse con una de las hijas de Darío.

Alejandro continuó sometiendo una a una las satrapías del Imperio persa: Fenicia, Judea, Tiro y Gaza, y después se dirigió a Egipto, que estaba contralado por los persas desde el año 343 a. C. Fue bien recibido por los egipcios, quienes le apoyaron en su lucha contra los persas hasta tal punto que el Oráculo de Amón en Siwa lo declaró hijo de Amón, por lo que fue coronado faraón de Egipto en noviembre de 332 a. C., en la ciudad de Menfis. Apenas dos meses después, Alejandro fundó personalmente la ciudad de Alejandría.

Tras permanecer un año en Egipto y controlar la rebelión que había surgido en Anatolia y algunas islas del Egeo, en la primavera del año 331 a. C. inició de nuevo la marcha para terminar de conquistar el Imperio persa. El rey Darío, que contaba con un ejército más numeroso que el de los griegos, decidió hacer frente a Alejandro en la batalla de Gaugamela, a orillas del Tigris. A pesar de la inferioridad numérica, los griegos lograron una aplastante victoria y ocuparon las ciudades de Babilonia, Susa y Persépolis. Alejandro se lanzó a la persecución de Darío, que finalmente fue asesinado por sus propios nobles, y Alejandro pudo asumir el título de rey de reyes y gran rey de Persia.

Durante los cuatro años siguientes, hasta el 327 a. C., Alejandro se dedicó a laboriosa tarea de conquistar las satrapías de Asia Central, además de asegurar, en el 325 a. C., la dominación macedónica en el valle del río Indo. Fue en ese momento cuando sus tropas, agotadas después de tantas conquistas, presionaron a Alejandro para que renunciara a seguir expandiendo las fronteras de su imperio.

Regresó a Babilonia, que se había convertido en el centro de sus dominios, desde donde procuró poner orden en el extenso territorio que había conquistado. Intentó asociar a la clase dirigente del Imperio aqueménida a la estructura administrativa de Macedonia, creando una monarquía que heredara al mismo tiempo las tradiciones griegas y persas, lo cual fue muy criticado por parte de los nobles y generales macedonios. Alejandro murió poco antes de cumplir 33 años, oficialmente víctima de la malaria, aunque no se descarta que fuera asesinado.

Alejandro dejó dos hijos, uno de cuatro años y otro aún nonato, por lo que fueron sus propios oficiales y generales, llamados los diádocos, los que lucharon por hacerse con el control de su imperio durante los 40 años posteriores a su muerte.

La excepción fue Ptolomeo, que se apoderó enseguida de Egipto, donde fundó una nueva dinastía de faraones[28].

En el siglo III a. C. se formó un frágil equilibrio entre las tres dinastías supervivientes de los diádocos, que se repartieron los territorios de forma que los descendientes de Antígono gobernaban en Macedonia y Grecia continental y los de Ptolomeo en Egipto y Chipre, mientras en Asia Menor, Siria, Mesopotamia y Persia Occidental los herederos de Seleuco fundaron el Imperio persa seléucida. Junto a estas monarquías principales coexistieron varios reinos más pequeños que contribuyeron a la inestabilidad de la zona.

A principios del siglo II a. C., la incipiente República romana volvió sus ojos hacia el Mediterráneo Oriental y terminó por anexionarse todos los territorios que habían quedado en manos de los herederos de Alejandro, lo que acabó definitivamente con el periodo helenístico.

Tanto Alejandro Magno como sus sucesores emprendieron la tarea de helenizar el Oriente y llevar hasta los confines conquistados la civilización griega, considerada la mejor para el hombre. Sin embargo, con el tiempo se produjo un sincretismo entre las tradiciones griegas y las filosofías y estilos orientales.

Sobrevivieron gran parte de las instituciones políticas típicas de la democracia ateniense, pero situándose por encima la figura del monarca, que además adquiría características divinas al modo de los persas. En Egipto los Ptolomeos realizaron una fusión de la cultura griega y la egipcia, lo mismo que ocurrió en el Imperio seléucida con las tradiciones persas. La filosofía griega continuó evolucionando con escuelas como el escepticismo, el epicureísmo o el estoicismo, que bebían de las raíces clásicas, pero también presentaban influencias orientales, especialmente del mazdismo. El arte helenístico continuó con los cánones clásicos, pero dándole a las esculturas una mayor expresividad, lo que las alejaba de la armonía característica de periodos anteriores.

---

28. La dinastía ptolemaica gobernó Egipto desde la muerte de Alejandro hasta el año 30 a. C. con capital en Alejandría. Los Ptolomeo adoptaron desde un principio las costumbres egipcias y fueron enemigos constantes del Imperio seléucida. En el 197 a. C. Ptolomeo V publicó un decreto en tres tipos de escritura (jeroglífico, demótico y griego) sobre una piedra negra que se conoce actualmente como la piedra de Rosetta, que permitió descifrar los jeroglíficos. La última gobernante de la dinastía ptolemaica fue Cleopatra VII. Tras su muerte y la del hijo que tuvo con Julio César, Cesarión, Egipto fue anexionado al Imperio romano.

En definitiva, puede decirse que el helenismo fue una época de fusión en la que la cultura, el pensamiento y la lengua griega se mezclaron con los sustratos de otras civilizaciones, creando el caldo de cultivo ideal para la aparición de una nueva potencia: Roma.

LOS ORÍGENES DE ROMA: LOS ETRUSCOS, LA MONARQUÍA Y LA FUNDACIÓN DE LA REPÚBLICA ROMANA

La Antigua Roma supuso el origen inmediato de la civilización occidental. Muchos de los idiomas más hablados actualmente, las llamadas lenguas romances, como el español, el francés, el catalán, el italiano o el rumano, derivan del latín. El derecho romano está en la base del derecho actual, así como muchas instituciones políticas y gran parte del pensamiento filosófico y político.

Los romanos fechaban la fundación[29] de su ciudad en el año 753 a. C. Desde un punto de vista arqueológico, parece probable que Roma surgiera en torno a esa fecha a partir de asentamientos anteriores de tribus latinas, sabinas y etruscas que se ubicaban sobre las llamadas siete colinas: Celio, Campidoglio, Esquilino, Viminale, Quirinale, Palatina y Aventina, junto al río Tíber, a 28 km del mar Tirreno. Los historiadores romanos también aseguraban que los primeros reyes de Roma fueron de origen etrusco, por lo que es posible que efectivamente este pueblo esté en las raíces de la Antigua Roma.

Los etruscos fueron un pueblo originario de la actual Toscana, cuyos primeros vestigios se remontan al año 900 a. C. Desde la Toscana se extendieron hacia Umbría por el norte y por el sur hacia el Lacio y la parte septentrional de la Campania, donde chocaron con las colonias griegas de la Magna Grecia. Los etruscos se gobernaban mediante una monarquía absoluta y tanto su cultura como su religión presentaban rasgos orientales, de lo cual se ha deducido que mantenían algún tipo de contacto con otros pueblos procedentes de Anatolia y Asia Menor. Su idioma,

---

29. Según la leyenda, la ciudad de Roma fue fundada por los gemelos Rómulo y Remo, hijos del dios Marte y de una virgen vestal que descendía directamente de Eneas, uno de los héroes troyanos que logró escapar tras la destrucción de Troya por los aqueos.

a diferencia del griego y del latín, no pertenecía a la rama indoeuropea, aunque sí utilizaban una variante del alfabeto griego para escribir.

Aunque los orígenes de los romanos estuvieran vinculados en alguna medida al pueblo etrusco, lo cierto es que Etruria continuó existiendo como entidad independiente tras la fundación de Roma.

La historiografía romana habla de un total de siete reyes que gobernaron la ciudad durante un total de 243 años, aunque este dato debe ser tomado con precaución, ya que Roma fue saqueada por los galos en el año 390 a. C. y todos los registros anteriores se perdieron.

En algún momento desconocido de la etapa monárquica de su historia, Roma cayó bajo el control de los reyes etruscos, el último de los cuales, Tarquino el Soberbio (aprox. 555-495 a. C.), fue expulsado por el Senado y la ciudad se transformó en una república. Los etruscos perdieron así su influencia sobre Roma y sobre el resto del Lacio, aunque no terminaron de ser absorbidos por los romanos hasta el 225 a. C.

El rey poseía todos los poderes que en la república pertenecieron a los cónsules, más algunos otros, como el derecho de *auspicium* o poder interpretar la voluntad de los dioses, así como la autoridad militar y judicial máxima. Existía también un Senado aristocrático que limitaba o corregía, en alguna medida, los amplios poderes del monarca. Había también varias asambleas o *comitia*, reuniones o asambleas generales del pueblo que se convocaban en distintos formatos (por curias, por tribus, por centurias, etc.) y tenían el poder de aprobar leyes a petición del rey.

La monarquía romana tenía carácter electivo, normalmente dentro de los miembros de la familia real. Cuando el rey moría, Roma entraba en un periodo de interregno, durante el cual se designaba a uno o varios *interrex* que ejercían las funciones reales hasta que se nombraba un nuevo monarca. Era el *interrex* quien proponía a la Asamblea de la Curia al candidato a futuro rey, que después debía recibir el visto bueno de los augurios y, por fin, ser votado una vez más por la Asamblea para infundirlo de *imperium* o poder real. El Senado no desempeñaba papel alguno en este proceso.

La República romana se fundó en el año 509 a. C. tras la expulsión del rey etrusco Tarquino el Soberbio. El monarca vitalicio fue sustituido por dos cónsules que eran elegidos por un periodo anual. En un principio, los cónsules tenían que ser de origen patricio. El Senado[30], institución que ya existía en tiempos de la monarquía y que estaba integrada únicamente por patricios, no solo permaneció en su lugar, sino que vio sus poderes aumentados.

Los rasgos constitucionales que definieron a la República romana se fueron definiendo durante los años siguientes. En 494 a. C., Roma estaba en guerra con varias tribus vecinas. Los soldados plebeyos se negaron a continuar la lucha y exigieron el derecho a elegir a sus propios magistrados. El Senado terminó por dar el visto bueno, y se creó así la figura de los tribunos de la plebe, con poder de veto sobre las decisiones de otros magistrados. Los tribunos de la plebe eran elegidos directamente por el pueblo reunido en los *comitia*. Los comicios centuriados acabaron por convertirse en la principal asamblea legislativa, en la que se elegía a los magistrados y se aprobaban las leyes.

Durante las décadas siguientes se fueron implementando sucesivas reformas con el resultado de que cualquier norma aprobada por la asamblea plebeya tenía, automáticamente, fuerza de ley. Esto dio a los tribunos un poder que no habían tenido con anterioridad. También fueron apareciendo otras magistraturas que terminaron de configurar el particular sistema político republicano. En el 443 a. C. se creó la figura del censor y en el 366 a. C., las de pretor y el edil curul.

Durante sus primeros años de existencia, la República romana se vio obligada a defenderse frente otros pueblos de la región. Los vecinos más próximos de Roma eran fundamentalmente latinos y algunas tribus sabinas. Los latinos, aprovechando la fragilidad temporal de Roma tras el cambio de régimen político, crearon una Liga Latina que se enfrentó a la incipiente República, que, no obstante, obtuvo la victoria en la batalla del lago Regilo en el 499 a. C. Durante las siguientes décadas los romanos tuvieron que enfrentarse a sabinos, ecuos, volscos e incluso a los etruscos y, poco a poco, lograron imponerse a todos ellos.

En el año 390 a. C. varias tribus galas invadieron Italia y tomaron la ciudad etrusca de Clusium. Los etruscos pidieron ayuda a los romanos, que acudieron en

---

30. El Senado romano estaba compuesto por 300 miembros procedentes de los antiguos magistrados, aunque tras la dictadura de Sila ese número aumentó considerablemente. Se encargaba de ratificar los plebiscitos votados por los comicios, aconsejar a los cónsules y dirigir la política exterior, las finanzas y la religión. También tenía competencia sobre los asuntos militares y estaba en sus manos aprobar un *senatus consultum ultimum*, un decreto supremo que anulaba cualquier disposición de otros órganos o magistrados.

defensa de sus antiguos enemigos, pero fueron derrotados en la batalla del Alia. Los galos continuaron su marcha hacia el sur y llegaron a saquear Roma. Tras el saqueo de la ciudad se produjo el llamado conflicto de los órdenes, que comenzó con el estallido de las protestas de los plebeyos, que habían incurrido en fortísimas deudas para sufragar primero los gastos de la guerra (cada soldado era responsable de pagar su propio equipamiento) y después de la reconstrucción de la ciudad. Los disturbios sociales se hicieron tan frecuentes que se promulgaron una serie de leyes que sirvieron para agilizar el pago de las deudas, impusieron un límite a la acumulación de tierras públicas y ganado, y redujeron los tipos de interés, llegándose a decretar la ilegalidad de los préstamos con intereses y la prohibición de la servidumbre por deudas.

En el 367 a. C. el consulado se abrió a los plebeyos. Como los antiguos magistrados (excepto los tribunos de la plebe) ingresaban automáticamente en el Senado, este hecho abrió la puerta a que algunos plebeyos pudieran convertirse en senadores. Tras varias décadas de conflictos y desórdenes internos, conocidos historiográficamente como las secesiones plebeyas, estos lograron al fin la igualdad política con los patricios, aunque su condición económica y social no cambió en esencia, salvo para unos pocos privilegiados que integraron la llamada aristocracia plebeya.

Tras recuperarse del saqueo llevado a cabo por los galos, los romanos construyeron una gran muralla defensiva y continuaron su labor de asimilación de los otros pueblos del centro de Italia. Sobre el año 280 a. C., una vez tuvo su posición central asegurada, Roma comenzó a involucrarse en los asuntos de las ciudades-Estado de la Magna Grecia. Al comprobar que la presencia romana se hacía cada vez más intensa, el rey Pirro de Epiro decidió organizar una potente ofensiva panhelénica contra los romanos y cartagineses, que en aquel momento controlaban la práctica totalidad de Sicilia. Las hostilidades se saldaron con el fracaso de las tropas griegas y la consolidación del poder de Roma en la zona. Tras la derrota de Pirro, la República se anexionó rápidamente las colonias griegas del sur de Italia, que quedó rodeada comercialmente por asentamientos púnicos. Se puso así de manifiesto la naciente rivalidad entre Roma y Cartago al quedar como las principales potencias del Mediterráneo.

Antes de la guerra, los romanos no poseían armada propia. La presencia en Sicilia de Cartago, una gran potencia naval, obligó a Roma a construir rápidamente una flota y entrenar marineros. En el año 264 a. C., la República intervino en Sicilia para evitar la hegemonía cartaginesa en la isla. Se desató así la primera guerra púnica, que duró hasta el año 241 a. C. con enormes pérdidas para las dos partes. El enfrentamiento se saldó con la derrota de Cartago, que se vio obligada a pagar cuantiosas reparaciones de guerra, mientras la República romana se anexionaba Sicilia como provincia y se consolidaba como la primera potencia del mar Mediterráneo.

Durante los siguientes años, Cartago se vio debilitada por revueltas internas. Aprovechando la inestabilidad, los romanos conquistaron Córcega y Cerdeña. Tras consolidar su posición en las zonas recién conquistadas, Roma marchó hacia el norte de Italia, donde volvió a enfrentarse con los galos, iniciándose así la conquista de la Galia Cisalpina.

Mientras tanto, los cartagineses habían dirigido sus esfuerzos hacia la península ibérica. La República romana, recelosa de la expansión púnica en el extremo occidental del Mediterráneo, declaró una vez más la guerra a Cartago y así dio comienzo a la segunda guerra púnica. El general cartaginés Aníbal lanzó una gran ofensiva que llegó hasta las puertas de la ciudad de Roma. Los romanos, sin embargo, respondieron en la península ibérica con el desembarco de Ampurias en el año 218 a. C., acabaron con la presencia cartaginesa allí e iniciaron la larga y laboriosa conquista romana de Hispania[31]. El general Escipión el Africano atacó la capital de Cartago y obtuvo una gran victoria. El Imperio cartaginés se desmoronó y una gran parte del territorio del norte de África se independizó para formar el reino de Numidia.

Paralelamente a las guerras púnicas, la República romana se enfrentó a dos de los tres principales reinos helenísticos que habían quedado tras la muerte de Alejandro Magno. Logró conquistar Macedonia a través de tres guerras diferentes: la primera guerra macedónica (215-205 a. C.), la segunda (200-197 a. C.) y, por fin, la

---

31. La conquista romana de Hispania fue un largo proceso que se inició tras el desembarco de Ampurias (218 a. C.) y el fin de las guerras cántabras por Augusto (19 d. C.). El origen de la conquista romana se sitúa en el contexto de las guerras púnicas, tras las cuales Roma se anexionó gran parte del territorio peninsular, que dividió en dos provincias: Hispania Ulterior e Hispania Citerior. Durante los más de dos siglos que duró la conquista hubo importantes revueltas de los pueblos iberos, celtas y lusitanos, entre las que destacaron los episodios de Numancia y del caudillo lusitano Viriato (180-139 a. C.).

tercera (171-168 a. C.), que acabó con la anexión de todo el territorio macedonio como provincia romana. Sometió también a las polis griegas aún independientes, como Esparta y Corinto, y expulsó a los persas seléucidas de Grecia continental y del mar Egeo en la batalla de las Termópilas (191 a. C.), asegurando así su control sobre toda la parte occidental de lo que había sido el imperio de Alejandro Magno.

Terminada la conquista de Grecia, el Senado vio necesario erradicar por completo a Cartago y evitar así un posible resurgimiento. Se declaró así la tercera guerra púnica, que acabó en el año 146 a. C. con la destrucción total y definitiva de Cartago.

Poco después del fin de las guerras púnicas llegó la llamada época de los Gracos. Tiberio Graco (162-133 a. C.) fue elegido tribuno de la plebe y trató de aprobar una ley que limitaba la cantidad de tierra que podía poseer un solo individuo. Los patricios y la aristocracia plebeya se opusieron y lograron que otro tribuno de la plebe vetara la ley. Tiberio Graco intentó que la propia asamblea plebeya impugnara al tribuno que había actuado contra sus intereses, lo cual hubiera supuesto un vuelco en el sistema constitucional romano, porque habría situado de facto a los *comitia* por encima de los demás poderes. Tiberio Graco fue asesinado junto a 300 de sus seguidores el mismo año que había resultado elegido.

Cayo Sempronio Graco (154-121 a. C.) fue elegido tribuno diez años después de la muerte de su hermano Tiberio con el propósito de reducir las prerrogativas del Senado. Logró eliminar el *senatus consultum ultimum* que daba poder supremo al Senado, pero después propuso extender la ciudadanía romana a los otros pueblos de Italia y perdió gran parte de su apoyo entre los plebeyos. Al igual que Tiberio, murió asesinado junto con sus seguidores. Sin embargo, los hermanos Graco lograron ampliar sustancialmente los derechos políticos y civiles de la plebe. Así se fraguó la división del espectro político romano en dos facciones: los populares, partidarios de ampliar los derechos de la plebe y de los *comitia,* y los optimates, que defendían los intereses de los aristócratas y deseaban blindar el poder del Senado.

En el año 118 a. C., el reino de Numidia, que había surgido de los restos de Cartago, se dividió en tres partes. La República aprovechó la ocasión para tratar de anexionarse los territorios. El liderazgo militar del Senado se mostró ineficaz, pero Cayo Mario (157-86 a. C.), un oficial procedente de una familia provincial casi desconocida, logró una aplastante victoria. A su vuelta a Roma, los populares se aliaron con Mario y lograron que este fuera elegido cónsul un total de siete veces, un hecho sin precedentes en la República romana.

Mario tuvo que hacer frente a la guerra social, que enfrentó Roma a sus aliados itálicos entre el año 90 y el 88 a. C. Aunque la revuelta acabó con la victoria de los romanos, finalmente se aprobó la Ley Julia que daba la ciudadanía romana a más de medio millón de itálicos.

Tras finalizar la guerra social, el rey Mitrídates del Ponto (132-63 a. C.), una potencia asiática emergente, comenzó una serie de ataques expansionistas e invadió Grecia. En el año 88 a. C., Lucio Cornelio Sila (138-78 a. C.), perteneciente al partido de los optimates, acababa de ser elegido cónsul. El Senado se vio en el dilema de enviar a Mario, que por entonces contaba ya 69 años, o al joven Sila a liderar la respuesta frente a Mitrídates. El Senado se decantó por este último, lo que abrió paso a la primera guerra civil romana, que enfrentó a los populares liderados por Mario y a los optimates de Sila. El enfrentamiento duró varios años, pero acabó con la victoria de Sila, que se hizo nombrar dictador y reforzó los poderes del Senado antes de retirarse voluntariamente.

El poder del dictador

La figura del dictador tiene su origen en la Antigua Roma. Se trataba de un magistrado con poder absoluto, que era elegido por el Senado en tiempos de crisis y por un periodo de tiempo determinado, que normalmente era de seis meses. Desde los primeros tiempos de la República hasta la segunda guerra púnica se nombraron dictadores con mucha frecuencia, pero la institución quedó en suspenso durante más de un siglo hasta que fue restablecida primero por Sila y después por Julio César.

El enfrentamiento entre populares y optimates, sin embargo, no se detuvo. En el año 77 a. C. el Senado envió a Cneo Pompeyo Magno (106-48 a. C.) a sofocar las revueltas que se habían producido en Hispania. Al mismo tiempo se produjo la tercera guerra servil, en la que los esclavos liderados por Espartaco se enfrentaron al ejército romano. Cuando regresó en el año 71 a. C., Pompeyo fue elegido cónsul y se consagró a la tarea de eliminar algunas de las reformas más conservadoras de

Sila. En ese momento se produjo la conspiración aristocrática de Catilina (108-62 a. C.), que fue desarticulada por el famoso orador Cicerón (106-43 a. C.).

En el año 61 a. C. se formó el llamado Primer Triunvirato, con el que Cayo Julio César (100-44 a. C.) entró definitivamente en la escena política romana. César había conseguido importantísimas victorias militares, especialmente en Hispania y en la Galia, y estaba emparentado con los populares de Cayo Mario. César consiguió acumular cada vez más poderes en sus manos y llegó a ser nombrado dictador perpetuo, lo cual desató los rumores de que pretendía restaurar la monarquía y coronarse rey de Roma. Se produjo entonces una conspiración que acabó con su vida. En su testamento, César nombraba hijo y heredero a Cayo Octavio (63 a. C.-14 d. C.), que pasaría a la posteridad con el nombre de Augusto. Con Augusto, la República romana llegó a su fin y se inició la época imperial.

El final de Egipto

La conquista romana de Egipto se produjo en el contexto de la cuarta guerra civil, que enfrentó a la parte occidental de la República, controlada por Octavio, y las provincias orientales controladas por Marco Antonio, incluida Egipto, gobernado por su esposa la reina Cleopatra VII. Octavio ganó la contienda y se proclamó emperador, mientras Marco Antonio y Cleopatra decidían acabar con sus vidas para no tener que claudicar ante su enemigo.

La estructura política y social de Roma estaba basada en la ciudad. Existía un equilibrio entre las dos principales clases sociales, los patricios y los plebeyos, que compartían hasta cierta medida el poder político a pesar de las desigualdades económicas. Conforme la República fue ampliando sus territorios fuera de la ciudad, primero en Italia y después en toda la cuenca del Mediterráneo, se fue poniendo de manifiesto que el sistema político no estaba adaptado para un imperio tan amplio, lo cual está en la base del surgimiento del Imperio.

En cuanto a la cultura romana, en gran medida es heredera de la Antigua Grecia. La mitología romana es prácticamente idéntica a la griega, con la salvedad de que los romanos solían adoptar a los dioses de los territorios que conquistaban, como es el caso de las divinidades egipcias o de la diosa Cibeles de Hispania.

El arte romano tiene su origen en el arte etrusco, pero enseguida comenzó a experimentar la influencia helenística a través de la presencia griega en la Magna Grecia. En el arte romano cabe destacar la arquitectura, que continúa los estilos griegos, aunque desarrollando nuevas formas, como el arco de medio punto, al igual que edificios característicos, como los anfiteatros, hipódromos, acueductos, basílicas o el típico foro romano. En las artes representativas cabe citar la pintura romana, el mosaico y la escultura, que continuó con la tradición griega, aunque dotándola de mayor expresividad.

Mención aparte merece el latín, idioma que los romanos extendieron por todo su territorio y que se encuentra en la base de las actuales lenguas romances, como el español, el francés, el catalán, el italiano o el portugués. Existe una enorme variedad de autores romanos cuyas obras han llegado hasta nuestros días, entre los que destacan políticos como Julio César o Cicerón, poetas como Virgilio o el escritor épico Livio Andrónico.

EL IMPERIO ROMANO

El Imperio romano es un periodo histórico concreto que se extiende desde el año 27 a. C., cuando el Senado romano concede a Octavio el título de Augusto, hasta el 476 d. C., cuando fue depuesto el último emperador romano de Occidente, Rómulo Augústulo (465-511 d. C.). Durante sus 500 años de existencia se produjo la mayor extensión territorial de la civilización romana, al tiempo que su lengua y cultura eran asimiladas por los pueblos conquistados. Sin embargo, durante el Imperio se produjo también la erosión de las estructuras políticas y sociales que llevó a la caída del mismo.

Tras el fin de la cuarta guerra civil que lo enfrentó a Marco Antonio y a su esposa Cleopatra, Octavio mantuvo todas las formas republicanas de gobierno, pero en la práctica gobernó de forma autocrática. Cuando el Senado le otorgó formalmente los títulos de Augusto y de *princeps*, 'primer ciudadano', se inició el periodo conocido como principado. Augusto puso fin al periodo de extrema inestabilidad política que había sacudido a la República durante los anteriores 100 años, inaugurando la *Pax Romana*, que se extendió a lo largo de más de dos siglos, durante los cuales Roma apenas conoció conflictos militares.

Augusto implementó la sucesión dinástica, fundando así la dinastía Julio-Claudia, que terminó en el año 68 d. C. con el suicidio del emperador Nerón (37-68). Es en este periodo cuando el cristianismo, que había surgido como una religión periférica en Judea, llega por primera vez al Imperio romano gracias a la predicación de Pablo de Tarso (aprox. 10-75), quien, tras su conversión al cristianismo, se autoproclamó «apóstol de los gentiles» y procuró difundir la nueva religión más allá del mundo judío. Esta primera época del cristianismo se conoce con el nombre de periodo apostólico y se caracterizó porque las autoridades romanas persiguieron sistemáticamente a los cristianos al negarse estos a aceptar el culto divino al emperador.

Roma en llamas

El gran incendio de Roma se produjo en el año 64 d. C., durante el reinado del emperador Nerón. Las llamas destruyeron cuatro de los 14 distritos de Roma y otros siete quedaron dañados. Algunos monumentos, como el templo de Júpiter o el hogar de las vírgenes vestales, fueron reducidos a cenizas. Según la historiografía cristiana, Nerón culpó a los cristianos del incendio, motivo por el que emprendió la persecución contra ellos. En el espacio liberado por las llamas, Nerón mandó construir la Domus Aurea, un palacio de enormes proporciones que se consideró símbolo de su megalomanía.

Tras la muerte de Nerón se produjo un corto periodo de inestabilidad conocido como el año de los cuatro emperadores, que terminó con la victoria de Vespasiano (9-79), fundador de la dinastía Flavia. A esta le sucedió la dinastía Antonina, conocida como la de los cinco buenos emperadores[32] y que se considera el momento de máximo esplendor del Imperio romano. En esta época se llevaron a cabo las

---

32. El emperador Adriano (76-138) nació en la provincia Bética, en la Hispania romana. Sobrino del emperador Trajano (53-117), no supo que sería su heredero hasta la muerte de este. Adriano tenía un carácter fuertemente intelectual, infrecuente en los emperadores de su época. Durante su reinado mantuvo pésimas relaciones con el Senado, que no vio con buenos ojos las reformas administrativas que deseaba llevar a cabo para modernizar el imperio. Los últimos años de su reinado estuvieron marcados por las crisis internas y el conflicto sucesorio, que se prolongó debido a la enfermedad que asoló los últimos años de vida del emperador.

últimas guerras ofensivas con el objeto de expandir aún más el territorio. A partir de entonces, la estrategia militar romana fue exclusivamente defensiva.

A continuación, sobrevino la dinastía Severa, que estuvo marcada por continuas revueltas, invasiones, inestabilidad social, dificultades económicas y peste. En el año 212 se promulgó el Edicto de Caracalla, mediante el cual todos los varones libres del imperio pasaban a gozar de la ciudadanía romana, pero que no sirvió para estabilizar el imperio. La llamada crisis del siglo III fue, por tanto, un periodo de luchas por el poder en el cual los emperadores, nombrados por las legiones, se sucedieron tras reinados efímeros.

A lo largo de estos dos siglos, el cristianismo primitivo continuó expandiéndose por el imperio y ganando cada vez más adeptos, a pesar de que continuaba siendo perseguido. Este periodo, que se extiende hasta la celebración del Concilio de Nicea, se conoce como el periodo preniceo, durante el cual se desarrolló gran parte de la doctrina cristiana. Las comunidades solían estar gobernadas por un obispo que obedecía la autoridad del obispo de Roma, considerado sucesor de san Pedro. Fue así como nació la institución del papado.

Durante cerca de tres siglos los cristianos vivieron una serie de persecuciones orquestadas desde la corte imperial para terminar con la nueva religión que se estaba propagando de manera muy rápida entre las clases populares. La principal razón de estas persecuciones fue política ante el creciente número de creyentes cristianos cuya fe socavaba las bases mismas del imperio por negar la naturaleza divina del emperador y su poder. Esta situación llegó a su fin en el año 313 con el Edicto de Milán, que daba libertad de culto a los cristianos[33].

---

33. La primera persecución a los cristianos la llevó a cabo el emperador Nerón entre los años 64 y 68. Las siguientes persecuciones fueron la de Domiciano entre el 81 y el 96; la de Trajano entre el 109 y el 111; la de Marco Aurelio entre los años 161 y 180, que fue la más larga de todas; Septimio Severo llevó a cabo la suya entre 202 y 210; la de Máximo, que tuvo lugar únicamente en el 235; la de Decio entre el 249 y el 251; la de Valeriano entre los años 256 a 259, y la de Diocleciano entre los años 303 al 313, que fue la más grave de todas porque en su intento de reformar el imperio por completo también quiso erradicar aquellas religiones que no se plegaran al culto divino e inequívoco al emperador, lo que le llevó incluso a arrasar por entero ciudades cristianas. La última persecución tuvo lugar en los años 361 y 363 por Juliano, llamado el Apóstata, porque después de la libertad religiosa del 313 trató de restaurar el paganismo como religión oficial. Se le considera el último emperador pagano del Imperio romano.

El emperador Diocleciano (244-311) llevó a cabo una gran reorganización del imperio al establecer la institución de la Tetrarquía. Su sucesor, Constantino I el Grande (272-337), legalizó el cristianismo y fundó la ciudad de Constantinopla como nueva capital del imperio antes de celebrar el Concilio de Nicea en el año 325.

La Edad Media

LOS PUEBLOS BÁRBAROS Y SU EXPANSIÓN POR EUROPA

Las fronteras europeas del Imperio romano fueron el lugar en el que habitaron un gran número de pequeños pueblos que provenían del norte de Europa y de la estepa asiática. Durante varios siglos se mantuvieron en un difícil equilibrio entre su propia expansión y el inicio de la decadencia del Imperio romano.

Las grandes migraciones de los pueblos bárbaros comenzaron en el siglo II y se extendieron hasta el siglo VI. Estos movimientos, en su origen, no buscaron una conquista completa de un territorio ni la sustitución de sus gobernantes e instituciones por las de los pueblos invasores, sino que obedecieron a muy diversos factores. El principal fue encontrar nuevas zonas de cultivo debido a que su agricultura arcaica y muy intensiva consumía con rapidez los recursos de las zonas en las que se asentaban. También tuvo su influencia la constante sucesión de guerras e invasiones que los propios pueblos bárbaros sufrían desde otras regiones. Otro factor se debió al clima, que desde el siglo IV fue muy frío, en especial en el norte de Europa. Todas estas circunstancias condujeron a que estos pueblos, de carácter seminómada, traspasaran las fronteras del Imperio. Con el paso del tiempo, y según se desintegraba el Imperio romano, los pueblos avanzaron en sus movimientos hacia provincias interiores que ya solo podían considerarse romanos de una forma nominativa.

En Asia, a diferencia de Europa, se vivió una permanente exposición a las sucesivas invasiones de los pueblos nómadas de las grandes estepas. En este continente los pueblos bárbaros ocupaban enormes extensiones que, debido al aumento de su población dedicada a la trashumancia, necesitaban ampliar con constante frecuencia. El objetivo de las invasiones era el de encontrar nuevos pastos, conseguir esclavos y expoliar riquezas para la corte de los líderes bárbaros.

Durante la segunda mitad del siglo II varios pueblos, como los lombardos, sármatas o cuados, cruzaron la frontera natural del río Danubio para asentarse en provincias como Panonia, Mesia o Recia. En el siglo III las incursiones se intensificaron: los alamanes amenazaban las fronteras de la Germania por el Rin y el Danubio; los francos invadieron la Galia hacia el año 250. Ambos pueblos unieron sus fuerzas e intentaron entrar en la península itálica, pero fueron vencidos y se dirigieron entonces hasta Hispania y las provincias del norte de África. En el flanco oriental del imperio los hérulos entraron en Grecia y tomaron Atenas en el año 267 destruyendo gran parte de la ciudad. A finales del siglo III los francos ocuparon importantes franjas de la Galia en las riberas del Ródano y del Rin. En este siglo los godos, un pueblo germánico que se situaba en la frontera balcánica y del mar Negro, había realizado varias incursiones bélicas hasta llegar a la Tracia romana. Los godos fueron también uno de los pueblos bárbaros con mayor dominio del mar, lo que les permitió ejercer la piratería en el mar Negro, y tras conquistar Crimea y el Bósforo hacia el año 257, se convirtieron en un gran peligro para el comercio y el ejército romano. Las migraciones del siglo III que penetraron en territorio imperial se vieron contestadas con importantes acciones militares desde Roma, que contuvieron una parte de la presión de estos pueblos bárbaros. Pero también tuvieron consecuencias en cuanto a la estrategia que siguió Roma para frenar estas invasiones.

Durante el siglo IV el imperio decidió aliarse con algunos pueblos bárbaros a los que había conseguido devolver hacia zonas fronterizas. A ellos les encomendó la defensa de las fronteras y la lucha contra las siguientes oleadas de pueblos invasores, y les otorgó un grado de ciudadanía que les permitía ingresar hasta los cuadros medios del ejército y cultivar las tierras de aquellas regiones. Esta política aplicó también la técnica de fomentar la división y la rivalidad por las tierras entre estos pueblos, lo que debilitó la posición militar de los bárbaros. En el aspecto de política interior, las migraciones y luchas del siglo III hicieron que las enormes ciudades romanas comenzaran a fortificarse con elementos de defensa que no abarcaban la totalidad de la extensión de la ciudad, lo que provocó que las villas se redujeran de tamaño debido a que nadie quería quedar fuera de los nuevos baluartes.

La política de pactos y divisiones con y entre los pueblos bárbaros proporcionó buenos resultados a los romanos durante el siglo IV. Los godos, que tantos problemas habían causado al imperio, se dividieron en dos ramas durante los siguientes años: los visigodos, que aceptaron la federación con las fuerzas imperiales durante ese siglo, y los ostrogodos, que permanecieron asentados en el exterior de las fronteras hasta la llegada de los hunos.

Pero la relativa estabilidad y las alianzas con los godos no duraron más que unas décadas. Los visigodos en los albores del siglo V iniciaron la guerra gótica (408-416) que, liderada por el rey Alarico[34], consiguió avanzar militarmente, casi sin oposición, por toda la península itálica. En el año 410, y después de dos asedios consecutivos, saqueó la ciudad de Roma y partió hacia el sur con el fin de llegar a las provincias africanas y poder contar con el grano que aseguraría su dominio sobre la península itálica. Los visigodos no eran duchos en la navegación y una tormenta terminó con su flota. Alarico murió unas semanas después y sus sucesores comenzaron el repliegue de las tropas visigodas hacia el norte.

En el siglo V los alanos, un pueblo iranio muy guerrero, y los suevos y vándalos, de origen germánico, iniciaron una potente oleada migratoria. En el frío invierno del año 406 estos pueblos pudieron cruzar a pie el río Rin, que estaba completamente helado. Se establecieron en territorio imperial y las fuerzas romanas apenas pudieron resistir su envite. La solución trató de ser diplomática y se les concedió la colonización de aquellas tierras de frontera. Pero los tres pueblos bárbaros no detuvieron su marcha hasta llegar a la Galia y la Hispania. Los vándalos continuaron incluso cruzando el estrecho de Gibraltar y llegaron hasta Cartago. Desde aquella ciudad mediterránea establecieron una colonia de piratas que puso en peligro las conexiones marítimas de la propia península itálica.

La desintegración del imperio comenzó su fase final, como se verá en el siguiente capítulo, con la muerte del emperador Teodosio, en el año 395, y la división de sus territorios en los Imperios romanos de Oriente y Occidente. Las guerras civiles entre los propios pueblos bárbaros, instigadas en su mayoría por los generales romanos, debilitaron a los pueblos fronterizos, que se vieron incapaces de hacer frente al pujante poder de los hunos, cuya oleada migratoria traería cambios fundamentales en Eurasia.

Los hunos eran uno de los grupos nómadas que habitaban la vasta región de Asia Central. En su permanente viaje para alcanzar nuevas tierras de pastos para su ganado se dividieron en dos ramas: unos avanzaron por el río Volga y otros, hacia el

---

34. Alarico (370-410) es considerado el primero de los reyes históricos visigodos. Fundó su reino en la Galia y posteriormente se extendió hacia Hispania. Su dinastía gobernó en la península ibérica durante dos siglos.

sur por el río Amu Daria. Los hunos que llegaron a Europa cerca del mar Caspio pronto entraron en guerra con los pueblos bárbaros ya asentados por las zonas de frontera con el imperio. En el año 370 conquistaron las tierras de los alanos y pocos años después llegaron hacia el territorio de los ostrogodos, que tuvieron que huir hacia territorio imperial. En el año 395 conquistaron Armenia, Antioquía y Siria. Los hunos han sido definidos por los historiadores como una suerte de confederación de tribus que buscaban un mismo fin, la conquista de nuevos territorios, pero que carecían de una estructura política y de un líder que diera coherencia a sus actuaciones políticas y militares. Esta situación encontró solución desde el año 420 con el liderazgo de Octar, que consiguió cohesionar a las tribus y establecer una monarquía sucesoria. Su hermano Rugila, gracias a sus éxitos militares, consiguió el apoyo y el vasallaje de un importante número de pueblos bárbaros. A su muerte la corona fue heredada por sus sobrinos Atila y Bleda, que lanzaron una gran campaña contra el Imperio romano de Oriente, al que consiguieron doblegar e impusieron en el año 435 la firma del Tratado de Margus por el que se les cedía el dominio del comercio en la zona y se obligaba a Constantinopla al pago de un gran tributo. El máximo esplendor de los hunos llegó con el reinado en solitario de Atila, que dirigió todo su interés hacia la conquista de los territorios del Imperio romano de Occidente. Su exitosa campaña se inició en el 451 con la conquista de la Galia y continuó en el 452 con la invasión de Italia, saqueando las principales ciudades del norte de la península y capturando Milán.

La prematura muerte de Atila[35] trajo la desmembración de su imperio y la finalización de los vasallajes que los hunos habían impuesto a otros pueblos. De esta desintegración del poder huno resurgieron los reinos que siguieron presionando al Imperio romano de Occidente con conquistas e incursiones que llegaron hasta la propia capital imperial.

---

35. Atila (395-453) fue el más guerrero de los líderes hunos. Bajo su reinado el Imperio huno alcanzó su máxima extensión. Sus batallas contra germanos, vándalos y los Imperios romanos de Oriente y Occidente le granjearon una fama de cruel, bárbaro y gran estratega. Tras su muerte fue enterrado en un mausoleo junto a sus botines de guerra, en un triple sarcófago de hierro, plata y oro. Todos los que participaron en las exequias fueron asesinados para mantener en secreto el lugar del enterramiento. A día de hoy se desconoce la ubicación de su tumba.

En el año 455 Roma fue saqueada por segunda vez por los bárbaros. Los alanos, capitaneados por su rey Genserico, llegaron por mar desde Cartago y accedieron a la ciudad por el río Tíber, y durante 14 días saquearon todos los tesoros de la ciudad, convirtiendo en esclavos a miles de ciudadanos. El Imperio de Occidente ya solo se mantuvo durante unas décadas regido por emperadores títeres al servicio tanto de generales bárbaros como de los jerarcas romanos.

LA DIVISIÓN Y EL COLAPSO DEL IMPERIO ROMANO DE OCCIDENTE

El reinado de Constantino durante el primer tercio del siglo IV supuso en lo político una vuelta a los orígenes imperiales. Desapareció la tetrarquía, que dio paso a una nueva diarquía al estilo ideado por Diocleciano y, más tarde, Constantino consiguió hacerse con el poder en Oriente y Occidente, y gobernar el imperio como uno solo desde su oriental capital de Constantinopla. Pero la muerte del emperador terminó con el espejismo que había supuesto su reinado, y los problemas religiosos, las guerras civiles, el excesivo poder de los generales en las provincias más lejanas y la presión de los pueblos bárbaros reaparecieron para conjurarse en la tormenta perfecta que en poco más de un siglo pondría fin al Imperio romano de Occidente.

Constantino fue sucedido por sus hijos Constantino II (316-340), Constante (323-350) y Constancio II (316-361), que pese a dividirse el control de las provincias entre ellos se enzarzaron en varias guerras civiles que solo consiguieron debilitar aún más su poder militar. En lo económico, las reformas que realizaron tuvieron un efecto desastroso. Constantino ya había retirado a las ciudades la capacidad de cobrar impuestos propios, lo que paralizó la inversión en obra pública de muchas de ellas. Sus sucesores ahondaron en esta política de aminorar los costes sufragados por el Estado y mandaron desmantelar numerosos acuartelamientos. En las zonas de frontera los saldados eran pagados con una concesión de tierras para su subsistencia, lo que abarataba el mantenimiento del ejército, pero reducía su eficacia.

Juliano (331-363) fue el último de los emperadores de la dinastía Constantina. Fue un experto militar que alcanzó la paz con los francos y derrotó a los alamanes en la batalla de Estrasburgo (357). Su corto reinado de apenas tres años supuso una gran revolución en el ámbito religioso y comenzó con la vuelta a la libertad de culto. Él mismo practicaba el paganismo en una vertiente influida por el pensamiento de Platón y del culto al Sol. Juliano restableció el culto en antiguos templos imperiales e hizo que los cristianos indemnizaran a los sucesores de los paganos a los que sus posesiones les habían sido confiscadas. Llegó a un acuerdo con los judíos para construir el tercer Templo de Jerusalén, pero las corrientes cristianas del Imperio pronto reaccionaron y entraron en una oposición frontal al nuevo emperador. Su reinado terminó abruptamente al fallecer en combate en una cruenta batalla contra el Imperio persa.

El reinado de Juliano puso de manifiesto que el problema religioso era otra de las luchas intestinas que dividían al Imperio romano. Desde el Edicto de Milán, que en el año 313 aprobó la tolerancia y no persecución de los cristianos dentro del Imperio romano, la nueva religión había extendido su poder a casi todos los ámbitos de la sociedad. La Iglesia había conseguido en apenas medio siglo sustituir institucionalmente el papel que antes habían tenido los grandes templos paganos. Varios de los emperadores tras Constantino fueron cristianos. Esta religión tuvo especial difusión en el Imperio romano de Oriente, donde la cuestión religiosa constituyó una amalgama que permitió fundar unas sólidas bases del futuro Imperio bizantino. Pero el cristianismo de aquella época era una religión todavía en proceso de formación. Sus bases doctrinales se definieron a lo largo de varios siglos en diversos concilios, reuniones de los obispos católicos, que en ocasiones terminaron en airados debates de los que surgían movimientos heréticos que se alejaban de la doctrina oficial[36]. Las herejías favorecieron la llegada del cesaropapismo, un término que se refiere a la tendencia de algunos gobernantes a inmiscuirse en los asuntos de la Iglesia y situarse por encima de esta uniendo el poder político y el poder religioso en el emperador. El cesaropapismo surgió con el emperador Constantino y la fundación de la nueva capital del Imperio romano de Oriente, y

---

36. El arrianismo fue la herejía más extendida de esta época. Surgió en las academias de Alejandría. Consideraba que Dios y Jesús no compartían la misma naturaleza divina. El I Concilio de Nicea del año 321 condenó esta visión y afirmó que Jesús fue plenamente humano y divino. Se extendió por el Imperio oriental y el emperador Teodosio el Grande tuvo que prohibirlo y luchar contra sus seguidores. Muchos de los pueblos germánicos abrazaron el arrianismo cuando se convirtieron al cristianismo.

tendrá especial trascendencia a lo largo de toda la Edad Media. El cesaropapismo tenía su contraparte en la doctrina sobre el poder temporal de la Iglesia. Desde el siglo IV el papado comenzó a acceder a un nivel de poder terrenal que abarcaba inmensas posesiones, riquezas e incluso pequeños ejércitos para la defensa de los templos. En los tiempos convulsos que rodearon a la caída del Imperio romano de Occidente, y durante casi los siguientes dos milenios, este poder se fue acrecentando, y las decisiones de la Iglesia no solo se circunscribieron a los temas doctrinales y de fe, sino que se convirtió en árbitro y poder efectivo entre los gobernantes de los sucesivos reinos cristianos.

La llegada de los hunos a Europa ocasionó en el año 376 la huida de varios pueblos bárbaros que vivían al otro lado de la frontera imperial del Danubio. Esta inmensa migración de pueblos bárbaros que penetraron en el Imperio romano no pudo ser repelida al momento debido a que el ejército oriental estaba en guerra con los persas y el occidental luchaba contra la invasión germánica a orillas del Rin. Ante la imposibilidad de contener el avance de los pueblos que habían cruzado el Danubio, el emperador Valente (328 -378) lanzó una ofensiva que culminó con la catastrófica derrota imperial en la batalla de Adrianópolis del 378 en la que todas las provincias balcánicas quedaron sin defensas y a expensas de los godos, y él mismo perdió la vida.

Su sucesor en Oriente fue Teodosio el Grande (347-395), un general hispano que aplicó una política pragmática a la hora de lidiar con los pueblos bárbaros que vivían en territorio imperial. Teodosio les ofreció la categoría de federados y aliados, con libertad de movimiento y la obligación de defender las fronteras. También firmó la paz con los persas. Estas dos gestiones diplomáticas le aseguraron una relativa paz en las fronteras, pero en el interior tuvo que dedicar sus fuerzas a luchar en dos guerras civiles contra dos intentos de usurpación del poder imperial en Occidente. Tras la última victoria en el año 394 accedió también al trono de Occidente siendo el último emperador de todo el Imperio romano. En el aspecto religioso, Teodosio proclamó varios decretos en contra del paganismo: prohibió el sacrificio de animales en los templos, mandó disolver asociaciones paganas y destruir sus templos, convirtió en días laborables aquellas fiestas paganas que no se hubieran cristianizado, prohibió los Juegos Olímpicos y disolvió las vírgenes vestales, aunque como gran parte de los soldados del ejército eran paganos, prohibió que fueran perseguidos. Él era cristiano y permitió la persecución de los herejes, lo que le granjeó el apoyo institucional de la Iglesia. El reinado de Teodosio el Grande fue el último rayo de esplendor de un imperio exhausto.

Los sucesores de Teodosio se vieron envueltos en las intrigas, las guerras civiles y el caos que propició el ascenso del rey visigodo Alarico, que asedió Roma en dos ocasiones y en el año 410 la saqueó por completo durante tres días. Si bien la capital imperial de Occidente ya se encontraba en Rávena, Roma seguía siendo el hogar de las principales familias patricias, sede del nuevo papado católico, centro cultural y burocrático, y no había sido tomada en los ocho siglos anteriores.

Rávena, ciudad imperial

Rávena fue desde el año 402 la capital del Imperio romano de Occidente. El emperador Honorio mudó allí la capital con el fin de encontrarse más cerca de la protección de los emperadores orientales y por la defensa natural que suponían las ciénagas y pantanos que rodeaban la ciudad.

Entre los años 423 y 472 el avance de los pueblos bárbaros en todos los frentes trajo la atomización del Impero de Occidente. Desde el año 472 y hasta el 476 las provincias fueron cayendo una detrás de otra en poder de los invasores, de generales erigidos en líderes territoriales que las reconquistaban momentáneamente y reclamaban para sí la corona imperial. Pero en estas luchas de poder por colocar en el trono imperial a alguien manejable y favorable a sus propios intereses también entraron los reyes de los recién creados reinos bárbaros, así el rey Gundebaldo (¿?-516) de los burgundios proclamó emperador a Flavio Glicerio (420-480) en el año 473. En los siguientes dos años se sucedieron dos emperadores títeres más hasta que el patricio y exembajador en la corte de Atila Flavio Orestes (420-476) proclamó a su hijo Rómulo Augústulo (465-511) emperador y gobernó en su nombre hasta que Odoacro (¿?-493) los persiguió, asesinó a Flavio Orestes, depuso a Rómulo Augústulo[37] y se proclamó rey de

---

37. Tras la deposición de Rómulo Augústulo, el emperador de Oriente envió al rey de los ostrogodos Teodorico el Grande (454-526) a combatir contra Odoacro. Teodorico venció en varias batallas y celebró con Odoacro un banquete para firmar la paz. Durante dicho banquete Teodorico asesinó a Odoacro con su propia espada y se proclamó rey de Italia. Teodorico convirtió Rávena en el capital del reino ostrogodo, y aunque era arriano, respetó la fe de los cristianos latinos.

Italia, devolviendo los estandartes imperiales a Constantinopla y poniendo fin a Imperio romano de Occidente.

EL PERIODO CLÁSICO MESOAMERICANO: LA EDAD DORADA DE TEOTIHUACÁN

Las culturas mesoamericanas vivieron su periodo clásico entre los años 200 y 900 de nuestra era. En este tiempo las mejoras tecnológicas propiciaron una mayor eficiencia agrícola, que trajo consigo un aumento de la población que se especializó en el trabajo, creando nuevos estratos sociales y potenciando el comercio. De este fuerte desarrollo nacieron las grandes ciudades-Estado, como Teotihuacán y Tikal, que alcanzaron su edad dorada durante este periodo y cuyo de declive marca el final del periodo clásico mesoamericano.

La fuerte cohesión cultural de los pueblos mesoamericanos durante este periodo hace posible hablar de características generales comunes a ellos en esos años, como la escritura de glifos, el doble calendario civil y religioso, la religión, la ciencia, la astronomía, el urbanismo y la ingeniería civil de las grandes ciudades.

Tras los olmecas y el periodo preclásico de los mayas se inicia una época en la cual la religión mesoamericana completa su número de dioses, profundiza en sus tradiciones mitológicas y elabora un refinado sistema de culto. El desarrollo agrícola y económico consolidó el poder de algunos estamentos sociales, como el clero. La función de dirección del culto e intermediación entre los dioses otorgó a los sacerdotes un gran poder político y social debido a que dominaban la astronomía, que era de vital importancia para unas sociedades basadas en la agricultura. La transmisión del increíble conocimiento atesorado hasta el momento también en escritura, matemáticas y otras ciencias quedó en manos de la casta sacerdotal y en unos pocos nobles que sufragaban parte del presupuesto de los templos.

El arte clásico mesoamericano alcanzó su cénit de manera especial en las estelas mayas y en la construcción de edificios de base piramidal. Las estelas eran unos monumentos formados por una piedra vertical ricamente tallada con imágenes y escritura maya sobre una piedra redonda a modo de altar. Su función era sagrada y a la vez historiográfica. Solían recoger los principales acontecimientos de un monarca o un reinado. Con el tiempo su significado religioso aumentó y se realizaba un culto de divinización de la estela durante el cual se envolvía con telas para reservar su conocimiento solo para los iniciados o dignos de conocerlo. La arquitectura de base piramidal concebida como la superposición de un talud, con un área plana o tablero, sobre el que se construye otro talud de menor tamaño hasta alcanzar la altura deseada fue perfeccionada en Teotihuacán y así se creó un estilo arquitectónico de primer nivel que fue base y modelo del resto de las principales ciudades mesoamericanas.

Búho Lanzadardos

Solo se conoce el nombre de uno de los gobernantes de Teotihuacán, Átlatl Cauac o Búho Lanzadardos, que fue el líder que ordenó la conquista de la ciudad rival de Tikal. El nombre se ha encontrado en una estela conmemorativa de su hazaña en la ciudad guatemalteca.

El comercio es causa y a la vez consecuencia del auge de las grandes ciudades-Estado mesoamericanas. El aumento de la población y la especialización consiguieron crear excedentes de materias primas y de productos elaborados cuya salida lógica fue el intercambio por vía comercial con otras ciudades. Estas redes estrecharon los lazos económicos de las urbes y permitieron que en todas ella hubiera un notable nivel de calidad de vida, pues la dieta y otros objetos cerámicos, de madera, etc., para su uso cotidiano quedaron a disposición de la mayor parte de la población.

Las rivalidades provocadas entre ciudades por extender su poder de influencia económica, obtener más tierras de cultivo y dominar las rutas comerciales fueron la razón por las que el periodo clásico también fue conocido por incontables guerras, alianzas y traiciones entre ciudades.

Teotihuacán fue la principal ciudad y centro de poder económico, religioso, comercial y militar de la época en esta región. Conocida como la ciudad de los dioses, fue fundada durante el periodo preclásico a unos 78 km de lo que hoy es Ciudad de México en un fértil y rico valle con acceso a yacimientos de obsidiana. Este primer asentamiento tuvo como gran rival al sur a la ciudad preclásica de Cuicuilco (México), contra la que competía por el control del valle y algunos recursos. Durante años Teotihuacán fue recibiendo oleadas migratorias de Cuicuil-co hasta que la erupción del volcán Xitle arrasó a esta última y dejó a Teotihuacán sin competencia en toda su región. Desde ese instante, y gracias a las mejoras en cuanto a las técnicas de regadío, Teotihuacán vivió una imparable expansión y un fuerte crecimiento demográfico.

La agricultura era la base de su economía; en sus tierras se producía maíz, calabaza y frijol. Pero la importancia de su poder económico se fraguó gracias a que manejó el monopolio de la apreciada cerámica Anaranjado Delgado y de los minerales extraídos en los yacimientos de Hidalgo. El comercio de estos productos con las ciudades de toda Mesoamérica posibilitó que Teotihuacán cimentara un potente dominio e influencia política y cultural.

Con el florecimiento económico también nacieron las rencillas con otras ciu-dades y dio comienzo una época de conquista y expansión. En el año 378 invadió Tikal[38] (Guatemala), que había sido socia y aliada durante largo tiempo. En el 426 Teotihuacán se hizo con Copán (Honduras) y Quiriguá (Guatemala). Gracias a la paz conseguida con la conquista de sus principales rivales desde el año 450 al 650 se produjo el máximo apogeo político y económico de Teotihuacán, durante el cual su poder militar terminó con cualquier intento de reto a su liderazgo en la región.

La arquitectura de Teotihuacán comenzó a ser planificada hacia el año 150, cuando inició la expansión de la ciudad en torno al eje norte-sur de la calzada de los muertos y el este-oeste del río San Juan. Ya de esta época data la primera fase de construcción de la pirámide de la Luna y la pirámide del Sol, que fue realizada en su mayor parte en este tiempo y que se erigió como centro de la ciudad de aquel momento, fruto de una planificación urbana ligada a su religión y la astrología. Hacia el año 250 se construyó la ciudadela con la pirámide de la Serpiente Emplu-mada. Teotihuacán crecía y hacia el año 350 podía contar ya con más de 65 000 habitantes, para los que se construyeron casas en altura y conjuntos habitacionales destinados a cada grupo social. En la época de máximo apogeo la población de

---

38. Tikal fue uno de las ciudades más importantes de la civilización maya. Fundada en el periodo preclásico, las primeras construcciones importantes de pirámides datan del 400 al 300 a. C. Se constituyó en reino y su línea dinástica encontrada en los restos arqueológicos de la ciudad abarca más de 800 años e incluye a los gobernantes tras la conquista por parte de Teotihuacán.

Teotihuacán se cree que pudo alcanzar los 300 000 habitantes. Los edificios de viviendas se construían en barrios con estrechas calles interiores, pero que tenían un eficiente sistema de alcantarillado y separación de las aguas residuales.

Teotihuacán, rituales y sacrificios

Los sacrificios humanos eran una de las formas del culto mesoamericano. Para la consagración de la pirámide de la Serpiente Emplumada se sacrificó a más de 100 personas, que fueron enterradas ritualmente en grupos en las esquinas de la base del edificio.

La importancia de la ciudad también trascendió de su mera existencia en el ámbito religioso. Quetzalcóatl y Tláloc, dos dioses estrechamente relacionados con la agricultura y el agua, son originarios de la cultura de Teotihuacán y fueron de la máxima importancia siglos después para los mayas, mexicas y aztecas.

La decadencia de Teotihuacán comenzó hacia el año 650. Poco se sabe de las razones de su colapso y abandono, pero las investigaciones arqueológicas han descubierto que decayó el número de habitantes, se fueron abandonando barrios por entero, la pirámide de la Serpiente Emplumada fue cubierta para que no se reconociera su aspecto, y los propios habitantes de la ciudad se dedicaron a destruir parte de los edificios más emblemáticos de su cultura antes de abandonarla por completo.

EL IMPERIO BIZANTINO

El Imperio bizantino es una de las columnas vertebrales de la historia de la Edad Media en Europa, Asia Menor y ambas orillas del mar Mediterráneo desde los siglos V al XV. En ese milenio el Imperio bizantino ejerció de verdadera puerta entre Oriente y Occidente, consiguió contener a los bárbaros para que no cayera el último resquicio del Imperio romano y, siglos más tarde, luchó hasta su propia desaparición para que los musulmanes no llegaran a Europa. En sus diez siglos de existencia consiguió moldear el cristianismo como religión de Estado, mantener la tradición y el pensamiento helénico[39], destilar las tradiciones y filosofías orientales para hacerlas llegar a Europa.

Desde el siglo XVI los historiadores comenzaron a denominar Imperio bizantino al Imperio romano de Oriente que perduró tras la caída de Imperio romano de Occidente en el año 476. Sus orígenes se remontan al siglo III, cuando el emperador Diocleciano dividió el Imperio romano en dos mitades. Desde entonces y hasta la caída de la parte occidental, ambos imperios estuvieron separados, luego unidos de nuevo bajo el mando de Constantino, que trasladó la capital única de Roma a Bizancio, rebautizada como Constantinopla, hasta la separación definitiva del año 395, cuando el emperador Teodosio legó a su hijo Alarico la parte oriental del imperio.

Durante sus dos primeros siglos de existencia, IV y V, los emperadores bizantinos dedicaron la mayor parte de su energía a repeler los intentos de invasiones bárbaras que les asediaban desde sus fronteras septentrionales. En este tiempo varios emperadores aplicaron una doble estrategia dirigida a no permitir la entrada de los bárbaros hasta su capital: desviaron a los bárbaros hacia el Imperio romano de Occidente, que era más débil y se encontraba en descomposición, ya fuera venciéndolos como a los visigodos y los ostrogodos, o aceptando pagar un elevado tributo para evitar la invasión, como ocurrió con los potentes hunos de Atila. Al mismo tiempo reforzaron las defensas de las ciudades, en especial las de Constantinopla, que con su fuerte muralla y su excelente defensa marítima fue inexpugnable durante 800 años.

El siglo VI estuvo marcado por el largo reinado del emperador Justiniano (482-565), que se propuso devolver al imperio la fuerza y la extensión del antiguo Imperio romano. Durante su gobierno florecieron las artes, la arquitectura y el derecho. Uno de sus principales intereses fue el de embellecer las ciudades y dotarlas de unos edificios públicos y de culto a la altura de la nueva opulencia que quería transmitir. Bajo su auspicio se terminó la iglesia de San Vital de Rávena (Italia) y se reconstruyó la basílica de Santa Sofía en Constantinopla (Turquía) con materiales traídos del templo de Artemisa en Éfeso (Turquía). También realizó importantes

---

39. El mosaico bizantino elevó la tradición griega del mosaico hasta convertirla en símbolo de su cultura. Las paredes y bóvedas de palacios y templos se llenaron de ricas imágenes realizadas con teselas de vidrio y piedra, con gran profusión de dorados y con unas normas muy estrictas basadas en una representación solemne de la divinidad y los emperadores.

obras públicas, como las cisternas subterráneas en las ciudades, que mejoraron el suministro de agua y las presas de arco que evitaban las inundaciones. Pero la labor de Justiniano ha sido recordada durante siglos debido a la compilación legal que realizó denominada *Corpus iuris civilis*[40].

En la época de Justiniano las fronteras del imperio alcanzaron su máxima extensión. En Occidente pasó de una actitud defensiva a una ofensiva y conquistó los Balcanes y arrebató a los ostrogodos su reino en la península itálica en el año 536. En la frontera asiática contuvo a los persas en la batalla de Dara (530). En el Mediterráneo conquistó el reino vándalo de África y colonizó parte del sur de la Hispania visigoda. Con estas acciones militares y expansionistas Justiniano dominaba más del 80% de las costas del mar Mediterráneo. Pero esta expansión militar, la profusión de nuevas obras públicas y el boato de la corte tuvieron un alto coste para las arcas públicas que se trató de subsanar con nuevos y más altos impuestos, lo que causó un fuerte descontento popular que se tradujo en varias revueltas. A esta situación de cierta inestabilidad interior se sumó en el año 543 un brote de peste en Constantinopla que terminó con más de un tercio de su población.

Tras el reinado de Justiniano la crisis se instaló en el imperio durante dos siglos oscuros en los que las guerras civiles religiosas y los enemigos exteriores hicieron a Bizancio retroceder sus fronteras. Durante este tiempo los persas lanzaron una potente ofensiva que arrebató a los bizantinos Egipto, Siria y amplias zonas de Asia Menor. El traslado de la mayor parte de los ejércitos al sur para luchar contra los persas permitió que el imperio fuera derrotado por los eslavos y que los lombardos conquistaran Italia.

En el siglo VII un nuevo enemigo emergió de los océanos de arena de la península arábiga. La expansión musulmana fue el mayor de los peligros a los que se enfrentó el Imperio bizantino. Comenzó entre los años 633 y 645, cuando los

---

40. El *Corpus iuris civilis* fue la obra de recopilación del derecho romano existente hasta el momento y su adaptación a la religión cristiana que mandó realizar el emperador Justiniano entre los años 528 y 534. Estaba compuesto por el propio Código Justiniano, el *Digesto*, las *Institutas* y las *Novellae*. Su objetivo fue dotar al imperio de una armonización legislativa que favoreciera la homogeneidad, el conocimiento, respeto y compresión de las leyes. Más de 600 años después la obra sirvió de base para la recuperación del derecho romano y su implementación en las cortes europeas.

musulmanes arrebataron de forma definitiva Siria, Egipto y Palestina a Bizancio. Un siglo más tarde, en el año 717 los ejércitos del califato omeya asediaron Constantinopla durante casi un año.

El secreto mejor guardado

El fuego griego fue la mejor arma del Imperio bizantino. Se trataba de un compuesto químico secreto, de cuyos ingredientes tuvo el monopolio, que ardía en contacto con el agua, incluso debajo de ella. Esta arma permitió repeler en incontables ocasiones el asedio de Constantinopla y ganar gran número de batallas navales.

La pérdida de varias provincias mediterráneas le dotó de una mayor homogeneidad cultural basada en el cristianismo y la tradición helenística. Pero se hizo necesaria una reorganización administrativa en la que se potenció la figura del gobernador provincial, que se convertía *de facto* en una suerte de virrey. La economía bizantina, antaño basada en el comercio y el dominio del mar, tuvo que reorientarse hacia la agricultura, lo que la hizo menos competitiva, al tiempo que las ciudades perdieron poder frente a la aristocracia latifundista de las provincias. Esta circunstancia le acercaba al feudalismo occidental y le alejaba de los pujantes nuevos imperios orientales.

Los siglos IX y X supusieron un importante renacimiento para el Imperio bizantino bajo la dinastía Macedónica. Durante estos dos siglos los musulmanes del califato abasí entraron en su particular crisis, que llevó a su desintegración y favoreció los intereses de Bizancio.

Entre el siglo XI y XV se produjo la crisis definitiva que llevaría a la desaparición del Imperio romano de Oriente. En la primera parte de este periodo, los ahora potentes reinos e imperios católicos de Occidente comenzaron las cruzadas para devolver los Santos Lugares a manos cristianas y recuperar para el catolicismo al Imperio bizantino, que se había decantado por el cristianismo ortodoxo en el gran cisma de Oriente y Occidente. Los cruzados tomaron Constantinopla en el año 1204; fue el primer ejército que tomó y saqueó Constantinopla desde su fundación ocho siglos atrás. La potente pujanza de las nuevas ciudades-Estado del norte de Italia y su apuesta por el comercio marítimo terminaron con el monopolio de

Bizancio sobre las vías marítimas de la Ruta de la Seda. En el siglo XIV el imperio tuvo que hacer frente a dos guerras civiles y a la ambición expansionista en el Mediterráneo de la corona de Aragón.

Desde la fundación de Constantinopla la cuestión religiosa siempre ha estado indisolublemente ligada al devenir del Imperio bizantino. Fundado en pleno ascenso del cristianismo, este se extendió mucho más rápido por tierras orientales que por las occidentales, donde predominaba el paganismo itálico y bárbaro. La Iglesia católica otorgó desde sus inicios la primacía y el máximo poder espiritual al obispo de Roma, pero la realidad es que cuando en el año 451 se establecieron los cuatro patriarcados cristianos, tres de ellos se encontraban en Oriente.

Los monarcas bizantinos pronto dieron institucionalidad a la relación Iglesia-Estado en su convencimiento de que la unidad en una misma fe proporcionaba estabilidad al propio imperio. Lucharon con intensidad contra las herejías, aunque muchas de ellas se crearon bajo la tradición oriental y en su propio territorio. Esta persecución de los heréticos derivó en ocasiones en verdaderas guerras civiles. Entre las más conocidas destaca la querella iconoclasta por la que muchos fieles y parte del clero otorgaban poderes divinos y sobrenaturales a las imágenes o iconos de las iglesias y los monasterios. Esto infringía la creencia católica de que solo Dios merece adoración y enraizaba con las tradiciones orientales por la adoración de objetos o estatuas. El conflicto pronto rebasó lo filosófico y se transformó en una lucha de la corte y el patriarcado de Constantinopla contra la acumulación de poder terrenal, riquezas e influencia de los monasterios.

Pero la cuita religiosa que marcó de manera más profunda el devenir del Imperio bizantino y de la cristiandad en su totalidad fue el gran cisma de 1054. En esa fecha se consumó una división de los cristianos que venía gestándose hacía dos siglos. El motivo fue que un número creciente de iglesias orientales no aceptaban la primacía de Roma como cabeza de la Iglesia católica entre los cristianos. Bizancio se decantó por los cismáticos y apoyó la creación de una iglesia nacional para el imperio. Esta incluyó a los eslavos que habían ido predicando y que extendieron la fe ortodoxa por los Balcanes, el este de Europa y Rusia. Con esta decisión los bizantinos también se granjearon a los católicos romanos como nuevos enemigos, lo que añadió como un incentivo más para la destrucción del Imperio romano de Oriente la reunificación de los cristianos y terminar con los emperadores cismáticos.

LOS TRES REINOS DE COREA Y LA UNIFICACIÓN DE JAPÓN

Las olas de invasiones bárbaras que se acentuaron durante el siglo III en la China Septentrional habían terminado con la longeva dinastía Han e instalado en los diversos reinos del norte nuevas dinastías bárbaras que buscaban el respeto del tradicionalista reino chino meridional, que nunca había sido conquistado por los extranjeros. Estas sucesivas guerras civiles, conquistas, absorciones y divisiones de estados en el norte de China llevaron a que su poder sobre regiones como Corea y Japón, conquistadas por motivos económicos, fuera desapareciendo y en aquellos lugares surgieran fuerzas autóctonas que fundaran nuevos reinos independientes del poder chino.

Las crónicas coreanas indican que los primeros signos de un deseo de emancipación del dominio Han aparecieron en el año 57 a. C., cuando el pequeño reino de Saro, al sur de la península de Corea, obtuvo la independencia del imperio. Durante los dos primeros siglos de nuestra era se produjeron nuevos intentos de liberarse de la hegemonía china. Los territorios que tuvieron éxito se convirtieron en pequeños reinos, en realidad, poco más que ciudades-Estado que vivían bajo la permanente amenaza de que alguno de los reinos chinos que surgieron en este tiempo, ya fueran bárbaros o del sur, tomaran medidas para devolverlos a su control. El consenso de los historiadores acota el periodo de los Tres Reinos al periodo que va entre los siglos IV y VII.

El reino de Koguryo fue el más extenso de los tres. En el norte llegó a ocupar regiones de Manchuria y de algunas actuales provincias rusas y en el sur abarcaba hasta la mitad de la península coreana. En China los Han habían dado paso a la atomización del norte, que fue ocupado por diversas dinastías de origen bárbaro. Los Wei reinaban en ese momento en China Septentrional, pero se vieron incapaces de asegurar sus dominios en las penínsulas de Liadong y Corea. En el año 313 el rey Micheon (¿-331) conquistó Lelang y consumó la expulsión de los Wei de su reino. Pero apenas unos años después, en el 342, el clan de los Murong, establecido en el norte de China, arrasó una de las dos capitales en alternancia de Koguryo y apresó a la familia real. Las fronteras del reino se contrajeron durante más de un siglo hasta que entre el 391 y el 531, durante los reinados de Gwanggaeto el Grande (374-413) y su hijo Jangsu (394-491), se alcanzó el máximo esplendor de Koguryo gracias a la militarización del Estado y la política de vasallaje de centenares de ciudades a las que se les impuso tributo. Los siglos V y VII se caracterizaron por un progresivo declive de su poder debido a guerras civiles sucesorias y a las contiendas con los otros dos reinos de Corea y con las dinastías Sui y Tang chinas.

Baekje fue un reino situado en el sudoeste de la península de Corea. Pertenecía a la confederación Mahan, un grupo de pequeños estados a los que fue absorbiendo o conquistando durante los siglos III y IV. En su afán expansionista atacó el reino de Koguryo en el norte en el año 371. El final del siglo V supuso un gran revés para el reino, que perdió sus territorios del norte a favor de Koguryo y tuvo que refugiarse en el extremo sur de la península coreana. Fue el reino con mayor potencia naval y con una fuerte vocación comercial hacia Japón. Su potencia cultural le llevó a introducir en las élites niponas la escritura y la refinada alfarería china e incluso el budismo[41]. Su periodo de decadencia llegó con la ascensión del reino de Silla.

Silla fue el más pequeño y, durante los primeros tiempos, el más débil de los Tres Reinos de Corea. Se encontraba en el extremo oriental de la península coreana. Esta posición de relativa desventaja le llevó a apostar por la diplomacia frente al militarismo de Koguryo o la fuerza naval de Baekje. Durante su existencia siempre labró pactos con alguno de los otros reinos o potencias exteriores para garantizar su independencia y existencia. Tras independizarse de la confederación Gaya a la que pertenecía, el rey Naemul (¿-402) estableció una monarquía hereditaria que constituiría a Silla como el tercero de los reinos de Corea de este tiempo. Ya en el siglo VI Silla conquistó los estados del sur peninsular que todavía pertenecían a la confederación Gaya y se alió con Baejke para frenar la expansión de Koguryo.

El final del periodo de los Tres Reinos llegó en el siglo VII de mano del más pequeño de todos ellos. Silla, debido a su maestría para manejar la diplomacia estableció un pacto con la dinastía Tang china, que le ayudó entre el 654 y el 661 a conquistar Baekje; en el año 668 pudo doblegar a Koguryo, y una vez dominados los otros dos reinos, dedicó una década a expulsar a sus antiguos aliados chinos de la península coreana, formando así un completo reino unificado que duraría al menos dos siglos.

---

41. Hasta la misma fundación de los Tres Reinos su religión se había basado en la tradicional adoración de los ancestros. El budismo mahayano, que se había originado en la India, desde donde pasó al Tíbet y a China, llegó a la península de Corea en el año 372 y pronto fue adoptado como religión oficial por los nuevos reinos, que favorecieron su enseñanza, la fundación de monasterios y su expansión hacia Japón.

Japón fue un actor activo decisivo en el periodo de los Tres Reinos de Corea por su apoyo a algunos de ellos contra el reino de Silla y por el establecimiento hasta el año 646 de la colonia de Mimana en tierras coreanas. Pero a Japón le afectaron también de manera muy directa los acontecimientos que tuvieron lugar en China y en Corea durante este periodo.

Las oleadas migratorias desde el continente hacia las islas japonesas habían sido una constante durante centenares de años. En el siglo IV varios grupos de coreanos y chinos que huían de las respectivas guerras de sus países se asentaron en Japón. Fueron recibidos con los brazos abiertos debido a que llegaron con una gran cantidad de nuevas técnicas, tecnologías y conocimientos, que iban desde la irrigación agrícola al tejido de la seda, la metalurgia o la alfarería. El rápido crecimiento que trajo la aplicación de estos nuevos conocimientos también llevó a las élites locales a adoptar los procedimientos propios de la burocracia china y la administración territorial coreana. La escritura, la arquitectura, las artes y la artesanía proveniente del continente llegaron a Japón sin necesidad de conquista o imposición.

Este desembarco de cultura continental que llevó a Japón a una primera unificación casi total llegó entre los periodos Kofun (250-538) y Asuka (552-710) japoneses.

Al inicio del periodo Kofun la estructura social y económica estaba basada en clanes llamados *uji*, que descendían de un mismo tronco familiar y cuyo jefe lo era también en el aspecto religioso. Esta unidad se autogestionaba y producía sus recursos alimenticios, de herramientas o de artesanía. Con la llegada de las nuevas técnicas estos clanes tendieron a una especialización que dio lugar a verdaderos grupos gremiales, lo que favoreció que diversos *ujis* se federaran en regiones para poder abarcar todos los aspectos de la producción agrícola, artesanal y militar. En el

Kofun, tumbas megalíticas

El periodo Kofun obtiene su nombre de las tumbas homónimas en las que eran enterradas las élites japonesas entre el siglo III y el VII. La tumba, o la cámara de piedra funeraria, se situaba en lo alto de un montículo. Alrededor de este se construían pequeños túmulos en los que se enterraban los objetos personales y parte de las riquezas del difunto.

siglo IV apareció en Kinki, en el centro de la principal isla japonesa, la confederación de Yamato, cuya potencia económica y militar le llevó pronto a ser referente para el resto de federaciones y es considerada la cuna del Imperio japonés. Con su ascenso las relaciones entre las federaciones cambiaron y el señor de Yamato comenzó a ejercer un claro liderazgo y a establecer un linaje real al que el resto de entidades administrativas pasaron con el tiempo a rendir, de una manera directa o indirecta, vasallaje en un régimen protofeudal.

El periodo Asuka japonés se inició en el año 552 con la llegada del budismo a la corte del emperador Kinmei (509-571). Esta religión ya era practicada por gran parte de los inmigrantes coreanos en Japón, pero la llegada como regalo de una estatua de bronce de Buda al emperador sirvió de excusa para iniciar una revolución religiosa que sirviera para la unificación política bajo el liderazgo de Yamato. Los debates sobre la introducción del budismo, al que parte de la élite veía como símbolo de una cultura más avanzada que la tradicional sintoísta, causaron un fuerte rechazo en algunas de las familias aristocráticas que basaban su poder precisamente en la fuerza sintoísta de sus ancestros. La disputa derivó en un conflicto armado entre varias familias aristocráticas. Los Soga, que defendían el budismo, resultaron ganadores, y de este modo se adoptó como religión oficial, lo que facilitó la unificación japonesa en torno a Yamato.

EL NACIMIENTO DEL ISLAM Y EL IMPERIO ÁRABE

La península arábiga estaba habitada en el siglo VI por decenas de pueblos beduinos. Unos eran grandes nómadas que se dedicaban a la cría y el comercio de camellos, transitaban por toda la península siguiendo unas rutas concretas establecidas para cada época del año y habían convertido al camélido en el centro de su economía tanto para la alimentación como para el vestido, la vida diaria… Otros grupos de pequeños nómadas se dedicaban al pastoreo y habitaban en radios pequeños que no se alejaban mucho de un punto focal en el que grupos más sedentarios habían establecido pequeñas zonas de cultivo. El asentamiento de esta incipiente economía agrícola, el desarrollo de las ciudades y su posición única como zona de paso de las rutas comerciales que provenían de Asia favorecieron el surgimiento de una potente casta de comerciantes en algunas urbes.

En este contexto dos ciudades se erigieron como centros económicos y sociales de la región: La Meca, que se especializó en el comercio, heredando las rutas que antes dominaba Petra (Jordania), y Medina, que apostó por una floreciente agricultura. Entre ambas ciudades reunían solo a un 20% de la población total de Arabia, pero allí se encontraban la práctica totalidad de las élites económicas, militares y sociales. Con la llegada del siglo VII esta tendencia continuó y La Meca se erigió también en capital religiosa de Arabia gracias al templo de la Kaaba, al que acudían en peregrinación las tribus de la región para culminar sus ritos de adoración pagana. La Meca estaba controlada por la tribu Koraich, que se dividía en numerosas familias. Entre todas ellas, los Omeya destacaban por su poder político y por el control que ejercía de los principales cargos del templo de la ciudad.

Mahoma (570-632) nació en La Meca en este contexto histórico que fue vital para el éxito del islam, la religión que él fundó, y para los logros políticos y militares que consiguió. En el aspecto religioso, Mahoma es considerado por los musulmanes el mayor de los profetas, la última persona por medio de la cual Dios habló a los hombres. La religión que fundó es monoteísta, en contraste con el paganismo que imperaba en la península arábica, y conectaba con el judaísmo y el cristianismo como religiones con un acervo común. Mahoma alabó la vida de Abraham y consideró a Moisés y a Jesús de Nazaret como profetas iluminados por Dios. Su predicación pronto captó un importante número de seguidores entre las clases más humildes debido a que apelaba a la igualdad de todos ante Dios, sin importar la clase social, ni las riquezas que se hubiera acumulado, ni la tribu a la que se perteneciera. Estas palabras le granjearon las antipatías de las familias más poderosas, que seguían defendiendo el paganismo del templo de La Meca y veían en su predicación un ataque a su situación de privilegio. En el año 622 Mahoma huyó de La Meca por la persecución a la que fue sometido y se instaló en Medina.

El aspecto militar y político está intrínsecamente ligado a su liderazgo religioso, pero no por ello fue menos importante. Al llegar a Medina, Mahona recabó importantes apoyos y un gran número de conversiones a su religión. Con esa masa crítica pudo fundar el germen de su Estado islámico. Desde Medina comenzó una guerra para unificar bajo su poder a las diferentes tribus de la península. En el año 630 Mahoma conquistó La Meca sin casi oposición y culminó la unión de las principales tribus arábigas. Mahoma nunca exigió ser coronado rey ni gobernante, sino que ejerció sobre las tribus un poder basado en su liderazgo religioso con una extensa política matrimonial que le llevó a tener casi una decena de esposas y con una serie de tratados puntuales firmados con cada uno de sus líderes. Tras su muerte en el año 632 sus seguidores recopilaron sus enseñanzas en un libro llamado Corán[42].

Con el fallecimiento de Mahoma se puso a prueba la unión del Estado religioso que él había conseguido en vida. Su suegro, Abu Bakr (573-634), fue elegido líder de la comunidad musulmana, lo que dio comienzo al califato ortodoxo, el primero de los cuatro de la historia musulmana. Durante su corto reinado tuvo que dedicar su esfuerzo a las guerras Rida contra las tribus beduinas que a la muerte de Mahoma hicieron apostasía y abandonaron el islam. Con las tribus pacificadas, el califato orientó su expansión hacia el Imperio bizantino y el persa, que se encontraban sumidos en profundas crisis internas. El califa Omar protagonizó durante su reinado (634-644) las más importantes contiendas del califato ortodoxo que consiguió arrebatar al Imperio bizantino Siria, Palestina con la ciudad santa de Jerusalén, Egipto y anexionarse todo el Imperio persa. Su sucesor fue el califa Utmán (576-656), que mantuvo el ímpetu de la expansión musulmana en los frentes occidental y oriental. En el año 651 conquistó la provincia africana del Imperio bizantino, actual Magreb, y en el extremo oriental sus tropas llegaron hasta el actual Pakistán. En el interior se produjeron las primeras tensiones en cuanto a la interpretación

Omar, primer Príncipe de los creyentes

El califa Omar (583-644) estableció el calendario musulmán fijando su inicio en el 16 de julio del 622, la hégira de Mahoma. También instituyó para sí y sus descendientes el título de príncipe de los creyentes y tras la conquista de Jerusalén mandó respetar las iglesias ya construidas, rezó frente a la del Santo Sepulcro y mandó construir la cúpula de la Roca en el lugar que la tradición indicaba que Mahoma ascendió a los cielos.

---

42. El Corán es el texto sagrado del islam. Es una compilación de las enseñanzas de Mahoma mandada recopilar por el califa Uthmán Ibn Affán entre los años 650 y 656. Según la tradición musulmana, es la palabra de Dios que Mahoma recibió por revelaciones directa del arcángel Gabriel. Se compone de 114 capítulos, llamados azoras, divididos en aleyas. En el texto aparecen referencias a personajes de la tradición religiosa judeocristiana: Adán, Noé, Abraham, Moisés o Jesús de Nazaret, entre otros.

de las palabras de Mahoma y su uso y modificación *ad hoc* por algunas tribus para favorecer sus propios intereses. Utmán respondió a este intento de herejía religiosa ordenando compilar el Corán.

Tras la muerte de Utmán se desencadenó la primera guerra islámica (656-661) en la que diferentes bandos políticos, religiosos y territoriales del califato lucharon en una contienda que con el tiempo terminaría en la división definitiva de las tres ramas principales del islam: sunníes, chiíes y jariyíes. El asesinato de Utmán abrió una complicada sucesión en el califato. Alí (600-661), yerno de Mahoma, llevaba tiempo buscando la manera de hacerse con el trono y aprovechó el caos derivado del crimen para aceptar la propuesta de varios notables de tomar las riendas del califato. Entre los que le apoyaban se encontraban los asesinos de Utmán, lo que llevó a la familia Omeya a pedir que se invalidara el nombramiento y a levantarse en armas contra Alí. Los Omeya huyeron de Medina y se establecieron en Siria, desde donde azuzaron la contienda en diferentes frentes. En el año 661 Alí fue asesinado y la guerra civil se dio por terminada. Los omeyas tomaron las riendas del Imperio y establecieron el segundo califato con capital en Damasco.

LOS VISIGODOS Y LOS REINOS CRISTIANOS DE LA PENÍNSULA IBÉRICA

Los visigodos fueron el pueblo de origen germánico que en el siglo V, tras las luchas con el Imperio romano, se asentaron en la Galia e Hispania. En los casi tres siglos que pasaron entre el colapso del Imperio romano de Occidente y la incursión del califato de los omeyas, establecieron en la península ibérica el reino cristiano cuyo germen, casi un milenio después, daría origen a la Monarquía Hispánica.

El viaje de los visigodos hacia tierras del interior del Imperio romano había tomado un carácter definitivo cuando el rey Alarico saqueó Roma en el año 410. Desde la península itálica partieron hacia la Galia y el rey Teodorico estableció en Tolosa la capital del nuevo reino federado romano. La situación de desgobierno que regía a las provincias romanas durante el siglo V fue un incentivo para desplazarse hacia el sur y ensanchar las fronteras del reino de Tolosa hacia la península ibérica. En ella todavía existían amplias comunidades de otros pueblos bárbaros, como los suevos, que habían se establecido en el noroeste peninsular en el año

411. En el año 507 los visigodos de Tolosa fueron derrotados por el pujante reino de los francos y perdieron, casi por completo, sus posesiones en la Galia. La capital se trasladó entonces por motivos de seguridad al centro de la península ibérica y dio comienzo el llamado reino visigodo de Toledo.

Para comprender el desarrollo histórico del reino visigodo hay que poner atención en tres cuestiones claves: la cuestión religiosa, el carácter de su monarquía y el sistema jurídico.

El aspecto religioso marcó de principio a fin la historia del reino. Los visigodos profesaban el cristianismo de tradición arriana y, por ello, eran considerados herejes por los católicos. El I Concilio de Nicea, promovido por el emperador Constantino, condenó las tesis orientalistas de Arrio y estableció como dogma de fe que Dios y Jesús compartían la misma naturaleza divina. El arrianismo era la religión de los visigodos, pero estos apenas representaban el 4% del total de la población de Hispania, que era mayoritariamente cristiana católica. Esta diferencia de credo no ayudaba a que los gobernados se sintieran identificados con los gobernantes. Como se verá en las siguientes líneas, tras una guerra civil la unificación religiosa llegó por la vía de la conversión del rey Recaredo (559-601) en el año 589 ante el III Concilio de Toledo[43]. El catolicismo se convirtió en la religión oficial del reino y tras la desaparición del reino visigodo a manos de los musulmanes, los pequeños reinos cristianos católicos de la península hicieron de la defensa de la fe el eje de su reconquista territorial.

La monarquía visigoda se construyó sobre la tradición bárbara de elección del líder entre y por los militares de mayor rango, que derivó en una monarquía electiva en la que nobles de la corte y obispos ungían al nuevo monarca. La influencia de los últimos siglos del Imperio romano y su tetrarquía llevó a que existiera en la corte la figura de asociación al trono, similar al sistema de validos de la Edad Moderna. Pese a este cuerpo institucional que debía garantizar unas sucesiones

---

43. Los concilios de Toledo eran la solemne reunión de los obispos de toda Hispania llamados a instancias del rey visigodo. Entre los siglos V y VIII se celebraron 18 en total. En su origen tenían un carácter religioso y doctrinal, como la renuncia al arrianismo en el 589. Con el tiempo se convirtieron en una cámara del reino a la que también asistía la alta nobleza y tomaba decisiones jurídicas, como la definición del carácter electivo de la monarquía y sus normas, IV Concilio, en el año 632; o ejecutivas, como la expulsión de los judíos que se decidió en el 694 en el XVII Concilio.

ordenadas en el poder, la realidad es que la división religiosa dentro del reino, la existencia de poderosos nobles que dominaban amplios territorios y las luchas entre clanes de la corte llevó a que apenas tres reyes de más de dos docenas accedieran al trono siguiendo las normas establecidas. En último lugar, el contacto con el Imperio bizantino y sus costumbres orientales influyó en algunos aspectos de la corte visigoda, como en el uso de púrpuras y ropajes de seda, el establecimiento de unos símbolos propios de la monarquía y de su tesoro real y la adopción de una etiqueta y ceremonial que la alejaban de los pueblos bárbaros y la acercaban a la corte de Constantinopla.

El sistema jurídico visigodo, al igual que sucedía con la cuestión religiosa, era diferente si un ciudadano era de origen godo o romano. A cada uno se le aplicaban las leyes propias de su grupo. Esta situación creaba desigualdades y disfunciones que no favorecían la unidad del reino. Ya los primeros reyes visigodos trataron de establecer una codificación que, al menos, aclarara las normas aplicables, puesto que el derecho germano es consuetudinario y el romano, escrito. A finales del siglo V el Código de Eurico puso por escrito la mayor parte del derecho visigodo y prohibió que desde ese momento se fueran añadiendo nuevas normas al derecho romano aplicable a sus súbditos. En el año 506 el Breviario de Alarico reunió nuevas normas de derecho romano y por primera vez algunas comunes a ambos grupos, pero continuaba con la división jurisdiccional basada en el nacimiento. El posterior Código de Leovigildo a finales del siglo VI permitió la celebración de matrimonios mixtos entre godos e hispanorromanos y avanzó en la confluencia normativa. Fue el rey Recesvinto (¿?-672) a mediados del siglo VII quien apostó por unificar el derecho del reino y que las normas se aplicaran a ambas poblaciones. En el año 654 promulgó el *Liber Iudiciorum*, que, compuesto de 12 libros, versaba sobre toda la arquitectura jurídica del reino: desde el propio legislador hasta el derecho civil familiar, el de sucesiones, el mercantil, el penal y el eclesiástico. Esta obra fue la base del ordenamiento jurídico de los reinos cristianos de la península ibérica durante más de diez siglos.

Las cuestiones anteriores explican por sí solas por qué la consolidación del reino de Toledo supuso un gran reto para los monarcas visigodos. Durante el caótico siglo VI se sucedieron una serie de reyes que se dedicaron a imponer su control sobre la totalidad del territorio peninsular. Lucharon con los vascones, astures y otros pueblos del norte de la península que habían sido poco porosos a la romanización.

En el noroeste lucharon contra los suevos hasta conquistar su reino en el año 585. En la costa sudeste de la península no consiguieron repeler las agresiones de los bizantinos y estos crearon la provincia llamada Spania, que les serviría para afianzar sus rutas comerciales mediterráneas. En la segunda mitad del siglo VI accedió al trono el rey Leovigildo (¿?-586), cuyo reinado repleto de batallas fue muy favorable para los intereses visigodos, marcando un legado de cierto esplendor en lo jurídico y la definición de la propia corona dentro del reino. Pero en el año 579 su hijo Hermenegildo (564-585), considerado santo por la Iglesia católica, se reveló contra Leovigildo por motivos religiosos: la monarquía visigoda había sido arriana desde su origen en Tolosa y Hermenegildo se había convertido al catolicismo. Hermenegildo fue derrotado tras su alzamiento y murió asesinado en la cárcel. Le sucedió su hermano Recaredo, que comprendió la necesidad de la unión religiosa y se convirtió al catolicismo.

En la primera mitad del siglo VII se sucedieron casi media docena de reinados marcados por la inestabilidad interior, las traiciones militares y las conjuras palaciegas. En este tiempo destaca el rey Suintila (¿?-634), que en el año 624 consiguió expulsar a los bizantinos y unificar bajo el reino visigodo a toda la península ibérica. En los apenas 40 años que transcurren desde la muerte de Recesvinto en el año 672 y hasta la conquista musulmana del reino visigodo, el desorden se propagó por el reino. La progresiva feudalización llevó a que los nobles tuvieran cada vez más poder y quisieran imponer su voluntad a la del monarca, deponerle o sustituirle. La situación económica estaba al borde del caos con un comercio que casi había desaparecido por las incursiones musulmanas en el sur del Mediterráneo y la persecución constante contra los judíos dentro del reino. En este contexto de

El fin del reino visigodo

El reinado de Rodrigo, último monarca visigodo, apenas duró un año. Había accedido al poder dando un golpe de Estado contra el rey Witiza (¿?-711), lo que causó una honda división entre sus partidarios y sus detractores que acrecentó la debilidad del reino y facilitó la conquista musulmana. Falleció luchando contra el invasor en la batalla de Guadalete. Allí el ejército visigodo quedó diezmado y no pudo oponer más resistencia a la conquista.

atomización del poder, luchas civiles y crisis económica, la imparable expansión árabe que había comenzado con el Estado islámico de Mahoma cruzó el estrecho de Gibraltar y en el año 711 venció a Rodrigo (¿?-711), el último monarca del reino visigodo de Toledo.

LOS MEROVINGIOS Y EL IMPERIO DE CARLOMAGNO

El reino de los francos, en especial durante el periodo imperial bajo la dinastía carolingia, fue el mayor Estado europeo entre los siglos VIII y IX. En su máxima extensión dominaba los territorios de las actuales Francia, Bélgica, Luxemburgo, Países Bajos, Austria y Suiza. Su alto nivel militar le permitió contener la oleada invasora musulmana al sur de los Pirineos y erigirse como el reino cristiano más influyente de su tiempo.

El origen del reino está ligado a la llegada de los merovingios a la Galia en el siglo V. Este pueblo de origen germano traspasó las fronteras imperiales romanas y se estableció en una amplia franja de la actual Francia, aprovechando la debilidad del Imperio romano de Occidente. Era un pueblo que se había convertido al cristianismo, pero de tradición arriana. Childerico I (437-481) fue el primer rey de los francos, pero fue su hijo Clodoveo I (466-511) el que entre los años 486 y 507 llevó a cabo un incontable número de contiendas bélicas para expandir las fronteras de su reino. Expulsó a los visigodos de Tolosa, acabó de unificar bajo su mando al resto de tribus francas, abjuró del arrianismo y se convirtió al catolicismo para granjearse también el apoyo de la Iglesia y de los ciudadanos galos de origen romano. En el año 507 estableció la capital en París, pero a su muerte, siguiendo la costumbre de los pueblos bárbaros, el reino fue dividido entre sus cuatro hijos y así permaneció la mayor parte del tiempo en el siglo VI y hasta finales del siglo VII.

El fin de las conquistas territoriales trajo consigo también un cambio en la corte y en la forma en la que se dirigía el reino. En tiempos de anexiones y guerras los militares de la aristocracia obtenían una gran participación en los botines conquistados a los enemigos. En los tiempos en los que la expansión se detuvo la aristocracia se organizó en torno a los palacios de las capitales de los reinos francos. En esta nueva estructura burocrática la aristocracia ejercía el poder desde la capital, el rey vio debilitada su capacidad de decisión y en palacio la figura del mayordomo real consiguió aglutinar un gran número de responsabilidades, convirtiéndose, a todos los efectos, en una suerte de primer ministro con amplios poderes. En este contexto los pipínidas, una familia noble con importantes posesiones que habitaba cerca de la actual Lieja (Bélgica), supieron ver el potencial desarrollo e influencia que estaba adquiriendo el papel de mayordomo real. En el año 642 Pipino el Viejo (585-640) consiguió la mayordomía del palacio del ducado franco de Austrasia. Tras una serie de contiendas civiles, su nieto Pipino el Joven (645-714) consiguió hacerse nombrar mayordomo de palacio para todo el reino en el año 687. Se estableció así una suerte de dinastía que, frente al poder nominal de los reyes merovingios, heredaba el puesto ejecutivo de la mayordomía de palacio. La muerte de Pipino el Joven en el año 714 trajo consigo una guerra civil para dirimir su sucesión como mayordomo de palacio. Estas luchas se libraron entre el hijo legítimo de Pipino el Joven, que contaba con tan solo seis años de edad, y Carlos Martell (688-741), hijo ilegítimo que en el año 718 venció a sus rivales y se convirtió en mayordomo de palacio para todo el reino. Bajo su gobierno se reforzó el papel del reino franco: venció a los sajones, conquistó Frisia, extendió su influencia sobre los bávaros y en el año 732, en la batalla de Poitiers, venció a los musulmanes, que fueron relegados al sur del reino franco.

El trabajo de los mayordomos

Los *major domus o magister palatii*, que en origen eran los encargados de la intendencia del palacio real, se convirtieron, en los reinos francos, en los gobernadores de la corte y, por extensión, del reino. Su papel facilitador entre la potente nobleza y los débiles monarcas les permitía ejercer de primeros ministros con poderes como iniciar guerras, acordar tratados, otorgar títulos nobiliarios o proponer el nombramiento de cargos eclesiásticos.

Durante el mandato de Carlos Martell todavía existía formalmente la corona merovingia, ostentada por Teodorico IV (713-737), pero el creciente poder del mayordomo opacó de tal manera la figura real que a la muerte del monarca, Carlos Martell continuó gobernando el país sin necesidad de nombrar un nuevo rey. Martell falleció en el año 741 y sus dos hijos se repartieron los cargos de mayordomo de palacio en las diferentes cortes francas. En el año 747, después de que su hermano renunciara a sus títulos para ingresar en un monasterio, Pipino el Breve (714-768) volvió a reunir bajo una misma persona el poder de mayordomo real de las cortes francas. En ese instante las ambiciones de Pipino no se conformaron con su cargo, sino se enfrentó al rey Childerico III (743-751), al que en teoría servía. En el año 751, y con el beneplácito papal, Pipino depuso a Childerico, lo que terminó con los merovingios, y se hizo coronar rey de los francos, dando inicio a la dinastía carolingia.

La nueva dinastía franca llegó al poder como resultado de un hábil manejo de la capacidad ejecutiva que tenía el cargo de mayordomo de palacio junto con su estrecha alianza con la Iglesia romana. La situación del papado en el siglo VIII era de extrema debilidad al multiplicarse las herejías, al contar con la hostilidad de los pueblos bárbaros que se dividían la península itálica y por su pérdida de influencia en reinos que habían sido cristianos, como los visigodos, y que ahora caían en manos de los musulmanes. Ante estos problemas el papado se encontró con la ausencia de su tradicional protector, el Imperio bizantino, sumido en sus propias cuitas internas y bajo la amenaza musulmana. En este contexto, los lombardos proseguían su amenaza a la ciudad de Roma y el papa Esteban II (714-757), carente de aliados que estuvieran dispuestos a defenderle, pidió la ayuda de Pipino. El pontífice salió de Roma y llegó hasta París, donde ambos llegaron a un pacto por el que Pipino defendería militarmente al papado y Esteban II se comprometió a dar legitimidad a su recién fundada dinastía. El acuerdo se llevó a cabo y el papa consagró en París a Pipino, su esposa y sus dos hijos, reconociéndole el título de rey de los francos. Por su parte, Pipino puso en marcha una serie de batallas contra los lombardos en las que llegó a conquistar más de una veintena de ciudades del centro de la península itálica que regaló al papa sobre las que se constituyeron los Estados Pontificios[44].

---

44. Los Estados Pontificios. Desde el traslado de la capital del Imperio romano de Occidente a Rávena, los papas habían ejercido un cierto poder temporal sobre los territorios del llamado ducado de Roma. Este poder tenía su base en una delegación imperial y el territorio no era considerado propiedad de la Iglesia. La donación de Pipino al papado, en el año 756, de los territorios conquistados en Italia formalizó la institución de un poder temporal como monarca para los sucesores de san Pedro. Los Estados Pontificios perduraron más de un milenio hasta que la dinastía de los Saboya conquistó Roma, en el año 1870, para establecer allí la capital del reino de Italia.

La muerte de Pipino trajo la división del reino entre sus hijos Carlomán (751-771) y Carlomagno (748 aprox.-814), pero la temprana muerte del primero permitió que el poder real se concentrara en el segundo. Carlomagno continuó la estrecha relación y firme alianza de su padre con el papado. En el año 799 una revuelta en la ciudad de Roma había intentado acabar con la vida del papa León III (750-816). El pontífice escapó y pidió ayuda a Carlomagno. Ambos se presentaron en Roma en el año 800. Allí, Carlomagno medió entre los dos bandos de la disputa y restituyó pacíficamente el poder papal. León III decidió entonces coronar en la basílica de San Pedro a Carlomagno como emperador de los romanos. Este hecho trajo incontables consecuencias políticas basadas en la reordenación de las relaciones diplomáticas entre los estados cristianos, el papado y el Imperio bizantino. El papa tomó esta decisión temeroso de que la herejía iconoclasta que estaba viviendo su máximo apogeo en Constantinopla terminara por asestar un golpe mortal a su poder religioso y temporal. León III decidió restituir el Imperio romano de Occidente para equilibrar la balanza diplomática hacia los reinos cristianos de Europa que se mantenían firmes contra las herejías y apoyaban al papado. El nuevo título otorgó a Carlomagno el protagonismo y un destacado papel entre los monarcas cristianos de Europa, sobre los que él se erigía con una superioridad otorgada directamente por mandato divino por medio del sucesor de san Pedro.

Durante su reinado Carlomagno se dedicó a ensanchar los límites de su recién creado imperio. Conquistó Italia, doblegó a los sajones, a los que convirtió al cristianismo, gobernó gran parte de los territorios de Europa Central y Occidental y luchó contra los musulmanes en numerosas batallas. Su época es considerada un tiempo de apogeo cultural en la que se comenzó a cimentar un sentimiento europeo, basado en el cristianismo católico, frente al cristianismo oriental de Bizancio y los territorios musulmanes[45] de la península ibérica y el sur del Mediterráneo.

---

45. La batalla de Roncesvalles. Carlomagno luchó contra los caudillos musulmanes que gobernaban el norte de la península ibérica para recuperar territorios que habían sido cristianos hacía pocas décadas. Sus incursiones se saldaban con éxito, pero en el año 778, en Roncesvalles, sus tropas sufrieron una estrepitosa derrota debido a una incursión de vascones que diezmó al ejército imperial. La gesta fue relatada en el *Cantar de Roldán*, el primer poema épico de gesta escrito en lengua romance.

A pesar de sus éxitos militares y políticos, Carlomagno fue un hombre bastante iletrado, que llegó a pasar un buen número de noches aprendiendo a leer. Por ello, promovió la enseñanza a través de la fundación de escuelas en monasterios y palacios.

En el año 814, tras la muerte de Carlomagno, su hijo Luis el Piadoso (778-840) heredó la corona imperial, pero se vio envuelto en varias guerras civiles que debilitaron el poder del monarca. Murió en el año 840 y sus tres hijos firmaron en el año 843 el tratado de Verdún por el que se repartieron las posesiones de su abuelo. La dinastía carolingia apenas duraría un siglo más en el poder y en el año 987 falleció su último monarca.

Entre las causas de la rápida desaparición del Imperio carolingio están la falta de una estructura burocrática que articulara la gobernanza y la cohesión territorial y el auge del feudalismo. La presencia de una figura carismática como Carlomagno había aglutinado la simpatía de la poderosa nobleza franca, pero a su muerte sus miembros volvieron a ejercer su poder autónomo, desligándose cada vez más de las órdenes recibidas desde la capital.

LOS PUEBLOS VIKINGOS Y LA EXPANSIÓN ESCANDINAVA

Los pueblos bárbaros de origen germánico que habitaban Escandinavia quedaron prácticamente al margen de las grandes migraciones de los siglos III al V hacia el interior del Imperio romano. Esta circunstancia cambió cuando en el siglo VIII comenzaron a dirigir sus brutales incursiones contra poblaciones de la costa atlántica europea y centenares de villas en la ribera de los principales ríos del continente.

Vikingos es el término con el que se conoce a varios de los pueblos nórdicos que durante los siglos VIII al XI pusieron en jaque a varios reinos cristianos europeos con sus temidos saqueos. Los estudios actuales creen que el florecimiento de los pueblos vikingos y su incursión en otros territorios se debieron a un aumento demográfico, fruto de mejoras en las técnicas agrícolas, que les llevó a la necesidad de hacerse con nuevas tierras cultivables, materias primas y objetos de lujo con los que satisfacer la demanda de su creciente población. Las agrestes tierras escandinavas, repletas de grandes fieras, con enormes cordilleras heladas durante todo el año favorecieron que los pueblos vikingos encontraran en el agua, del mar y los ríos su medio natural de comunicación. Los vikingos fueron unos expertos navegantes[46] que innovaron con la construcción de ágiles barcos de roble, puntiagudos en popa y proa, con escaso calado para poder navegar también por los ríos menos profundos y capaces de transportar hasta un centenar de personas.

Los vikingos eran un pueblo guerrero de religión politeísta pagana con un gran número de dioses relacionados con las fuerzas de la naturaleza y de naturaleza dualista, por la que ante una deidad que representa la noche existía otra que lo hacía con el día. Su estructura social era tripartita. En primer lugar, se encontraban los *jarl*, la casta de nobles de entre los que se escogía al rey. Luego estaban los *karl*, que eran los ciudadanos libres dedicados a la agricultura, el comercio, la ganadería…, pero siempre con entrenamiento militar y capacidad para entrar en combate de manera inmediata. Y, por último, los *thrall*, que eran los esclavos que habían sido aprehendidos en las incursiones vikingas o que habían nacido en el seno de una familia de esclavos. Todos ellos podían adquirir la libertad mediante el pago de una suma de dinero, lo que suponía una buena fuente de ingreso para las familias propietarias. La sociedad vikinga fue evolucionando a la par que se incrementaban las incursiones y batallas. En sus tierras natales las familias eran autosuficientes y se proveían de grano cultivado en sus propias tierras, atendían su ganado y comerciaban con algunos excedentes. Según se fueron alargando las misiones marítimas, las mujeres y los niños comenzaron a viajar con los hombres, y en lugar de realizar rápidos actos de pillaje sobre una ciudad establecieron algunas colonias para invernar y reparar sus embarcaciones en las islas británicas, en Francia o en el Mediterráneo.

Las incursiones vikingas comenzaron en el año 793, cuando saquearon el monasterio de Lindisfarne al norte de Gran Bretaña. Monasterios y pequeñas ciudades fueron los primeros blancos de estos saqueos por carecer de defensas y tener acumuladas importantes riquezas. Desde ese momento, los ataques se sucedieron y en el 799 atacaron por primera vez en la Bretaña francesa. En el siglo IX se iniciaron las incursiones a gran escala por toda Europa hasta alcanzar el Mediterráneo en el

---

46. El poderío naval de los vikingos estaba ligado a la calidad de las naves que construían. Entre ellas destacaban los *knarr*, naves a vela, de gran tamaño y capacidad, aptas para la navegación en alta mar. A su vez, los *drakar* eran largos, estrechos, de apenas 1 metro de calado, que eran utilizados para remontar ríos y desembarcar tropas y provisiones. Su ligereza permitía transportarlos por tierra.

sur y Kiev por el río Volga en el este. Desde el siglo IX los vikingos comenzaron a extender sus colonias para invernar transformándolas en asentamientos permanentes, como el de York en Irlanda en el año 868.

Con la llegada del siglo X se dieron las últimas grandes incursiones en tierras francesas y comenzaron a ser derrotados por los ejércitos defensores. En este tiempo también consiguieron llegar desde Islandia hasta Groenlandia en el año 982.

El saqueo de Sevilla

Los vikingos arrasaron Sevilla en el año 844. Más de 4000 hombres en medio centenar de naves ascendieron por el río Guadalquivir hasta la ciudad hispalense. La ciudad fue prendida en llamas, pero las tropas de Abderramán II consiguieron repeler el ataque y expulsar a los vikingos.

Desde que establecieron asentamientos y colonias los vikingos fueron mezclándose con la población local en zonas como Inglaterra, en la que ocupaban casi la mitad del territorio, y en otras zonas cristianas, con lo que muchos de ellos se convirtieron al cristianismo y, poco a poco, se crearon pequeñas dinastías de líderes más preocupados en retener su poder local que en atender a las órdenes de los reyes escandinavos.

El siglo XI fue el de la decadencia de su poderío naval y la era vikinga llegó a su fin oficial con la conversión al cristianismo del reino de Suecia.

EL APOGEO DEL ISLAM: LOS CALIFATOS Y LA CONQUISTA DEL SUR DE EUROPA

El Imperio islámico continuó su expansión por Oriente y Occidente hasta alcanzar su máximo tamaño hacia mediados del siglo VIII. Las luchas intestinas por el poder forzaron el derrocamiento de los omeyas y la llegada de la nueva dinastía abasí. Los omeyas no llegaron a desaparecer tras esta guerra civil, sino que consiguieron refugiarse en la península ibérica y desde allí gobernaron la parte occidental de su antiguo imperio. El poder omeya se extendió durante casi cuatro siglos de historia en los que gobernaron desde Damasco, entre el año 663 y el 750, y desde Córdoba del 750 al 1031. Los abasíes refundaron el antiguo califato y gobernaron desde Bagdad la parte oriental del antiguo Imperio islámico. El califato abasí tuvo más de cinco siglos de historia hasta su desaparición a manos de los mongoles en el año 1258.

Con la llegada de los omeyas el imperio vivió una serie de importantes cambios tendentes a forjar una estructura política, territorial y administrativa de corte más clásico. Su interés se centró en la gobernanza dejando en un segundo plano el liderazgo religioso. En vista de las traumáticas sucesiones vividas en las décadas anteriores, establecieron la transmisión hereditaria de la corona, con lo que se convirtieron en la primera de las dinastías hereditarias del islam. Crearon una legislación que, si bien favorecía a los musulmanes, organizaba de manera pacífica la coexistencia de diferentes credos dentro del califato. Para el mantenimiento del ejército y de la gran administración imperial se necesitaban ingentes recursos económicos, que consiguieron por medio de un elaborado sistema fiscal que establecía más tributos y de mayor cuantía a los no musulmanes. Esta voracidad recaudatoria les llevó a que no tuvieran un excesivo interés en convertir por completo a toda la población de sus territorios, pues suponía una merma de ingresos para el califato.

En el terreno militar los omeyas priorizaron la conquista de nuevos territorios que permitieran extender el califato. Hacia Oriente completaron el sometimiento de Persia, prosiguieron hacia Afganistán y llegaron a China, donde detuvieron su expansión. En Occidente conquistaron el Magreb y desde el estrecho de Gibraltar penetraron a la península ibérica, donde vencerían al reino visigodo en el año 711 y proseguirían sus incursiones hasta que en el año 732 fueron vencidos por los francos en la batalla de Poitiers.

La fortaleza omeya en el exterior no tuvo reflejo en el interior del califato. Desde el comienzo de la dinastía fueron acusados de condescendientes con el resto de las religiones y de dedicar pocos esfuerzos a la conversión de los no musulmanes que vivían bajo su poder. Linajes más tradicionales, como los hachemíes, promovieron diversas revueltas orientadas a cambiar el rumbo del gobierno del califato. En el año 740 comenzó una revuelta en Persia para que los hachemíes, familia a la que perteneció Mahoma, recuperaran el poder. Durante una década las reyertas internas debilitaron el poder de los omeyas, y en el año 750 la familia abasí, perteneciente al clan hachemita, derrotó a los omeyas en la batalla de Zab (Irak), reclamando el título de califa para su clan e iniciando un nuevo periodo dinástico.

La persecución de los abasíes contra los omeyas fue total. El nuevo califa ordenó ejecutar a todo miembro de la antigua familia real e incluso se hicieron desaparecer los cadáveres de los sepulcros omeyas. El único superviviente del linaje fue Abderramán (731-788), que comenzó un largo exilio que le llevó desde el río Éufrates al norte de África, pasando por Siria y Palestina. En cada antiguo territorio del califato omeya por el que pasaba Abderramán intentó granjearse el apoyo de los emires y líderes locales, pero estos estaban más interesados en mantener su poder que en restaurar el de los omeyas. Tras múltiples persecuciones, Abderramán llegó a Ceuta en el año 755 y desde ahí entró en la península ibérica. Las posesiones musulmanas en la península ibérica se encontraban sumidas en el caos debido a las luchas raciales entre árabes y bereberes, y el emir era una simple marioneta en manos de la corte. Abderramán reunión una serie de partidarios y con un ejército de mozárabes se proclamó emir de al-Ándalus, venciendo a los partidarios del califato abasí en la batalla de la Alameda (España) en el año 756.

Entre los años 756 y 929 los omeyas gobernaron al-Ándalus bajo la forma jurídica de emirato. Optaron así por tener una radical independencia política del califato de Bagdad, pero sin romper los vínculos espirituales, reconociendo una cierta supremacía del califa en materia religiosa. En estos casi dos siglos de emirato cordobés se sucedieron cuatro nuevos emires que consolidaron la paz interior y el desarrollo económico de al-Ándalus.

A principios del siglo X el poder del emirato de Córdoba se había extendido de nuevo hacia la costa sur del Mediterráneo. El emir Abderramán III (891-961), empujado por la pujanza de su reino, y ante la escisión religiosa provocada en el islam tras la proclamación del califato chií en Túnez, decidió romper todo vínculo con el califato abasí y declarar el inicio del califato de Córdoba en el año 929. Esta medida rompió la unidad creada por el Imperio islámico y puso en igualdad de derechos políticos y religiosos a los califatos omeya de Occidente y abasí de Oriente. Durante más de un siglo el califato de Córdoba alcanzó su máximo

Córdoba, esplendor cultural

En el siglo X Córdoba contaba con casi un centenar de bibliotecas. La mayor de ellas albergaba más de 600 000 volúmenes.

esplendor. En lo político, gozó de paz interior. En lo militar, tenía bajo su dominio una amplia zona de la cuenca mediterránea y controlados a los reinos cristianos del norte de la península ibérica, de los que recibía tributo de vasallaje. En lo cultural, artístico, filosófico y científico, las escuelas de al-Ándalus se erigieron en faro del saber en todo Occidente.

En el siglo XI las guerras civiles sucesorias en el califato de Córdoba acabaron con la prosperidad generada en el siglo anterior. Hisham III (975-1036) fue el último de los califas cordobeses. Su nulo poder efectivo sobre la corte y las malas decisiones económicas llevaron a una serie de rebeliones que le depusieron del poder en el año 1031 y dieron paso a la atomización del poder musulmán en al-Ándalus por la vía de los reinos de taifas.

El califato abasí fue proclamado en el año 750 y su segundo monarca, Al-Mansur (714-767 aprox.), fue el que fundó la ciudad de Bagdad y trasladó allí la capital. La ciudad se convertiría con el paso de los años en un excelente escaparate del poder califal y lujo oriental, así como polo de creación literaria, científica, médica y matemática[47]. Los abasíes tenían unas firmes convicciones religiosas y tras su llegada al poder pusieron en práctica en todos sus dominios una fuerte predicación encaminada a convertir al islam al mayor número posible de súbditos. El poder ejecutivo lo fueron derivando hacia la figura del visir, un funcionario plenipotenciario que era la cabeza del consejo de los *diwan* o entes administrativos del reino.

Durante el siglo VIII los califas hicieron frente a un gran número de rebeliones en los confines de sus dominios, desde el reino bereber a la sublevación de Túnez y la pretensión del emperador bizantino de dejar de pagar tributo al califato. El siglo IX se inició con un nuevo problema derivado de la sucesión. El califa Harún (766-809), bajo cuyo gobierno el califato abasí alcanzó una de sus cumbres culturales, decidió que a su muerte le sucedieran sus dos hijos, uno como califa y otro como rey independiente de una de sus provincias, pero bajo la autoridad del califa. Los

---

47. La casa de la sabiduría fue el nombre de la mayor institución cultural de Bagdad durante el califato abasí. Fundada a comienzos del siglo IX, se dedicó al estudio de las ciencias sociales, la medicina, la astronomía, la química o la zoología. Albergaba textos de Pitágoras, Aristóteles, Galeno y otros eruditos persas e indios. Fue un centro de difusión del saber debido al importante número de copistas y traductores que creaban copias de los libros que atesoraba el centro.

hermanos pelearon durante más de una década en una guerra civil que incluyó el asedio de Bagdad en el año 813 y que trajo dramáticas consecuencias económicas.

La guerra puso de manifiesto el principal problema del califato abasí: la situación de los agricultores. Estos soportaban un creciente aumento de la presión fiscal, que no podía ser compensado con las ventas en épocas de malas cosechas. Esta situación derivó en el abandono de gran número de tierras fértiles ante la imposibilidad de hacerlas rentables. Los campesinos huidos llegaron a las ciudades y en ellas se dio el caldo de cultivo perfecto para las innumerables revueltas sociales y políticas que ocuparon todo el siglo IX del califato abasí. El siglo X no comenzó mejor que el anterior, y entre los años 908 y 945 cinco califas accedieron de manera violenta al trono. En este punto comenzó la decadencia abasí, que perduró durante los dos siglos siguientes, durante los cuales los califas asistieron a la desmembración de su territorio, que quedaba en manos de los gobernadores locales, la independencia religiosa del califato de Córdoba y múltiples invasiones que terminaron en el año 1253 con la caída del califato en manos de los mongoles.

EL FEUDALISMO EN EUROPA Y ASIA

El feudalismo fue el sistema político más extendido en Europa durante los siglos IX al XV. Su supervivencia se extendió durante algunos centenares de años más y no fue abolido formalmente en muchos estados hasta los siglos XVIII-XX. El feudalismo no solo se dio en Europa, sino que tuvo su reflejo en sistemas de organización política y territorial en Asia (China, Tíbet y Japón).

Los orígenes remotos del feudalismo se encuentran en la descomposición del sistema social romano tras la caída de Imperio de Occidente. Las migraciones de los pueblos bárbaros entre los siglos III y VI, la fundación de los nuevos reinos y el paso de las sociedades cuya mano de obra principal eran los esclavos a las de los campesinos liberados fueron sentando las bases de una nueva organización que fue política, social, económica, jurídica y cultural. Las causas directas de la aparición del feudalismo se encuentran en las incursiones que los pueblos escandinavos, eslavos, sarracenos y normandos realizaban contra los reinos cristianos europeos. Tras el espejismo de unidad y centralización de un potente poder central que supuso el Imperio carolingio, su rápida desmembración mostró las debilidades de un sistema

imperial que no había llegado a desarrollar una burocracia, un ejército ni instituciones que cohesionaran los territorios sobre los que gobernaba. Las incursiones
crearon una gran inseguridad en las poblaciones atacadas, un estado de pánico que
se extendió por Europa y frente al que los escasos ejércitos reales eran incapaces
de actuar con eficiencia. Pronto las ciudades y los nobles titulares de los derechos
sobre esas tierras llegaron a la conclusión de que debían defenderse por sí mismos
de los ataques exteriores. Junto a este factor defensivo también hay que destacar que
la inseguridad había terminado con la práctica totalidad de las rutas comerciales, la
agricultura había girado hacia una progresiva ruralización en la que el campesinado
labraba las tierras, apenas existían oficios no relacionados con la agricultura y los
flujos de intercambio se habían reducido a la mínima expresión.

En este contexto surgió un sistema de intercambio entre aquellos que eran
propietarios de las tierras, el monarca y los campesinos. Este sistema de dependencia se basaba en la fidelidad y en el establecimiento de unos compromisos y
deberes acordados bajo un contrato de vasallaje o servidumbre que se oficializa-
ban en una ceremonia formal[48]. Los siervos, como los campesinos, a cambio de
ser protegidos, labraban y explotaban las tierras del señor feudal para beneficio de
este y se comprometían a luchar por él si el señor se lo requería. Los señores feudales podían también jurar vasallaje al monarca, según el cual, a cambio de recibir
un título nobiliario con un feudo o permitir que sus descendientes heredaran el
que ya ostentaban, asistirían al monarca con sus caballeros y un ejército cuando
la situación bélica lo requiriera. Los señores feudales de mayor rango y con una
mayor extensión de tierras establecían a su vez relaciones de vasallaje con caballeros
y miembros de la nobleza menor para que se encargaran de una población o área
determinada de entre sus posesiones.

---

48. El homenaje era el nombre de la ceremonia formal en la que un señor recibía el juramento de fidelidad y asistencia de un vasallo y a cambio él le entregaba el usufructo vitalicio
de un bien o una tierra. El vasallo se presentaba desarmado, sin nada que le cubriera la
cabeza, y se arrodillaba con las manos juntas en señal de súplica y sometimiento ante el
señor. Este avanzaba hacia él y le levantaba como símbolo de aceptación de su vasallaje.
La ceremonia finalizaba con la investidura, el momento en el que el señor le entregaba al
vasallo el título legal del usufructo del bien o un objeto que lo simbolizara. Estas uniones
creaban alianzas de por vida entre las familias. Los usufructos podían heredarse siempre y
cuando se renovaran ante el señor los compromisos del vasallaje.

La sociedad feudal se construyó en torno a tres estamentos que perdurarían durante siglos pese a la desaparición del feudalismo. Estos órdenes eran el ejército, el clero y el campesinado. El ejército se componía de caballeros, miembros de la alta o baja nobleza que disponían de la suficiente capacidad económica como para mantener sus caballos, sus armaduras, sus armas y un grupo de siervos que les asistieran en la contienda bélica. Esta nobleza aunaba el poder militar con el poder económico derivado de sus posesiones en tierras y bienes, y comenzó a formar la aristocracia de los reinos cristianos. Era un estamento cerrado al que solo se accedía por nacimiento y en muy contadas ocasiones por decisión real del otorgamiento de un título nobiliario y sus tierras. El clero era el único de los tres estamentos de la sociedad feudal que se encontraba abierto. A él accedían por voluntad propia miembros de los otros dos estamentos. Para ingresar en el clero se pagaba una dote, que junto con las credenciales de nacimiento aseguraba un lugar entre el alto clero, compuesto por prelados, abades, cargos eclesiásticos en las diócesis, que solía corresponder a miembros de la nobleza; por su parte, el bajo clero, que componía el cuerpo de monjes y clérigos de poblaciones pequeñas y de parroquias sin recursos, solía proceder del campesinado. Los miembros del alto clero eran, debido a las posesiones de las abadías, monasterios o diócesis sobre las que gobernaban parte de los señores feudales del reino. Los campesinos eran el último de los estamentos sobre los que se fundó el sistema feudal. Con una economía principalmente rural, la mayoría de los trabajos estaban orientados al mundo agrícola, como el cuidado de la tierra, la fabricación de herramientas de trabajo o el procesamiento de harinas en molinos y hornos.

Los centros del saber

Los monasterios y las abadías medievales de Europa se convirtieron en centros de conservación del conocimiento. Sus bibliotecas resguardaron los libros de la antigüedad que habían sido diseminados con la caída del Imperio romano de Occidente. Los monjes se convirtieron en copistas, ilustradores, verdaderos artistas del libro que copiaban a mano los códices sobre pergamino. Los enviaban a otras abadías, a las cortes imperiales o los intercambiaban con bibliotecas de los reinos musulmanes. La abadía de St. Gall (Suiza) o la de Melk (Austria) fueron algunas de las más importantes de su tiempo.

Por su parte, los campesinos se diferenciaban entre villanos y siervos. Los villanos eran una minoritaria clase libre de campesinos que podían cambiar de lugar de residencia, contraer matrimonio o dejar bienes en herencia; a cambio, pagaban impuestos y estaban obligados a realizar el servicio militar. Con el tiempo, de entre los villanos surgirían grupos de artesanos y pequeños comerciantes independientes que conformarían la burguesía. La mayor parte de los campesinos eran siervos con una relación directa de dependencia del señor feudal, al que pertenecían por haber nacido de padres siervos, y no podían romper la relación de servidumbre. El señor elegía qué tierra les asignaba para trabajar y les exigía una renta feudal en bienes, dinero o especie. Estaban sujetos a las normas del feudo y necesitaban aprobación del señor para cuestiones como el matrimonio.

El castillo, abadía o monasterio era la unidad básica social, política y económica del feudalismo. El carácter defensivo frente a las incursiones extranjeras de la sociedad feudal llevó a los señores a erigir estas construcciones de piedra amuralladas, en las que vasallos y campesinos podían refugiarse en tiempos de guerra. Como unidad económica, cada castillo tenía una determinada cantidad de tierras, que se explotaban por los siervos en un sistema de economía de subsistencia bajo un método de anillos de siembra concéntricos. El más lejano era de tierras para el pasto de los animales, el intermedio se dedicaba al cereal y el más cercano, a frutas y hortalizas. Las técnicas agrarias eran muy primarias y se basaban en el barbecho anual de una porción de las tierras. De lo obtenido por cada siervo, la mayor parte se dedicaba a su propio sustento y el resto correspondía al pago de la renta al señor y los diezmos eclesiásticos. En el interior del castillo se encontraban la vivienda del señor feudal, las caballerizas, la herrería y otros artesanos que abastecían a los siervos y al ejército. También dentro de sus muros se celebraban los mercados semanales, en los que se producía el escaso intercambio de los excedentes de producción.

El paradigma del sistema feudal se encuentra en la sociedad europea de la Baja Edad Media, pero variaciones, más o menos similares, de esta forma de organización política y social se dieron también en Asia. En China se dio una de las más tempranas formas de feudalismo. Durante el gobierno de la dinastía Zhou, entre los años 1046 y 256 a. C., se crearon una serie de rangos y títulos hereditarios en la corte que llevaban aparejados una tierra sobre la que gobernar a cambio de un juramento de fidelidad al emperador. Cada estado feudal era gobernado de manera independiente sin intromisiones desde la corte central, pero debían rendir homenaje al emperador, pagar tributos y suministrar apoyo militar con sus ejércitos en momentos de guerra. La llegada de la dinastía Qin hacia el siglo III a. C. trajo el final de esta casta de nobles feudales y supuso la llegada de los grandes burócratas imperiales que ayudaron al monarca a gobernar tan vasto imperio.

El periodo feudal japonés, por el contrario, fue de los más tardíos. Tuvo lugar entre los siglos XVII y XIX bajo el régimen del *shogunato* Tokugawa, una suerte de dictadura militar a las órdenes del emperador japonés.

LA RECONQUISTA CRISTIANA DE LA PENÍNSULA IBÉRICA

La llegada de los árabes y bereberes a la península ibérica a comienzos del siglo VIII terminó con el dominio visigodo de la región en el año 711. La práctica totalidad de la península quedó en manos de los omeyas a excepción de un minúsculo reino cristiano en los Picos de Europa en el norte peninsular. No había transcurrido una década desde la derrota cuando los cristianos comenzaron un largo proceso, que se extendió durante casi 800 años, para expulsar a los musulmanes y repartir sus territorios entre los nuevos reinos creados en la península ibérica.

La Reconquista fue un largo periodo de continua tensión entre el poder musulmán del emirato de Córdoba, luego el califato y más tarde los múltiples reinos de taifas y los reinos cristianos, que surgían en la península tras la conquista de nuevos territorios, y por la dinámica política propia del feudalismo. La historiografía sitúa el inicio de este periodo con la victoria de Pelayo (¿?-738), primer rey de Asturias, en el año 718 en la batalla de Covadonga. Este reino se convirtió en el germen de la resistencia cristiana y punta de lanza de la Reconquista. Apenas unas décadas después de su fundación Alfonso II (760-842) recibió el reconocimiento oficial del emperador Carlomagno y del papado como rey cristiano y contraparte en la península ibérica. En este contexto, principios del siglo IX, un hecho fortuito como el hallazgo de los supuestos restos mortales del apóstol Santiago en Galicia supusieron un firme apoyo para el reino de Asturias y sus monarcas, que abrazaron este descubrimiento para reorientar el fervor religioso hacia la lucha contra los musulmanes. Según diversos historiadores, el reino viró hacia una gotificación, en la que se retomaban tradiciones, ritos y costumbres del antiguo reino visigodo para erigirse en su heredero y proclamar su derecho a la reconquista de los territorios musulmanes. Esta identificación con el pasado atrajo a gran número de cristianos que todavía vivían en territorio musulmán y emigraron al nuevo reino que ligaba la raíz de su existencia con las propias creencias religiosas católicas El descubrimiento de la tumba forjó también una europeización y una conexión religiosa cristiana católica europea, auspiciada por el papado y el Imperio carolingio para dar un relato religioso a la unificación de los reinos cristianos que se estaba llevando a cabo en el centro del continente europeo y servir también de apoyo moral a la contención de los musulmanes en el sur del Mediterráneo.

Durante los ocho siglos que duró el proceso de Reconquista hubo en la península ibérica un proceso de creación de nuevos reinos, división de los mismos debido a estipulaciones testamentarias, uniones por matrimonio y alianzas dinásticas. Sumado a la tendencia a la unificación hacia el final de la Edad Media, que se vería culminada en la Edad Moderna con la creación de la Monarquía Hispánica por parte de Isabel de Castilla y Fernando de Aragón. Los reinos cristianos de la península ibérica proceden del reino astur y de la independencia de las regiones que conformaron la Marca Hispánica.

El reino de Asturias ejerció durante los siglos VIII y IX el liderazgo de la reconquista territorial basada en esa creencia de retomar los territorios visigodos perdidos en el año 711. Durante el reinado de Alfonso III (852-910) la frontera se llevó hasta el río Duero y sus dominios alcanzaron las actuales León, Galicia, Castilla, Coimbra y Oporto. A su muerte el reino fue dividido entre tres de sus hijos, siendo este el origen del reino de León que durante todo el siglo X lanzó incontables campañas para expandir la frontera hacia el sur del río Duero con victorias como la de la batalla de Simancas en el año 939.

Castilla era desde el siglo IX un condado perteneciente a los reinos primero astur y luego leonés. Los dominios del señor estaban en la zona oriental del reino de León. Los condes gozaban de una gran independencia de sus reyes debido a la potencia militar desarrollada por los castellanos y su organización feudal orientada a la guerra. Al estar ubicada en la frontera con al-Ándalus, Castilla desarrolló una sociedad acostumbrada a las incursiones musulmanas, a las campañas bélicas y al pillaje como forma de obtención de riquezas.

La Marca Hispánica fue un territorio de contención creado por el emperador Carlomagno en el año 795 para evitar la entrada musulmana en los territorios francos. Se extendía por todos los Pirineos, desde el Atlántico hasta el Mediterráneo, abarcando zonas del sur de Francia y del noroeste de España, como Navarra,

Aragón y Cataluña. Estos territorios, sometidos en último extremo al rey de los francos, eran entregados a jefes locales, a los que se les otorgaba el título de conde para que ejercieran el poder territorial y mantuvieran a raya las incursiones musulmanas. La desmembración del imperio de Carlomagno y el creciente poder de estos señores llevaron a la independencia efectiva de los nuevos territorios, que comenzaron a jugar un papel importante en la reconquista cristiana de los territorios de la península ibérica. En el primer tercio del siglo IX se fundó el condado de Pamplona, que daría lugar al reino de Navarra; los condados de Urgel en el 815, el condado de Aragón en el año 809, futuro reino de Aragón; y poco más tarde, en la segunda mitad del siglo IX, el condado de Barcelona accedió a la transmisión hereditaria del título nobiliario, lo que le otorgó la independencia de facto de la tutela francesa.

El siglo X supuso un cambio de tendencia en cuanto al proceso de reconquista territorial. En la España musulmana el emir Abderramán III formalizó su independencia religiosa del califato abasí y proclamó el califato de Córdoba. Durante aproximadamente un siglo se llegó al cénit de la presencia islámica en la península ibérica, no en cuanto a su extensión territorial, sino en cultura, poder económico, militar y científico. Tras la derrota de la batalla de Simancas, los omeyas apostaron por recuperar estratégicos bastiones comerciales que los cristianos les habían arrebatado y por una intensa actividad diplomática que consiguió que para el año 951 la mayor parte de los reinos cristianos tuvieran que pagar tributo al califa de Córdoba para mantener la paz en la frontera. En este siglo X los nuevos reinos cristianos vivieron un tiempo de intensa competencia por la colonización de los nuevos territorios[49], las alianzas bélicas o matrimoniales de unos condados contra

---

49. Los reinos cristianos utilizaron fórmulas diferentes para la repoblación de las zonas conquistadas a los musulmanes. Una de ellas fueron las presuras, una figura jurídica proveniente del derecho romano por el que los caballeros se apropiaban de un pequeño territorio en un área de frontera. Con el tiempo, y a medida que la frontera avanzaba, estos territorios pasaban a integrarse en la organización del reino. De esta forma, los señores se sometían a un mayor control por parte del monarca, que podía unir varias presuras, manteniendo a los líderes, y someterlos a vasallaje de títulos nobiliarios más potentes o de monasterios y abadías. Más adelante Castilla se valió de las encomiendas a la alta nobleza y a las órdenes militares. En las áreas del río Duero y de Aragón se crearon nuevas poblaciones o concejos a los que se les otorgaba un fuero, un conjunto de privilegios para que atrajeran población que se asentará allí. En unos y otros reinos los diferentes sistemas fueron convergiendo bajo la implantación del feudalismo, aunque los núcleos urbanos con fuero propio se mantendrían y serían la base de una nueva clase social: la burguesía.

otros y las guerras civiles derivadas de la sucesión en la corona. El siglo X fue, por tanto, un tiempo de contención en la reconquista territorial.

La caída de los omeyas en el año 1031 llevó a la atomización de su territorio. Del vigoroso califato del siglo X se pasó a más de una treintena de reinos de taifas, casi ciudades-Estado, en los que gobernaron diferentes familias nobles musulmanas y caciques locales. Esta situación dio un impulso a las acciones militares de la parte cristiana, que ya no se tenían que enfrentar al ejército de un solo Estado, el califato, sino a los pequeños ejércitos de estados desprotegidos que en muchas ocasiones preferían aliarse con los cristianos antes que perder territorios a favor de otros reinos musulmanes.

Durante el siglo XI los reinos cristianos crearon la figura tributaria de las parias, unos impuestos especiales para los reinos musulmanes más débiles que lo abonaban a cambio de no ser invadidos. Esta práctica se mantuvo hasta la caída del reino de Granada en el año 1492. Entre los siglos XI y XII se produjo la repoblación cristiana en las cuencas de los ríos Tajo y Duero. En el terreno político, el condado de Castilla se erigió como reino en el año 1065, tras la división del reino de León entre los herederos de Fernando I de León (1016-1065).

Los reinos cristianos de la península y del resto de Europa llegaron en el siglo XI al convencimiento de que la acción de reconquista no era solamente territorial, sino que era una lucha religiosa que requería un esfuerzo constante en el que las propias fronteras no estarían definidas de manera cerrada hasta que no se terminara de avanzar sobre todos los reinos musulmanes. Durante el siglo XII el pueblo norte-africano de los almohades se hizo con el control de la mayor parte de las taifas que quedaban en manos musulmanes entre los años 1147 y 1269. La cuestión religiosa también permeó al lado musulmán de la contienda y los almohades se sirvieron del ideal de lucha contra los cristianos para tratar de unificar las taifas con un renovado espíritu de combate y de pureza de los valores musulmanes. Los cristianos, que ya habían avanzado hasta el río Guadalquivir y hacia el Mediterráneo, se vieron frenados en seco con la victoria almohade en la batalla de Alarcos en 1195. Durante varias décadas el nuevo sistema resultó ventajoso para los musulmanes, pero en el año 1212 la coalición de reinos cristianos liderada por el rey Alfonso VIII de Castilla (1155-1214), que siguiendo el espíritu de las cruzadas cristinas aglutinó a los ejércitos de Navarra y Aragón, venció a los musulmanes en la batalla de las Navas de Tolosa, con lo que consiguió reducir los territorios almohades al reino de

Granada, que tuvo que rendir vasallaje a Castilla. Esta contienda supuso el inicio del fin de la presencia musulmana en la península ibérica que se consumaría en el año 1492 con la conquista de Granada.

EL CRISTIANISMO MEDIEVAL: IGLESIA Y SOCIEDAD FEUDAL, EL PODER TEMPORAL DE LOS PAPAS Y EL CISMA DE ORIENTE

Desde que en el año 380 el emperador Teodosio promulgara el Edicto de Tesalónica por el que convertía al cristianismo en la religión oficial del imperio, este credo religioso y en especial las iglesias que lo han canalizado, han tenido una influencia fundamental en el discurrir de la historia hasta nuestros días.

El cristianismo inició la Edad Media, tras la caída del Imperio romano de Occidente, como religión oficial de una parte minoritaria de los pueblos europeos. Los bárbaros fueron convirtiéndose al cristianismo en los siglos siguientes gracias a la labor de los misioneros y predicadores cristianos para los pueblos que se encontraban en las fronteras exteriores imperiales y, en cierta forma, por el interés político de aquellos que ocuparon regiones romanas en donde la mayoría de los habitantes profesaban esta fe.

El final de la Edad Antigua y toda la Edad Media supuso para la Iglesia el momento de definición de sus dogmas de fe y de las normas que la regirían como institución. Estas importantes decisiones se tomaron en los concilios ecuménicos o generales en los que todos los prelados cristianos eran convocados a participar. De los 22 concilios ecuménicos celebrados hasta el momento, 18 tuvieron lugar en este periodo histórico, entre los siglos IV y XV. En ellos se fijaron posiciones teológicas, como la divinidad de Jesús en el de Nicea del año 325, la del Espíritu Santo en el de Constantinopla del año 381 o la voluntad divina y humana de Jesús en el de Constantinopla del año 681. También posiciones políticas, como la abolición del derecho de algunos príncipes a elegir dignidades eclesiásticas en el de Letrán de 1122, o la convocatoria de cruzadas, como en el de Lyon de 1245.

Un gran número de estos concilios se dedicaron a condenar las múltiples herejías que surgieron entre los cristianos durante la Edad Media. Eran visiones teológicas y filosóficas diferentes de la definición de un dogma, de algún aspecto de la liturgia o incluso de las propias reglas de vida religiosa. Estas diferencias trajeron una profunda división entre los cristianos y provocaron guerras, divisiones dinásticas y enfrentamientos territoriales que, como se verá en estas páginas, llegaron al cisma o división total de la propia Iglesia. Entre las herejías con mayor influencia de este periodo hay que destacar el arrianismo, que surgió en el siglo IV y tuvo tal éxito que la mayoría de los pueblos bárbaros llegados al Imperio romano se convirtieron a ella durante varios siglos. La herejía de Arrio (250-335) no creía en la Santísima Trinidad ni en la naturaleza divina de Jesús. Después, entre el siglo V y VI se extendió el pelagianismo, que predicaba la no existencia de pecado original en los hombres, sino únicamente en Adán. Y durante los siglos VIII y IX la herejía iconoclasta llegó a provocar una guerra civil en el Imperio romano de Oriente. Sus seguidores no reconocían la veneración a las imágenes religiosas y destruían todas aquellas que se encontraban en los lugares de culto. En los siglos XI y XII hubo un movimiento en el catolicismo que promovía la vuelta a la pureza espiritual y pobreza de los primeros cristianos. Al hilo de este pensamiento surgieron casi una decena de herejías, como los fraticelos o los dulcinianos.

La herejía de los cátaros

Los cátaros o albigenses fueron un grupo herético cristiano surgido en Francia entre los siglos XI y XII. Creían que el binomio Dios-Satanás había creado el mundo y la parte material de este era demoniaca. Para conseguir la salvación predicaban la renuncia radical a los bienes materiales y la entrega a una vida ascética. La Iglesia católica promovió una cruzada contra los cátaros en 1205 y desaparecieron en el siglo XIII.

El avance musulmán en el Mediterráneo y hasta el mismo corazón de Europa aceleró el desarrollo del concepto de cristiandad como una entidad supranacional de creyentes con un mínimo común básico cultural. En este contexto la Iglesia de la Edad Media aparece como garante de los valores nucleares de la cristiandad y, poco a poco, también como correa de transmisión de los principios básicos de la vida en la sociedad feudal para garantizar el orden y la paz dentro de los territorios y la convivencia social. En este periodo la Iglesia no dejó de acumular poder temporal al ser la institución a la que el poder civil, atomizado en decenas de reinos, condados, principados…, acudía para dirimir algunas de sus cuitas. Además, toda la sociedad daba una enorme importancia a la fe y la religiosidad, de las que la Iglesia ejercía el monopolio. Poco a poco, la Iglesia fue convirtiéndose en uno más de los estamentos y en parte fundamental del poder feudal. El mayor reflejo de este nuevo orden llegó con la alianza entre los reyes carolingios y el papado, que trajo para los monarcas la restauración del imperio en Occidente en la cabeza de Carlomagno y para el papado la confirmación de su poder de supremacía sobre los gobernantes, así como el acceso al propio poder temporal con la fundación de los Estados Pontificios.

La Iglesia estaba conformada por el clero secular y el regular. El secular estaba compuesto por aquellos que vivían entre los fieles, en las diócesis con sus parroquias, catedrales y lugares de culto, con el episcopado como grupo dirigente. Por su parte, el clero regular era aquel al que pertenecían quienes se habían sometido a una regla y se retiraban a un convento, monasterio o abadía. Con el tiempo, al clero secular de mayor nivel y a los puestos dirigentes del clero regular accedían los segundos y terceros hijos de las familias más importantes de cada región, debido a la acumulación de poder feudal que muchas diócesis, abadías, monasterios o arciprestazgos estaban consiguiendo. Eso hizo que los señores locales comenzaran a reservarse el derecho de nombramientos de estos cargos. Ya en el siglo X esta política de nombramientos, llamada derecho de investidura, llegó a ser reclamada por varios monarcas. Esta práctica derivó en problemas, como la simonía, por la que los señores feudales vendían los cargos religiosos al mejor postor; o que miembros de la nobleza, que carecían de la vocación espiritual teóricamente requerida para tal servicio, practicaran el nicolaísmo o rechazo del celibato y relajaran las costumbres de la vida monástica. Para evitar esta injerencia seglar en el clero regular surgió la orden cluniacense en el año 910, que se extendió rápidamente y en el siglo XII ya alcanzaba más de 1500 monasterios. La orden rompió con la dependencia que los monasterios tenían de los señores feudales y estableció un sistema de jerarquía cuya cúspide era el abad de Cluny (Francia), quien, a su vez, respondía directamente ante el papa. Una nueva reforma, esta vez centrada en la vuelta a una vida más sencilla de oración y trabajo, surgió en el siglo XII de la mano de san Bernardo de Claraval (1090-1153), que fundó la orden cisterciense que se extendió con rapidez por Europa.

Las reformas de Cluny y del Císter consiguieron, en gran medida, la independencia del clero regular frente a las injerencias de otros poderes, pero el derecho de investidura en el clero secular fue cada vez más utilizado por señores, monarcas e incluso los emperadores del Sacro Imperio Romano Germánico, que pretendían influir en la elección papal. El papa Gregorio VII (1020-1085) decretó en el año 1075 la prohibición de que cualquier cargo eclesiástico, incluyendo el sumo pontífice, fuera elegido o investido por un laico. Esta decisión derivó en una lucha encarnizada entre Gregorio y el emperador Enrique IV (1050-1106) que se prolongó durante medio siglo y fue resuelta por sus sucesores con la firma en el año 1122 del Concordato de Worms, por el que quedaban delimitados los poderes del imperio y la Iglesia y se explicitaba que el emperador no volvería a designar ningún cargo religioso más.

El concepto de cristiandad estuvo asociado desde su nacimiento a la Iglesia como poder único del que emanaba la fe cristiana. Pero en el año 1054 este concepto cambió para siempre al producirse la primera división de gran calado entre los cristianos, que dio como resultado el surgimiento de varias iglesias con diferentes ritos, creencias y modelos de organización.

Desde el comienzo mismo del cristianismo, la primacía de Roma como cabeza de la Iglesia sobre los otros cuatro patriarcados orientales fue un importante punto de fricción que trajo importantes desacuerdos tras la caída del Imperio romano de Occidente y la creación del Imperio bizantino. Durante la primera parte de la Edad Media, esta supremacía del patriarca de Occidente fue más honoraria que real debido al declive occidental, mientras los bárbaros se apoderaban del territorio imperial de aquella región, formaban sus reinos y poco a poco se convertían al cristianismo. En ese mismo tiempo Bizancio, con Constantinopla a la cabeza, se erigió como gran poder en todo el Mediterráneo, llegando a tener bajo su dominio a la mayoría de los cristianos de la época, lo que la convertía en una importante potencia militar y cultural. Desde la división del Imperio romano en dos mitades, y especialmente desde la desaparición del Occidental, se había producido una constante fricción entre los patriarcados de Oriente y Occidente, que además de la cuestión de la primacía de Roma frente al pujante patriarcado de Constantinopla, también incluía cuestiones litúrgicas al haber desarrollado diferentes ritos y cuestiones dogmáticas de calado. Una de ellas fue la que desencadenó la fase final de la separación efectiva de ambas iglesias cristianas. La cuestión del *filoque*[50] se arrastraba desde el siglo VI, pero cuando en el año 1014 el papa Benedicto VIII (¿?-1024) utilizó en la ceremonia de coronación del emperador Enrique II (973-1024) esta forma latina del credo, las hostilidades entre Roma y Constantinopla estallaron y el papa reclamó de forma efectiva y formal la autoridad última sobre los patriarcados orientales. Una delegación del papado llegó hasta Bizancio y, ante las disputas allí surgidas, se excomulgó al patriarca de Constantinopla, lo que desembocó en una división que ha perdurado hasta nuestros días.

LAS CRUZADAS

La religiosidad de la Edad Media estaba caracterizada por un fuerte fervor popular, basado en la esperanza de una vida mejor y en el miedo a ser condenado en el juicio final, que se esperaba para el año 1000. Ante la falta de formación intelectual de la mayor parte del pueblo, su fe se canalizaba en una férrea creencia en los milagros y el perdón divino. Para obtener estas gracias se realizaban peregrinaciones a Santiago de Compostela, Roma o Tierra Santa. También se veneraban las reliquias de los santos, que durante este tiempo multiplicaron su existencia, incluyendo incontables falsificaciones. Para forjar este fervor cristiano se exacerbaron los mitos, como la recuperación de los Santos Lugares y la lucha contra aquello que no representara la ortodoxia, como las herejías y otras religiones. De este caldo de cultivo surgieron las cruzadas, unas campañas militares de carácter religioso impulsadas por la Iglesia católica que tuvieron lugar entre los siglos XI y XII.

La motivación principal y común de todas las cruzadas fue la lucha de los cristianos católicos contra religiones, o corrientes del cristianismo, distintas a la suya.

---

50. El *filoque* fue el principal punto de divergencia doctrinal entre la iglesia latina y las orientales. Su origen data del año 589, cuando en el Concilio de Toledo, que formalizó el fin del arrianismo de los visigodos y su conversión al catolicismo, se añadió al credo Niceno que el Espíritu Santo procedía también del Hijo (*filoque* en su forma latina). Este añadido se extendió por varias liturgias latinas, pero era rechazado por las orientales. La cuestión estalló cuando el propio papa lo utilizó en el 1014 dando plena validez universal a esta oración en la que se detallaba el credo cristiano.

Pero también otros factores religiosos, políticos y culturales impulsaron el comienzo general de las cruzadas o se convirtieron en eje fundamental de una cruzada particular. Entre estos factores destaca la existencia en la sociedad feudal de un gran número de caballeros, desde la más alta nobleza hasta la más rural, con formación militar, armas y un espíritu pío que comenzó a inclinarlos a buscar un enemigo exterior antes que pelear con otras regiones, condados o reinos. La mejora de las vías de comunicación permitió, además, las grandes peregrinaciones a Santiago de Compostela y Tierra Santa, donde los peregrinos entraban en contacto con los musulmanes y sufrían las emboscadas y asaltos de grupos de forajidos, creando una gran sensación de inseguridad que irritó a los monarcas europeos. Asimismo, tras el reciente cisma de Oriente, la Iglesia católica buscaba reafirmar su influencia y apuntalar su liderazgo entre la cristiandad. El ascenso del Imperio turco llevó su expansión a la conquista de Jerusalén en el año 1071, arrebatando la ciudad al califato fatimí y rompiendo el equilibrio que hasta entonces había en la ciudad entre judíos, musulmanes y cristianos. En total, se convocaron nueve cruzadas, las cuatro primeras consideradas mayores y las cinco últimas, menores.

La primera cruzada tuvo lugar entre el año 1095 y el 1099. Fue convocada por el papa Urbano II (1042-1099) en el Concilio de Clermont (Francia) con un encendido discurso en el que atendía la petición de ayuda lanzada por el emperador bizantino Alejo I (1048-1118) para que los hermanos cristianos de Occidente le ayudaran ante el asedio de los turcos a Constantinopla. Urbano II vio, por una parte, la oportunidad de revertir el cisma con las iglesias orientales que había ocurrido unos años antes, reafirmar la autoridad del papado y contener la amenaza turca. Por otra parte, el pontífice ofrecía una novedosa solución a dos problemas que acuciaban a los reinos europeos del momento: el crecimiento de la población y la masa de pobreza y las constantes luchas entre los ejércitos de caballeros de los nobles, que mantenían en constante tensión bélica los reinos cristianos y sus condados, ducados y principados. El motivo que adujo Urbano fue el de recuperar Tierra Santa para los cristianos con el fin de establecer allí un reino de paz que permitiera las peregrinaciones y las migraciones. Ofreció a todo aquel que participara en la cruzada la redención de sus pecados y a los nobles que acudieran una parte de las tierras conquistadas. El discurso tuvo una excepcional acogida entre la nobleza y el pueblo. Los primeros que respondieron fue una masa de 40 000 labriegos, mendicantes y gente común, que fervorosamente y sin preparación militar alguna, comenzaron su travesía a pie para intentar llegar a Jerusalén, atravesaron Hungría, donde la falta de provisiones les llevó a saquear varias ciudades y, ante los primeros enfrentamientos con los turcos, fueron aniquilados debido a su falta de experiencia en el campo de batalla. Fue la llamada cruzada de los pobres. Los nobles tardaron casi un año en organizar un ejército con caballeros de Francia, Países Bajos y Sicilia, que se dirigieron hacia las posesiones fatimíes y turcas. Tras una serie de victorias, conquistaron varias regiones y crearon el principado de Antioquía, los condados de Trípoli y Edesa, y en el año 1099 Godofredo de Bouillón (¿?-1100) se convirtió en el primer rey del recién fundado Reino de Jerusalén.

La segunda cruzada la convocó el papa Eugenio III (1088-1153) en el año 1145 y se extendió hasta el año 1148. Fue una serie de acciones militares encaminadas a contener la respuesta musulmana ante la primera cruzada cristiana. En el año 1144 el condado de Edesa, el primero de los reinos cristianos fundados por los cruzados, cayó en manos musulmanas y el papa decidió llamar a una nueva guerra para defender Tierra Santa. Así, encargó a san Bernardo de Claraval[51] (1090-1153) la predicación de la cruzada en las cortes europeas. El rey francés Luis VII (1120-1180) y el emperador germánico Conrado III (1093-1152) lideraron sus ejércitos y acudieron a socorrer a los reinos cristianos de Oriente. Las rivalidades entre los monarcas, que no unificaron su ejército y llegaron por separado a Jerusalén, y los errores de estrategia, como el no dirigirse hacia el condado de Edesa para recuperarlo, sino atacar Damasco, que era un Estado aliado de los reinos cristianos, se tradujeron en una derrota de las tropas europeas, que pronto abandonaron la región y volvieron a sus países.

La tercera cruzada fue convocada por el papa Gregorio VIII (1100-1187) en el año 1189 tras la caída de Jerusalén en manos de Saladino (1138-1193), sultán de

---

51. La orden del Temple se llamaba Orden de los Pobres Caballeros de Cristo del Templo de Salomón. Se trataba de una orden monástica militar fundada en el año 1118 por caballeros franceses que asistieron a la primera cruzada y decidieron organizarse para tomar los votos y permanecer en Jerusalén para defender los Santos Lugares. Fue aprobada en 1129 y san Bernardo de Claraval redactó las normas de la orden inspirándose en la regla cisterciense. Durante los siguientes dos siglos alcanzaron un gran poder religioso y económico que suscitó las suspicacias Felipe IV (1268-1314) de Francia, que debía grandes sumas de dinero a la orden. En el año 1312 el papa Clemente V (1264-1314) atendió la petición del monarca francés y disolvió la orden.

Egipto. Durante años, Saladino había soportado incursiones cristianas en Egipto y denunciado los asaltos que los peregrinos musulmanes sufrían cuando acudían a La Meca. En una de estas emboscadas su hermano casi murió y el sultán decidió terminar con el Reino de Jerusalén. A la llamada del papado acudieron el rey de Inglaterra, Ricardo Corazón de León (1157-1199), Felipe II (1165-1223) de Francia y el emperador Federico I (1122-1190). Las tropas cristianas solo recuperaron Acre, al norte del Reino de Jerusalén, y, tras derrotar a Saladino en la batalla de Jaffa de 1192, firmaron un acuerdo por el que el sultán permitía la peregrinación a Jerusalén y los cruzados que vivían en aquellas tierras reconstruirían el reino sin contar con la capital.

La captura de Tiro

Los venecianos realizaron entre 1122 y 1124 una expedición a Tierra Santa en la que recuperaron la ciudad de Tiro, con su importante puerto, y se aseguraron varias concesiones comerciales con los nuevos reinos cristianos de Oriente Medio. Es conocida como la cruzada veneciana y no fue convocada por el papado.

La cuarta cruzada tuvo lugar entre los años 1198 y 1204. Fue la última de las grandes cruzadas y la menos religiosa de todas ellas. El papa Inocencio III (1161-1216) deseaba restaurar el poder de la Santa Sede sobre los reinos latinos de Tierra Santa. Ante la falta de conexión por vía terrestre, el traslado del ejército se debería realizar por vía marítima, para lo cual se contrataron numerosos barcos de transporte a la pujante ciudad de Venecia. Una vez iniciado el traslado de las tropas, los venecianos ofrecieron a los cruzados aplazar el pago del transporte si les ayudaban a recuperar la ciudad de Zara, que había caído en manos húngaras. La expedición recuperó la ciudad en el año 1202. Estando en Zara, los cruzados recibieron la petición de ayuda del pretendiente bizantino para hacerse con el trono de Constantinopla. A cambio, se haría cargo de la deuda de los cruzados y sumaría su ejército a la conquista de Tierra Santa. Los cruzados accedieron y cambiaron de nuevo los planes para llegar a la capital bizantina en el 1203. Después de un largo sitio, tomaron la ciudad y cumplieron su parte del trato, pero durante más de un año esperaron en vano a que se cumpliera el pago que habían acordado. En ese tiempo las tensiones se sucedieron en la ciudad y varios gobernantes se disputaron el trono. Los cruzados entonces decidieron tomar lo que pensaban que les correspondía y durante varios días saquearon Constantinopla, desvalijando monasterios, palacios e incluso Santa Sofía. El Imperio bizantino terminó dividido en numerosos reinos latinos y la ciudad de Venecia se aseguró las mejores plazas para ampliar su red marítima y comercial. Finalmente, los cruzados establecieron un Imperio romano de Oriente que apenas duró medio siglo, porque los bizantinos recuperaron la ciudad en el año 1261. Esta cruzada nunca llegó a ofrecer la ayuda que los cristianos de Tierra Santa esperaban y, en su transcurso, el papado excomulgó a varios de los integrantes del ejército cristiano por no haber cumplido con su promesa y haber cambiado los objetivos religiosos de la expedición a unos de carácter político y comercial.

Durante el siglo XIII se sucedieron hasta cinco cruzadas más de carácter menor, que apenas consiguieron recuperar entre 1229 y 1268 la ciudad de Jerusalén, que pasó a ser gobernada desde Europa.

LOS PUEBLOS ESLAVOS: LA RUS DE KIEV, LA REPÚBLICA DE NÓVGOROD Y EL PRINCIPADO DE MOSCÚ

Desde el siglo IX varios pueblos eslavos de Europa del Este y del Norte se unieron en una serie de comunidades que iban del mar del Norte y el Báltico hasta el mar Negro. Hasta el siglo XIII tres entidades políticas, la Rus de Kiev, la República de Nóvgorod y, el Principado de Moscú, se fueron sucediendo como países dominantes en la región hasta que, por una parte, los estragos causados por las invasiones mongolas y, por otra, el imparable ascenso de Moscú, terminaron por instaurar el gobierno de los zares y la supremacía rusa en la región.

En el año 879 el príncipe Oleg de Nóvgorod (845-912) extendió al sur sus dominios y siguiendo la ruta del río Dniéper, reunió una serie de territorios que llevaron a fundar un nuevo Estado con la ciudad de Kiev como capital del mismo. Durante años, la Rus de Kiev prosperó gracias a un acertado manejo de las rutas comerciales, conectando ciudades como Bagdad o Constantinopla con el norte de Europa. La ciudad se transformó en un importante centro de comercio y clave en la ruta hacia el Báltico. Este desarrollo económico se tradujo en un enriquecimiento de los príncipes y la clase gobernante de la Rus de Kiev, que les permitió invertir en nuevas construcciones civiles, en la fundación de ciudades y en la mejora del ejército para mantener a raya a los pueblos invasores y sofocar las rebeliones de algunas de las regiones conquistadas. En el año 988 el príncipe Vladimiro I (958-1015) se convirtió al cristianismo y con él todo su reino. Durante los siguientes dos siglos la Rus vivió su edad dorada debido al desarrollo del comercio y al mantenimiento de la paz interior. La Rus tenía un sistema sucesorio en el que los jóvenes príncipes dirigían alguno de los territorios sujetos al control de Kiev antes de dirigir los destinos de todo el reino desde la capital. En el siglo XI comenzó su decadencia debido al ascenso de líderes locales, relacionados con los clanes y pueblos a los que Kiev dominaba, y el declive del comercio con Bizancio durante las cruzadas, que vació las arcas estatales e impidió el gasto militar necesario para mantener la paz interior. En el siglo XII varios de los principados consiguieron independizarse, como Nóvgorod en 1136. En el año 1169 el Principado de Vladímir-Suzdal conquistó Kiev e impuso en la ciudad un monarca títere manejado desde Vladímir, extendiéndose por territorios que darían lugar al Ducado y posterior Principado de Moscú. La invasión mongola de 1240 terminó por desintegrar la Rus de Kiev en pequeños estados que pagaban tributo a la Horda de Oro hasta que muchos de ellos fueron recuperados por Moscú ya en el siglo XVI.

La República de Nóvgorod fue uno de los principales territorios que se independizaron de la Rus de Kiev. Si bien había sido hogar de los fundadores de Kiev, no fue hasta el siglo XII cuando se erigió en un Estado republicano que elegía a sus príncipes gobernantes. Ocupó un extenso territorio entre el golfo de Finlandia y los montes Urales. Desde el año 882 hasta el 1019 algunos de los hijos mayores del príncipe de Kiev eran los enviados para ser los gobernantes de Nóvgorod, pero desde el 1020 los puestos de alcalde y jefe militar comenzaron a ser ocupados por los boyardos, terratenientes eslavos. En el año 1136 esta suerte de jefes locales rechazaron al príncipe que Kiev les había asignado y comenzaron a elegir libremente a sus príncipes. Desde el siglo XIV la riqueza acumulada por sus ciudades fue codiciada por varios estados limítrofes y Nóvgorod buscó una alianza con el Principado de Moscú confiando en que al no tener frontera directa con él no tendría intenciones de ocuparlo. No obstante, la creciente influencia de Moscú hizo que los boyardos que regían el país buscaran entonces la alianza con polacos y lituanos. El poder de Nóvgorod y su riqueza fueron disminuyendo y, finalmente, en 1478 el gran príncipe de Moscú Iván III (1440-1505) conquistó la ciudad y sus territorios.

El Gran Ducado de Moscú, y más tarde el Gran Principado de Moscú, fue un Estado medieval de creciente influencia, poder y extensión desde el siglo XIII hasta su transformación en el zarato ruso en el siglo XVI. En el año 1263 el príncipe Alejandro Nevski (1220-1263) fundó para su hijo Daniel I (1261-1303) el Gran Ducado de Moscú. Aunque el nuevo Estado era vasallo de la Horda de Oro tártara que sucedió a la invasión mongola del este de Europa, no tuvo problema en ampliar sus fronteras anexionándose antiguos territorios de la Rus de Kiev y otros principados. El primero de entre los más importantes fue el Ducado de Vládimir-Súzdal en el año 1320. En el siglo XIV el largo reinado de Iván III puso los cimientos para que en el siglo XVI se proclamara el zarato y Moscú se convirtiera en la capital de la principal potencia eslava. Iván III triplicó la extensión de su reino, anexionó la República de Nóvgorod y el Principado de Tver. En el exterior también terminó con el vasallaje a la Horda de Oro. En el interior puso fin a la política de sucesión que había sido común a la Rus de Kiev y por la que los principados eran dirigidos por los hijos menores del monarca. Esta situación creaba rencillas, envidias y una tensión interna que desembocó en guerras civiles en innumerables ocasiones. Iván III se inmiscuyó en la manera en la que sus hermanos gobernaron los principados y terminó decretando una ley que establecía que a la muerte de los actuales regidores sus posesiones pasarían a ser heredadas por el príncipe de Moscú y no por sus familiares, fortaleciendo el poder de la corona, como ocurriría también en los siglos XV y XVI en otras monarquías europeas. La caída de Constantinopla a manos de los turcos tuvo también un importante efecto en el reino, pues parte de la nobleza bizantina y la Iglesia ortodoxa veían a los monarcas moscovitas como los protectores de la fe hacia los que debían dirigirse para buscar refugio. Iván III adoptó un sistema de gobierno centralizado que restó poder a los boyardos locales y promulgó un código legal inspirado en Bizancio.

El legado cultural de Iván III el Grande

Iván III quiso transformar Moscú en la nueva Constantinopla y, además, de adoptar parte de la etiqueta de la corte bizantina, mandó construir los edificios más representativos del Kremlin: la catedral de la Asunción, la iglesia de la Deposición del Manto de la Virgen y la catedral de la Anunciación.

INGLATERRA EN LA EDAD MEDIA: EL NACIMIENTO DEL REINO, LAS INVASIONES, LOS ORÍGENES DEL PARLAMENTARISMO Y LAS GUERRAS SUCESORIAS

Desde el fin de la Britania romana la mayor de las islas británicas vivió una serie de invasiones de pueblos extranjeros que fueron forjando el carácter y la cultura propia del lugar. Tras el asentamiento de los anglosajones y el nacimiento del reino de Inglaterra bajo los Wessex, la Edad Media trajo la invasión normanda, dos guerras civiles y una larga contienda con Francia llamada la guerra de los Cien Años. En este tiempo el caos y la anarquía se apoderaron en incontables ocasiones del reino, pero gracias al fortalecimiento de la nobleza frente al monarca aparecieron las primeras instituciones típicas del parlamentarismo inglés, su cámara de representación y la Carta Magna.

Gran número de historiadores ponen el fin de la Britania romana a comienzos del siglo V, cuando Constantino III (¿?-411) abandonó con sus tropas las islas para proclamarse emperador. Las ciudades romanas quedaron indefensas y recibieron una fuerte inmigración de anglos, sajones y jutos, que durante el siglo VI tomaron la isla y fundaron un conjunto de reinos, ya estables en el siglo VII, llamados la Heptarquía. Durante este periodo los diferentes reinos batallaron entre sí para expandir sus territorios y alcanzar un liderazgo que les permitiera obtener el vasallaje o tributos de los otros monarcas. Northumbria controló el siglo VII, mientras el siglo VIII estuvo dominado por Mercia. Las rencillas y cuitas entre los reinos anglosajones llegaron a su fin con el inicio de las incursiones vikingas del siglo VIII. Grupos de nórdicos saquearon las ciudades costeras y después se establecieron como colonos en el nordeste de la isla. Esta invasión extranjera exacerbó el sentimiento anglosajón y Alfredo el Grande de Wessex (847-899) comenzó una ardua tarea, primero de resistencia, y tras la victoria

Los 7 reinos

La Heptarquía fue un término elaborado por el historiador inglés Enrique de Huntingdon (1080-1160) para denominar a los siete reinos que durante la Alta Edad Media se formaron en la mayor de las islas británicas. Los principales eran Wessex, Anglia Oriental, Mercia y Northumbria, y los menores, Kent, Sussex y Essex.

en la batalla de Edington en el año 878, de reconquista y expulsión de los vikingos en una guerra de múltiples campañas que se extendió hasta el año 897. Este liderazgo supuso también el pistoletazo de salida para la unificación de Inglaterra, un proyecto que pudo ser completado por su nieto Athelstan (893-939), que es considerado como el primer rey *de facto* de Inglaterra, y por su bisnieto Edgar (943-975), que fue coronado en el año 959 como rey de Inglaterra y emperador de Gran Bretaña con una liturgia y ceremonial que todavía utiliza la monarquía británica actual.

Desde finales del siglo x y la mayor parte del siglo xi el nuevo reino se vio sumido en una importante crisis debido a los constantes ataques daneses, que desplegaban todo su poder naval gracias al apoyo de los normandos que desde el continente les prestaban sus puertos. El rey Etelredo II el Indeciso (968-1016) buscó una alianza con los normandos y contrajo matrimonio con la hija del duque de Normandía. Este gesto no fue suficiente para frenar las invasiones de los daneses, que durante las siguientes décadas conquistarían amplios territorios ingleses y dividirían los antiguos reinos en condados encomendados a nobles nórdicos. Desde mediados del siglo xi la situación era caótica y a la muerte de Eduardo el Confesor (1003 -1066) la sucesión fue discutida por varios de los nobles. Guillermo (1028-1087), duque de Normandía, inició una contienda para reivindicar sus derechos al trono y, tras desembarcar en el sur de Inglaterra, se enfrentó a las tropas de sus oponentes. Salió vencedor de la batalla de Hastings en 1066, lo que le valió ser coronado rey de Inglaterra. Pero la dinastía de los normados apenas duraría un siglo en el poder y, tras la muerte de Enrique I (1068 -1135), se produjo una guerra civil entre los que apoyaban a su hija Matilde (1102-1167) y a su sobrino Esteban de Blois (1092-1154). La cruenta contienda terminaría en el año 1153 con la firma del Tratado de Westminster de 1153 que otorgó la corona al hijo de Matilde, Enrique II[52] (1133-1189).

---

52. Thomas Becket (1118-1170). Fue amigo personal y lord canciller de Enrique II, al que apoyó en su intento de controlar a la Iglesia en Inglaterra. Tras su nombramiento como arzobispo de Canterbury, sufrió una radical transformación política y moral. Dejó todas sus riquezas cortesanas, adoptó la norma de los agustinos y defendió la independencia de la Iglesia del poder civil de los monarcas y su férrea unión al papado romano. Esta situación provocó un enfrentamiento en el que la corona invadió propiedades de la Iglesia y Roma amenazó con la excomunión del monarca. La tensión fue en aumento y varios nobles fieles al rey asesinaron a Becket en el atrio de la catedral de Canterbury. El arzobispo fue declarado santo Thomas Becket en 1174.

A finales del siglo XII el reino vivió otra crisis debido al vacío de poder provocado por la marcha de Ricardo I Corazón de León a las cruzadas. En su ausencia la nobleza se fortaleció y el usurpador Juan Sin Tierra (1166-1199) se hizo con el trono en contra de los nobles y la mayor parte de la población. La ausencia continuada de un monarca y la usurpación del poder de otro crearon una corriente de opinión entre nobles, burgueses y los habitantes de las ciudades que era contraria al ilimitado poder que los reyes estaban atesorando. La sociedad impuso a Juan la Carta Magna que garantizaba una serie de derechos a cambio del fin de las revueltas nobiliarias. El hijo de Juan, Enrique III (1207-1272), pretendió imponer la confiscación de un tercio de los bienes de cada miembro de la curia para financiar la expansión de los Estados Pontificios. La nobleza no aceptó la orden y se rebeló contra el monarca. Como resultado de la lucha, los nobles impusieron al rey la creación de un consejo de 24 miembros, la mitad a propuesta del monarca y la otra mitad a propuesta de la nobleza. En 1258 este consejo acordó las Provisiones de Oxford que darían origen al Parlamento. En ellas se estipulaba la creación de un consejo de 24 miembros para asuntos financieros y otro de control gubernamental con 15 miembros. También se hacía obligatoria la convocatoria al menos tres veces al año del Parlamento, al que se otorgó la facultad de ratificar los nombramientos de los altos funcionarios realizados por el rey. En el año 1265 se modificó la composición de Parlamento para hacerlo más representativo de la sociedad, y además de incluir a nobleza, clero y condados, se añadió a la ciudad de Londres y los puertos.

El origen de la Carta Magna

La Carta Magna fue otorgada en el año 1215 y, entre otras cuestiones, preveía la protección de los derechos e independencia de la Iglesia, prohibía la detención ilegal, garantizaba el acceso inmediato ante el juez o la regulación de algunos impuestos y su jurisdicción.

El siglo XIV estuvo marcado en Inglaterra y en Europa por la guerra de los Cien Años, que se extendió desde 1328 hasta 1543. En ella, Inglaterra y Francia batallaron en incontables contiendas con el fin, en primera instancia, de imponer sus derechos

sucesorios y, más tarde, buscando la aniquilación del enemigo y su consiguiente reparto de territorios. A lo largo de esta guerra hubo una importante red de cambiantes
alianzas. Esta guerra tuvo su origen en la sucesión al trono francés en el año 1328.
Enrique III de Inglaterra quiso hacer valer sus derechos dinásticos, pero la nobleza
franca optó por otorgar la corona a Felipe VI de Valois (1293-1350). Apenas una
década después la contienda comenzó cuando el monarca francés invadió el ducado
de Aquitania. Se sucedieron una serie de batallas en las que se impuso la superioridad
inglesa, pero supusieron un continuo desgaste para ambos reinos. En 1356, en la batalla
de Poitiers, los ingleses apresaron al monarca francés Juan II (1319-1364). El cautiverio
se mantuvo durante unos años hasta que se firmó en 1360 el Tratado de Brétigny,
en el que los franceses pagaron el rescate de su rey con una ingente concesión de
territorios en la costa atlántica para los ingleses, desde los montes Pirineos hasta el
río Loira. Las tornas de la guerra cambiaron por la intervención de un tercer reino.
Castilla derrotó en 1372 en La Rochelle a la flota inglesa, que perdió su dominio
en el canal de la Mancha y el Atlántico. Esta debilidad afectó a sus batallas con los
franceses, que consiguieron recuperar gran parte de los territorios cedidos en 1360.
En 1407 se firmó una de las incontables treguas entre franceses e ingleses, que fue
rota en 1413, cuando el rey Enrique V de Inglaterra (1386-1422) proclamó de nuevo
su derecho al trono francés. Un nuevo intento de acabar con la contienda llegó con
el Tratado de Troyes de 1420 por el que Enrique V se casaría con la hija del rey de
Francia Catalina de Valois (1401-1437) y era reconocido como heredero al trono
francés. Cuando falleció el rey de Francia, Enrique V de Inglaterra ya había muerto y
una parte de los nobles francos optaron por romper el tratado y proclamaron a Carlos
VII de Valois (1403-1461) rey de Francia, mientras los ingleses proclamaron al hijo de
Enrique V, Enrique VI (1421-1471), igualmente rey de Francia. En 1429, Carlos fue
coronado en Reims gracias a la ayuda de Juana de Arco[53] y Enrique recibió la corona

---

53. Juana de Arco (1412-1431) fue una joven labriega francesa que declaró haber tenido unas
visiones en las que el arcángel san Gabriel le encomendaba crear un ejército para apoyar a
Carlos VII en su lucha por el trono de Francia y expulsar a los ingleses de las tierras francas. Al frente de un importante ejército que se le unió, luchó en batallas decisivas para los
franceses hasta que fue apresada por los ingleses en 1430. Fue juzgada y declarada culpable
de brujería en 1431. Se convirtió en una heroína nacional francesa y fue declarada santa
por la Iglesia católica en 1920.

en 1431 en París. Esta lucha entre los dos pretendientes coronados inició la fase final de la guerra de los Cien Años y, en apenas dos décadas, los Valois recuperaron toda Francia, salvo el puerto de Calais, que continuó en manos inglesas.

La Edad Media se cerró en Inglaterra con una nueva contienda civil, la guerra de las Dos Rosas, que tuvo lugar entre 1455 y 1487. En este tiempo se sucedieron una serie de enfrentamientos, cuitas y batallas entre los Lancaster y los York. Ambas casas pretendían el trono de Inglaterra auspiciadas bajo el mismo linaje, la descendencia de Eduardo III. Los contendientes fueron nobles terratenientes ingleses que estaban ligados a alguno de los bandos debido a las alianzas dinásticas por medio de los matrimonios tan corrientes en esa época. Tras una victoria inicial de los York que los mantuvo durante dos décadas en el gobierno, los Lancaster ganaron la guerra bajo el liderazgo de Enrique Tudor (1457-1509), que venció en la batalla de Bosworth, en 1485, al ejército de Ricardo III (1452-1485). Para firmar una paz duradera, Enrique se casó con Isabel de York (1466-1503), enlace que unió a las dos casas contendientes y dio inicio a un nuevo linaje, los Tudor, que gobernarían Inglaterra hasta principios del siglo XVII.

CHINA Y JAPÓN: EL IMPERIO MEDIO Y EL *SHOGUNATO*

En Asia, las dos principales potencias, China y Japón, desarrollaron diferentes modelos de sociedad. En China, desde el siglo VI al XIII, se sucedieron una serie de dinastías imperiales que establecieron un sistema burocrático de gestión. En Japón desde el siglo XI se adoptó el fenómeno del feudalismo bajo la forma de un régimen militar denominado *shogunato*.

China vivió, desde la llegada de la dinastía Sui en el año 581 hasta la conquista mongola de 1279, un periodo denominado Imperio medio en el que dos dinastías, los Tang y los Song, realizaron importantes reformas administrativas, económicas y legales que dieron como resultado un periodo llamado la edad de oro china.

A finales del siglo VI, China se encontraba dividida entre los territorios de las dinastías del norte y los de las dinastías del sur. La llegada al gobierno del sur de la dinastía Sui trajo consigo la reunificación de todos los territorios y devolvió a la etnia Han el control sobre la totalidad del imperio. Los Sui gobernaron durante un corto tiempo, entre el año 581 y el 618, pero estas escasas cuatro décadas fueron suficientes para realizar un profundo cambio en la administración estatal[54]. Además, apoyaron el desarrollo del budismo y de grandes obras públicas, como la construcción del Gran Canal, el mayor río artificial del mundo que conectaba la ciudad de Pekín con Hangzhou a través de más de 1500 kilómetros, y la rehabilitación de la Gran Muralla. Los altos costes de estas obras de ingeniería, sumados a la guerra con Corea, agotaron los recursos del Estado. Los emperadores impusieron nuevos impuestos y el trabajo forzado, lo que causó varias revueltas que terminaron con el asesinato del emperador Yang (599-618).

Los Tang fueron la nueva dinastía que cogió el testigo tras la caída de los Sui desde el año 618 hasta el 907. En la primera parte de su liderazgo, los Tang conquistaron varios territorios occidentales que les permitieron reabrir la Ruta de la Seda y retomar el comercio terrestre con India, el Cuerno de África y Europa. En el interior se vivió un tiempo de florecimiento económico que se tradujo en el esplendor de su capital Chang'an, hoy Xi'an, que llegó a ser la ciudad más poblada del mundo. Los Tang apostaron por establecer un sistema de doble jerarquía en las provincias: por una parte, el poder civil en manos de los burócratas y, por otra, el poder militar, que recaía sobre la figura del *jiedushi*, una suerte de gobernador militar. El ocaso de los Tang se inició con la rebelión de An Lushan entre los años 755 y 763. Esta guerra civil apenas duró una década, pero en ella fallecieron más de 13 millones de personas y tuvo importantes consecuencias económicas y sociales que se arrastraron durante todo el siglo IX. Desde ese instante, la pérdida del control provincial de los emperadores y el ascenso de los *jiedushi* como reyes *de facto* en cada provincia se hicieron imparables y gran

---

54. El sistema de examen imperial chino fue un procedimiento de selección de los funcionarios públicos instaurado por la dinastía Sui en el año 606 y cuyo método se extendió hasta 1905. Es considerado uno de los mejores sistemas de ascenso social basado en el mérito. Hasta su creación solo los aristócratas podían ocupar puestos en la alta administración. Los aspirantes debían conocer de memoria los temas de los Cuatro Libros y los Cinco Clásicos; en total, más de 400 000 caracteres. El recorrido se iniciaba con los exámenes de distrito, que se celebraban cada dos o tres años, y continuaban con los de prefectura y el examen de aptitud con el que se obtenía el título. Para los cargos superiores se debía aprobar el examen de provincia, que solo se convocaba cada tres años, el examen de capital y, finalmente, el examen de palacio.

parte del país resultó ingobernable desde la capital. Esta tensa situación llevó al derrocamiento de los Tang a comienzos del siglo X y abrió un periodo de gran inestabilidad política llamado de las Cinco Dinastías y de los Diez Reinos. Con la desintegración del imperio y la atomización del poder en los gobernadores militares, se inauguró un tiempo de guerras civiles, declaraciones de independencia, alianzas y enfrentamientos que terminaron en el año 979 con la llegada de la dinastía Song al poder.

Los Song gobernaron China hasta el año 1279, cuando los invasores mongoles fundaron una nueva dinastía que tomaría el poder imperial. Los Song no consiguieron reunificar todo el territorio debido a que la potente dinastía Jin les expulsó del norte y tuvieron que trasladar la capital hasta la actual Hangzhou. En este tiempo se produjeron importantes avances en materia militar gracias al uso de la pólvora. La China de los Song se convirtió en el primer gobierno del mundo que utilizó el papel moneda y logró una mejora del cultivo del arroz en las fértiles tierras del sur que hizo que entre los siglos X y XI la población del imperio se duplicara. En los tres siglos que duró la dinastía, las luchas con los reinos independientes del norte fueron constantes y se agudizaron a medida que se hacía más evidente la pujanza de los mongoles. En el año 1271 estos conquistaron los reinos del norte y fundaron la dinastía Yuan con el emperador Kublai Kan (1215-1294), nieto de Gengis Kan. Los yuanes continuaron su batalla contra los Song del sur y los vencieron en la batalla de Yamen de 1279, de modo que el Imperio chino volvió a unificarse bajo un mismo emperador, que además aportaba los territorios mongoles que le correspondían por su familia.

La dinastía Yuan apenas duró un siglo en el poder. Hasta 1368 se sucedieron una docena de emperadores que tuvieron que hacer frente a numerosas revueltas y crisis internas. Lo cierto es que la dinastía Yuan se vio señalada tanto por chinos como por mongoles: para los primeros, era una dinastía de extranjeros que había tomado el trono por la fuerza y los segundos desconfiaban de los yuanes porque, tras el acceso al poder imperial, habían perdido su esencia mongola y recelaban de ellos y sus intenciones con respecto al gran Kan. Durante este periodo también se vivieron una serie de catástrofes climatológicas que arruinaron las cosechas y trajeron largos periodos de hambruna sin que el gobierno se interesara por paliar los efectos entre la población. Estas circunstancias crearon el caldo de cultivo perfecto para que la insatisfacción popular llegara a las élites de la corte y comenzaran una serie de revueltas[55] que terminaron en un alzamiento nacional contra el poder del emperador y propiciaron la caída de la dinastía Yuan.

En Japón, tras la organización de un sistema de gobierno civil en manos del emperador y la aristocracia, surgió una clase militar que impuso su poder frente al gobierno civil tradicional. A finales del siglo XII el Imperio japonés se encontraba sumido en una crisis derivada por la lucha de poder entre varios clanes provinciales de la que resultó vencedor Minamoto no Yoritomo (1147-1199). Después de su éxito, Minamoto consiguió que el emperador le concediera el título de *shōgun*. Este nombramiento había sido habitual hasta la fecha y se otorgaba al general más exitoso en las batallas de cada tiempo, pero Yoritomo lo asumió en el año 1192 al tiempo que logró la delegación de toda la autoridad imperial para gobernar en nombre del monarca en todos los aspectos, tanto civiles como militares o diplomáticos. Se estableció así el primer *shogunato*, un sistema de gobierno dictatorial militar que se adjudicó los poderes imperiales sin necesidad de acabar con la monarquía. Para este fin, Yoritomo estableció una administración civil y militar paralela a la del imperio y nombró emisarios suyos en cada una de las provincias. Durante los *shogunatos* el título dejó de ser una concesión del emperador a destacados militares y pasó a ser hereditario para la familia de Yoritomo. Este primer *shogunato* se denomina Kamakura por la ciudad desde la que se ejercía el poder. A la muerte de Yaritomo la potente familia Hojo pidió ejercer la regencia del *shogunato* hasta que el hijo de Yaritomo tuviera la edad requerida. En realidad, los Hojo mantuvieron durante más de siglo y medio el poder, al arrogarse para su familia la capacidad de la regencia del shogunato de manera hereditaria. Durante el siglo XII el emperador intentó terminar con este sistema de gobierno, pero falló en su intento, y no fue hasta 1333 cuando el emperador Go-Daigo (1288-1339) venció al clan Hojo y disolvió el *shogunato*.

---

55. La Revuelta de los Turbantes Rojos fue un levantamiento popular contra la dinastía Yuan iniciado en el año 1351 por un grupo de carácter filosófico y religioso llamado el Loto Blanco. Durante dos décadas la revuelta fue ganando adeptos y se transformó en un levantamiento popular que terminó con la dinastía Yuan en 1368. Zhu Yuanzhang (1328-1398) fue uno de los líderes del movimiento, un experto militar que dirigió al ejército rebelde y se proclamó emperador fundando la dinastía Ming.

Este triunfo de la autoridad imperial se debió al decidido apoyo del general Ashikaga Takauji (1305-1358), que en 1336 exigió ser nombrado *shōgun* y fundó el *shogunato* Ashikaga, que duraría hasta el año 1573. La restauración del *shogunato* fue posible gracias a que los *daimios,* señores feudales provinciales que provenían de la aristocracia militar, apoyaron la opción de Takauji y secundaron a sus descendientes. Con el tiempo las rencillas entre clanes y las peleas por la sucesión desencadenarían en 1467 una guerra civil entre el *shogunato* y los *daimios* rebeldes. Al finalizar la contienda en 1477 Japón entró en un siglo llamado *Sengoku jidai* de confrontación entre los clanes más importantes en una larga guerra que debilitó a todos los contendientes y dejó exhausto el país.

EL IMPERIO MONGOL

Entre los siglos XIII y XVI surgió en las estepas de Asia el que hasta hoy ha sido el mayor imperio de territorios contiguos de la historia. Fundado en 1206, llegó a gobernar a más de 100 millones de personas repartidas desde la península de Corea hasta el Danubio europeo.

A finales del siglo XII Gengis Kan (1162-1227), líder de unas tribus nómadas de la estepa asiática, se propuso fundar un Estado que reuniera bajo un mismo mando a las decenas de clanes mongoles que habitaban en el norte de Asia. En el año 1206, y tras varias campañas bélicas de unificación, se proclamó gran kan y estableció la *Yassa* como ley común a todas las tribus. Tras esta serie de campañas internas entre los pueblos mongoles se produjo una expansión nunca vista en la historia hasta ese momento. Entre las causas que motivaron esta necesidad por conquistar nuevos territorios se encuentran el rápido crecimiento demográfico mongol en los siglos XII y principios del XIII, la búsqueda de nuevas zonas de pasto y, fundamentalmente, el carácter guerrero y viajero de los nómadas mongoles, que, tras su unificación y ante la falta de enemigos internos, debían buscar un enemigo común exterior contra el que aliarse y guerrear para saquear sus riquezas. La expansión de Gengis Kan se dirigió hacia todas las fronteras del imperio, desde los reinos chinos del norte, incluyendo el saqueo de Pekín en el año 1215, hasta Afganistán, Persia y grandes zonas de Asia Central. Su muerte en el año 1227 no trajo el fin de la expansión mongola, sino que esta siguió avanzando en amplias zonas de Eurasia hasta llegar a su máxima extensión en el año 1279 con la conquista de la totalidad China, sobre la que estableció una nueva dinastía, y su llegada hasta el mar Negro y el Danubio. Fue un imperio que conectó el Pacífico con el Mediterráneo y que promovió la seguridad de los intercambios terrestres, haciendo suya la antigua Ruta de la Seda y conectando el Este con el Oeste.

El decreto mongol

La *Yassa* fue la ley general adoptada por Gengis Kan para poder gobernar entre las tribus mongolas y los nuevos pueblos que fue conquistando. Estaba escrita en pergaminos y ocupaba varios volúmenes. Era un compendio muy detallado de normas que abarcaban temas como las reglas sobre el saqueo y las guerras, la forma de elección del emperador o la diferente manera de sacrificar el ganado si era destinado al consumo. Entre las disposiciones más modernas se encontraban la regulación del acceso de la mujer a la carrera militar y la no distinción de los hijos, legítimos o no, a la hora de acceder a la herencia.

Durante el siglo XIII los mayores retos a los que hicieron frente los mongoles no fueron los enemigos exteriores, a los que ganaban batalla tras batalla, sino las guerras civiles provocadas por la sucesión al trono. Así, cuando diferentes clanes eligieron en asamblea a su propio sucesor para el trono imperial, estalló la guerra civil Toluid, que tuvo lugar entre 1260 y 1264.

Las constantes luchas sucesorias llevaron a que para el año 1294 el imperio estuviera dividido *de facto* en cuatro kanatos o estados: al noroeste, la Horda de Oro; en Asia Central, el kanato de Chagatai; el ilkanato persa, que ocupaba los territorios de los actuales Irán, Turquía, Armenia, Azerbaiyán, Turkmenistán, Armenia y Georgia; y los territorios chinos bajo el poder de la dinastía Yuan con capital en Pekín.

Entre los siglos XIV y XVII los kanatos fueron perdiendo poder e influencia mientras caían en los mismos errores que el imperio y perdían capacidad militar debido a las guerras civiles. Los nuevos estados que surgían, o que ahora se veían capaces de enfrentarse a los antaño potentes invasores, iniciaron una serie de campañas militares para conseguir su independencia. Los yuanes, que recibían el vasallaje nominal de los tres kanatos restantes, fueron expulsados de China por la dinastía han de los Ming y tuvieron que retirarse hacia la meseta mongola, perdiendo su influencia sobre el resto de estados del Imperio mongol. El ilkanato persa se desintegró en numerosos estados a mediados del siglo XIV. La Horda de Oro fue perdiendo su poder y la mayor parte de sus territorios pasaron al ascendente Gran Ducado de Moscú, que les venció de manera definitiva en 1480. El kanato de Chagatai fue el más longevo, y aun en una constante decadencia que le hacía perder territorios de manera constante, sobrevivió como pequeño Estado hasta 1687.

El Imperio mongol de Gengis Kan pudo expandirse tan rápidamente y con tanto éxito debido a una serie de reformas, innovaciones y características culturales impulsadas por su fundador. En el aspecto religioso, se optó por una libertad total de culto. En un contexto histórico de grandes guerras de religión entre cristianos y musulmanes o entre grupos de diferente interpretación de un mismo credo, la libertad religiosa mongola garantizaba también menor fricción social. Los mongoles apenas tenían lugares de culto debido a su vida nómada, pero con el establecimiento de sus ciudades se erigieron edificios para los seguidores de cada una de las religiones más extendidas. Como norma general, cada uno de los kanatos y sus estados iban adoptando la religión de los pueblos conquistados, pero sin imponerla como único culto posible.

Otro de los adelantos introducidos por los mongoles fue la creación de un eficiente sistema de comunicaciones y postas llamado *Yam*. Los emisarios podían cambiar cada poco tiempo de caballo, avituallarse y continuar el viaje de manera rápida y segura. De esta forma las órdenes emitidas por el kan llegaban a cualquier rincón del imperio en apenas unos días y también se recibían informes constantes y actualizados sobre la situación de las batallas y los enemigos. Este sistema también garantizaba la fluidez de las rutas comerciales.

El ejército mongol fue uno de los más exitosos de la historia gracias a su organización. Gengis Kan estableció que todos los hombres libres de su imperio recibieran constante adiestramiento militar, basado en la preparación física y la destreza con las armas y sobre el caballo. Cambió la tradicional forma de dividir a los guerreros y estableció un sistema decimal que iba desde los 10 000 hasta los 10 hombres, perfectamente coordinados por una directa cadena de mando. El ejército mongol basó su poderío militar en la caballería, que le permitía llegar con mayor rapidez a las batallas. El caballo mongol tenía una fisionomía enjuta, era ligero y rápido y, además, se le dotó de estribos que permitían al jinete cabalgar y utilizar sus armas al mismo tiempo.

LAS CIUDADES-ESTADO DE LA PENÍNSULA ITÁLICA Y LA EXPANSIÓN DEL COMERCIO TRANSCONTINENTAL

Entre los siglos X y XV varias ciudades del norte de Italia fueron adquiriendo un desarrollo económico, político y militar que les permitió constituirse en entidades locales y comarcales con la suficiente potencia como para permanecer independientes de los grandes imperios que se formaron en Europa. Urbes como Milán, Venecia, Florencia o Génova, entre otras, se especializaron en un tipo de economía —unas en el comercio marítimo, otras en las finanzas— y desarrollaron unas solidas instituciones republicanas que acrecentaron el sentimiento de ciudadano frente al de siervo del feudalismo imperante en Europa y que dieron lugar a un espacio común de generación de riqueza, impulso de las artes y la cultura como no se veía en la península itálica desde la caída del Imperio romano.

Para llegar a la consecución de esta capacidad de autogestión e independencia[56] concurrieron una serie de circunstancias que favorecieron el florecimiento de las ciudades-Estado, entre ellas, la situación geográfica de esta región separada de los grandes imperios europeos por los Alpes, con una rica y fértil meseta central y un benévolo clima que favoreció la agricultura intensiva y trajo un importante aumento de la población. En cuanto a la organización social, esta área fue la única de Europa en la que el feudalismo no había quedado establecido como el único sistema social; por el contrario, frente a pequeños señores feudales y su sistema de siervos prexistían varias importantes ciudades que mantenían una arquitectura institucional basada en el concepto de ciudadanía y que atraían con fuerza a los habitantes del campo. En una época en la que la población europea era fundamentalmente rural, apegada al terruño, su ratio de urbanización llegó a superar el 20%. Esta atracción del talento y la mano de obra hacia las ciudades propició la entrada

---

56. La Liga Lombarda se constituyó en 1167 por 26 ciudades del norte de la península itálica para rechazar las ansias expansionistas del emperador del Sacro Imperio Federico I. Tuvo el respaldo del papado y su victoria en la batalla de Legnano dio como resultado la firma en 1183 de la Paz de Constanza por la que las ciudades reconocían la soberanía del emperador, pero este reconocía autonomía y jurisdicción propias a cada una de ellas. La liga se activó hasta en tres ocasiones más ante los intentos de los emperadores de ejercer su total autoridad sobre estos territorios.

de sus economías en un círculo virtuoso que se tradujo en la implementación de avances agrícolas que permitieran una agricultura más intensiva, la especialización de las ciudades y la interconexión con otras urbes que garantizara el trasvase de conocimiento, comercio y trabajadores cualificados. El desarrollo económico provocó la mejora de la calidad de vida de los ciudadanos y el fomento decidido de la cultura y las artes. Así, se estima que para el siglo XIII la mitad de los hombres de estas ciudades estaba alfabetizado en su lengua vernácula. Esta alfabetización trajo a su vez una mayor independencia de los ciudadanos, que apostaban por garantizar sus libertades fortaleciendo las instituciones republicanas y que tenían un amplio marco de desarrollo de su vida y su economía frente a la economía rural y socialmente estamental del feudalismo imperante en Europa. Con la llegada del siglo XIV la mayoría de las ciudades vivían regidas por *signores* o dinastías de altos representantes que ejercían el poder republicano de un Estado independiente.

La ciudad de Milán comenzó la Edad Media siendo regida por el arzobispo metropolitano y, durante los siguientes siglos, se produjo un cambio hacia un gobierno aristocrático bajo la forma de ducado. Desde 1277 y hasta el año 1500 la ciudad estuvo gobernada primero por la dinastía Visconti y, más tarde, por los Sforza. Se especializó en las finanzas.

Venecia llegó a la Edad Media con un fuerte nivel de independencia de Bizancio y Rávena, a las que solo estaba conectada por vía marítima. Ya en el año 568 se formó el gobierno de los tribunos mayores como un comité ciudadano que atendía algunos de los asuntos diarios de la ciudad. Fue en el primer tercio del siglo VIII cuando los ciudadanos eligieron al primero de sus 117 *dogos* o líderes que gobernarían la ciudad hasta el siglo XVIII. La decidida visión comercial[57] de los venecianos les llevó a establecer una asociación de privilegio con el Imperio bizantino, que crearía entre ellos una simbiosis cultural y artística que se reflejaba en las construcciones religiosas y civiles de Venecia. Con la llegada de las cruzadas los venecianos pusieron sus barcos a disposición del papado y los caballeros y pidieron cobrar sus servicios con la ayuda militar de los cruzados que les permitió estable-

---

57. El viajero y comerciante veneciano más famoso de todos los tiempos fue Marco Polo (1254-1324). Varios relatos de la época recogen sus travesías hasta China, pasando por Mongolia, recorriendo la Ruta de la Seda. Estableció una buena relación personal con el kan y ayudó a la difusión de los productos y la cultura oriental en Occidente.

cer nuevas colonias marítimas en el Mediterráneo Oriental. Venecia desarrolló entre los siglos IX y XIII una talasocracia, un imperio marítimo, con múltiples enclaves costeros, pero sin interés por los territorios interiores de cada región. Estos asentamientos servían de zona de avituallamiento y sus puertos eran utilizados para reparar la flota mercante y dar cabida a la flota militar que defendía los barcos del cada vez más frecuente hostigamiento pirata. Venecia fue también uno de los máximos exponentes de la organización civil de las ciudades-Estado. El poder recaía sobre el Gran Consejo de las familias nobles que marcaba las líneas de la administración y proponía los nominados para los puestos más importantes de la burocracia local. Para agilizar la toma de decisiones se constituyó el Consejo de los Diez, que estaba presidido por el *dogo,* cuyo cargo solía ser vitalicio. Todo el sistema estaba inspirado en los tiempos republicanos romanos. Su potencia económica le permitió tener un ejército basado en la orden de los Caballeros de San Marcos, de carácter protocolar y nobiliario, y pagar un variable número de mercenarios que defendían la ciudad en tiempos de guerra o se desplazaban a los territorios amenazados por otras potencias.

Trofeos de guerra

Tras el saqueo de Constantinopla por los cruzados en 1204, los venecianos cobraron parte de su botín en valiosas reliquias y piezas artísticas, como los caballos de bronce del hipódromo de Constantinopla que fueron colocados en la fachada de la basílica de San Marcos.

Florencia vivió gran parte de la Alta Edad Media como una pequeña población que cambiaba de manos entre ostrogodos, bizantinos, lombardos o el Imperio carolingio. La ciudad comenzó su ascenso cuando la capitalidad de la región se trasladó de Lucca a Florencia hacia el año 1000. Su primera época dorada llegó con la independencia de la Marca Toscana y el establecimiento del gobierno comunal apoyado por los importantes gremios de la ciudad, que declararon la República de Florencia en el año 1115. El gobierno era ejercido por la *Signoria,* un consejo de nueve notables extraídos de los diferentes miembros de los gremios y las cofradías de la ciudad. Este consejo era renovado cada dos meses. En el siglo XIII se produjo su importante ascenso comercial centrado en la actividad financiera. Florencia se convirtió en el banco de Europa y su moneda, el florín, fue la más fiable, ajustada a ley por su peso en oro y convertible para el comercio internacional. En este tiempo se produjo un importante desarrollo cultural en arquitectura con el gótico típico de la ciudad, las pinturas de Giotto y, en las letras, con escritores como Boccaccio. En esta época se produjo la guerra civil entre los güelfos, partidarios del papado, y los gibelinos, que apoyaban al emperador alemán. El enfrentamiento trajo una importante crisis que duró hasta el ascenso de la familia Médici, que comenzó a controlar los resortes de poder republicanos de la ciudad para influir en la toma de decisiones. A mediados del siglo XV los Médici, banqueros de los Estados Pontificios, establecieron un sistema hereditario de sucesión en el gobierno de la ciudad. En 1469 llegó al poder Lorenzo de Médici (1449-1492), bajo cuyo mandato la ciudad alcanzó un nuevo cénit económico y cultural. Fue mecenas personal de genios como Leonardo da Vinci (1452-1519) o Miguel Ángel Buonarroti (1475-1564).

El declive de las ciudades-Estado vino determinado por el nacimiento de los Estados-nación europeos y el fortalecimiento del poder de los monarcas tras el fin del feudalismo. Estos potentes reinos, con un gobierno central, una planificación estatal e ingentes recursos económicos, militares y de población, ahora podían competir con las ciudades-Estado y vencerlas. Todas ellas fueron perdiendo territorios durante el siglo XV y sus principales activos, como el del monopolio de las finanzas o del comercio en el Mediterráneo y con Asia, se vieron truncados por la aparición de nuevos actores. En el ámbito político, la expansión del reino de Aragón hacia el Mediterráneo y su conquista de Nápoles introdujo una nueva potencia en el sur de la península itálica, que tuvo su réplica desde el norte con el interés de Francia por conquistar nuevos territorios, llegando a las guerras italianas de los siglos XV y XVI. En el sector financiero las nuevas haciendas reales tenían la capacidad de acuñar moneda y generar recursos vía impuestos en sus grandes estados, a la vez que Milán o Florencia habían perdido potencia militar y de persuasión para imponer sanciones a aquellos que no cumplieran con sus compromisos financieros. Para las repúblicas comerciales, como Génova y Venecia, se sucedieron a finales del siglo XV tres hechos que supusieron el inicio del fin de su liderazgo comercial. Para empezar, los otomanos conquistaron Constantinopla, dieron por terminado el Imperio bizantino y se adueñaron de todo el Mediterráneo Oriental. Además, las expediciones impulsadas por las coronas de Portugal y España encontraron nuevas rutas para llegar a la India y Asia y descubrieron para los europeos el continente americano, lo que trasladó el centro gravitacional del comercio desde el mar Mediterráneo hacia el océano Atlántico. El fin de la mayoría de las ciudades-Estado republicanas llegó en el siglo XVII, cuando varias de ellas fueron absorbidas por otras ciudades con gobiernos dinástico que crearon estados monárquicos regionales, como el de Módena, Toscana o Piamonte. La república de Venecia mantuvo su independencia formal hasta 1798, cuando fue conquistada por las tropas francesas.

MESOAMÉRICA: LA ÉPOCA POSCLÁSICA MAYA, EL IMPERIO AZTECA Y LA CIVILIZACIÓN ZAPOTECA

Entre los siglos XIII a XVI Mesoamérica vivió la formación de imperios como el azteca o los periodos zapotecas de Mitla y Zaachila-Yoo y la época posclásica maya antes del primer contacto documentado entre pueblos del continente europeo y de América que cambió el curso de la historia a nivel global.

El periodo posclásico maya se inicia en el siglo X y termina en el siglo XVI. En este tiempo la península de Yucatán estaba dividida en provincias y reinos independientes con una cultura común y una fuerte tendencia a la beligerancia. Los historiadores han observado el cambio en el tipo y la localización de las ciudades entre el periodo clásico, cuando se situaban en mesetas, zonas abiertas, junto a importantes cursos de agua, y el posclásico, en el que se buscaban localizaciones más remotas, en lugares escarpados, con defensas naturales, lo que indica un periodo de fuertes tensiones militares. Entre el año 900 y el 1100 la cultura de los pueblos mayas aparece dominada por el poderío económico y militar de la ciudad de Chichén Itzá. Durante más de dos siglos la ciudad vivió un importante periodo de expansión que le llevó a situarse en el centro de las rutas comerciales de la península de Yucatán, fundando incluso el puerto comercial de isla Cerritos. Ante el inicio de la decadencia de Chichén Itzá comienza a adquirir relevancia el pueblo cocomes, bajo cuyo patrocinio se creó en 1007 la Liga de Mayapán, que reunía a los principales caciques de la península de Yucatán, de las ciudades de Uxmal y Chichén Itzá. Tras un periodo de paz entre los tres pueblos surgieron rencillas entre sus gobernantes y los cocomes impusieron su poder, con lo que Chichén Itzá entró en un proceso de abandono que llevó a sus pobladores hacia Petén, en Guatemala, donde fundaron la ciudad de Tayasal. Por su parte, la ciudad de Mayapán se creó a imagen y semejanza de Chichén Itzá y desde ella los cocomes ejercieron su poder hasta el año 1440, en el que las nuevas guerras civiles y una serie de desastres naturales les hicieron trasladarse hasta Sotuta y otras ciudades de la costa.

Los mexicas eran una tribu de origen nómada que se estableció en Chapultepec en el siglo XIII, pero los continuos ataques de sus enemigos les obligaron a cambiar de asentamiento y en el año 1325 fundaron la ciudad de Tenochtitlán[58]. Los mexicas debían vasallaje al Imperio tepaneca, pero en el año 1428 se unieron a otros dos pueblos de habla náhuatl, los acolhuas de Texcoco y unos disidentes tepanecas de la ciudad de Tlacopan. Ambos centros de poder formaron la llamada Triple Alianza, que buscaba vencer a los tepanecas y crear un nuevo equilibro militar y económico que fue el germen del Imperio mexica o azteca. Desde el primer momento de la alianza hubo un claro reparto de poder entre las tres ciudades que lo conformaban: Tenochtitlán se erigió como capital y sede del gobierno político y de la casta militar y sacerdotal; Texcoco se especializó en la cultura y la astronomía, y Tlacopan buscó atraer a más tribus tepanecas para que desertaran y se unieran a la nueva confederación.

Este nuevo ente político, el Imperio azteca, extendió rápidamente su influencia y dominio sobre otras regiones y pueblos. Su control llegaba desde el centro de México, la región de Guerrero o la costa del golfo de México y tenían colonias y ciudades puntuales a lo largo de las rutas que conectaban Mesoamérica y el área de Xoconochco. Su forma de dominio fue militar y económico, sin imposición cultural o lingüística. Los aliados de la Triple Alianza implantaron elevados tributos, que eran abonados de acuerdo al tipo de especialización económica de cada ciudad.

---

58. Tenochtitlán fue la capital del Imperio azteca y una de las más complejas ciudades de su época. Comenzó como un asentamiento sobre un islote en el lago y para los inicios del siglo XVI era una mega urbe con más de 60 000 canoas que conectaban todos los puntos de la ciudad. Contenía más de 50 edificios monumentales, grandes avenidas entre las que destacaba el Templo Mayor y más de 200 000 habitantes. Tenía un sistema de abastecimiento de agua por medio de manantiales y acueductos, y otro para evitar inundaciones formado por diques de cestería y piedras. Para la agricultura se ganaban tierras al agua sobre las que se sembraba y, con el tiempo, se convertían en una superficie de suelo urbanizable.

Bajo el liderazgo de Tenochtitlán se estableció una organización política basada en la teocracia con una monarquía hereditaria. El rey estaba asesorado por un consejo de notables, entre los que se encontraban los jefes de los ejércitos, los magistrados, los gobernadores provinciales y un adjunto al monarca que controlaba la Hacienda pública, los asuntos religiosos menores y era la máxima autoridad en cuanto a apelación judicial. En los dos siglos de existencia del imperio se sucedieron 12 *huey tlatoanis* o reyes, de los cuales Moctezuma II (1467-1520) es uno de los más conocidos e importantes debido a que durante su reinado los aztecas alcanzaron su máxima expansión y cénit cultural. Fue el primer imperio en establecer contacto diplomático con los españoles que habían llegado al continente americano y uno de los primeros grandes líderes en fallecer debido al inicio de la conquista de los europeos.

El calendario yza

El calendario zapoteca estaba centrado en la agricultura y las cosechas. Constaba de 18 meses de 20 días. Los últimos cinco días adicionales para ajustar el calendario eran considerados festivos.

Los zapotecas llevaban habitando el valle de Oaxaca desde el siglo VIII a. C. Durante el periodo clásico y posclásico de las civilizaciones de Mesoamérica los zapotecas cambiaron su tradicional centro cultural de Monte Albán por la que fuera su ciudad religiosa de Mitla, en lo alto de las montañas, cuyo periodo de máximo esplendor se extendió desde el siglo VIII al XVI cuando llegaron los europeos. Este último periodo Mitla compartió su importancia con Zaachila, fundada alrededor del siglo XIV sobre un lago, al igual que la mexica de Tenochtitlán. Los zapotecas vivieron en las regiones más septentrionales de Mesoamérica. Hasta Zaachila, sus ciudades se encontraban en las cumbres de altos montes para evitar los ataques enemigos. En el siglo XV tuvieron que asociarse con los mixtecas para intentar rechazar las incursiones aztecas, que querían apoderarse de sus rutas comerciales, pero ante el poderío azteca y la imposibilidad de sobrevivir a los asedios de sus ciudades, establecieron una alianza con el Imperio azteca que estalló por los aires ante la llegada de los españoles. Los zapotecas destacaron entre otros pueblos mesoamericanos gracias a la utilización de un calendario y una escritura en la que cada caracter estaba asociado a una única sílaba del idioma. Este sistema logofonético fue la base sobre la que se crearon los de los mayas, mexicas u olmecas.

EL REINO DE COREA: LAS DINASTÍAS KORYO Y JOSEON

Entre los siglos X y XIX dos dinastías gobernaron Corea como un reino unificado. Los Koryo y los Joseon, de tradición budista los primeros y confuciana los segundos, establecieron el marco político y cultural sobre el que se asienta la moderna Corea.

El reino de Silla consiguió en el siglo VII la unificación por conquista de los antiguos Tres Reinos coreanos. En los dos siglos siguientes, Silla gobernó la totalidad del país, pero, a medida que avanzaba el tiempo y se sucedían monarcas, el resto de antiguos reinos sometidos mostraban mayores ansias de poder y las intrigas se desarrollaban en varias cortes. En el año 918 el general Wang Geon (887-943) fundó el nuevo Estado de Goryeo que, tras guerrear con sus estados vecinos de Baejke y Silla, consiguió unificar el reino y establecer una verdadera coherencia y centralidad en las tareas de gobierno, en lo religioso y en lo cultural que promovieron un espíritu nacional que es la base de la actual Corea.

El origen de un nombre

El nombre de Corea que utilizan los occidentales proviene del reino de Goryeo y de la dinastía que tomó el nombre del propio Estado entre 918 y 1392. Goryeo evolucionó para los italianos llegados por la Ruta de la Seda a Koryo y más tarde a Corea.

La unificación llegó con una serie de reformas políticas que buscaban evitar las tradicionales guerras de sucesión, así como terminar con las revueltas de los estados menores y de líderes locales contra el poder central de Goryeo. Para conseguirlo el rey utilizó una política de matrimonios que le llevó a desposar a 29 mujeres pertenecientes a los clanes y familias más poderosas de todo el reino. Sus sucesores fueron tomando también importantes medidas encaminadas a sellar la paz. Así, en

956 se decretó una amnistía para todos los esclavos de guerra que los nobles habían ido acumulando a lo largo de décadas de contiendas. Esta medida debilitó el poder de sus oponentes al tiempo que granjeaba a la monarquía el afecto de los liberados, que se incorporaron a trabajar en las ciudades como artesanos, mercaderes... La nueva población activa aumentó la base de personas que pagaban tributos y, por tanto, supuso una mejora para la Hacienda real. En el año 958 se estableció un sistema de examen para el acceso al servicio funcionarial basado en el examen imperial de los Tang chinos. Los nuevos funcionarios eran enviados a cada rincón del reino y ocupaban altos cargos en las provincias, siendo un contrapeso para el poder de los señores locales. Las reformas dieron sus frutos e hicieron florecer el comercio con el apoyo a las rutas que traían mercaderes desde China y Arabia. También se desarrollaron la artesanía, las artes y la cultura, lo que se tradujo en una edad de oro que se extendió a lo largo de unos 100 años entre los siglos XI y XII. Las tensiones militares externas, en la frontera norte, e internas, con algunas rebeliones de la nobleza o de militares, aparecieron en el siglo XII y se extendieron hasta la llegada de los mongoles en el siglo XIII. En el año 1216 los kitán, que habitaban en la región de Manchuria (China), intentaron invadir Corea huyendo de los mongoles. Los coreanos de Goryeo tuvieron que aliarse con los mongoles para poder repelerlos, pero esto supuso abrir una puerta para el insaciable Imperio mongol, que durante el siglo XIII lanzó hasta seis campañas de ataques contra Goryeo. Aunque el país nunca fue conquistado por completo por los mongoles, la enorme cantidad de guerras y la inestabilidad dejaron al país al borde del caos y a la monarquía y a los sucesivos jefes militares que la sostenían sin capacidad alguna de retomar las riendas del reino. Esta situación fue aprovechada por los emperadores Yuan de China y en 1270 Goryeo se convirtió en su Estado vasallo. Con la caída de los yuanes y la llegada de los Ming en China se aceleró el proceso de caída de Goryeo, cuya dinastía fue derrocada en 1392 por el general Yi Seong-gye (1335-1408) en un golpe palaciego que estableció la nueva dinastía Joseon.

Con su ascenso al trono, el general tomó el nombre de Taejo de Joseon, dando lugar a un linaje que perduraría cinco siglos. El nuevo monarca trasladó la capital a la actual Seúl. Su reinado está caracterizado por una progresiva sustitución del budismo, que había sido religión de Estado bajo la anterior dinastía, por un nuevo confucianismo de influencia china. Los comienzos de la dinastía no fueron sencillos, pues los príncipes, hijos del rey, querían inmiscuirse en el gobierno, pero se les prohibió liderar cualquier ministerio y se intentó desmantelar sus ejércitos privados. Esto desencadenó la llamada Lucha de los Príncipes, que duró dos generaciones, hasta que el rey Taejong (1367-1422) inició una serie de reformas para restar poder a los miembros de la familia real, suprimir los ejércitos personales de nobles y realeza, y constituir el Consejo de Estado que elaboraría los textos legales, pero que solo entrarían en vigor cuando el rey los sancionara. Durante el siglo XV se sucedieron una serie de reyes enfermos o con debilidad de carácter hasta que llegó al poder el rey Danjon de tan solo 12 años. La regencia la ejerció su tío hasta que lo depuso y asumió el mando total del reino con la intención de aprobar una ley, llamada Gran Código de la Administración que, a modo de Constitución, regularía las relaciones políticas del reino. El idioma, las normas de etiqueta social y el sustrato de la actual cultura tradicional coreana tienen su base en las creencias y movimientos políticos y sociales del periodo Joseon.

LAS CULTURAS MISISIPIANA Y ANASAZI DE AMÉRICA DEL NORTE

Entre los siglos IX y XVI una civilización nativa americana se extendió alrededor de los valles del río Misisipi formando una comunidad política y de irradiación cultural que se extendió también por el río Tenesí.

Los asentamientos de la cultura misisipiana se establecían en un orden jerárquico en el que los de menor tamaño y más alejados dependían de los de mayor tamaño y más cercanos al río, que disponían de las mejores zonas de caza, pesca y agricultura. Los primeros asentamientos aparecieron hacia el año 1000 en una coordinada transición del nomadismo tribal al sedentarismo agrícola que trajo un notable aumento de la población. El periodo de mayor paz y expansión de las ciudades más importantes se dio entre los años 1200 a 1400, en los que el enorme centro ceremonial de Cahokia se expandió y algunos líderes fundaron una nueva ciudad ceremonial en las tierras del sur, en el límite con la actual Florida. El último siglo de la cultura misisipiana hasta el contacto con los recién llegados europeos es un periodo turbulento que se había iniciado con grandes migraciones que prácticamente vaciaron algunos de los principales centros ceremoniales, entre ellos, Cahokia. Los estudios arqueológicos de este periodo muestran un aumento de la construcción de ciudades y sistemas defensivos, como zanjas o atalayas, lo que da cuenta de un aumento del belicismo en la región. Las migraciones, que se cree fueron producidas como efecto de un clima especialmente frío durante algunas décadas, supusieron presiones sobre otros asentamientos más al sur y, con ellas, llegó un proceso de guerras y dispersión de la población.

Los historiadores detallan una serie de rasgos comunes, aunque no de manera total, a los pueblos de la cultura misisipiana. Construían plataformas y montículos de tierra de forma rectangular, que servían de construcción para sus casas, graneros o lugares de enterramiento. Su alimentación estaba basada en el maíz. Su cerámica era muy intrincada y elaborada, utilizando conchas de río. Crearon una extensa red de rutas comerciales que iban desde las Montañas Rocosas hasta el golfo de México o el océano Atlántico. Disponían de una organización social con diferentes niveles de clases y un jerarquizado grupo dirigente que aunaba el control político, religioso y militar, con un jefe tribal que no buscaba terminar con la inequidad social, sino mantener a los altos estratos sociales contentos para evitar el cuestionamiento de su poder.

Los anasazis fueron un pueblo nativo americano asentado en una amplia región entre las actuales Nuevo México, Arizona, Colorado y Utah. Su ancestral cultura se divide en periodos llamados Pueblo, cuyo nombre fue puesto por los españoles que encontraron los primeros vestigios de asentamientos abandonados por los anasazis. Una vez que se convirtieron en sedentarios comenzó la construcción de asentamientos en lugares como gargantas, acantilados o en la cima de prominentes mesetas. En el periodo Pueblo I, entre los años 700 a 900, se dedicaban principalmente al cultivo del algodón, durante el periodo de Pueblo II, del 900 al 1100, alcanzaron su cénit cultural, y en Pueblo III, del 1110 al 1300, comenzaron su declive con el abandono de sus bellos poblados horadados en la tierra y la migración hacia una meseta en la que ya los asentamientos eran un mero recuerdo de su antiguo esplendor cultural. Una de las características más importantes de la cultura de los anasazis fue su gran conocimiento sobre la variedad y el uso de los materiales de construcción, desde ladrillo cocido hasta piedra caliza o madera. Construyeron sus asentamientos en las gargantas y los acantilados, aprovechando siempre la orografía del terreno para «colgar» sus casas, introducirlas en las gargantas o apoyarlas sobre escarpadas mesetas, siempre con una inclinación y orientación que les permitiera tanto escapar de la lluvia y la nieve como mejorar la ventilación y aprovechar el sol.

LA FUNDACIÓN DEL IMPERIO OTOMANO Y LA CAÍDA DE CONSTANTINOPLA

Durante casi siete siglos de historia el Imperio otomano, también conocido como turco, fue uno de los principales actores políticos, sociales y culturales del Mediterráneo. Su simbiosis entre Oriente y Occidente sirvió de puerta de acceso a ambos lados del estrecho del Bósforo a toda aquella idea, religión, cultura, invención o ruta comercial que quisiera pasar del este al oeste, o viceversa.

Su origen se remonta a la Baja Edad Media. El pueblo de los turcos, provenientes de Turkestán, fue llamado por los califas abasíes para engrosar las listas de sus ejércitos debido a las guerras internas del califato y contra bizantinos y cristianos europeos. Los turcos recibieron el encargo del califa para penetrar en las tierras de Anatolia y batallar para hacer retroceder a los bizantinos. Con cada conquista llegaban más turcos a las áreas recién tomadas y habitaban sus ciudades. Su ascenso dentro del califato también se produjo permeando entre los cargos más altos de la Administración y el ejército. A finales del siglo XI los turcos continuaban ayudando a los selyúcidas, que ya dominaban un amplio territorio, que incluía Irán, Irak y Anatolia, y conformaba un sultanato dependiente del califato abasí. La invasión mongola de la Horda de Oro del año 1243 arrasó con el sultanato selyúcida y lo desmembró en pequeños sultanatos y principados. Uno de ellos era donde vivían los turcos desde hacía décadas y pasó a convertirse en el primer Estado otomano de origen dinástico cuando Osmán I (1258-1324) heredó el territorio en 1299.

Desde este momento comenzó una constante expansión por la península anatolia y la actual Grecia que culminaría con la toma de Constantinopla y la absorción de los escasos territorios que conformaban entonces el Imperio bizantino. El sucesor de Osmán I conquistó Nicea y Bursa en 1331 y, desde el año 1354, las expediciones del ejército otomano ya tuvieron colonias estables en Galiápoli, en el continente europeo. Entre los años 1360 y 1451 los turcos se adentraron en la actual Grecia y los Balcanes, conquistado Adrianópolis en el año 1357, a la que convirtieron en su capital solo dos décadas después con el objetivo de influir terror sobre los bizantinos y Constantinopla. En 1382 llegaron hasta Sofía y comenzaron a amenazar al reino de Hungría. Segismundo (1387-1437) formó una coalición de estados balcánicos que luchó contra los turcos en la batalla de Kosovo de 1389.

Aunque los cristianos sufrieron una importante derrota, la contienda sirvió para definir las fronteras europeas de la época del Imperio otomano.

El siglo XV comenzó con una fuerte inestabilidad interior debido a los enfrentamientos entre los gobernantes otomanos y los señores locales que se habían establecido en los territorios conquistados. El decadente poder de Bizancio decidió apoyar a los nobles rebeldes y, cuando el sultán Murad II (1404-1451) recobró el poder en la corte, decidió terminar con el Imperio bizantino para siempre. Para ello, firmó un acuerdo comercial con Venecia en 1416 que ahogaba económicamente a Constantinopla y luego lanzó un sitio contra la capital bizantina, en 1422, no con el objetivo de tomarla, sino para debilitar el poder del emperador. Los sucesivos sultanes nutrieron su ejército bajo el método de *devshirme*, lo que aumentó el número de soldados, pero enfureció a la nobleza turca, que cuestionaba los métodos militares de los sultanes. Mehmet II (1432-1481) decidió que la mejor manera de acallar las críticas interiores era conseguir la victoria definitiva sobre los bizantinos. En el año 1453, tras un sitio de ocho semanas, Constantinopla caía en manos turcas, terminando con el Imperio romano de Oriente. La ciudad cambió su nombre al de Estambul. Bosnia, Serbia y Albania pasaron a formar parte del Imperio otomano. El reconocimiento internacional del nuevo orden llegó con una misión diplomática de Venecia, que estableció un nuevo acuerdo con los otomanos y, en virtud del poder que ahora ejercían sobre gran parte del Mediterráneo, comenzó a pagar tributos al sultanato.

Durante el siglo XVI prosiguió la expansión otomana, esta vez centrada en el Mediterráneo y los territorios del califato abasí. Los otomanos conquistaron Siria, Egipto, La Meca y Medina y se rindieron ante él Argelia e Irán. Bajo el reinado de Solimán I (1494-1556), conocido como el Magnífico, el Imperio llegó a su máxima extensión, que mantendría hasta finales del siglo XVII. Solimán[59] puso en jaque a

---

59. El sultanato de las mujeres es la expresión con que se conoce al periodo que va desde el reinado de Solimán y hasta 1715, cuando en la corte otomana se produjo un fenómeno por el que el poder político del sultán estuvo influido por alguna mujer cercana a él, unas veces en la sombra y otras con títulos como los de *haseki sultan* o el de *valide sultan*. Podía tratarse de concubinas, esposas, madre o abuelas del sultán en las que él confiara ciegamente por su demostrada fidelidad y capacidad. En ocasiones, el título tenía carácter honorífico y estaba relacionado con las causas filantrópicas que se apoyaban desde palacio o los edificios civiles cuya construcción se promovía. Entre las más conocidas se encuentra Haseki Hürrem Sultan (1502-1558), segunda esposa de Solimán cuyo poder se extendió durante más de 30 años.

los cristianos en el Mediterráneo y retomó el ascenso por los Balcanes hasta llegar a las puertas de Viena en el año 1529. Las fuerzas coaligadas del Sacro Imperio y otros reinos cristianos frenaron el avance otomano, evitando que la capital imperial alemana no cayera en manos turcas.

El sultán Mehmet II fue también el creador del sistema de gobierno y de la organización interna del Imperio otomano. Tuvo claro que deseaba transformar sus territorios en uno de los imperios más grandes jamás conocidos y que no deseaba cometer los errores que habían llevado a caer a alguno de los califatos y al Imperio bizantino. Para crear un imperio global que gobernara sobre gente de diferente religión, etnia o cultura hizo repoblar la recién nombrada Estambul por ciudadanos de todas las regiones e incluso liberó a los prisioneros de guerra con la condición de que vivieran en la ciudad. En el tema religioso, fue tolerante con los judíos, cristianos ortodoxos y católicos de rito armenio, a los que animó a construir templos y les otorgó el poder para juzgar bajo las normas de sus respectivas religiones a sus fieles. Estos se agrupaban en los llamados *millet* o comunas autogobernadas. Mehmet adoptó para su corte el ceremonial bizantino que gracias a su boato y protocolo otorgaba al sultán una condición sobre todos los vivos. El monarca nombraba a los visires entre la nobleza musulmana, pero mantenía a su vez una estrecha relación con judíos y cristianos para que los musulmanes no coparan todos los puestos de la Administración. Para no dividir el imperio en estados más pequeños ante cada sucesión al trono impuso el principio de indivisibilidad del sultanato, siempre asociado a la corona, como un todo que debía ser heredado por un solo sucesor. Esto llevó en ocasiones a que los sultanes recién elegidos encargaran el asesinato de sus hermanos para que no conspiraran contra él.

La Edad Moderna

EL IMPERIO INCA

Los incas tienen el honor de haber levantado en menos de un siglo el mayor imperio americano precolombino, además de haber dejado un gran legado histórico, técnico, cultural y artístico hasta nuestros días.

Desde el siglo X se vivió la decadencia de los estados Huari y Tiahuanaco, establecidos en las franjas costeras y andinas de los actuales Perú, Chile y Bolivia, debido principalmente a los efectos de persistentes sequías que azotaron la región durante casi dos siglos. Estas migraciones se produjeron hacia la costa para buscar agua y hacia las montañas para establecer asentamientos seguros. Aparte de los mitos que se han conservado durante siglos para explicar el origen de la comunidad cuzqueña, los estudios parecen concluir que la llegada a Cuzco estuvo relacionada con los éxodos y migraciones Huari y Tiahuanaco. Para el año 1200 un grupo de estos llegó al área cuzqueña con la capacidad tecnológica agrícola y militar como para dominar rápidamente a las tribus nativas de la zona y comenzar a construir el Templo del Sol. Durante el siglo XIII los incas se extendieron por los valles de Cuzco y dominaron a las poblaciones que encontraba en su camino mediante alianzas y con el establecimiento de relaciones de parentesco, por la vía militar y por el camino de la superioridad cultural y religiosa que ya empezó a fascinar a aquellos con los que tenían contacto.

En 1438 se produjo el cambio del clan gobernante de los Hurin Qusqu a los Hanan Qusqu, que iniciaron la creación del reino, la expansión territorial y la

Sobre mitos y leyendas

Las leyendas de Manco Cápac y Mama Ocllo y la de los Hermanos Ayar fueron mitos orales recogidos, entre otros, por el famoso cronista hispano-inca Garcilaso Suárez de Figueroa (1539-1616), conocido artísticamente como Inca Garcilaso de la Vega.

formación del Imperio inca. El primero de los gobernantes de esta dinastía fue Pachacútec (1418-1471), que es también el primero de los incas de los que se tienen referencias históricas. A su ascenso al trono tuvo que enfrentar la rebelión organizada por el reino de los ayarmacas, el más potente de sus vecinos. Tras ganar la batalla de Huanancancha comenzó la expansión hacia el norte con la conquista de los huancas y tarmas y hacia el sur, donde venció a los colla y lupacas. Pachacútec también adoptó decisiones orientadas a dar estabilidad y facilitar la gobernabilidad de sus posesiones. Creó un sistema de mensajeros llamados *chasquis,* que corrían a pie de una posta a otra. Comenzó a cobrar tributos para abastecer la Hacienda real y dividió el recién creado Imperio inca en *suyos*, una suerte de provincias.

A la muerte de Pachacútec en 1471 le sucedió su hijo Túpac Yupanqui (1441-1493), que llegó al poder como un gran militar que acumulaba la experiencia de haber liderado alguna de las más exitosas expediciones promovidas por su padre. Durante su reinado las fronteras se extendieron de una manera nunca vista: por el sur llegó hasta río Maule chileno y en el norte conquistó la práctica totalidad del actual Ecuador hasta alcanzar Quito.

Huayna Cápac (1464-1524) fue el tercero de los emperadores incas. Ascendió al trono en el año 1493 y tuvo que dedicar su reinado a la consolidación de las conquistas realizadas por su padre. También hizo frente a numerosos levantamientos, entre ellos, el de los chachapoyas. Se dedicó a viajar por los territorios del norte y murió en Quito, muy lejos de Cuzco, en el año 1525. Esta situación hizo que la sucesión no fuera sencilla y que quien él había designado como heredero no llegara a acceder al trono debido a que los sacerdotes de Cuzco detectaron malos augurios durante el sacrificio ritual para la entronización. Este vacío de poder hizo estallar la guerra entre los hermanos Huáscar (1491-1533) y Atahualpa (1497-1533), que mantuvieron la inestabilidad durante varios años y se enfrentaron en 1531: Huáscar, apoyado por las tropas y regiones de Cuzco, y Atahualpa, por los pueblos y clanes de Quito. El enfrentamiento final lo ganó Atahualpa, que apresó a Huáscar, quien más tarde fue asesinado. Atahualpa quiso tomar las riendas del poder siguiendo los ritos y tradiciones imperiales, para lo que inició su viaje a Cajamarca para ser bendecido como inca. En el camino encontró gran apoyo popular, pero a su llegada a Cajamarca un nuevo pueblo apareció ante él para desestabilizar por completo su imperio. Los conquistadores españoles ya se encontraban en los Andes y en el año 1532 le hicieron prisionero.

Una de las características principales del Imperio inca fue el especial concepto de familia real y las disposiciones hereditarias de la corona. El *sapa* inca era el emperador, que había sido coronado tras cumplir con todas las tradiciones religiosas, de tal forma que Atahualpa no es considerado *sapa* inca de *iure*, sino de *facto*. La esposa principal del *sapa* inca se llamaba *coya* y tenía funciones tanto protocolares como de gobierno cuando el *sapa* inca no se encontraba en Cuzco. Al heredero se le denominaba *auqui* y a las princesas de sangre real, *ñustas*. La tradición sucesoria inca no otorgaba el título de heredero bajo la premisa de la primogenitura ni si el vástago era hijo de la *coya,* de otras esposas secundarias o de una mujer sin condición noble, sino que debía cumplir una serie de condiciones. En primer lugar, el monarca reinante debía elegir al «más hábil» de sus hijos. Este tenía que ser mayor de edad y, una vez designado su nombramiento, se sometía al juicio de los dioses mediante la consulta por los sacerdotes al oráculo y las *panacas* o asambleas de notables y familiares del anterior monarca.

El gobierno era ejercido por el monarca por derecho divino, pero para la toma de decisiones estaba asesorado por un consejo imperial, compuesto por el máximo general del ejército, el sumo sacerdote, los gobernadores de las cuatro provincias y 12 consejeros enviados por las propias provincias[60].

La religión fue un eje fundamental del Imperio inca desde su fundación mitológica hasta cada acción del día a día. Para los incas, que eran politeístas, el dios Viracocha creó tres mundos. El primero era el *hanan pacha* o mundo celestial al que los justos accedían después de la muerte por un puente trenzado con pelo; era representado con el cóndor. El segundo era *kay pacha,* el mundo terrenal, y estaba representado por el puma. El tercero de los mundos era el *uku pacha,* que representaba por igual a lo que se escondía bajo tierra, en las grutas y en las entrañas de

---

60. Los incas y el trabajo. En la organización social inca existían tres tipos de trabajo diferenciados. El *mita* era un servicio civil obligatorio para todos los hombres entre los 18 y los 50 años en el que se trabajaba para el Estado en turnos de tres meses, realizando tareas como la construcción de caminos o edificios públicos o también como músico o bailarín. El *minca* era el trabajo que se realizaba a favor de la comunidad local y el dios Sol, y lo realizaban de manera gratuita y rotativa las familias de una comunidad; se trataba de trabajos que beneficiaban a todo el conjunto o a los más desfavorecidos de esa comunidad. El *ayni* era el sistema de trabajo por reciprocidad a modo de intercambio de servicios en los que cada uno estuviera más especializado.

la tierra que al mundo de los muertos. Era representado por la serpiente Amaru, una serpiente gigante.

LA CHINA DE LA DINASTÍA MING

Con la llegada de la dinastía Ming al gobierno se abrió el periodo del imperio tardío que recoge la historia de las dos últimas dinastías chinas. El reinado de los Ming entre mediados del siglo XIV y mediados del siglo XVII ha sido considerado por algunos historiadores como uno de los más fructíferos periodos de estabilidad social y de gobierno reglado de la historia de la humanidad.

En el año 1351 la revuelta de los Turbantes Rojos inició el fin del corto reinado de la dinastía Yuan, que había sido impuesta por los mongoles tras su conquista del norte de China en el año 1271. Durante más de una década las batallas se sucedieron entre los rebeldes de etnia han contra los yuanes y también entre los propios rebeldes con el fin de dirimir la cuestión del liderazgo interno de cara al establecimiento de una nueva dinastía gobernante. Zhu Yuanzhang (1328-1398) era un simple campesino que se unió a los Turbantes Rojos y demostró unas excepcionales dotes militares que le llevaron a conquistar la ciudad de Nankín. La victoria le valió el reconocimiento de otros militares y Zhu pronto destacó como uno de los principales caudillos de la revuelta contra los yuanes. En 1363, en su camino a la toma de los territorios de la dinastía mongola, Zhu terminó con su principal rival en la batalla naval del lago Poyang. En 1367 su último rival moría en extrañas circunstancias durante una visita al palacio de Zhu y este se convertía en líder indiscutible de los Turbantes Rojos. Solo un año después, en 1368, expulsó a los yuanes de Yuan Dadu (Pekín) y se proclamó emperador con el nombre de Hongwu, dando inicio a la nueva dinastía Ming.

Hongwu estableció la capital en Nankín, a la que transformó con numerosas obras públicas, que incluyeron una muralla de más de 48 km, palacios y centros administrativos. Su expansión continuó en el occidente de China, donde en apenas un siglo fueron enviados casi 1 millón de colonos han, lo que enfureció a la población local. La fragilidad de su nueva posición le llevó a tomar medidas radicales para afianzar su poder: creó un sistema militar llamado *weisuo*, según el cual el puesto se heredaba de padres a hijos e iba asociado a una propiedad de cultivo para fomentar la autosuficiencia. Creó, además, una policía secreta que realizó purgas entre miles de personas. También terminó con el puesto de primer ministro y asumió las funciones ejecutivas.

Antes de su muerte, Hongwu nombró heredero a uno de sus nietos, pero esta decisión irritó a uno de sus hijos, Ming Yongle (1360-1424), que era jefe del ejército, y se inició una revuelta que terminó con el palacio imperial de Nankín incendiado y el joven emperador muerto. De este modo, Yongle se proclamó emperador y llevó a cabo una refundación de la propia dinastía Ming. Entre sus medidas estuvo el traslado de la capital a Pekín en 1403 y la construcción de la Ciudad Prohibida[61]. Asimismo, derogó la mayoría de las normas militares de su padre, encargó a dos millares de sabios la elaboración de un gran compendio del saber de la época, que se conoce como la Enciclopedia Yongle, y reforzó y restauró la Gran Muralla para defenderse de los mongoles.

El siglo XVI llegó con un cambio de paradigma para la corte imperial: las primeras misiones europeas arribaban a las costas chinas con intereses mercantiles, religiosos y coloniales. En el año 1513 los primeros portugueses costearon por las islas del río Perla y, pocas décadas después, en 1557, los Ming otorgaron la concesión de la colonia de Macao a Portugal para evitar los ataques holandeses a sus costas. Con estas misiones llegó una tímida apertura comercial hacia el exterior gracias a la cual China exportaba porcelana, seda y especias e importaba principalmente plata.

No obstante, el comercio exterior trajo serios problemas interiores que llevaron a un progresivo declive de la dinastía Ming durante el siglo XVI. Por una parte, los extranjeros eran vistos con sumo recelo por los lugareños y los miembros de la corte debido a su ambición colonial, su beligerancia y al trato desigual al que sometían al Imperio chino. Las consecuencias no solo fueron emocionales o de recelos mutuos, sino que la importación de plata por parte de China causó una honda crisis económica en el país. El problema residía en la doble economía exis-

---

61. La Ciudad Prohibida fue la residencia real de los emperadores de China y el centro administrativo del imperio hasta la disolución de la monarquía en el siglo XX. Construida entre 1406 y 1420, está compuesta por cerca de un millar de edificios repartidos entre 72 hectáreas de terreno. Consta de palacios, templos, salas de recepción, pabellones de descanso e infinidad de salas para el gobierno y la administración.

tente por la que los agricultores y artesanos debían pagar sus impuestos en plata, pero sus productos eran vendidos en monedas de cobre. La escasez de plata y el alto precio al que era comprada en el mercado exterior, junto con la devaluación del cobre, que solo era apto para el comercio interior, hicieron prácticamente imposible abonar los impuestos a la Hacienda real. Esta situación trajo un grave descontento social, que se tradujo en levantamientos durante el siglo XVII: en 1630 en la provincia de Shaanxi, en 1635 en la de Henan y en 1640 en Chengdú. Estos levantamientos populares debilitaron el poder real, cuya autoridad comenzaba a ser cuestionada en la corte y cuya Hacienda era incapaz de hacer frente al coste del ejército y al de las obras públicas necesarias para mejorar la agricultura o evitar inundaciones. Este contexto fue aprovechado por los manchúes, que desde el norte del país agruparon a una serie de pueblos y hostigaron las fronteras hasta llegar a la Gran Muralla. Gracias a una traición de militares descontentos con los Ming los manchúes franquearon las puertas de la insalvable muralla sin presentar batalla y llegaron a Pekín. En 1643 el joven Shunzhi (1638-1661) era proclamado emperador y daba comienzo a la dinastía Qing, que gobernaría China hasta el siglo XX.

Una de las características principales del gobierno imperial durante la dinastía Ming fue la enorme influencia y el poder atesorado por los eunucos que servían en el palacio imperial. Los eunucos eran un preciado grupo de servidores imperiales a los que se castraba de jóvenes y se educaba con la más estricta severidad para alcanzar la excelencia en las tareas que les eran encomendadas. Fueron militares, artesanos y, en especial, burócratas que se hicieron durante siglos con los resortes del poder dentro de palacio, llegando a ostentar una autoridad equiparable a la de los validos de la España de los Austrias o los visires de los califatos. Fue en el año

El poder de los eunucos

El eunuco Wei Zhongxian (1568-1627) dominó la corte del emperador Tianqi (1605-1627). Mandó asesinar a aquellos que criticaban el poder de los eunucos. Construyó templos en su honor para ser adorado con categoría divina. Otorgó los más altos cargos de la Administración a sus familiares y desvió el dinero destinado a la construcción de los mausoleos de antiguos emperadores a la construcción de palacios para sus allegados.

1590 cuando a todas las funciones acumuladas durante las últimas décadas añadieron la de cobrar los impuestos, lo que les convirtió en la verdadera casta dirigente del Imperio durante la dinastía Ming. Los historiadores explican el fenómeno del poder atesorado por los eunucos debido a la reforma de la Administración realizada al inicio de la dinastía Ming, en la que se suprimió el sistema de tres departamentos y seis ministerios, el censorado y el secretariado, y el emperador asumió los poderes de la comisión militar y de los ministerios.

LOS REYES CATÓLICOS: EL FIN DE LA RECONQUISTA CRISTIANA Y LA UNIÓN DE LOS PRINCIPALES REINOS DE LA PENÍNSULA IBÉRICA

El reinado de los Reyes Católicos fue un punto de inflexión en la historia española y europea: culminaron la reconquista cristiana de la península ibérica y la centralización política bajo una única monarquía; adoptaron una serie de reformas legales y administrativas que marcaron la transición del Estado medieval al Estado moderno y patrocinaron las expediciones que dieron inicio a la colonización europea del continente americano.

Durante el siglo XV se produjo la ruptura del equilibrio entre los reinos cristianos medievales que cohabitaban en la península. En Castilla, la dinastía Trastámara gobernaba una sociedad dinámica y con una economía en expansión gracias al auge del comercio lanero. La corona de Aragón se enfrentaba a una crisis económica y de gobernabilidad debido a que las instituciones del reino eran demasiado débiles para dar una cohesión a los diferentes territorios que la componían. El reino de Portugal era una sociedad vigorosa, gobernada por la Casa de Avis, que se disponía a entrar en la era de los descubrimientos y del expansionismo atlántico. En el sur permanecía el reino nazarí de Granada, última reminiscencia de la presencia musulmana en la península, y, al norte, el reino de Navarra dudaba entre una orientación castellana o francesa.

En este conglomerado heterogéneo de reinos, los Reyes Católicos llevaron a cabo su labor unificadora gracias a que en la sociedad todavía pervivía la idea de la Hispania romana. Fernando de Aragón (1452-1516) era rey de Sicilia y heredero de la corona de Aragón cuando se casó en 1469 con Isabel (1451-1504), hermana del rey castellano Enrique IV (1425-1474), al objeto de encontrar en Castilla un aliado para hacer frente al envite de Francia, que amenazaba sus dominios al amparo de la guerra civil catalana. En 1468 murió el heredero de Enrique IV y este reconoció a su hermana Isabel como heredera mediante el tratado de los Toros de Guisando en perjuicio de su hija Juana (1462-1530), conocida como la Beltraneja. Tras el matrimonio de Isabel con Fernando, Enrique IV cambió de opinión a favor de Juana y, a su muerte en 1474, se desencadenó una guerra civil en la que Juana fue apoyada por Portugal. La contienda terminó en 1479 con la firma del Tratado de Alcaçovas-Toledo por el cual Isabel quedaba como reina de Castilla y Juana renunciaba al trono castellano y se recluía en un convento. El acuerdo salvaguardaba los intereses portugueses en África, negando la expansión castellana por la ruta africana hacia las Indias más al sur del cabo Bojador. Además, se reconocía el dominio castellano de las islas Canarias a cambio del reconocimiento de las pretensiones portuguesas sobre la costa africana.

En 1479 Fernando fue coronado rey de Aragón, trayendo sobre la pareja la unión personal de las dos coronas. Aunque ambos reinos mantuvieron sus instituciones propias, leyes y costumbres, desde el exterior se les reconocía como un único mando. Una vez vencido el reto de la guerra civil, la primera empresa común fue la conquista de Granada, iniciada en 1481 y finalizada en 1492 con la entrega de las llaves de la ciudad[62] y la salida hacia el exilio del sultán Boabdil (1460-1533). El reino de Granada quedó incorporado a la corona de Castilla. La completa unidad se logró en 1512 con la anexión del reino de Navarra. El rey Fernando tejió una alianza con el papado y acordó con Julio II (1443-1513) que Roma reconocería la pertenencia de Navarra a Castilla y la autoridad de Fernando sobre el reino de Nápoles, a cambio de que el monarca español apoyara al santo padre en su lucha contra Francia por los terrenos del norte de la península itálica.

---

62. Las capitulaciones de Granada se firmaron el 2 de enero de 1492 y certificaron el fin del último reino nazarí peninsular. Contenían 77 artículos en los que se acordaron cuestiones como una amnistía general, la salvaguarda de la fe musulmana, la aplicación de la ley islámica, la permanencia de las mezquitas, las condiciones del exilio para la familia real granadina o la permanencia de los funcionarios en sus puestos de trabajo. Los pactos alcanzados no fueron ejecutados en su totalidad y, a comienzos del siglo XVI, se decretó la conversión forzosa de los moriscos y la transformación de todas las mezquitas en iglesias.

Respecto de Portugal, los Reyes Católicos trataron de conducirla hacia la unidad con el resto de los reinos peninsulares mediante la política matrimonial, pero esta fracasó al morir la hija de los monarcas que estaba casada con el rey de Portugal y, luego, el hijo de ambos. La segunda hija, Juana (1479-1555), casada con el archiduque de Austria Felipe el Hermoso (1478-1506), se convirtió en la heredera de ambas coronas y gracias a su matrimonio, llegó la dinastía de los Austrias y la adjudicación para España de una parte importante de los territorios europeos de los Habsburgo en la persona de su hijo Carlos I.

La unidad territorial no era, sin embargo, suficiente para forjar una conciencia efectiva de unión entre los reinos peninsulares. Los Reyes Católicos se propusieron también la armonización religiosa para crear una identidad cultural única. Para lograr su objetivo emplearon varios instrumentos: la Inquisición, la expulsión de los judíos y la conversión forzosa de los moriscos. La Inquisición fue creada a petición de los Reyes Católicos y con permiso papal en 1478. Iba a ser solo para Castilla, pero tres años después se creó la de Aragón y en 1483 el inquisidor Tomás de Torquemada (1420-1498) logró unir la Inquisición castellana con la aragonesa. La expulsión de los judíos se realizó en el año 1492 y tuvo consecuencias económicas en la industria y el comercio. El decreto obligaba a elegir entre la conversión y la expulsión. Los resultados fueron la emigración de los sefarditas y la multiplicación de la clase sospechosa de los nuevos conversos, quienes a menudo siguieron siendo judíos en secreto. En 1502 se decretó la conversión forzosa de los moriscos, sin opción a exilio, contraviniendo lo acordado con Boabdil en la capitulación de Granada. Los monarcas establecieron que la pureza de sangre fuera esencial para obtener cargos y dignidades religiosos y laicos.

Además de la unificación territorial y religiosa, hubo una dimensión política del proceso de unificación que se concretó en la formación de uno de los primeros Estados modernos. Pese a las reformas legales, administrativas y del sistema de gobierno, cada reino siguió conservando su propia individualidad, expresada en la pervivencia de ciudadanía, moneda y aduanas propias durante los dos siguientes siglos. Los Reyes Católicos rompieron el delicado equilibrio medieval entre la monarquía, las Cortes y los municipios en favor de la primera. Los monarcas, pese al fortalecimiento de su poder, debieron transigir con la existencia de cuerpos legislativos y de gobierno para utilizarlos como meros agentes de la monarquía.

A nivel local ya existía una cierta tradición de autogobierno y los monarcas instituyeron en Castilla la figura del corregidor o representante real con poderes gubernativos y judiciales en primera instancia. En Aragón se consiguió un fin análogo mediante el establecimiento del sistema de insaculación para la provisión de los cargos de los concejos. A nivel legislativo en cada reino existían unas Cortes, organizadas como órganos de representación estamentales, cuyas principales funciones era votar los impuestos reales, participar en la legislación, limitadamente en Castilla y de manera muy importante en la corona de Aragón, y jurar a los nuevos reyes. En la corona de Castilla había unas solas Cortes y tres en la corona de Aragón: las de Aragón, Valencia y Cataluña, que se reunían por separado y tenían competencias solamente en sus respectivos territorios. Los monarcas también reformaron los tradicionales consejos consultivos de cada reino. En 1495 se denominó Real Consejo de Castilla, que contaba con varias cámaras: la encargada de la política exterior, núcleo del futuro Consejo de Estado, la cámara de justicia del reino y la cámara encargada de las cuestiones de Hacienda. También se crearon el Consejo de Aragón, el Consejo de la Inquisición y el Consejo de las Órdenes. El sistema de consejos marcó la transición entre el sistema medieval de gobierno al Estado burocrático de los Austrias.

En el estamento militar se creó un potente núcleo de ejército profesional que evitó que los monarcas dependieran de los efectivos aportados por los nobles. Finalmente, se llevó a cabo un proceso de codificación de leyes, con las Ordenanzas Reales de Castilla en 1484, la compilación del derecho civil en las Leyes de Toro y la creación de una Audiencia con sede en Valladolid.

La política exterior cobró una vital importancia durante el reinado de los Reyes Católicos y tuvo una orientación diferente para cada uno de los reinos. Para Ara-

La política matrimonial de los Reyes Católicos

Los Reyes Católicos utilizaron los matrimonios de sus hijos como una herramienta más de la política exterior. Pactaron los esponsales con las principales casas reales de Europa y convirtieron a sus hijas Isabel y María en reinas de Portugal y a Catalina en reina de Inglaterra. Para sellar la alianza con los Habsburgo se pactó una doble boda de Juan y Juana con Margarita y Felipe de Austria.

gón continuaron con el sistema de alianzas encaminadas a contener a Francia y se apoyaron en Inglaterra, el Sacro Imperio y Flandes. La corona de Castilla estuvo centrada en la expansión atlántico-africana, que culminaría con el imperio americano y la presencia en los ámbitos del mar del Norte, íntimamente relacionada con el comercio lanero.

LA ERA DE LAS GRANDES EXPEDICIONES NAVALES: CHINA, PORTUGAL Y ESPAÑA

Durante el siglo XV se desató en los principales reinos europeos y en la corte china de los Ming un afán exploratorio marítimo que sirvió para expandir las relaciones diplomáticas entre nuevas naciones, dar comienzo a una época de colonialismo europeo en África y América y abrir nuevas rutas marítimas para conectar varios de los continentes del planeta. En su origen esta necesidad de salir al mar vino determinada por la búsqueda de una alternativa a la Ruta de la Seda terrestre, que estaba siendo monopolizada por los mongoles en Asia y por el Imperio otomano en Europa y Oriente Medio. La exploración marítima se vio como la única vía para conectar de manera segura Oriente y Occidente.

A comienzos del siglo XV, el emperador Yongle encomendó al almirante Zheng He (1371-1433) la dirección de la Flota de los Tesoros, una expedición con una de las mayores armadas de la historia con barcos de más de 100 metros de eslora, que debían recorrer los océanos para establecer nuevas relaciones diplomáticas y comerciales. La marina china estaba compuesta por más de 1000 embarcaciones con capacidad para hasta 30 000 personas. La flota creada por Zheng He realizó siete expediciones entre los años 1405 y 1433. Los viajes se dirigieron hacia Occidente y alcanzaron las costas de Java, Sumatra, Tailandia, India, múltiples islas del Índico, en África llegó al sur hasta Mozambique y hacia el norte alcanzó el Cuerno de África y Egipto. En cada viaje los barcos partían de China con los mejores artículos locales, como cerámica, seda o armas, para ser entregados como presentes a los reyes de los sitios que visitaban. Al llegar a un nuevo puerto, Zheng He se entrevistaba con el gobernante local para transmitirle el carácter pacífico de su visita, le entregaba los presentes y le conminaba a que preparara una delegación diplomática para volver a China en los barcos imperiales. Los reyes ofrecían a los chinos regalos, como oro, plata y especias y, a cambio de abrir nuevas rutas comerciales, prometían pagar un tributo a la corte de los Ming. Las expediciones llegaron a su fin con el ascenso al trono en 1435 de un nuevo emperador, de apenas ocho años, que fue manejado por los eunucos y nobles de la corte. Una importante facción de altos funcionarios veían las expediciones como un lujo demasiado caro para las arcas del Estado y su apertura marítima como una puerta de entrada para invasores extranjeros que sería difícil de contener por el esfuerzo militar que necesitaba la contención de los mongoles en el norte. Estas ideas se impusieron y se optó por una era de aislacionismo que trajo la pérdida del poderío naval chino, el desmantelamiento de su armada y la prohibición del comercio con el extranjero.

Portugal fue uno de los primeros países europeos en embarcarse en la nueva era de los descubrimientos debido a su reducido tamaño, a la imposibilidad de expandirse en la península ibérica ante la fortaleza de Castilla y a su clara vocación Atlántica. El infante Enrique de Portugal (1394-1460) fue el impulsor de las primeras expediciones portuguesas y consiguió el monopolio para la exploración atlántica y africana. Las primeras expediciones llegaron a Madeira en 1419 y a Azores en 1427. Desde estas posiciones se intentó la circunnavegación de África con el objetivo de establecer nuevas rutas que evitaron el paso a pie por el desierto de Sahara para comerciar con África. Los marinos portugueses fueron avanzando hacia el sur del continente africano: en 1434 salvaron el cabo Bojador; en 1444 descubrieron Cabo Verde; en 1460 llegaron a Sierra Leona; en 1471, a Santo Tomé y Príncipe y en 1486 a Nigeria. En estos lugares los portugueses fundaron enclaves autosuficientes que sirvieran de base de avituallamiento para futuras expediciones. En 1487 Bartolomé Díaz (1450-1500) consiguió doblar el cabo de Buena Esperanza y pasar del océano Atlántico al Índico. Una década después, Vasco de Gama abría definitivamente la ruta marítima con India al llegar hasta las costas de Calicut, donde pudo establecer una misión diplomática y comercial en la corte del *zamorín* que le permitió iniciar el tan ansiado comercio marítimo con India. En el año 1500 Pedro Alvares Cabral (1467-1520), al mando de la flota portuguesa con destino a India, se desvió de la ruta prevista y terminó en las costas de Brasil, dándolo así a conocer a los europeos y comenzando la colonización de aquella región.

Las exploraciones portuguesas siguieron durante el siglo XVI orientadas hacia las Indias por la vía marítima africana. En 1510 llegaron a Goa, en 1514, a Timor Oriental y en 1557 a Macao, donde establecieron un puerto comercial con la corte imperial china. Los portugueses mantuvieron hasta mediados del siglo XVI la delantera en cuanto a rutas marítimas comerciales entre todos los países europeos, pero pronto cedieron el liderazgo ante el fuerte impulso colonizador de Castilla en América y de los exploradores holandeses, ingleses y franceses que siguieron sus pasos en Asia. Portugal también encontró un serio problema a la hora de mantener su imperio colonial debido a la escasa población con la que contaba, lo que le impedía mandar misiones de establecimiento a todas las regiones conquistadas. Desde el siglo XVI el esfuerzo se concentró en Brasil, joya de la corona entre las colonias y pieza fundamental de su imperio comercial.

El reino de Castilla fue la primera de las cortes europeas en lanzarse a la navegación atlántica. En 1404 consiguió apoderarse de cuatro de las siete islas del archipiélago canario, pero la guerra civil entre los Trastámara y el interés por conquistar Granada para terminar la reconquista cristiana de la península ibérica frenaron los planes de exploración naval durante más de ocho décadas. La expansión portuguesa y castellana se vio apoyada y regulada gracias a dos tratados internacionales sancionados por bula papal. El primero de ellos, el Tratado de Alcaçovas-Toledo de 1479 y 1480. En él se concedía a Portugal el monopolio de la exploración de la ruta africana a las Indias al sur del paralelo 26, a cambio del reconocimiento de Isabel como reina de Castilla. El segundo tratado, el de Tordesillas, se firmó en 1494 tras la llegada de Colón a América y pactaba el reparto de las zonas conquistadas y el monopolio de la navegación en el Atlántico y en los territorios por descubrir en el Nuevo Mundo. Para ello, se definió una línea imaginaria situada a 370 leguas al oeste de Cabo Verde, que separaría las áreas de influencia de Castilla y Portugal para evitar conflictos entre ambos países. Aunque fue un tratado exitoso, fue difícil de cumplir al pie de la letra y estuvo vigente hasta la firma del Tratado de Madrid de 1750.

Cristóbal Colón (1451-1506) fue un navegante que había desarrollado un plan para llegar a las Indias mediante una ruta occidental que no violara los acuerdos del tratado de Alcaçovas. Propuso su proyecto a Portugal, que rechazó su propuesta, pues quería incidir en las rutas africanas, y entonces se lo planteó a los Reyes Católicos, que tuvieron ciertos reparos por encontrarse en la fase final de la conquista del reino de Granada. Finalmente, en abril de 1492, se firmaron los acuerdos[63] que aprobaban la expedición y repartían los costes de la misma.

Colón realizó en total de cuatro viajes a América. El primero se inició en agosto de 1492 con una expedición compuesta por tres naves: la *Pinta*, la *Niña* y la *Santa María*, que llegaron a la isla de Guanahaní (Bahamas) el 12 de octubre. Durante tres meses las naves recorrieron parte del litoral de la isla de Cuba y de La Española, actuales Haití y República Dominicana. Tras el naufragio de la Santa María, las dos naves restantes regresaron separadas a la península ibérica en 1493.

Siguiendo las normas de la época, que atribuían a los papas el derecho a conceder la soberanía de las tierras habitadas por paganos a cualquier príncipe cristiano, los Reyes Católicos se apresuraron a solicitar al papado la posesión de los territorios descubiertos. El ciclo colombino se completó con otros tres viajes en 1493, 1498 y 1502, en el transcurso de los cuales se exploraron las costas de Venezuela, parte del istmo centroamericano y las principales Antillas mayores y menores. Además, se inició la colonización con la fundación de Santo Domingo en 1496 por Bartolomé Colón. A consecuencia de los roces con los colonos y otros exploradores y con la corona, Colón fue despojado de sus títulos tras el cuarto viaje, viniendo a morir a Valladolid en 1505.

Debido a la envergadura de las tierras descubiertas para los europeos y a desacuerdos con el comportamiento de Colón, los reyes rompieron el monopolio colombino en 1498. A partir de esa fecha, cualquier súbdito podía explorar las nuevas tierras. El resultado fue la realización de numerosas expediciones, generalmente al mando de marinos que habían participado en los primeros viajes junto Colón. Así, gracias, entre otros, a Alonso de Ojeda, Alonso Niño, Juan de la Cosa o Vicente Yáñez Pinzón, se exploró el litoral americano desde el Brasil a Panamá. A la

---

63. Las Capitulaciones de Santa Fe y la Carta de Privilegios de Granada de 1492 establecían la concesión a Colón de poderes diplomáticos para una hipotética entrevista con el gran kan, pues nadie pensaba encontrar un nuevo continente, sino las ya conocidas Indias. Le otorgaban el título de almirante de todo lo que descubriera y la facultad de transmitir ese título por vía hereditaria. Ostentaría también el título de virrey y de gobernador general, con el privilegio de presentar ternas a los reyes para proveer los cargos públicos en las nuevas colonias y se le aseguraba una décima parte de todas las mercaderías, piedras preciosas, oro, plata y especias que encontrase. Por último, se le permitía la participación en la financiación de futuras expediciones con unas octavas partes en la inversión y los beneficios.

vez que se lanzaban nuevas expediciones para completar la cartografía de América y encontrar nuevas rutas que conectaran con las Indias, se establecía el sistema de colonización de los territorios conquistados. En 1500 Nicolás de Ovando (1460-1509) obtuvo el mando de Santo Domingo y la isla de la Española con el encargo de poner en marcha la estructura administrativa que, bajo el sistema de factoría y de colonia, debía dar el marco jurídico para los nuevos territorios conquistados por Castilla.

Las expediciones continuaron durante varias décadas con importantes avances, como la llegada por vía terrestre en el actual Panamá al océano Pacífico por Núñez de Balboa (1475-1519) en 1513, a la que siguió la búsqueda del Pacífico por vía marítima, que llegó en 1520 gracias a la expedición de Fernando de Magallanes (1480-1521), que ese mismo año pudo cruzar el cabo deseado, y que continuó con la primera circunnavegación completa del planeta finalizada por Juan Sebastián Elcano (1476-1526) en 1522.

LOS REINOS EUROPEOS Y EL COLONIALISMO EN AMÉRICA

Desde el siglo XVI se sucedieron incontables expediciones europeas hacia América. Portugal, España, Francia e Inglaterra compitieron entre sí para conquistar el mayor número posible de regiones, establecer colonias y comenzar a explotar los recursos naturales que ofrecía el continente[64]. Unido a este fin colonial y comercial se desarrolló un proceso de imposición e incorporación de la cultura europea occidental y la religión cristiana en los territorios conquistados.

La conquista americana por parte de España ocurrió de una manera muy rápida. En apenas 40 años, los del reinado de Carlos I (1500-1558), Castilla pasó de controlar las Antillas mayores y algún enclave continental a haber conquistado

---

64. El interés comercial de los europeos sobre las nuevas colonias abarcaba tres tipos de artículos: los nuevos productos locales que se extendieron por el mundo, como el maíz, el tomate, el chocolate, el cacahuete, el aguacate o la vainilla; los derivados de sus extensas plantaciones, como el algodón, el azúcar o el tabaco, y los metales preciosos extraídos de las minas americanas. De estos últimos, se ha calculado que durante los primeros 150 años de colonización fueron llevados a España más de 17 000 toneladas de plata y 200 de oro.

Centroamérica, México, la mayor parte de Sudamérica y haber iniciado la exploración de los actuales Estados Unidos. La conquista de tierra firme se realizó por etapas, partiendo de diferentes focos.

La conquista de México comenzó en 1519 con la expedición enviada por el gobernador de Cuba al mando de Hernán Cortés (1485-1547). Una vez en tierra firme, fundó la ciudad de Veracruz y fue designado por los gobernantes del municipio como capitán general y justicia de la nueva colonia. Debido a la escasez de hombres con los que llevar a cabo la conquista del Imperio azteca, Cortés desarrolló una extensa política de alianzas con diferentes tribus indígenas, enemistadas y vasallas de los aztecas, que le permitieron llegar hasta Tenochtitlán y tomar como rehén al emperador Moctezuma para obligarle a rendir vasallaje a Castilla. Cortés abandonó la ciudad para volver a Veracruz a hacer frente a un levantamiento y a recibir los refuerzos prometidos desde Cuba. En ese tiempo, los aztecas se rebelaron contra los españoles que permanecían controlando su capital y dieron muerte a Moctezuma pensando que era un traidor y que se había aliado con los conquistadores. Cortés abandonó la ciudad en medio de los ataques indios en lo que se ha conocido como la Noche Triste. Pocos días después, Cortés derrotó a un gran ejército azteca y emprendió la conquista de la capital, que finalizó en 1521.

La conquista de Centroamérica se realizó simultáneamente desde Panamá y México. La mayor parte tuvo lugar entre 1521 y 1546. En esta región destacó Pedro de Alvarado (1485-1541), mano derecha de Cortés que conquistó Guatemala.

Francisco Pizarro (1478-1541) y Diego de Almagro (1475-1538) comenzaron la conquista del Imperio inca desde Panamá. En 1531, Pizarro desembarcó en Tumbes, en plena guerra civil sucesoria, circunstancia de la que se aprovechó para secuestrar a Atahualpa y luego juzgarle y ajusticiarle por haber dado muerte a su hermano y pretendiente al trono. Pizarro reconoció como soberano a otro hermano de los fallecidos, que aceptó rendir vasallaje a España y entró triunfante en Cuzco en 1533. Tras la revuelta indígena en 1536, sofocada gracias al regreso de Almagro desde Chile, comenzó un periodo de guerras entre españoles, que duró hasta 1547.

La conquista del norte de Sudamérica se realizó partiendo desde la costa caribeña y desde Perú. En ella, destacaron Sebastián de Benalcázar (1480-1551), que conquistó el actual Ecuador, y Gonzalo Jiménez de Quesada (1509-1579), que se hizo con Venezuela y Colombia, y fundó la ciudad de Santa Fe de Bogotá. Francisco de Orellana (1511-1546) llegó en 1542 hasta el Amazonas. En el Cono Sur,

Pedro de Mendoza (1499-1537) accedió por ruta marítima al Río de la Plata y fundó en 1536 la ciudad de Nuestra Señora Santa María del Buen Aire. Tras su destrucción por los indios, Mendoza refundó la ciudad en un nuevo emplazamiento, mientras sus lugartenientes exploraban el Paraguay buscando establecer contacto con Bolivia.

La Real Audiencia

Para dirimir los conflictos que surgían entre los diferentes conquistadores, se creó en 1538 la Audiencia de Santa Fe de Bogotá, que pretendía evitar las luchas entre los conquistadores españoles y desincentivar el establecimiento de caudillos locales que cuestionaran el liderazgo de la corona en la conquista de América.

Norteamérica fue explorada, y parcialmente controlada, a lo largo de los siglos XVI y XVII. Entre sus muchos exploradores destacaron Juan Ponce de León (1460-1521), que gobernó Puerto Rico y conquistó Florida; Alvar Núñez Cabeza de Vaca, que exploró Alabama, Misisipi, Luisiana, Texas y Arizona y Juan de Oñate (1550-1626), quien en 1598 formalizó la reclamación del territorio de Nuevo México.

Desde un primer momento, las autoridades españolas siguieron una política oficial de poblamiento, cuyo rasgo oficial era la autolimitación basada en criterios políticos y religiosos que buscaban proteger la exclusividad española frente a otros países. El emigrante español debía ser católico (cristiano viejo) y se excluyó desde el principio la posibilidad de utilizar América como colonia penal o refugio de disidentes. Se ha calculado que entre 1506 y 1600 emigraron 242 853 españoles a América. Las tierras conquistadas quedaron incorporadas a la corona de Castilla. Por ello, su administración se organizó de acuerdo con las leyes e instituciones castellanas tanto preexistentes como de nuevo cuño. Durante las dos primeras décadas la estructura institucional se basó en nombramientos unipersonales, virreyes y gobernadores. Solo en 1511 se estableció en Santo Domingo el primer órgano colegiado, la Audiencia de Santo Domingo.

El gobierno de las colonias se ejercía tanto desde las instituciones creadas en la península como desde las que se fundaron en América. En Castilla se estableció en 1503 la Casa de Contratación, que fue concebida inicialmente como agencia comercial de la corona y pronto se transformó en el órgano rector y fiscalizador del gobierno y navegación con las Indias en régimen de monopolio. Sus funciones aumentaron paulatinamente, de manera que, además de aduana, acabó siendo una especie de ministerio de comercio y una escuela de navegación. El Consejo de Indias fue creado en 1523 y durante casi dos siglos fue un verdadero consejo colonial, con jurisdicción sobre los territorios, asuntos y organismos indianos, incluida la Casa de Contratación. Asumió todas las funciones administrativas, judiciales y fiscales. Era el órgano encargado del nombramiento de los altos cargos civiles y eclesiásticos.

En las nuevas colonias, al margen del aspecto religioso, la administración colonial se ejerció en cuatro esferas: gubernativa, judicial, financiera y militar. El virreinato fue la unidad administrativa y política más importante en América y, así, en 1535 fue nombrado el primer virrey de Nueva España. Las Leyes Nuevas consagraron el sistema en 1543 con la creación del virreinato de Perú. En el siglo XVIII se crearon dos nuevos virreinatos segregados del peruano: Nueva Granada en 1717 y Río de la Plata en 1776. Las gobernaciones equivalían a las provincias y surgieron a medida que avanzaba la conquista hasta llegar a un total de 34 gobernaciones. Sus funciones eran administrativas, judiciales y militares. Las más importantes fueron consideradas Capitanías Generales con poderes militares autónomos. Las audiencias impartían justicia y, en total, llegaron a crearse 13 en América y una en Filipinas. Sus límites jurisdiccionales marcaron, en buena medida, la de los diferentes países tras la independencia. La primera en ser creada fue la de Santo Domingo en 1511 y la última, la de Cuzco en 1787.

Portugal encontró en la conquista de Brasil el mayor de sus empeños debido a los intereses comerciales de los nuevos productos que aquellas tierras contenían y que podían paliar la pérdida del comercio con Oriente. La corona portuguesa también tenía en Brasil un objetivo político y de supervivencia, que era el de poder contar con un territorio no europeo en el que refugiarse en caso de una invasión del reino. Los portugueses llegaron a Brasil en el año 1500 y en 1533 establecieron una división administrativa de 15 capitanías, que fueron adjudicadas de manera hereditaria a representantes de la alta nobleza metropolitana. Ellos se encargarían de la administración, el desarrollo económico y la evangelización en cada una de ellas. Desde 1530 los indígenas locales no fueron mano de obra suficiente para los colonizadores y Portugal recurrió a la compra y traslado forzoso de esclavos africanos a Brasil. En 1549, ante el temor de una nueva feudalización, el rey envió un gobernador general que coordinara la acción de la colonia.

Inglaterra realizó su primera incursión en América en el año 1497 con su llegada a la península de Labrador. Casi un siglo después, en 1585 otra expedición fundó Virginia, pero la colonia no prosperó. Fue en 1607 cuando se fundó Jamestown, el primero de los asentamientos británicos que perduró en el tiempo. Durante los siglos XVII y XVIII, oleadas de inmigrantes ingleses llegaron a fundar hasta 13 colonias, las del nordeste dominadas por puritanos y las del sudeste, por pequeños propietarios esclavistas que explotaban grandes plantaciones de algodón, tabaco y azúcar. Al mismo tiempo, los ingleses también conquistaron un buen número de pequeñas islas de las Antillas menores, en las que los exploradores castellanos no se habían detenido o cuya defensa no merecía la pena frente a los amplios territorios de las Antillas mayores y el continente americano que ahora tenía que controlar España.

Los Países Bajos siguieron una colonización muy similar a la de los ingleses en el tiempo y en los lugares. En 1625 fundaron la colonia de Nueva Ámsterdam, actual Nueva York, de donde fueron expulsados por los británicos. Los neerlandeses concentraron entonces sus expediciones en el mar Caribe, tanto en el norte de Sudamérica, Surinam y Guyana, como en las Antillas menores, como Curazao.

Francia fue el reino europeo que demoró más sus expediciones al continente americano. No fue hasta 1608 cuando fundaron su primera colonia en Quebec. Los franceses buscaban ampliar sus zonas de pesca y tener acceso a pieles. Para abastecerse de algunos productos llegaron a acuerdos con los nativos que incluían las alianzas militares contra otros pueblos indígenas y contra colonizadores europeos. Los franceses se adentraron en el interior del continente y extendieron su red de colonias hacia pequeñas islas del Caribe.

EL SACRO IMPERIO ROMANO GERMÁNICO: DEL FINAL DE LA EDAD MEDIA HASTA LA DIETA DE WORMS

El Sacro Imperio fue un importante actor político, una entidad política y religiosa que perduró en Europa Central desde el siglo X hasta el siglo XIX. Tuvo su máximo esplendor en el siglo XII, cuando era el Estado más importante de las potencias europeas. Con la llegada de la Edad Moderna vivió una reforma encaminada a la revitalización de unas instituciones que estaban perdiendo su efectividad e influencia ante el nacimiento de los nuevos Estados-nación y la concentración del poder monárquico.

En el año 962 el rey germano Otón I (912-973) fue coronado por el sumo pontífice como emperador del Sacro Imperio Romano Germánico. Durante los siguientes dos siglos sus sucesores emperadores multiplicaron los territorios bajo su dominio y crearon el Estado europeo más potente de la Edad Media. Este rápido ascenso y las cotas de poder militar, territorial y económico que el imperio fue acumulando le llevaron a enfrentarse con el papado en varias ocasiones debido a que ambas entidades consideraban que debían ejercer la primacía máxima en materia religiosa y civil entre los diferentes reinos europeos. Tras un periodo de fuerte inestabilidad sucesoria en el siglo XIII, se fijó mediante la Bula de Oro de 1356 la composición exacta del colegio de electores que debían elegir al emperador. Con este sistema se sentaban las bases de unas transiciones más ordenadas y se positivizaba la realidad por la que el emperador lo era de todo el conjunto del imperio, pero a su vez él era rey patrimonial de varios estados pertenecientes al Imperio. Con esto, todos los monarcas propietarios de territorios, ya fueran reyes, príncipes, duques…, tenían una cierta independencia en la gestión de sus estados y en la jurisdicción sobre ellos. Así, las entidades que componían el imperio fueron transformándose paulatinamente en Estados-nación sobre los que regía un emperador, que a su vez basaba su fuerza en sus propios Estados personales.

En el siglo XV volvieron a aflorar las tensiones territoriales y varios emperadores no se trasladaron a los territorios imperiales cuando eran elegidos para el cargo, sino que gobernaban desde sus respectivas cortes. Los problemas se agudizaron y el emperador Maximiliano de Habsburgo (1459-1519) se vio obligado a convocar la primera asamblea de duques y monarcas del imperio, que se denominaba Dieta, en Worms en 1495. Durante esta Dieta, se aprobaron una serie de medidas para llevar a buen término la reforma imperial que volviera a dar cohesión a un ente como el imperio en un contexto de nuevos Estados-nación. El emperador consiguió financiación obteniendo el permiso para el pago de un pequeño impuesto común a todos los territorios que fueran directamente a su poder. A cambio, tuvo que transigir con algunas de las reclamaciones de los nobles: la creación de un gobierno imperial en materia financiera y de política exterior en el que estuvieran representados los monarcas y los prelados de cada reino y de las ciudades de rango imperial para agilizar la toma de decisiones; la paz pública perpetua que prohibía las guerras entre los nobles vasallos de los monarcas de cada reino y la creación de un tribunal supremo del imperio, que se llamó Cámara de la Corte Imperial, que restara las competencias de justicia al emperador y le dejara sólo con el poder ejecutivo. Maximiliano contestó a esta imposición creando en 1497 el Consejo Áulico, con unas competencias concurrentes con la anterior. Por último, se crearon unas divisiones territoriales llamadas Círculos Imperiales que buscaban facilitar la tarea de la administración imperial en materia de recaudación de impuesto, seguridad y reclutamiento militar.

Conflicto con la Antigua Confederación Suiza

La Confederación Suiza no estuvo de acuerdo con las reformas aprobadas en la Dieta de Worms, en especial con el pago de los impuestos federales. Esta situación derivó en la guerra de Suabia y en 1499 Suiza abandonaba el Sacro Imperio Romano Germánico.

Estas reformas permitieron encarar el siglo XVI con un renovado espíritu de colaboración entre monarcas y el poder imperial. Pero en el año 1517 la Reforma protestante hizo saltar por los aires una de las características fundacionales de esta entidad política, su catolicismo y respaldo bidireccional con los papas de Roma. Como se verá más adelante, las tensiones y divisiones en materia religiosa traerían la guerra al corazón del imperio, que a mediados del siglo XVII quedaría dividido en más de 350 Estados, que se agruparon en tres núcleos fundamentales: los católicos en los Estados del sur, liderados por el eje Austria-Hungría, los luteranos en el norte y los calvinistas en el oeste, lo que daba lugar a una difícil sustentación de esta entidad política en la que varios de los Estados que la conformaban estaban en clara oposición a alguno de sus vecinos y compatriotas imperiales.

LA REFORMA Y CONTRARREFORMA CRISTIANA EN EUROPA

Desde finales de la Edad Media, y ante el avance de los musulmanes del Imperio otomano y la crisis propia de identidad del Renacimiento europeo, se creó un clima general de inquietud religiosa en el que el alcance de la salvación y por qué medio obtenerla, junto con la definición del pecado original y sus consecuencias, se tornaron en una parte nuclear de los intereses de los cristianos de aquel momento. Ante estas preguntas, la Iglesia no daba respuestas y frente a un Dios justiciero y lejano, los humanistas defendían la realidad de un Dios cercano y próximo a los fieles. Fue un tiempo en el que también se multiplicaron las devociones a la Virgen, a los santos y a las reliquias, además de proliferar ritos como las peregrinaciones o donaciones cuantiosas a santuarios con el fin de obtener indulgencias y perdones otorgados por el propio clero.

Entre el siglo XV y comienzos del siglo XVI, las élites religiosas y civiles formadas en humanidades y filosofía trataban de encontrar respuestas en la corriente humanista, individualista e interior que comenzó a surgir en las iglesias centroeuropeas. Por el contario, la religiosidad popular, con menor formación académica e intelectual y en manos de un clero menor corrompido por las tentaciones terrenales, recurría a diferentes tipos de superstición para tratar de paliar la falta de respuestas, de fácil comprensión, ante las nuevas preguntas que comenzaban a plantearse.

Esta situación llevó a parte de la curia a la conclusión de que había que reformar la institución y al clero en todos sus niveles para pasar de una Iglesia medieval a una que pudiera estar más cerca de la realidad de sus fieles. El papado había tratado de tomar la iniciativa con la convocatoria del V Concilio de Letrán, que se desarrolló entre 1512 y 1517. Sin embargo, el concilio no abordó los problemas fundamentales y se centró en la condena a un mayor reparto del gobierno de la Iglesia entre los obispos de todas las diócesis y en la imposición de la censura previa eclesial a toda publicación impresa.

Ante esta falta de liderazgo por parte de Roma, las propias monarquías surgidas en la Edad Moderna intentaron poner en práctica algunos cambios, encabezando un programa de reforma que, a la postre, culminaría en las llamadas iglesias nacionales. Uno de los éxitos más rotundos fue el del cardenal Francisco Jiménez de Cisneros (1436-1517), que con el beneplácito de los Reyes Católicos trató de recuperar el rito mozárabe propio de los reinos cristianos de la península y culminó con la impresión de un nuevo misal y un nuevo breviario. Francisco I en Francia también impulsó reformas encaminadas a acercar el culto a los fieles. Con respecto a la vida monástica, los cambios más significativos afectaron a las órdenes religiosas, bien con la fundación de nuevos institutos, como las ursulinas, los paúles o los jerónimos, bien con la renovación de los tradicionales.

Surgieron así nuevas posturas religiosas vinculadas al humanismo, que serían la base de las siguientes corrientes místicas, como la *Devotio Moderna* o el deseo de imitar a Cristo, especialmente en los Países Bajos y en Alemania, abocando la mezcla de sus contenidos a dos soluciones contrapuestas: la doctrina luterana y el humanismo cristiano, este último, fiel a la ortodoxia romana.

En 1510 Europa se encontraba sumida en una corriente religiosa que abogaba por una religión más sencilla, comprensible, directa y sin intermediarios. En este contexto se pondría en marcha la Reforma propiciada por el fraile agustino alemán Martin Lutero (1483-1546), que sacudiría los cimientos de la Iglesia católica y sus principales postulados. Lutero defendió que la justificación por la fe, base de su pensamiento, era suficiente para alcanzar la salvación, para cuyo fin carecían de sentido las buenas obras, por lo que había que abrirse por completo a la voluntad divina. Lutero basó su doctrina en unos postulados revolucionarios en los que negaba todo poder de intercesión entre Dios y los hombres a la Iglesia como institución, al clero que la componía o a los santos y otros cultos mediáticos. Este postulado le llevó a la proclamación del sacerdocio universal, a la abolición de los votos, a rechazar la autoridad papal y conciliar. Redujo el número de sacramentos a solo dos, el bautismo y la eucaristía. A la eucaristía le negó la formulación católica de la transustanciación, negando el sacrificio de la misa, aunque no la presencia real de Cristo en ella, contenido que lo diferenció de otras confesiones que nacieron al calor del luteranismo: los sacramentarios y los anabaptistas. Su reforma respondía a un convencimiento personal después de años de estudios y reflexión, pero se hizo pública debido a la controversia con las indulgencias aprobadas por el papa León X (1475-1521) para recabar fondos para la construcción de la basílica de San Pedro en Roma. Entre 1516 y 1517 Lutero predicó tres sermones en contra del engaño y la estafa que las indulgencias suponían para él. En 1517 su enojo le llevó a clavar en la puerta de la iglesia palacial de Wittenberg una reflexión que contenía casi un centenar de tesis[65] y se ofrecía a discutirlas para encontrar una solución con las que reformar la institución eclesial.

---

65. Las 95 tesis de Lutero fue una lista de proposiciones pensadas para el debate académico y filo-sófico que Lutero llamó *Cuestionamiento al poder y eficacia de las indulgencias*. En ellas, planteaba cuestiones sobre la penitencia, la eficacia del sacramento de la confesión, cuestionó el purga-torio y que clérigos como el papa pudieran intervenir en el juicio que allí tenía lugar sobre las almas. También trataba temas como la avaricia del clero por acumular bienes materiales o la ola de paganismo que se infiltraba en la Iglesia por medio del culto a los santos o las reliquias.

La Reforma se propagó con rapidez y animó a otros pensadores, como Ulrico Zuinglio (1484-1531) en Suiza, quien en 1525 negó incluso la consustanciación y la presencia real de Cristo, considerado solo un símbolo y recuerdo de la Pasión, abolió el celibato sacerdotal, retiró todas las imágenes de las iglesias y lugares de culto e inició la teoría de la predestinación al afirmar que Dios solo concedía su gracia a unos pocos elegidos. La predicación de Ulrico trajo un fuerte enfrentamiento social que dividió a la sociedad suiza hasta que la Paz de Capel en 1531 otorgó la igualdad de las dos confesiones, católica y zuingliana, en los cantones suizos.

Juan Calvino (1509-1564) fue el segundo gran reformador de la Iglesia en Ginebra con una doctrina que mezcla el luteranismo, la predicación de Zuinglio y su propia reflexión, partiendo de la trascendencia divina y de la maldad humana. Admitió la justificación por la fe, redujo los sacramentos al bautismo y la comunión simbólica como recuerdo de la Última Cena, la existencia del clero y de los intermediarios ante Dios, negando la presencia real de Cristo en la eucaristía. La novedad más significativa fue el desarrollo de la teoría de la predestinación, por lo que se admitía que Dios elegía a unos para salvarse y a otros no, y aunque las obras no servían a la propia salvación, sí eran válidas para dar gloria a Dios y mostrarle respeto y adoración. Calvino también estableció un Estado teocrático en Ginebra en 1536 por el cual el poder religioso se situaba por encima del poder civil.

En Inglaterra la reforma y separación de la Iglesia de Roma no respondieron a una revuelta intelectual. De hecho, las ideas luteranas fueron mal acogidas por el rey Enrique VIII (1491-1547). La reforma inglesa se produjo por una serie de conflictos políticos, de equilibrio de poder entre el clero y el Parlamento, y hasta entraron en juego cuestiones personales, como el requerimiento de la anulación de su matrimonio con la infanta española Catalina de Aragón (1485-1536), que tuvieron lugar entre 1527 y 1534. Esta serie de desencuentros llevaron a la excomunión del monarca por parte del papa, a lo que Enrique respondió a su vez con la aprobación en 1534 del Acta de Supremacía, que concedía al rey el derecho a nombrar obispos, luchar contra las herejías, excomulgar y disponer de los bienes de la Iglesia. Con esta nueva función como jefe de la Iglesia en Inglaterra, Enrique VIII comenzó a exigir el voto de obediencia a su persona. El conflicto con los afines a Roma desencadenó una fuerte represión contra los católicos, la supresión de las órdenes religiosas y la nacionalización de los bienes eclesiásticos. El anglicanismo surgió como una doctrina intermedia entre el catolicismo, pues se preservó la

eucaristía católica, la oración a los santos, la reducción de sacramentos, el reconocimiento del valor de las obras y la aceptación de la jerarquía eclesiástica, aunque
con la supresión de votos como el celibato. En Escocia, el anglicanismo no fue
aceptado y en 1560 John Knox (1514-1572) instituyó el presbiterianismo o puri-
tanismo, que se tradujo en una organización eclesiástica más cercana al calvinismo,
pero más democrática. Todos estos problemas religiosos originarían la época de las
convulsiones político-religiosas que viviría Inglaterra en el siglo XVII.

Todas estas reformas y la creación de las iglesias nacionales separadas de Roma
afectaron al mismo núcleo del catolicismo y desataron por toda Europa una serie
de guerras de religión que dividieron imperios, fracturaron países y pusieron en
jaque a los monarcas, que tuvieron que tomar postura para defender al papado o
permitir las nuevas iglesias cristianas en sus territorios.

La Iglesia católica, animada por intelectuales humanistas como Erasmo de
Róterdam (1466-1536) y por los monarcas fieles a Roma, intentó dar respuesta
con una serie de medidas englobadas bajo el término Contrarreforma. Antes de la
Reforma luterana ya se habían llevado a cabo varios intentos de renovación del
culto, desarrollo del misticismo y apoyo a los intelectuales católicos de la escuela
de la Sorbona y el círculo místico de Lefèvre d'Étaples (1450-1536) en Francia. El
emperador Carlos V, que gobernaba en la católica España y sobre un Sacro Imperio
al borde de la guerra civil por motivos religiosos, sugirió la idea de convocar un
concilio ecuménico que hiciera frente a los retos planteados por los reformistas y
modernizara la Iglesia católica para los siguientes siglos. El concilio tuvo lugar en
Trento[66] entre 1545 y 1563 y sus decisiones se fueron aplicando de forma distin-

---

66. El Concilio de Trento. Convocado en 1545, es considerado el más influyente de entre los
21 concilios ecuménicos católicos. Definió la doctrina católica en respuesta a los protestantes en cuatro ámbitos. Con respecto al clero, impuso medidas más férreas de control y
moralidad con la prohibición de acumular beneficios, la obligación de residir en las sedes
episcopales otorgadas y la reforma de los seminarios para mejorar el nivel de instrucción.
Por otra parte, reafirmó que los fundamentos de la fe no se basan solo en las Sagradas
Escrituras, sino también en la tradición de las enseñanzas de los apóstoles, los padres de la
Iglesia, los textos conciliares y las enseñanzas de los papas. En cuanto a los dogmas, ratificó
los siete sacramentos, la salvación por la doble vía de la fe y las obras, la presencia real de
Cristo en la eucaristía y la veneración de los santos y la Virgen María. Por último, forta-
leció la jerarquía como medio de unidad y la supremacía del papado sobre cualquier otra
institución religiosa o civil.

ta en cada país y quedaron plasmadas en el nuevo catecismo publicado en 1566 que recogía la ortodoxia católica. Se demostraba así la capacidad de la Iglesia para superar la crisis, fortaleciendo el decaído poder espiritual pontificio al imponer la unidad dogmática, litúrgica y disciplinaria del mundo católico. El espíritu de Trento se fue diluyendo con el avance de las nuevas corrientes filosóficas del siglo XVIII, cuando comenzó la llamada crisis de la conciencia europea.

LA MONARQUÍA HISPÁNICA: DE CARLOS I A FELIPE IV

La llegada de Carlos I a España supuso el inicio de una nueva etapa en la historia de la monarquía española, que asumió un papel principal en el concierto mundial y condicionó ampliamente la evolución europea de los siglos XVI y XVII. En este tiempo cuatro monarcas consolidaron el sistema institucional levantado por los Reyes Católicos y, en el ámbito de la política exterior, llevaron a cabo un potente despliegue imperialista, apoyado en la herencia territorial de Carlos I y financiado por la plata procedente de América. El militarismo de la época o las numerosas bancarrotas no opacaron el inmenso brillo de las artes hispanas[67] entre el siglo XVI y el XVIII.

Carlos I de España y V del Sacro Imperio Romano Germánico reunió en su persona una vasta cantidad de posesiones territoriales legadas en herencia por sus cuatro abuelos: en 1516 pasó a ser titular de los estados del ducado de Borgoña. A la muerte de Fernando el Católico, adquirió la titularidad de los reinos de Castilla, con sus colonias africanas, americanas y asiáticas, y de Aragón, con sus pertenencias en Nápoles, Sicilia y Cerdeña. En 1519 sumó la soberanía sobre los territorios patrimoniales de Austria y los derechos a la corona del Sacro Imperio Romano

---

67. El Siglo de Oro fue un fenómeno humanístico y cultural con el que se hace referencia al florecimiento de las artes, las ciencias y la filosofía en la España de entre los siglos XVI y XVII. En literatura alcanzaron su cénit varias corrientes: la mística con fray Luis de León y Santa Teresa de Jesús, la prosa y el verso con Miguel de Cervantes, Francisco de Quevedo, Luis de Góngora o Lope de Vega. En obras pictóricas autores como Tiziano, El Greco, Murillo, Zurbarán o Velázquez, entre otros, elevaron la pintura española a uno de sus máximos exponentes.

Germánico. La acumulación de territorios dispares bajo un mismo soberano obligó a los Austrias a definir una unidad política superior que no fuese una mera yuxtaposición de los Estados heredados de sus antecesores. Las directrices de la política exterior de Carlos I fueron definidas tanto por su condición de emperador como por su condición de rey de España y se resumen en tres ejes fundamentales. Una era la rivalidad con Francia por las pugnas territoriales y el interés dinástico de aislar a los Valois. También la política mediterránea frente a los otomanos como consecuencia de los intereses aragoneses en el Mediterráneo y del espíritu de cruzada característico de la política hispánica. Por último, la intervención frente al protestantismo alemán en defensa de la unidad del cristianismo y de las responsabilidades imperiales.

Estos ejes impulsaron las tres fases en las que se podría dividir la política exterior de su reinado. Entre 1519 y 1530 su política exterior estuvo influida por los ideales cosmopolitas y ecuménicos del humanismo, que creían que la cristiandad es una realidad política que puede llevar a todos los príncipes europeos a actuar coordinadamente con el emperador bajo patronazgo del papado con el objetivo de mantener la paz entre los cristianos y luchar conjuntamente contra el infiel. Entre 1531 y 1544 puso el foco en el Mediterráneo y el emperador abandonó la idea erasmista y volvió a una concepción basada en la tradición imperial de la Edad Media, en la que los príncipes se encontraban bajo la autoridad del emperador y este gobernaba en coordinación con el sumo pontífice. Bajo esta premisa se hizo coronar por el papa en Bolonia en 1530. Finalmente, durante la denominada fase germánica entre 1544 y 1556, centró sus esfuerzos en luchar contra los protestantes alemanes, en convencer al papa de la necesidad de un nuevo concilio ecuménico y en alcanzar una mínima paz imperial con la división religiosa del imperio.

Su sucesor, Felipe II (1527-1598), heredó del reinado anterior la política de confrontación con musulmanes, franceses y protestantes, aunque en este caso sus enemigos no fueron los príncipes alemanes, sino los calvinistas flamencos y franceses y la Inglaterra anglicana. La política exterior de su reinado puede dividirse también en tres etapas. Entre 1556 y 1565 fueron años de plena hegemonía española gracias la victoria en la batalla de San Quintín en 1557 y a la utilización de la diplomacia matrimonial para conseguir el apoyo de Inglaterra y Portugal. Entre 1565 y 1580 la amenaza turca y protestante se hizo más patente y requirió de un mayor esfuerzo bélico y diplomático. Los Países Bajos no admitían el dominio español e iniciaron una revuelta que contó con el apoyo de la nobleza local, que quería más autonomía de gobierno y comercio con las Indias, pues solo Castilla ostentaba el monopolio comercial, y de las clases populares que se habían convertido al calvinismo. Para sofocar la insurrección, Felipe II envió un ejército capitaneado por el duque de Alba, que impuso un gobierno autoritario y de fuerte represión. Las diferencias en las filas flamencas entre el sur católico y el norte calvinista llevaron a la aparición de dos federaciones diferentes: Unión de Arrás y Unión de Utrecht en 1579. Como consecuencia de la separación, España reconquistó las provincias meridionales, mientras que las provincias del norte consiguieron el apoyo británico. En el frente mediterráneo, el avance turco que se hizo con Argelia en 1570 y con Chipre en 1571 motivó la creación de una Santa Liga entre España, Venecia y el papado que por fin pudo vencer a los turcos en 1571 en la batalla de Lepanto, lo que desembocó en el reparto del Mediterráneo en una zona de influencia otomana y otra de influencia española. Por último, entre 1580 y 1598 el foco de la política exterior española pasó del Mediterráneo al Atlántico gracias a la estabilidad conseguida al vencer a los turcos y a la ascensión de Felipe II al trono portugués en 1578.

Felipe III (1578-1621) recibió una complicada herencia en materia de política exterior, pues las guerras europeas continuaban y requerían cada vez más recursos económicos, de capital humanos y militares para afrontar sus compromisos en aumento. Ante la dificultad para atender a todas las cuestiones de Estado para la que era requerido por su afición a las artes y la caza, el rey depositó su confianza en el duque de Lerma[68], un influyente noble que se convirtió *de facto* en gobernante del reino, haciendo y deshaciendo a su antojo sobre cualquier materia y dando muestras de un extremo nepotismo. En los primeros años del reinado hubo una clara tendencia pacifista en la política exterior. Se buscó la paz con Inglaterra mediante la firma en 1604 del Tratado de Londres. Con Francia se utilizó la

---

68. Los validos fueron una figura habitual en las cortes española, francesa y británica durante el siglo XVII. Eran nobles sobre los que el rey depositaba la acción de gobierno sin que existiera un nombramiento formal, a la sazón como primer ministro, dictador o jefe del gobierno. No eran simples consejeros áulicos, sino que controlaban por completo la administración estatal hasta que el rey les retiraba su favor. En España destacaron los duques de Lerma, de Uceda o el conde-duque de Olivares. En Francia los cardenales Richelieu y Mazarino. Y en Inglaterra el conde de Salisbury.

diplomacia matrimonial y se acordó un doble enlace por el cual los herederos de España y Francia se casaban con respectivas princesas del otro país. La eterna guerra en Flandes continuó y los ingentes recursos económicos que consumía llevaron a la bancarrota de la Hacienda real en 1607.

Felipe IV (1605-1665) ascendió al trono con tan solo 17 años y para cubrir su inexperiencia se sirvió de nuevos validos, como el conde-duque de Olivares, que propuso en 1624 un plan para modernizar la monarquía y la Administración. Entre sus propuestas estaba combatir la corrupción abriendo procesos judiciales con sentencias ejemplarizantes, aplicar una severa reducción del gasto público e introducir en la corte el valor de la austeridad. Para atajar los desmanes financieros propuso la creación de una banca nacional que debía contar con apoyo privado, pero los inversores no confiaron en una Hacienda real que en los últimos tiempos estaba declarando la bancarrota cada cuarto de siglo. La reforma estrella aspiraba a abolir los fueros de los reinos y equiparar a las demás partes integrantes de la monarquía con Castilla. Para conseguir llevar a buen término la reforma, Olivares se atrajo a los nobles no castellanos ofreciéndoles cargos, títulos y recompensas. Sugirió al rey que visitara con mayor frecuencia los reinos de los que era monarca y fuera introduciendo en sus cortes propuestas para acomodar la legislación de esos reinos a la castellana. En el aspecto militar y financiero, que realmente era el que mayores recursos consumía del Estado, apostó por la Unión de Armas, que contaría con una reserva militar común de 140 000 hombres, que pagarían proporcionalmente todos los reinos sobre los que el monarca regía.

Desde 1621 la reactivación de la guerra con Flandes, que pronto se uniría a la de los Treinta Años, entorpecería la aplicación del programa de Olivares, ya que los demás reinos de la monarquía no se decidieron a colaborar activamente y el valido no encontró la fórmula para salir adelante con la totalidad de un proyecto que ya comenzaba a incorporar las líneas maestras del centralismo y absolutismo de la incipiente monarquía francesa de los Borbones.

LAS GUERRAS DE RELIGIÓN EN EUROPA: DE LA PAZ DE AUGSBURGO A LA GUERRA DE LOS TREINTA AÑOS

Entre los siglos XVI y XVII se produjeron en Europa, y con epicentro en el Sacro Imperio Romano Germánico, dos importantes guerras de religión derivadas de la ruptura de la unidad cristiana provocada por las reformas protestantes de Lutero y Calvino. Los nuevos postulados religiosos dividieron al imperio y obligaron a tomar posición al resto de países europeos vinculados a los Habsburgo por lazos de sangre, vecindad o rivalidad. Tras el fin de estas guerras se configuró un nuevo orden europeo para los siguientes tres siglos.

El rey Carlos I de España y V del Sacro Imperio Romano Germánico gobernaba sobre la mayor parte de Europa y las colonias castellanas de América y Asia. En sus territorios se estaba gestando una profunda división religiosa, que en España supuso una apuesta decidida y militante por la fe católica, pero que en las posesiones alemanas y centroeuropeas estalló como una división insalvable en lo religioso y que comenzó a amenazar la unión política del imperio. En 1520 el emperador Carlos abandonó España para dirigirse a Alemania con el fin de fortalecer su autoridad y el reto de configurar un Estado moderno basado en la *Universitas Christiana*, la unidad política y religiosa de sus dominios. Pero las reformas protestantes que se sucedieron en sus posesiones imperiales suponían un conflicto religioso de consecuencias gravísimas para los postulados de la Iglesia católica. A este enemigo se unió la amenaza turca, que suscitó problemas de defensa, y de Francia, temerosa de la unión hispano-alemana. Franceses, luteranos y turcos combatieron simultáneamente la política imperial, defensora de un Imperio ordenador de todo el mundo sostenido sobre un poder lo suficientemente fuerte como para hacerse sentir en toda la cristiandad. El emperador comprobó entonces que el título honorario de defensor de la fe le obligaba moralmente a hacer frente a dos graves amenazas: la externa, representada en el Imperio otomano, y la interna, en la Reforma luterana. La conjunción de ambos peligros le llevó a tener que priorizar la búsqueda de la paz, aunque significara hacer concesiones, para poder mantener el imperio y sus posesiones.

Desde el año 1531 los príncipes y las ciudades protestantes del imperio se reunieron en la Liga Esmalcalda para defender sus privilegios, posesiones y la nueva fe que ahora profesaban. Entre todos ellos, llegaron a reunir un ejército que en 1532 recibió el apoyo de Francia y en 1538 el de Dinamarca. Todos los coaligados buscaban el mismo fin: terminar con la hegemonía de los Habsburgo en el Sacro Imperio Romano Germánico y forzar la mano del emperador Carlos para obtener beneficios religiosos, territoriales y de independencia. Ante la escalada de las tensiones, el emperador decidió atacar a los coaligados y se desató una guerra civil en el imperio agudizada por la injerencia de potencias extranjeras. En 1544 se firmó la paz con Francia y en 1547 las fuerzas de Carlos vencieron a la Liga Esmalcalda en la batalla de Mühlberg, pero el fin de la contienda no llegó hasta el año 1555, cuando se firmó la paz en la ciudad de Augsburgo. El nuevo tratado establecía tres principios generales que buscaban pacificar el imperio y promover la convivencia. El primero pretendía afianzar la unidad religiosa de cada Estado que conformaba el imperio, así que la religión que profesara el príncipe o gobernante sería la religión oficial de ese Estado y de sus habitantes. Los ciudadanos no podían profesar otra fe, pero se les daba el derecho a cambiar de Estado para asentarse en uno que coincidiera con su religión. El segundo principio buscaba parar las desamortizaciones eclesiásticas y el cambio de religión de los príncipes, abades y prelados basado en intereses económicos. Se prohibió que todo aquel que ostentara un cargo eclesiástico y se convirtiera al luteranismo conservara las propiedades asociadas a su cargo y se le obligaba a renunciar a su puesto antes de la conversión. Por último, la excepción fernandina, que permitió que aquellas ciudades que hubieran profesado la religión reformada antes de 1520 pudieran conservarla y en ellas pudieran coexistir el luteranismo y el catolicismo. La Paz de Augsburgo resultó ser un mero parche que no contuvo las luchas religiosas en el imperio porque excluyó a las otras minorías protestantes. El tratado solo vinculaba al catolicismo y el luteranismo, haciendo referencia explícita a la exclusión de él del resto de minorías reformistas, como los calvinistas o anabaptistas, que temieron ser declarados herejes y perseguidos por ambos bandos.

Tras varios años de una menor intensidad en los enfrentamientos, en 1618 se inició una guerra civil en el Sacro Imperio Romano Germánico, que pronto se transformaría en la más cruenta contienda de la Edad Moderna en Europa. Las causas latentes del conflicto fueron el factor religioso y la inestabilidad política europea. Desde el punto de vista religioso, la exclusión de los calvinistas y otras minorías protestantes de la Paz de Augsburgo propició una tensa convivencia entre católicos, luteranos y calvinistas. Para intentar corregir este problema, en 1609 el emperador Rodolfo II (1552-1612) promulgó la Carta de Majestad, que concedía la libertad religiosa a las comunidades protestantes, pero con la condición de mantenerse unidas por un solo dogma, lo que no fue el caso. El deterioro de las relaciones trajo una militarización de la Unión Evangélica y la Liga Católica. La inestabilidad política centroeuropea, debido a la sucesión, llegó a su máxima tensión con un incidente relacionado con la interpretación de una cláusula de la Carta de Majestad, por la que los ministros del emperador ordenaron la destrucción de templos protestantes en dos ciudades de Bohemia. Los representantes protestantes enviados a Praga se amotinaron y atacaron a tres representantes imperiales. La elección de Fernando de Habsburgo (1578-1637) como emperador y la negativa de los países que componían la corona de Bohemia a reconocerle como rey convirtieron un incidente local en un asunto que afectó a todo el imperio, así como a la mayoría de los países vecinos.

El inicio de la guerra de los Treinta Años

La defenestración de Praga de 1618 consistió en arrojar, literalmente, por la ventana del castillo de Hradcany a los enviados católicos imperiales, que cayeron sobre el foso lleno de estiércol y no resultaron heridos. Este incidente fue la chispa que encendió el fuego de la guerra de los Treinta Años.

Las ambiciones del emperador Fernando de eliminar el protestantismo y transformar sus posesiones y el imperio en un gran Estado centralizado y católico amenazaron los intereses de los príncipes alemanes y, entre ellos, doblemente a los protestantes. La rebelión protestante de Bohemia planteó a España un importante dilema: si España no intervenía en apoyo del emperador Fernando, la rebelión protestante saldría victoriosa en el imperio, socavando la posición española en Italia y en los Países Bajos. Pero si España prestaba ese respaldo, se podía ir a otro largo conflicto como el de Flandes. Finalmente, se impuso la tesis de la intervención, que iba ligada a la aspiración de que la católica Casa de Austria dominara política y económicamente Europa, desde el Báltico al Mediterráneo. A sus ambiciones se opondrán los soberanos protestantes del norte de Europa, los reyes de Dinamarca y de Suecia, tanto por razones ideológicas como por alejar el peligro que representaban las ambiciones de los Habsburgo y por aumentar sus posesiones territoriales. Francia, imposibilitada inicialmente para entrar en el conflicto a causa de las guerras de religión, apoyó inicialmente a los protestantes con dinero y pertrechos y, posteriormente, a partir de 1635 entró directamente en la contienda al declarar la guerra a España. Las ambiciones de algunos príncipes alemanes contribuyeron a complicar todavía más el problema.

La larga guerra suele dividirse en cuatro periodos: palatino (de 1618 a 1623), danés (de 1625 a 1628), sueco (de 1630 a 1635) y francés (de 1635 a 1648). La crudeza de la guerra llevó a que el emperador Fernando propusiera el inicio de las conversaciones para alcanzar la paz en 1641, pero estas no comenzaron hasta el año 1644 y la firma de la llamada Paz de Westfalia[69] se produjo en 1648. El acuerdo trajo un nuevo orden internacional que certificaba el fracaso de las aspiraciones hegemónicas de los Habsburgo y la victoria de los planteamientos internacionales franceses. El nuevo emperador, Fernando III (1608-1657), aceptó unas duras condiciones que menoscababan la autoridad imperial y mantuvieron la división religiosa en Alemania, donde los príncipes podían establecer la religión de sus Estados, aunque los disidentes podían celebrar su culto en privado. Se admitieron todas las secularizaciones de los bienes eclesiásticos realizadas hasta 1624. A los príncipes y las ciudades se les reconocía una independencia casi completa y podían concertar tratados internacionales sin contar con el emperador. Francia conseguía territorios, entre ellos, la mayor parte de la Alsacia y Suecia también recibía una serie de posesiones imperiales que convirtieron a su rey en príncipe imperial con asiento en la Dieta.

EL REINO DEL CONGO Y EL IMPERIO ETÍOPE

En la Edad Moderna coexistieron en África subsahariana una serie de reinos nativos y potentes imperios que provenían de la Edad Media con la creciente presión colonialista ejercida por las potencias europeas y los califatos, que pretendían extender la fe musulmana al sur del Mediterráneo.

Hacia el año 1270 el tradicional reino que ocupaba el altiplano de la actual Etiopía vivió una revolución que depuso a la dinastía reinante de los Zagüe para

---

69. La Paz de Westfalia de 1648 es el conjunto de dos tratados internacionales firmados por los contendientes en las guerras europeas del siglo XVI. El firmado en Osnabrück daba fin a la guerra en el Sacro Imperio y el de Münster terminaba con la contienda de más de 80 años llevada a cabo entre España y los Países Bajos, que accedieron a su independencia de la corona española. Los acuerdos se tomaron en el que es considerado el primer congreso diplomático moderno.

restaurar en el poder a la llamada dinastía salomónica, que, según sus míticos orígenes, procedía de la unión del rey Salomón y la reina de Saba, y que durante siglos había gobernado el país. Con la restauración se volvió a la fórmula imperial y a ejercer un severo dominio sobre las provincias de Tigré, Amhara y Shoá. Etiopía era un reino católico desde el siglo IV y las raíces cristianas ortodoxas le hicieron tener conexión directa con el patriarcado de Alejandría y la Iglesia copta, de la que dependían. Durante los siglos XIV y XV, los monarcas de la nueva dinastía acometieron una expansión que les llevó al mar Rojo y la península arábiga, a luchar contra los musulmanes y a someter a varias tribus con el objetivo de cristianizarlas.

En 1490 la corte etíope recibió una delegación diplomática del rey Juan II (1455-1495), que creyó haber contactado con el mítico reino de Preste Juan, y el emperador David II (1500-1540) sacó de dudas a los visitantes y les conminó a que le ayudaran en su lucha contra los musulmanes. El emperador también contactó con la Iglesia católica, enviando emisarios al Concilio de Florencia. En 1520 los portugueses respondieron con el envío de una flotilla al mar Rojo para tratar de evitar la invasión, pero en 1529 los ejércitos del sultanato de Adel vencieron a las tropas imperiales y los etíopes cedieron gran parte de su territorio a los musulmanes. En 1541 una expedición portuguesa comandada por el hijo de Vasco de Gama intentó la reconquista del país, pero solo logró victorias parciales y recuperar algunos territorios. Con los portugueses también llegaron misioneros jesuitas, que intentaron convertir al catolicismo a los etíopes. La conversión del emperador causó una gran controversia con el clero local y entre la población, que se alzó en armas. El monarca dio entonces libertad de elección de culto entre la Iglesia ortodoxa copta y el catolicismo.

Preste Juan, un mito africano

Preste Juan era el nombre de un mítico personaje gobernante de un reino oriental que había quedado atrapado entre reinos musulmanes y paganos. La tradición contaba que descendía de los Reyes Magos y que su reino estaba repleto de tesoros y riquezas. La historia fue muy popular entre los exploradores de los siglos XII a XVII y muchos de ellos creyeron encontrar pruebas de este reino en varios países africanos.

El siglo XVII trajo el fortalecimiento del poder real y una serie de medidas encaminadas a erradicar los vestigios católicos del país. En 1633 se decretó la expulsión de los jesuitas y se comenzó a perseguir a los católicos. Con el objetivo de que los misioneros no volvieran a entrar en el país se inició un periodo de aislamiento y se trasladó la capital a Gondar. En 1698 Iyasu I (1654-1706) rompe con la política aislacionista de sus predecesores y acepta recibir una embajada de Luis XIV de Francia. El emperador fue asesinado y dio comienzo un periodo de gran inestabilidad política y social, en la que el ejército asumió el control del país y coronó y depuso a más de siete emperadores en menos de un cuarto de siglo. El siglo XVIII trajo el reinado de un joven Iyasu II, que gobernó durante más de 25 años junto a su madre, propiciando un tiempo de calma y estabilidad institucional al imperio.

La dinastía Kilukeni fundó el reino del Congo hacia el año 1390. Durante el reinado de los dos primeros monarcas el territorio congoleño se acrecentó con la conquista del reino de Loango. El reino desarrolló una Administración centralizada, en la que el poder de las regiones era entregado a familiares del monarca y la población se fue concentrando en la capital, lo que produjo un importante desarrollo económico y comercial debido a la disponibilidad de mano de obra y la menor necesidad de infraestructuras que articularan el reino al completo. El reino del Congo fue una de las monarquías subsaharianas que desde más temprano tuvo contacto con los europeos. En 1483 el explorador portugués Diogo Cao (1440-1486) contactó con los congoleños, que por aquel entonces tenían una importante producción de marfil, artículos de cobre, telas de rafia y una gran cantidad de recursos naturales. Cao realizó un intercambio por el que dejó a portugueses en el Congo y se llevó a gran parte de la nobleza a Portugal, de donde volvieron en 1485 y comenzó la conversión al cristianismo de la corte y del propio monarca africano, que adoptó el nombre de Juan I (1440-1506). Desde entonces se fundó la primera escuela y la Iglesia católica empezó

Alfonso I del Congo

El hijo del rey Alfonso del Congo fue enviado a Europa para ordenarse sacerdote y fue nombrado en 1518 obispo de Útica, siendo el primer prelado nativo de África de la historia.

a establecerse y convertirse en parte fundamental del reino. De hecho, la Iglesia consiguió que los monarcas autorizaran su financiación mediante impuestos a los trabajadores y donaciones reales.

El siglo XVI trajo el reinado de Alfonso I (1456-1542), el primer monarca del África subsahariana en ser reconocido como tal en las cortes europeas. Alfonso creyó que la vertebración del país por la vía de la conversión al cristianismo y la ayuda de los portugueses podrían traer una modernización de su reino y redundar en un gran beneficio para la población. La realidad es que, pese a algunas acciones encaminadas a un justo intercambio comercial, los portugueses habían comenzado a ejercer el comercio de esclavos, que si bien era tradicional en la zona, fue llevado a graves extremos, moviendo forzosamente a los esclavos hasta Santo Tomé e incluso Brasil. Durante su reinado, Alfonso escribió varias misivas a los monarcas portugueses para hacerles saber que se estaban infringiendo los términos del tratado inicial entre las dos naciones, porque los portugueses secuestraban a las personas libres para venderlas como esclavos. Exigió que se terminara con esta práctica y que se creara un registro para poder rastrear el origen de cada esclavo y dirimir la legalidad de la transacción. Los continuos abusos de los mercaderes portugueses terminaron con la paciencia de los monarcas congoleños y en 1555 el rey Diogo I (¿?-1561) los expulsó. Tras la muerte del monarca se sucedieron una serie de golpes palaciegos instigados en gran medida desde la colonia portuguesa de Santo Tomé. En 1568 la nueva dinastía de los Kwilu llegó al poder y pretendió llegar a un acuerdo con los portugueses que fuera beneficioso para ambos reinos. Les cedió bajo el régimen de colonia su establecimiento en Luanda y les solicitó ayuda para hacerse con el reino de Ndongo. Los reyes de la dinastía Kwilu multiplicaron su esfuerzo para occidentalizar el país, creando órdenes de caballería y otorgando títulos nobiliarios al estilo europeo.

Durante el siglo XVII, la frágil dinastía Kwilu dio paso a la de Nsundi. En este tiempo, se multiplicaron los ataques portugueses contra el Congo desde la colonia de Luanda utilizando a mercenarios africanos. Este hostigamiento dio lugar a la primera guerra entre Portugal y el Congo que se saldó con la victoria congoleña en 1623. La victoria causó un importante problema en la colonia de Luanda y los comerciantes se rebelaron contra el gobernador, debido a que la principal fuente de ingresos que tenían era el comercio entre el Congo y el resto del Imperio portugués.

EL NACIMIENTO DE RUSIA Y EL ZARISMO

La consolidación interna y externa del Principado de Moscú realizada por Iván III a finales del siglo XV llevó a la creación, en el siglo XVI, de una nueva forma autocrática y centralizada de gobierno denominada régimen zarista. Durante dos siglos, Rusia vivió una profunda transformación. En el interior desarrolló sus instituciones, su corte y su sociedad para recoger y aplicar el legado de Bizancio y ejercer, como tercera Roma, la jefatura moral y espiritual de la Iglesia ortodoxa. En el exterior, su política expansionista lo convirtió en un inmenso reino que entre 1551 y 1700 creció a una media de 35 000 km² por año.

Desde finales del siglo XV los documentos oficiales del Gran Ducado y el Principado de Moscú comenzaron a denominar al territorio bajo su mando como Rusia. Esta nomenclatura fue extendiendo su uso, y en su coronación en el año 1547 a Iván IV (1530 -1584) se le otorgó el título de zar y gran duque de todas las Rusias.

Con la asunción del título de zar por Iván IV se completó la política iniciada un siglo atrás por Iván III para convertir a Rusia en la nueva cabeza de la cristiandad, asumiendo como propio el legado de Bizancio tanto en lo religioso como en lo protocolar, en el arte o en la forma de ejercer el gobierno. El ideal que subyacía con estos cambios era el de convertir a Moscú en la tercera Roma. La primera estaba asociada al Imperio romano y el inicio del cristianismo, la segunda había sido la Constantinopla del Imperio bizantino, que permaneció fiel a la ortodoxia conservando las esencias cristianas tradicionales. Tras la caída de Constantinopla, gran parte de la nobleza, los artistas, pensadores o el clero, con el patriarca al frente, habían emigrado a Rusia. Esta asunción de la tradición bizantina llegó hasta los lazos de sangre e Iván III se casó en 1472 con la sobrina del último emperador de Bizancio.

La definición de zar

La palabra zar proviene del latín *caesar,* que significa 'emperador', el título utilizado por los monarcas del Imperio romano y del Imperio bizantino de los que los gobernantes rusos querían hacerse herederos.

Iván IV, el primer zar ruso, creyó firmemente en su poder terrenal de origen divino y confirmó las tendencias autocráticas iniciadas por sus antecesores. Durante su reinado, Iván creó un cuerpo militar represor que atacó a los boyares, altos funcionarios que gobernaban ciudades y regiones, a la nobleza, a la que pretendió despojar de gran parte de sus poderes, y a los comerciantes, a los que impuso unos impuestos imposibles de pagar. En la parte final de su reinado, Iván llegó a dividir Rusia en dos partes: una denominada opríchnina, que estaba compuesta por las mejores ciudades y que quedó bajo su propiedad personal, y la otra, que constituía el reino. En la opríchnina la opresión fue en aumento, se produjeron ejecuciones sumarias, confiscaciones…, lo que desembocó en la Masacre de Nóvgorod en 1570. Esta política hizo que Iván IV fuera conocido como el Terrible. El miedo caló en todas las clases sociales y los campesinos comenzaron a abandonar las tierras de la opríchnina para mudarse a territorios que no fueran propiedad del zar. Este decretó entonces la unión de los campesinos a las tierras, prohibiendo la movilidad y volviendo, de hecho, a un estilo de servidumbre feudal. En 1572 Iván terminó con la opríchnina, pero el daño a la economía, al comercio y a la Administración pública ya estaba hecho y tuvo unos efectos devastadores en Rusia.

A la muerte de Iván, accedió al poder su hijo Teodoro I (1557-1598), que no tenía ningún interés por la acción de gobierno, que quedó en manos de su cuñado. En 1589 se proclamó el Patriarcado de Moscú para terminar con la absorción de las costumbres religiosas bizantinas y garantizar la independencia de la nueva iglesia de los intentos de restauración que pudieran tener lugar en el Mediterráneo. Con la creación de la Iglesia ortodoxa rusa se daba un paso más en la vertebración del Estado y en el camino hacia la constitución de un imperio en el que poder civil y religioso caminaban de la mano.

Tras el fallecimiento de Teodoro I se abrió una época de extrema inestabilidad que se ha denominado Periodo Tumultuoso. Entre 1598 y 1613 Rusia se sumió en una eterna crisis sucesoria que derivó en una guerra civil, una gran hambruna y en conflictos armados con Suecia y Polonia. En este caos apareció en Polonia un hombre que decía ser Dimitri, un hijo de Iván IV que había sido heredero al trono y fue dado por muerto a los ocho años de edad. Polonia, con el apoyo del papado, aprovechó esta situación para avanzar sobre Rusia llegando a instalar en el trono al que sería conocido como Dimitri I el Falso. Los polacos pretendían cortar el imparable ascenso ruso y establecer el catolicismo en todos sus territorios. Dimitri fue asesinado, pero la guerra polaco-rusa continuó y el rey polaco decidió llegar hasta Moscú para proclamarse él mismo zar de Rusia. Una vez tomado Moscú, los polacos realizaron en 1612 una serie de purgas en la capital y en otras grandes ciudades en las que los muertos se contaron por millares. Las noticias sobre las atrocidades polacas corrieron como la pólvora entre la población y despertaron un fervoroso sentimiento nacionalista ruso, que cristalizó en una potente revuelta popular que consiguió expulsar a los polacos de la capital. Los líderes revolucionarios, un mercader y un príncipe, convocaron una gran Asamblea Nacional que contó con la Iglesia, la nobleza y los boyardos para elegir a un zar que ocupara el trono vacante. En 1613 eligieron a Miguel Románov (1596-1645) con el nombre de Miguel I, lo que dio comienzo a una nueva dinastía que regiría los destinos de Rusia hasta el fin del régimen zarista en el siglo XX.

Miguel I comenzó su reinado poniendo fin a la guerra con Suecia en 1617 con el Tratado de Stolbovo y con Polonia con la Paz de Deúlino en 1618. Estos tratados supusieron una pérdida de territorios para Rusia, aunque recuperó alguno de ellos, como el Nóvgorod, y trajeron un periodo de calma y estabilidad necesarias para recomponer el país. Durante su reinado, la política interior se caracterizó por una reafirmación de la autocracia zarista imponiendo severas penas de prisión contra los siervos que abandonaran sus tierras, lo que contentó a la nobleza. También por una apuesta por la modernización de la economía con la fundación de las primeras fundiciones de hierro y armerías.

Los siguientes Románov gobernaron Rusia durante el siglo XVII desde una débil posición como nueva dinastía de un reino que apenas salía de varias guerras. Para salvaguardar el trono e ir acrecentando poco a poco su poder confiaron en el apoyo de la potente burocracia de los boyares[70] y la Iglesia ortodoxa. Este camino llegaría a su fin a finales del siglo XVIII con la fundación del Imperio ruso por Pedro I el Grande.

---

70. El código de 1649. El crecimiento del país y la necesidad de la nueva dinastía Románov por controlar cada rincón de su reino llevaron al fortalecimiento de la burocracia estatal de los boyares. En 1613 existían una veintena de departamentos funcionariales y para 1650 el número creció hasta 80. En 1649 se aprobó un código legal que regulaba las funciones de la Administración y abundaba en el concepto de servidumbre, poniendo a los campesinos en manos de los terratenientes y creando en territorios imperiales las comunas en las que debían vivir los trabajadores de la tierra.

EL PENSAMIENTO MODERNO: DEL MÉTODO CIENTÍFICO A LA ILUSTRACIÓN

Los siglos XVII y XVIII trajeron una profunda renovación de las ideas filosóficas y científicas que pretendían superar la idealización del pensamiento aristotélico que dominó las principales corrientes de pensamiento, análisis y estudio científicos durante la Edad Media. La nueva visión positivista del método científico y las ideas ilustradas, que pusieron al individuo en el centro de toda acción, prepararon el camino para la llegada de la Edad Contemporánea con las revoluciones políticas y sociales de finales del siglo XVIII.

El método científico ha sido la base de obtención de nuevos conocimientos a lo largo de la historia. Este método se basa en la observación de un hecho, la medición o experimentación, la formulación de una hipótesis, el análisis de los resultados que permitan saber si la hipótesis es correcta y la estandarización del experimento que lleve a poder repetirlo y obtener los mismos resultados positivos. Con diferentes aproximaciones desde la época de los egipcios, estos pasos han servido para el avance en todas las ciencias. En la Edad Media el método fue tremendamente influido por la concepción aristotélica de la búsqueda de una causa, lo que dio lugar a la imposibilidad de aplicarlo a las nuevas ciencias que surgían al calor de la modernidad.

Francis Bacon (1561-1626) fue un noble inglés que cursaba estudios en el Trinity College. Durante años intentó aplicar la tradición aristotélica a las ciencias que se enseñaban en Cambridge y llegó a la conclusión de que con ese método resultaba imposible y que los resultados que se obtenían eran erróneos. Bacon abandonó la universidad y creó un nuevo método basado en la inducción para conocer todas y cada una de las cosas que ocurrían a su alrededor. Para Bacon la experimentación era la clave de su nuevo método y, aunque él no llegó a avanzar en grandes descubrimientos, abrió el camino para los futuros científicos.

Isaac Newton (1643-1727) fue físico, inventor y matemático que un siglo después puso en práctica el empirismo iniciado con Bacon con la formulación de cuatros reglas fundamentales del razonamiento científico. Estas reglas estaban basadas en la inducción, que le llevaron a realizar importantes descubrimientos en óptica, matemáticas, cálculo, física y astronomía. Marcó un antes y un después en la ciencia con la descripción de la ley de gravitación universal y creó el paradigma de la mecánica clásica mediante un conjunto de leyes[71] que llevan su nombre.

La Ilustración constituye el movimiento espiritual europeo más importante desde la Reforma e influyó sobre el desarrollo político del siglo XVIII. Sus raíces entroncan con el humanismo renacentista, pero sus antecedentes inmediatos estaban en el racionalismo del siglo XVII y el auge alcanzado por las ciencias de la naturaleza, la investigación y la técnica. El ideal de la Ilustración era la naturaleza dominada por la razón. Esta concepción del mundo, que abarcaba todos los aspectos de la vida, fue asimilada rápidamente por la burguesía, una clase social que contaba en aquel entonces con un importante poder económico y una buena formación intelectual.

Una de las novedades que aportó la Ilustración es que no fue un movimiento creador e inédito, sino que su esencia era divulgadora de un gran cambio de paradigma. Tuvo su origen en Inglaterra, pero fue Francia el país que más colaboró en la difusión de sus ideales. Su pensamiento se articuló sobre dos principios renacentistas, el racionalismo y el naturalismo, y se desarrolló alejado de las universidades y academias oficiales. Los filósofos e intelectuales ilustrados se agruparon en los salones de tertulias, siendo los de París los más afamados, y contaron con la imprenta como su mayor aliado para su difusión en libros, folletos, revistas y periódicos. La razón debía abarcar todo aquello que ocurría en la naturaleza, por lo que el pensamiento ilustrado pronto chocó contra todo aquello que se consideraba sobrenatural, divino o basado únicamente en la tradición. Por ello, la Ilustración cargó contra la monarquía y la Iglesia, fundamentos de la sociedad y los pilares del Antiguo Régimen, proponiendo soluciones en el terreno político que fueron desde un gobierno oligárquico aristocrático hasta una democracia socializante. Respecto a la religión, los ilustrados se mostraron deístas, ateos o materialistas.

La primera generación de ilustrados tuvo como máximos representantes a dos filósofos franceses. Uno de ellos fue Montesquieu (1689-1755), que publicó en

---

71. Con las leyes de la dinámica, Newton explicó los movimientos de los cuerpos, sus causas y sus efectos. La primera es la ley de la inercia por la que todo cuerpo permanecerá en estado de reposo o de movimiento uniforme rectilíneo hasta que no sea obligado por otra fuerza externa a cambiar su estado. La segunda ley describe las condiciones necesarias para que haya un cambio en el estado de movimiento o reposo de un cuerpo. La tercera ley, de acción-reacción, explica que con toda acción llega una reacción siempre igual y contraria.

1748 *El espíritu de las leyes*, obra considerada como el inicio del pensamiento ilustrado y donde proponía una monarquía moderada, en la que la libertad no estaba en manos de un gobernante, sino que quedaba asegurada por la separación de los tres poderes: ejecutivo, legislativo y judicial. De estos postulados surgió el nuevo parlamentarismo inglés y las generaciones revolucionarias posteriores. El otro gran filósofo ilustrado fue Voltaire (1694-1778), un gran crítico que abogó por implementar reformas concretas, como la unidad de legislación, la abolición de las aduanas interiores, la implantación de una nueva fiscalidad, la mejora de los procedimientos judiciales... Ambos fueron los referentes de la siguiente generación de pensadores y políticos, ya nacidos en el siglo XVIII, que culminaron los cambios sociales de la Ilustración.

La Enciclopedia, espíritu de la Ilustración

La *Enciclopedia* fue uno de los mayores logros de los ilustrados. Era un diccionario razonado sobre arte, ciencia, filosofía u oficios, que se publicó entre 1751 y 1772. Fue dirigida por los filósofos y escritores franceses Denis Diderot (1713-1784) y Jean le Rond d'Alembert (1717-1783).

EL PARLAMENTARISMO INGLÉS

El Parlamento inglés fue una institución creada en la Edad Media a semejanza de otras Cortes, como las de León, para crear un lugar de discusión y debate entre el monarca y una muestra de la sociedad de su reino con respecto a las medidas de gobierno más importantes de cada nación. Desde su fundación, el Parlamento inglés había vivido tiempos de mayor independencia, junto a otros de olvido y no convocatoria de sus sesiones, pero durante los siglos XVII y XVIII vivió una importante evolución que le llevó a constituir las bases del sistema legal actual británico, en el que se configura como verdadero poder legislativo y contrapeso real a la voluntad del monarca.

Su proceso de evolución comienza desde su misma institución en el siglo XIII y la incorporación de la clase burguesa a su composición en 1295. En el siglo XIV surge la bicameralidad, con una Cámara Alta que reunía al clero y la nobleza y una

Cámara Baja a la que acudían los caballeros y la burguesía. Durante este periodo, la misión principal del Parlamento era la de otorgar legitimidad al propio monarca ante los problemas sucesorios y la de aprobar los impuestos para la Hacienda real. En 1430 se legisló sobre la categoría de elector y se estableció un sufragio censitario basado en la posesión de bienes por un monto de al menos 40 chelines.

El siglo XVI trajo un mayor desarrollo de los reglamentos internos del Parlamento. En 1544 se establecieron los nombres de las dos Cámaras: la Cámara Alta pasó a denominarse Cámara de los Lores y la Cámara Baja se llamó de los Comunes. Mientras el Parlamento estaba constituido, cada miembro de una de las Cámaras podía presentar una iniciativa legislativa y las que venían del monarca eran presentadas por los miembros de su Consejo Privado. Una vez aprobada la iniciativa por ambas Cámaras, el rey debía sancionarla para que se convirtiera en ley o vetarla para evitar su entrada en vigor. El veto era una prerrogativa regia que, si bien fue utilizada en un buen número de ocasiones durante los siglos XVI y XVII, no ha vuelto a ser utilizada desde comienzos del siglo XVIII.

Los poderes legislativos asociados al Parlamento variaban con frecuencia, igual que el sometimiento del rey a la decisión de las Cámaras. Hasta el siglo XVIII esta relación era un sistema de vasos comunicantes en el que ambas voluntades se medían constantemente. La debilidad de un monarca, su necesidad de aprobar nuevos impuestos, las guerras del exterior o las revueltas en el interior determinaban la necesidad del rey de más concesiones al Parlamento o de alguno de los estamentos que lo componían para así asegurarse la aprobación de sus propuestas. Por el contrario, reyes más autoritarios y con una situación de mayor tranquilidad económica o militar tendían a convocar menos veces el Parlamento y a gobernar con decretos o leyes que bordeaban los poderes otorgados a las Cámaras.

Con la llegada del siglo XVII se produjo un punto de inflexión en la historia del parlamentarismo inglés. El rey Carlos I (1600-1649) mostró desde su ascenso al trono una tendencia a imitar a los gobiernos absolutistas que estaban poniendo en práctica los reyes franceses. Durante la guerra de los Treinta Años, el monarca solicitó al Parlamento el permiso para establecer nuevos impuestos con los que sufragar los gastos militares adicionales, pero le fue denegado. Carlos optó por obviar la decisión del Parlamento y recaudó unilateralmente los impuestos, llegando a encarcelar a aquellos que se opusieron a la medida. Ante esta actitud del monarca, ambas Cámaras llegaron a un acuerdo y enviaron al rey un conjunto de medidas que debían garantizar las libertades llamada Petición de Derechos[72]. El rey se negó a aceptarla, pero unos meses más tarde, ante la extrema necesidad de dinero, el rey se vio obligado a asumirla. Sin embargo, inmediatamente después disolvió el Parlamento e inauguró durante más de una década un periodo absolutista en el que gobernó sin convocar a las Cámaras. Ante una nueva revuelta interna en Escocia, Carlos I tuvo que convocar al Parlamento para, una vez más, aprobar nuevos impuestos con el fin de sufragar la respuesta a la rebelión. El Parlamento que surgió fue muy crítico con la actitud del monarca, al que reprendió en varias ocasiones. Los problemas con las revueltas católicas se extendieron a Irlanda y, debido a la desconfianza que los parlamentarios tenían hacia el rey, ellos mismos reunieron un ejército para tratar de aplacarlas.

En 1642 el ejército del rey y el de los parlamentarios se enfrentaron en la batalla de Edgehill. Era el comienzo de la guerra civil inglesa, que se entendería en dos fases: de 1642 a 1646 y de 1648 a 1649. En el marco de la guerra que enfrentó a Carlos I con el Parlamento emergió la figura de Oliver Cromwell (1599-1658), un político y militar que reunió a un ejército para ponerse del lado de los parlamentarios. Sus victorias en el campo de batalla le granjearon pronto el respeto y la admiración de una buena parte de la sociedad. En 1648 Cromwell utilizó su influencia para expulsar del Parlamento a aquellos monárquicos que apoyaban al rey y a los que, si bien querían limitar el poder del monarca, seguían apostando por la monarquía como forma de gobierno. Con el Parlamento gobernado por los fieles a Cromwell, se abrió un juicio a Carlos I por traición que terminó con la sentencia a muerte del monarca y su decapitación.

En el año 1649 se declaró la república y Cromwell asumió el poder de manera temporal. En apenas dos años pacificó Irlanda y Escocia, con lo que cosechó la adhesión de buena parte de la sociedad y del ejército. La Cámara de los Lores fue eliminada y Cromwell fue nombrado lord protector de Inglaterra, estableciendo de hecho una dictadura militar en la que procedió a gobernar de manera cada vez más autoritaria gracias a la estabilidad interior y a las victorias en el extranjero.

---

72. La Petición de Derechos de 1628 fue una norma que buscaba controlar la deriva absolutista de Carlos I. Impuso restricciones al uso de los impuestos, al acantonamiento de soldados en casas privadas de manera obligatoria, a la ley marcial y a las detenciones arbitrarias reafirmando el *habeas corpus*.

En 1657 el Parlamento ofreció a Cromwell la corona, pero tras unas semanas de deliberación la rechazó. Hizo saber que aceptaría ser nombrado de nuevo lord protector con mayores poderes. Estos le fueron otorgados en una ley llamada Humilde Petición y Consejo, en la que incluso se le otorgaba la facultad de nombrar a su sucesor como lord protector. Cromwell falleció en 1658 y fue sucedido por su hijo Richard Cromwell (1626-1712), quien, por su falta de liderazgo y sin apoyos en el Parlamento, apenas duró un año en el cargo hasta que dimitió en 1659 y con ello puso fin a la época republicana.

En el interregno en el que el puesto de gobernante estuvo vacante, se sucedieron gran número de negociaciones y algunas tensiones que desembocaron en 1660 en el ofrecimiento de la corona a la dinastía de los Estuardo en la persona de Carlos II (1630-1685). Pero la restauración dinástica no terminó con los enfrentamientos con el Parlamento y las tensiones religiosas con los católicos. A Carlos le sucedió su hermano Jacobo II (1633-1701), muy relacionado con los católicos y cuyo reinado levantó suspicacias entre los protestantes. Jacobo, ante la posibilidad de una nueva guerra civil, intentó huir de Inglaterra. El Parlamento consideró que el intento de huida suponía una abdicación y al no estar en funciones se convocó una Convención Parlamentaria para dirimir la sucesión y otorgar el trono, que volvía a estar vacante. La decisión de los parlamentarios cambiaría el rumbo de Inglaterra y del parlamentarismo. Se decidió evitar al hijo de Jacobo y se optó por su hija María II (1662-1694), de probada fe protestante. El Parlamento impuso a María y a su marido Guillermo de Orange (1650-1702) la Declaración de Derechos de 1689, en la que se delimitaban los poderes del rey y del Parlamento. Se estableció que el monarca no podría crear ni eliminar leyes o impuestos sin la aprobación del Parlamento. Declaraba contrario a la ley reclutar o mantener un ejército en tiempos de paz sin el permiso del Parlamento. Las Cámaras deberían reunirse con una frecuencia regular, las elecciones debían ser libres y nadie podría obstaculizar ni negar las decisiones que se hubieran tomado en el Parlamento. Esta declaración también limitó los poderes de la nobleza y decretó la libertad religiosa basada en la tolerancia de las religiones no anglicanas. Este conjunto de normas supusieron el fin de la monarquía autoritaria, de carácter divino, iniciaron el camino de la monarquía constitucional británica que perdura hasta nuestros días y tuvieron una gran influencia en las revoluciones francesa y americana del siglo siguiente.

Sobre la ley de Instauración

En 1701 se aprobó el Acta de Establecimiento que regulaba la sucesión al trono, garantizando la corona para los sucesores protestantes de la Casa de Hannover. Esta ley limitó el acceso al trono inglés a los católicos y permitió en 1714 la llegada de la nueva dinastía tras la muerte de la última reina Estuardo. El texto sigue siendo hoy en día aplicable a la sucesión a la corona del Reino Unido.

EL ABSOLUTISMO: LA FRANCIA DE LA DINASTÍA BORBÓN

El absolutismo fue un régimen político que tuvo su máximo apogeo en la Europa de los siglos XVII y XVIII con la monarquía francesa de la dinastía Borbón como máximo adalid. Fue un sistema de gobierno que heredó las estructuras del Antiguo Régimen e identificó la figura del monarca con la del propio Estado. Del rey emanaban todos los poderes y sobre él solo se situaba la ley divina, que daba legitimidad al poder real.

Con la llegada del Estado moderno se sentaron las bases que darían lugar al absolutismo. En el periodo de formación de los nuevos Estados-nación, los monarcas tuvieron una clara tendencia a reforzar el poder real en detrimento de los poderes estamentales de la Edad Media. En ese tiempo, los reyes consiguieron restar poder a la nobleza, a las ciudades, a los fueros de regiones o gremios, e incluso a las Cortes o Cámaras tradicionales de cada reino con la creación de una nueva serie de instituciones, como los Consejos. En este primer momento, la Iglesia salió indemne de los diferentes intentos de acotar su poder, pero los enfrentamientos del papado con el Sacro Imperio Romano Germánico y la Reforma protestante en todas sus vertientes, hicieron que la Iglesia católica perdiera gran parte de su prestigio moral y fuerza coercitiva y tuviera que apostar por estrechar los lazos con los monarcas para buscar su protección. Este fenómeno también se dio en reinos de fe ortodoxa, anglicana o luterana; en este caso, las nuevas iglesias necesitaban el apoyo del monarca para convertirse en religión oficial del Estado y también cedieron parte de su poder para garantizarse la supervivencia.

En los siglos XV y XVI, el Estado se componía de: un ejército conformado por un pequeño número de militares al servicio de la corona y los soldados propios de cada noble; la Hacienda real, que apenas tenía recursos propios y debía acudir a las

Cortes a solicitar nuevos impuestos con los que financiar guerras, expediciones o grandes obras públicas; una mínima cantidad de diplomáticos sin formación específica que eran familiares de los monarcas u otras personas de su confianza y una alta burocracia copada por nobles de distinto rango con cargos hereditarios. Para poner en marcha el Estado absolutista, los monarcas llevaron a cabo una profunda transformación de las instituciones del Estado. Así, se puso fin a las mesnadas medievales que aportaban los nobles al ejército, se profesionalizó su composición y se implementó un único mando que ostentaba el rey. La burocracia y la diplomacia también se profesionalizaron y los puestos pasaron a ser adjudicados a personas que debían demostrar mérito, capacidad y una absoluta fidelidad al rey. La Hacienda real tuvo entonces que sufragar una Administración pública en clara expansión. Para ello, el rey tomó las riendas de los ingresos del Estado, centralizándolos y recurriendo con asiduidad a la deuda pública avalada por el conjunto de los bienes del país. Una vez que todas estas administraciones fueron transformadas, el monarca podía dar órdenes a todas las administraciones del Estado que las obedecían.

Con el nuevo sistema apenas existían límites a la voluntad del monarca, aunque se conservaron algunos de ellos. Por ejemplo, la ley divina, a la que todas las personas, desde el rey al último reo de una cárcel, estaban sometidos. También el derecho natural, que el rey no podía modificar, como el derecho de gentes o leyes de otros pueblos con los que el Estado se relacionaba, o cuestiones básicas del derecho privado, como la propiedad o la sucesión. Asimismo, la existencia previa de algunas leyes fundamentales limitaban la voluntad del monarca, como las referentes al tema de sucesión y acceso al trono, lo que daba al monarca su legitimidad de derecho para ostentar el cargo, o la legislación sobre regencias durante la minoría de edad del rey.

Francia es el máximo ejemplo del absolutismo de los siglos XVII y XVIII. Un siglo antes, el país se componía de un sinfín de regiones lideradas por una nobleza cuasi medieval muy apegada a la tierra. De una región a otra cambiaban las tradiciones, dialectos, legislación aplicable o las decenas de privilegios y excepciones concedidas a las ciudades o los nobles tras sus servicios a la corona durante siglos. Los reyes franceses eran considerados por el resto de nobles como un *primus inter pares*, cuyos ingresos procedían de sus tierras patrimoniales y no ejercían poder jurisdiccional ordinarios sobre los territorios del resto de nobles. Luis XI (1423-1483) comenzó a reducir este poder jurisdiccional y a centrarlo en la corona. El problema que surgió fue la ineficacia de las órdenes reales debido a que por la lentitud de las comunicaciones estas no llegaban en tiempo y forma. Para solventar este problema se creó un cuerpo de gobernadores locales que respondían directamente ante el monarca.

A comienzos del siglo XVII se produjo el impulso reformista que consagraría el absolutismo en el país. Este llegó de la mano de dos cardenales, Richelieu (1585-1642) y Mazarino (1602-1661), que ejercieron sucesivamente de primeros ministros. Richelieu llegó al cargo en 1624, siendo rey Luis XIII (1601-1643) y comenzó a implementar una serie de cambios, como la abolición en 1626 del cargo de condestable de Francia, que era el tradicional comandante en jefe del ejército, para que esta dignidad fuera asumida por el monarca. Impuso la destrucción de todas las fortalezas y construcciones defensivas que se encontraban en el interior del país, permaneciendo en pie únicamente las de localidades fronterizas o áreas de extremo peligro. Con esta medida dejó sin defensas a los nobles que pretendieran levantarse en armas contra el monarca. También llevó a cabo la unificación religiosa de Francia, imponiendo el catolicismo y terminando en 1628 con los hugonotes, un grupo protestante con fuerte presencia en la costa atlántica de Francia. En materia económica, impuso nuevos impuestos a la sal y sobre la propiedad de la tierra y creó la Compañía de la Nueva Francia para monopolizar de manera centralizada el comercio ultramarino. Antes de morir, Richelieu recomendó al monarca que el cardenal Mazarino le sucediera como primer ministro. Mazarino inició su mandato a las órdenes de Luis XIII, pero tan solo un año después este murió y la reina Ana de Austria (1601-1666) ejerció la regencia hasta que su hijo Luis XIV (1638-1715) llegó a la mayoría de edad.

Luis XIV fue coronado en el año 1658 y con él comenzó un reinado personal en el que siguió contando con Mazarino como primer ministro. El monarca continuó aplicando los principios absolutistas establecidos por los dos cardenales. En materia económica, su ministro Colbert[73] aplicó un novedoso esquema mercantil y financiero que multiplicó por tres los ingresos de la Hacienda real. En el exterior, favoreció la acción expansionista en América, África y Asia. Luis salió victorioso de varias contiendas con sus vecinos. También se propuso disminuir el poder de

---

73. Jean-Baptiste Colbert (1619-1683) fue uno de los más eficientes ministros de Luis XIV. Aplicó una novedosa política económica basada en el intervencionismo y el mercantilismo. Desde el gobierno se promovió el desarrollo económico mediante el establecimiento de monopolios públicos sobre algunas mercancías y se fundaron fábricas e industrias estatales.

los dos estamentos que no pagaban impuestos: clero y nobleza. Para controlar al clero apostó por la doctrina del galicanismo, que restaba poder al papado sin llegar a desafiar su autoridad, frente a la Iglesia y los obispos locales que vivían de los privilegios otorgados por el monarca. Con la nobleza francesa, muy tendente a las rebeliones y los golpes palaciegos, Luis XIV creó un inteligente sistema de corte residente junto al monarca. Hasta entonces, los grandes nobles, propietarios de inmensos territorios, ostentaban los más altos cargos del Estado y preferían vivir en sus posesiones alejadas del monarca. Luis les apartó de estos cargos, donde colocó a profesionales de la burocracia o a nobles de nuevo cuño que apenas tenían tierras a su cargo. Para apaciguar a la antigua nobleza, el rey comenzó a otorgar favores, concesiones, monopolios, premios y pensiones, pero solo a aquellos nobles que residieran con él en palacio durante la mayor parte del año. Así, todos aquellos que querían participar de los beneficios de la pujante monarquía debían residir junto al rey, lo que hacía más difícil crear ejércitos subversivos y planear alzamientos. Por último, Luis XIV llevó a cabo una revisión del protocolo de la corte que giraba alrededor del monarca y en el que cada noble jugaba un papel determinado, jerarquizado y cambiante, dependiendo de la voluntad del monarca, lo que trasladaba una sensación de inseguridad a los nobles, que debían luchar entre ellos para ganarse cada día el favor del rey y sus prebendas. Luis XIV murió en 1715 tras más de siete décadas de reinado. Atrás dejaba una inmejorable carta de presentación para Francia, a la que convirtió en símbolo del absolutismo, la potencia europea más poderosa del siglo XVIII y ejemplo para el resto de monarcas, que pronto implementaron variaciones de los postulados franceses. Cuando el Rey Sol se eclipsó, le sucedió su biznieto Luis XV (1710-1774), conocido como el Bienamado. Su reinado nada tuvo que ver con el de su predecesor, pues, aunque continuó con la forma de gobierno de Luis XIV, su desinterés por la política y la incapacidad de

La corte de Versalles

El palacio de Versalles fue reformado por Luis XIV y lo convirtió en sede de la corte. Tiene más de 67 000 m^2 y 700 habitaciones. Durante años fue símbolo del absolutismo francés. El rey obligaba a vivir allí a los nobles, muchos de los cuales se quejaban de la falta de espacio, de los malos olores y del frío.

sus ministros, comenzó a germinar el descontento que daría lugar al final del siglo XVIII a la Revolución francesa.

LA GUERRA DE SUCESIÓN ESPAÑOLA: EL FIN DE LOS AUSTRIAS Y LA PAZ DE UTRECHT

El final del siglo XVII y el inicio del siglo XVIII trajeron un convulso cambio en la dinastía reinante en España. Los Austrias, ligados al trono imperial de los Habsburgo, quedaron sin herederos y se inició una cruenta guerra en toda Europa para situar en el trono español a un monarca que beneficiara los intereses de alguna de las potencias en combate. La llegada de la dinastía Borbón, de procedencia francesa, dio comienzo a un linaje regio que se mantiene en la actualidad en España y a una restructuración de la Monarquía Hispánica, que tomó el ejemplo galo y se tornó absolutista. El fin de la contienda con la Paz de Utrecht reordenó los equilibrios de poder entre los reinos europeos.

La muerte de Carlos II (1661-1700), último rey de España de la dinastía de los Austrias después de una larga convalecencia, creó un grave conflicto sucesorio debido a la falta de herederos directos. El monarca había otorgado un mes antes de fallecer un testamento en el que legaba la corona española a Felipe de Anjou (1682-1746), nieto de Luis XIV de Francia. Este candidato estaba apoyado por la curia romana, el papa Inocencio XII (1615-1700) y el Consejo de Estado de Castilla. Para que el testamento se consumara, Felipe de Anjou debía aceptar una serie de condiciones: renunciar al trono de Francia y tomar como esposa a una archiduquesa austriaca para evitar futuros conflictos. El nuevo monarca llegó a España en 1701 y accedió al trono como Felipe V. Los tambores de guerra comenzaron a sonar cuando Luis XIV de Francia declaró, nada más ser nombrado Felipe V rey de España, que este aún conservaba derechos a la corona de Francia, incumpliendo el Tratado de Partición. También se adjudicó el gobierno de los Países Bajos, en contra de los términos de la herencia de Carlos II, y concedió a los comerciantes franceses el monopolio de asiento de esclavos, así como numerosas concesiones en el comercio con las colonias americanas de la corona española. Estos hechos provocaron la creación de la Gran Alianza Antiborbónica (o de La Haya) entre el imperio de los Habsburgo, Holanda e Inglaterra en el año 1701, que pretendía situar en el trono español al archiduque Carlos (1685-1740), lo que dio pie a la declaración formal de guerra entre ambos bloques.

Un problema de salud

Carlos II pasó a la historia con el sobrenombre de el Hechizado debido a su aspecto físico y sus graves problemas de salud. Sus coetáneos creían que su infertilidad y frecuentes enfermedades, que le mantenían en un estado de permanente debilidad, se debían a la brujería. Los estudios posteriores señalan que sus problemas médicos se debieron a la sucesión de matrimonios consanguíneos que practicó la dinastía de los Austrias en España durante los siglos XVI y XVII.

La contienda pronto adquirió un nivel europeo. Los primeros combates tuvieron lugar en Italia, donde las tropas imperiales ocuparon Mantua, Módena y Guastalla. Felipe V se unió a las tropas francesas que operaban en el valle del Po y ocuparon el Milanesado, pero los austriacos resistieron y el rey tuvo que volver a España. En 1703 la guerra continuaba en el exterior y Portugal se unió a la Gran Alianza por el Tratado de Methuen. Este hecho facilitó a Inglaterra una excelente base de operaciones y el grueso de los combates se trasladaron a la península ibérica. El archiduque Carlos desembarcó en Lisboa en 1704, año en que los ingleses se apoderaron de Gibraltar y lo declararon bajo soberanía inglesa. En 1705 Carlos fue trasladado por una flota inglesa hacia Cataluña y desembarcó en Denia, donde se declaró rey. Eso provocó el paso del reino de Valencia a su bando, Barcelona capituló y los partidarios del archiduque se extendieron por Aragón de modo que la contienda adquirió la dimensión de guerra civil dentro del propio reino español. La contraofensiva para recuperar Barcelona de Felipe V fracasó y tuvo que enfrentarse a la invasión de un ejército que, desde Portugal, avanzaba hacia el interior, por lo que abandonó Madrid. En 1707 los ingleses se apoderaron de Nápoles y Cerdeña y en 1708 de Menorca. En el frente oeste peninsular los aliados fueron derrotados en la batalla de Almansa, recuperando Valencia y Aragón para Felipe V. En 1710 una nueva ofensiva de Carlos en la Península lo llevó hasta Madrid, pero al no poder establecer contacto con el ejército de Portugal, tuvo que retirarse.

En 1711 se produjo un giro en los acontecimientos que no estaba relacionado con la contienda militar. El emperador del Sacro Imperio Romano Germánico falleció de manera inesperada sin tener descendientes varones, por lo que, según las leyes sucesorias imperiales, el archiduque Carlos era el legítimo heredero del trono imperial. En esta situación, si Carlos hubiera vencido en la guerra española, hubiese reunido en su persona ambos tronos, lo que habría resucitado el imperio de Carlos V de Austria. Este hecho despertó los recelos de los aliados de Carlos, que temían a unos Habsburgo con tanto poder. Así, Inglaterra cambió de posición y optó por reconocer a Felipe V y comenzar a negociar con Francia una paz duradera. Por su parte, los holandeses también recelaron y conminaron a todas las partes a reunirse en Utrecht para encontrar una solución que dejara satisfechos a todos los contendientes.

La guerra de Sucesión española se dio por concluida con la serie de pactos que se firmaron en 1713 y 1714[74], conocidos como la Paz de Utrecht. En estos acuerdos Francia pactó por separado con Inglaterra, Holanda, los Saboya, Portugal y Prusia y España hizo lo mismo con Inglaterra, Holanda y los Saboya. En dichos tratados hay cláusulas destinadas a restablecer la situación anterior a la guerra y algunas rectificaciones para instaurar el equilibrio de las potencias europeas en todos los continentes en los que tenían posesiones. Francia cedió a los ingleses la bahía de Hudson y Terranova en Norteamérica y la isla de San Cristóbal en el Caribe, además de reconocer a los Hannover como la dinastía reinante en Inglaterra en detrimento de los Tudor.

Con estos pactos también se desarticularon los restos del Imperio español que quedaban en la Europa continental. España firmó con los aliados varios tratados que se sucedieron de 1713 a 1715 y por los cuales concedió a Inglaterra el navío de permiso, un barco de 500 toneladas con el que comerciar anualmente con las colonias americanas españolas, rompiendo el tradicional monopolio castellano, el asiento de negros por el que durante 30 años podría llevar esclavos negros para venderlos en las colonias españolas, Gibraltar y Menorca. A su vez,

---

74. Los Decretos de Nueva Planta fueron una serie de reales cédulas aprobadas entre 1707 y 1716 por Felipe V para abolir las leyes e instituciones propias de los reinos que componían la corona de Aragón, partidaria en la guerra del archiduque Carlos. Con esta nueva legislación se ponía fin a la estructura jurídica, administrativa e institucional de la Monarquía Hispánica y se optaba por el centralismo de corte francés. Los decretos también cambiaron parte del entramado jurídico y administrativo de la corona de Castilla.

los Países Bajos españoles pasaron a Austria, lo mismo que Nápoles, Milán, los presidios toscanos y Cerdeña. Los Saboya, por su parte, recibieron de España la isla de Sicilia.

El resultado de todos estos acuerdos fue una nueva época regida por tres principios: el de equilibrio entre Estados para que ninguno adquiriera una fuerza individual capaz de imponerse al resto; el de horizontalidad, en el que entraban en juego Estados independientes y autónomos, que podían formar alianzas variables para forzar un equilibrio entre las principales potencias, y, por último, el principio británico del *balance of power,* que se aplicó a todo el orden internacional, por el que toda institución, autoridad, poder o territorio debía tener siempre un freno capaz de enfrentarlo para mantener un orden. Este sistema y su armonía se basaba en el equilibrio de tres grandes potencias: Francia, Austria e Inglaterra, que se agruparán, según las circunstancias, con las de un segundo grupo: España, Holanda, la dinastía Saboya, Prusia y Rusia. Comenzó así una concepción global, en cuanto al territorio, de la política frente a la estrechez y el eurocentrismo típico de los tiempos medievales.

LA PRIMERA REVOLUCIÓN INDUSTRIAL Y LA TRANSFORMACIÓN DE LA SOCIEDAD

Hay muy pocos acontecimientos a lo largo de la historia que hayan tenido una influencia o supuesto un cambio tan radical en el modo de vida de la humanidad como la Revolución Industrial iniciada en Europa durante los siglos XVIII y XIX. La Revolución Industrial no fue una mera introducción de nuevas técnicas productivas y la maquinización del trabajo, sino que transformó desde sus mismos cimientos las sociedades británica, europea, norteamericana y mundial con consecuencias directas en su propia estructura y dio origen a un nuevo modelo social y de valores.

La Revolución Industrial comenzó a lo largo del siglo XVIII con el inicio de un proceso de industrialización en la mayor parte del continente europeo. Varios países vivieron una transformación gradual desde una sociedad predominantemente agraria hacia otra en la que la industria iba alcanzando una importancia creciente y se difundía el moderno sistema de producción fabril. Gran Bretaña fue el primer país en experimentar estas profundas transformaciones sociales y económicas. Las causas que permitieron desarrollar este proceso en Inglaterra no son únicas, sino que son variadas, estructurales y con sinergias entre ellas, que aceleraron el proceso creando un círculo virtuoso que lo llevó a buen término. Entre las más importantes cabe destacar el acceso de la burguesía al poder político. En Inglaterra, la Revolución de 1689 trajo una limitación del poder real y una mayor fuerza de la burguesía en el Parlamento, desde donde pudo presentar iniciativas legislativas que poco a poco fueron transformando las políticas del Estado y favoreciendo un sostenido crecimiento económico. Otro importante factor fue el proteccionismo económico del que gozaba el mercado inglés desde el siglo XVI, que impedía a los barcos de pabellón extranjero introducir mercancías en Inglaterra, o la prohibición de importar textiles aprobada en 1700, lo que permitió el florecimiento de una industria local que creó un importante tejido productivo que en los siglos siguientes pudo utilizarse para la exportación. Un factor fundamental fue la aplicación de sucesivas reformas agrarias que transformaron la estructura de la propiedad, favoreciendo el latifundismo y la concentración de tierras. Los grandes propietarios tuvieron así un incentivo para promover la innovación en los cultivos e impulsar la mecanización, pues los altos costes de estos procesos podían ser diluidos entre la enorme producción. Así, se desató un espíritu innovador que favoreció la introducción de nuevos cultivos y técnicas, como el abonado del campo, el fin del barbecho, la rotación de cultivos, las mejoras en la cría de ganado y la llegada de la sembradora mecánica. Hay que destacar también el abaratamiento de los costes del transporte de mercancías gracias al desarrollo de una densa red de canales, la apertura de caminos de peaje, las constantes mejoras en la navegación oceánica y el desarrollo posterior del ferrocarril y por carretera a finales del siglo XIX. Es importante destacar también el estable y seguro sistema bancario inglés, que facilitaba créditos a bajo tipo de interés y favoreció el endeudamiento para la adquisición de bienes de producción y la financiación de las empresas.

Todas estas causas afectaron de manera distinta a las diferentes industrias. En una primera época, la principal beneficiada fue la industria del algodón, que en Inglaterra pasó de 2400 telares mecánicos en 1813 a 224000 en 1850. La industria siderúrgica tuvo que hacer frente a mayores dificultades, pese a la existencia de materias primas en suelo británico y del tirón de la agricultura y del textil a través la construcción de maquinaria, y no comenzó a despegar con firmeza hasta que el ferrocarril dio un nuevo impulso a la industrialización.

La introducción de mejoras técnicas y nuevos métodos productivos afectó a las principales ramas productivas. Así, la máquina de vapor de Newcomen desarrollada en 1712 se utilizó en la minería, la industria textil y el transporte. La técnica que transformaba el carbón en coque, desarrollada en 1709, favoreció a todas las industrias. La lanzadera volante de 1773 y la máquina de hilar mecánica consiguieron que entre 1770 y 1790 la producción de hilo de algodón creciera un 1000%.

Si, en el caso de Inglaterra, los historiadores hablan de Revolución Industrial por ser el origen de esta, en el resto del continente creen conveniente utilizar el término industrialización porque fue más tardía que en el caso británico y porque en ninguno de los Estados del continente se dio la conjunción simultánea de las condiciones expuestas. Es más, la presencia de materias primas y la población se vieron lastradas localmente, bien por la persistencia de la sociedad estamental del Antiguo Régimen, bien por la ausencia de una red eficiente de comunicaciones o de instituciones financieras modernas. Estas especificidades inglesas no se repitieron en otros países continentales, por lo que la industrialización tuvo como requisito indispensable el triunfo del liberalismo político y económico y, luego, la intervención decidida de los diferentes gobiernos. Bélgica y Francia comenzaron su industrialización hacia 1830. Alemania comenzó su proceso en 1834 gracias a la entrada en vigor de la unión aduanera de ese mismo año. Del primer tercio del siglo XIX también son sus comienzos en el norte de Italia y algunas regiones de Austria. En todos estos lugares, la intervención estatal fue decisiva y encontró su apoyo en el incipiente nacionalismo y en la necesidad de superar el atraso económico debido a la debilidad de la iniciativa privada.

La Revolución Industrial tuvo innumerables consecuencias que afectaron a todos los órdenes de la vida, entre las que cabe destacar el desarrollo de un nuevo método de producción, el método fabril, que sustituyó al método artesanal. La división del trabajo, la especialización y las economías de escala que llegaron con la Revolución Industrial produjo un aumento de la producción, el abaratamiento de los productos o el desarrollo de la economía de mercado y el capitalismo. Su necesidad de financiación duradera y estable conllevó el desarrollo y perfeccionamiento del sistema financiero y bancario. Todas estas innovaciones procedían del espectacular desarrollo de la ciencia y de la técnica, que se retroalimentaban entre sí: cuanto más avanzaba el desarrollo, más crecían los nuevos descubrimientos científicos y técnicos, y viceversa. La industrialización, además, dio lugar a cambios sociales y, con ellos, llegaron nuevas ideologías políticas, como el liberalismo, la aspiración democrática, el comunismo o el anarquismo.

Las consecuencias de la Revolución Industrial no solo fueron positivas, porque con ella aparecieron la deshumanización del trabajo y la alienación de los trabajadores, así como la explotación laboral infantil y femenina. El sometimiento de los trabajadores a condiciones de vida muy duras daría lugar a un sentimiento de unidad que crearía la clase social del proletariado.

Sin duda, la más importante de las consecuencias de la Revolución Industrial fue la conformación de un nuevo modelo de estructuración de la sociedad. Este proceso fue lento e iba aparejado con el crecimiento de la burguesía y el proletariado, pero tuvo momentos de súbita explosión en los diferentes estallidos sociales o revoluciones que producían un cambio súbito en la sociedad de los países. En conjunto, el resultado claro, visto con perspectiva histórica, fue la crisis del modelo social del Antiguo Régimen, caracterizado por la existencia de una sociedad estamental, con escasas posibilidades de ascenso social, y en la que el poder y la propiedad de la tierra estaban concentradas en los estratos superiores, las actividades artesanas estaban rígidamente controladas por los gremios, en los que se reproducía el modelo social anterior, con el resultado de una gran rigidez en el funcionamiento de la economía y la ausencia de un mercado eficiente.

La Revolución Industrial supuso el incremento del poder económico de las nuevas clases burguesas, ligado al comercio y a la industria libre de trabas. Una vez que alcanzaron el control de los resortes económicos, las clases medias quisieron controlar también el poder político y pidieron el reconocimiento de derechos que garantizasen su posición mediante la participación directa en el gobierno. Este acceso al gobierno de las nuevas clases sociales llegó en Estados Unidos con su independencia en 1779, de manera gradual en Inglaterra desde 1689, de manera violenta en Francia con las revoluciones de 1789 y 1830, y hacia mediados del siglo XIX en Alemania gracias a la adaptación de su nobleza a los nuevos tiempos. El nuevo modelo, que se fue implantando de forma gradual desde el siglo XVIII y a lo largo de los dos siguientes siglos, estuvo marcado por la expansión del liberalismo, la implantación del Estado de derecho, la democratización de la sociedad y la sustitución de la sociedad estamental por la sociedad de clases económicas. El clero fue el gran perdedor, la aristocracia logró conservar algunas parcelas de su poder en varios países y el campesinado se fue transformando parcialmente en proletariado urbano, que no consiguió salir de su situación desfavorecida hasta el desarrollo de los Estados sociales del siglo XX.

El inicio de la Edad Contemporánea: las diferentes formas de gobierno

EL MANDATO DEL CIELO: AUGE DE LA DINASTÍA QING

La dinastía Qing gobernó China desde 1643, cuando el joven Shunzhi se coronó emperador, hasta que en el año 1912 se proclamó la República de China. El imperio Qing duró, por tanto, casi tres siglos, durante los cuales se sentaron las bases territoriales de la China de nuestros días.

El abuelo del emperador Shunzhi había unificado los pueblos yurchen de la región que posteriormente sería conocida como Manchuria. Los yurchen habían gobernado ya todo el norte de China al fundar la dinastía Jin en el siglo XII. El padre de Shunzhi creó una nueva identidad nacional para su pueblo, adoptó el nombre de manchú y sustituyó el nombre dinástico Jin por Qing, que significa 'puro'.

Cuando Shunzhi subió al trono tenía solo seis años, por lo que su tío Dorgon (1612-1650) asumió la regencia, trasladó la capital manchú a Pekín y continuó conquistando los territorios que habían estado bajo la autoridad de la caída dinastía Ming. En 1644 Shunzhi asumió el mandato del cielo, el concepto chino de la legitimidad imperial, en una solemne ceremonia en el Templo del Cielo.

El concepto del mandato del cielo se remonta a la dinastía Zhou, hacia el año 1000 a. C. A lo largo de la historia china fue invocado en diferentes ocasiones, bien para asegurar la legitimidad del emperador reinante, bien para legitimar una revuelta si el gobernante en ejercicio «había perdido el mandato del cielo». El concepto se sustenta sobre la idea de que el cielo, concebido como el conjunto de divinidades tradicionales chinas, es el que garantiza el derecho a gobernar de los emperadores. Un único soberano posee el mandato del cielo para gobernar sobre toda China, por lo que cualquier otro tendrá carácter ilegítimo. Si un gobernante actúa contra los intereses del pueblo, el imperio sufre catástrofes, como pestes y sequías bajo su reinado, lo que significa que ha perdido el mandato del cielo.

Al invocar este concepto, los manchúes afirmaban que la dinastía Ming había perdido la legitimidad para gobernar y que esta había pasado a los Qing, que, aunque eran vistos como extranjeros, eran firmes defensores de la ética y moral confucianas. Dorgon se valió de esta legitimidad para perseguir a los Ming y expulsarlos de China continental hasta lograr que los últimos representantes de la dinastía tuvieran que refugiarse en la isla de Taiwán. Tras la muerte de Dorgon, Shunzhi tuvo de imponerse a los nobles manchúes que ambicionaban un papel similar al que había tenido el antiguo regente. Shunzhi llevó a cabo una política basada en la división étnica entre chinos han, mongoles y manchúes. Fomentó el budismo tibetano, cuyo líder espiritual, el dalái lama, había ensalzado la figura del emperador como artífice de la unión política entre manchúes, mongoles, tibetanos y chinos. Él y sus sucesores implementaron una política de discriminación hacia los han, a los que prohibió servir en el ejército como oficiales y vedó el acceso a cargos políticos. Los manchúes impusieron su estilo de peinado y su forma de vestir, así como la lengua manchú, que se utilizaba para los asuntos de alta política.

Tras la muerte de Shunzhi le sucedió su hijo Kangxi (1654-1722), cuyo reinado de 61 años fue el más largo de la historia imperial china. Kangxi inauguró la época conocida como el Alto Qing, que fue una etapa de prosperidad económica y cultural, así como de gran estabilidad interna. Sus sucesores, los emperadores Yongzhen (1678-1735) y Qianlong (1711-1799), favorecieron los intereses del campesinado al mantener unos impuestos agrícolas muy bajos y llevar a cabo una profunda y necesaria reforma agraria. La población china se multiplicó hasta llegar a constituir un tercio de todos los habitantes del planeta. El emperador Qianlong llevó a cabo, además, una importante expansión territorial con la anexión de los territorios de Taiwán, el Tíbet, Zungaria y Mongolia.

En 1796 la Sociedad del Loto Blanco se rebeló contra el gobierno Qing. La rebelión se extendió hasta 1804 y marcó un punto de inflexión en la historia de la dinastía Qing. El comercio con Occidente comenzó a convertirse en una fuente de tensiones tanto internas como externas con las disputas comerciales en torno al narcotráfico de opio como eje central.

El apoyo político al Tíbet

Desde el inicio de la dinastía, los emperadores Qing habían sido el principal apoyo político para el régimen del dalái lama. En 1717 los zúngaros invadieron el Tíbet y el emperador Kangxi reaccionó enviando una expedición militar que expulsó a los invasores y tomó la ciudad de Lhasa, convirtiendo al Tíbet en un estado vasallo. En 1750 una revuelta en Lhasa expulsó al dalái lama de la ciudad y amenazó con desestabilizar el Tíbet. Qianlong envió tropas a fin de sofocar la revuelta y restauró al dalái lama como gobernante nominal, aunque bajo la supervisión directa de un gobernador chino y una guarnición de tropas imperiales.

ESTADOS UNIDOS DE AMÉRICA: ORIGEN E INDEPENDENCIA

A finales del siglo XVIII surgió en las colonias europeas de América del Norte un nuevo país llamado Estados Unidos de América. Nacido del fervor por las ideas liberales contrarias al Antiguo Régimen, se constituyó en una república de corte democrática y pronto se erigió como un nuevo actor internacional de primer nivel. Durante tres siglos ha evolucionado hasta conseguir ser símbolo de los ideales liberales y de la democracia a nivel global.

La fundación, desarrollo e independencia de las Trece Colonias de la corona inglesa en Norteamérica fue, por una parte, resultado de la pugna global por la hegemonía entre España, Francia e Inglaterra y, por otra, de su peculiar carácter social, económico e ideológico. Estas tierras, que acabaron conformando el núcleo primigenio de un nuevo país, los Estados Unidos, comenzaron a poblarse con europeos a finales del siglo XVI. Sus territorios eran, de forma mayoritaria, concesiones efectuadas por la corona inglesa a favor de personas, compañías o grupos religiosos que llegaron al Nuevo Mundo por diferentes motivaciones: el interés comercial o el deseo de establecer comunidades modelo de carácter religioso puritano. Según aumentaron su tamaño y población, pasaron a estar bajo la autoridad directa de la corona, que elegía a los gobernadores, pero disfrutaban de un alto nivel de autonomía con sus Asambleas Coloniales, en las que tenían permitido debatir los asuntos locales. Estas colonias mantenían una extraña equidistancia entre sí: por una parte, recelaban de los intentos de unión entre ellas, como el plan presentado por Benjamin Franklin (1706-1790) en 1774, pero tenían aún más cautela con los intentos que la corona llevaba a cabo por imponer su autoridad como metrópoli.

A mediados del siglo XVIII tuvo lugar la guerra de los Siete Años[75] (1756-1763), cuyos combates también llegaron a territorio norteamericano. Para las colonias inglesas tuvo dos consecuencias paradójicas: alejó la amenaza francesa de sus territorios, pero aumentó la presión de Inglaterra por controlar el territorio y resarcirse de los costes de la guerra. Desde Londres se impusieron nuevos impuestos, como el que gravaba el papel utilizado en las colonias o la Ley Declaratoria de 1766, que extendió los aranceles a productos como el té, la pintura, etc. La medida causó grandes disturbios y, tras la Masacre de Boston en 1770, la mayor parte de los impuestos fueron retirados. En 1773 Inglaterra otorgó a la Compañía Inglesa de las Indias Orientales el monopolio de la venta del té. Este goteo de medidas activó el sentimiento de oposición a la política ejercida desde Londres y minó los principios aristocráticos basados en la lealtad a la monarquía, sustituyéndolos por una visión de la comunidad política sustentada en la representación ciudadana a través de órganos electivos e inspirada en los pensadores políticos propios de la Ilustración inglesa.

El Parlamento respondió al incidente del té cerrando el puerto de Boston y reduciendo la autonomía de la colonia de Massachusetts. Ante esta afrenta, 56 representantes de las colonias se reunieron en 1774 en el I Congreso Continental de Filadelfia con el objetivo de dejar claro que ellos tenía derecho a refrendar las medidas impositivas del Parlamento antes de su entrada en vigor y decretaron un boicot sobre los principales productos que venían de Inglaterra. El gobierno inglés envió a Boston un contingente de tropas para terminar con las protestas. El conflicto comenzó su escalada militar y los colonos se prepararon para la guerra con el nombramiento, en un nuevo Congreso Continental, de George Washington (1732-1799) como comandante en jefe de las tropas coloniales.

Una parte considerable de los habitantes de las Trece Colonias consideraban que su autonomía resultaba imposible dentro del Imperio británico y en 1776 el Congreso aprobó la Declaración de Independencia de los Estados Unidos, jus-

---

75. La guerra de los Siete Años tuvo lugar entre 1756 y 1763. Los principales contendientes fueron Inglaterra y Francia, pero por motivo de los intereses y alianzas se unieron a uno u otro bando la mayor parte de potencias europeas. Fue la primera guerra en la que las batallas tuvieron lugar en varios continentes a la vez: Europa, África, Asia y Oceanía.

El motín del té

Como medida de protesta ante la Ley del Té de 1773 los colonos, disfrazados de nativos americanos, arrojaron todo el cargamento de té de tres barcos a las aguas del puerto de Boston.

tificando su decisión en una lista de agravios contra Inglaterra, que violaba sus derechos. Tras varios años de guerra y con la ayuda de Francia y España, que poseían grandes territorios en Norteamérica, los colonos ganaron una serie de batallas que llevaron a Gran Bretaña a negociar una salida del conflicto. El Tratado de París de 1778 terminó con la contienda gracias al reconocimiento inglés de la independencia americana.

La primera arquitectura política del nuevo país fue establecida en 1781 bajo el sistema de confederación y contaba con un Congreso unicameral donde cada estado poseía un voto y cuyos poderes se limitaban a la gestión de los asuntos exteriores, el establecimiento del valor de la moneda y la propuesta de impuestos. La iniciativa política recayó así en los estados, que durante la guerra habían comenzado a redactar unas constituciones propias marcadas por el radicalismo político. Aunque ninguno de estos textos llegó a reconocer el sufragio universal masculino, sirvieron para insuflar en muchos ciudadanos una verdadera mentalidad democrática. Las escasas competencias del Congreso confederal demostraron la impotencia de Estados Unidos para resistir medidas como el cierre del Misisipi por parte de España en 1795 o para forzar a los estados al cumplimiento de las obligaciones financieras contraídas con Gran Bretaña. Todo ello en medio de una crisis económica caracterizada por el endeudamiento estatal creciente y la ruina de muchos de los granjeros que habían hecho la revolución y que comenzaron a dirigir sus iras contra el gobierno. En ese contexto solo se pudo alcanzar un consenso entre los estados para regular la expansión territorial que establecieron que los territorios del Oeste conformarían nuevos estados una vez cumplieran una serie de requisitos.

Así, en 1787 se reunió una convención en Filadelfia, cuyo objetivo fue dotar al país de un nuevo modo de gobierno. El nuevo marco institucional estableció un sistema de controles y equilibrios que buscaba prevenir dos males: la instauración de una tiranía, para lo que se estableció una estricta separación de poderes, y la primacía de los estados más poblados o poderosos. Para ello, se creó un Congreso bicameral, cuya Cámara de Representantes reflejaba la distribución interestatal de población, pero cuyo Senado otorgaba la misma representación, dos senadores, a todos los estados. El proceso de ratificación por parte de los estados de la nueva Constitución puso de manifiesto las dos corrientes políticas acerca de la idea de país que debían construir: Alexander Hamilton (1757-1804) abogaba por una república centralizada, industrial y proteccionista, vinculada comercialmente a Inglaterra; Thomas Jefferson (1743-1826) apostaba por una sociedad de pequeños propietarios agrícolas abierta al librecambio y simpatizante con la Francia revolucionaria. La Constitución se aprobó definitivamente en 1789.

El nuevo sistema político solucionó los problemas con las potencias fronterizas por medio de acuerdos con Gran Bretaña en 1795 y con España en 1796 en el Tratado de Pinckney. La inestabilidad exterior, fruto de la Revolución francesa y las guerras en Europa, dio lugar a una discusión interna acerca de con qué países se podía comerciar y con cuáles no. El presidente George Washington afirmó en su mensaje de despedida en 1796 que los Estados Unidos debían comerciar con todos los países, pero sin firmar alianzas permanentes con ellos. Esta llamada al aislacionismo, que con el discurrir de los años se convirtió en dogma de la política exterior estadounidense, no evitó la fragmentación social ni los conflictos internacionales. Durante la presidencia de John Adams (1735-1826) Francia se vengó de la aproximación entre Estados Unidos e Inglaterra mediante la captura de barcos estadounidenses en el Caribe, que propició distintos enfrentamientos marítimos entre 1798 y 1800. Para atajar las intromisiones francesas se aprobó en 1798 una ley que convirtió en delito cualquier opinión favorable a Francia y susceptible de afectar a la seguridad nacional.

La controvertida ley propició la llegada a la presidencia del republicano Thomas Jefferson, que aprovechó las guerras napoleónicas para hacer de la defensa de los derechos comerciales de los neutrales otra de las claves de la acción norteamericana. En 1806 respondió a las detenciones de mercantes estadounidenses con un embar-

La compra de Estados

A comienzos del siglo XIX Estados Unidos casi duplicó su tamaño debido a la compra de Luisiana a Francia en 1805 y de Florida a España en 1819.

go frente a las importaciones británicas que fue más dañino para los comerciantes americanos que para los propios ingleses. Su sucesor, James Madison (1751-1836), continuó con la escalada del conflicto con los ingleses hasta transformar el embargo en una guerra abierta en 1812. La situación en Europa convenció al Reino Unido de la oportunidad de terminar la guerra y, tras la firma entre las dos naciones del Tratado de Gante, no volvió a haber ningún conflicto bélico entre ambos.

LA REVOLUCIÓN FRANCESA

La Revolución francesa es uno de los acontecimientos históricos que más repercusión ha tenido en la historia a nivel global. El conjunto de movimientos revolucionarios que tuvieron lugar en Francia entre 1789 y 1805 formalizaron la desaparición del Antiguo Régimen, el comienzo de la Edad Contemporánea y la llegada de un nuevo tiempo político, económico y social que ha marcado el rumbo de los pueblos hasta el siglo XXI.

Los antecedentes directos de la Revolución francesa se encuentran en la triple crisis que azotaba a Francia a finales del siglo XVIII. En primer lugar, una crisis social debida a las relaciones internas y externas de los estamentos sociales en las que se basaba el Antiguo Régimen: clero, nobleza y tercer estado. En segundo lugar, una crisis política que afectaba a los mismos fundamentos del poder monárquico, basados en el absolutismo y la centralización, cuyo proceso no había sido terminado por completo. Por una parte, la nobleza y el alto clero, que se habían sometido de mala gana a la centralización absolutista, seguían conservando la mayor parte de los privilegios y exenciones fiscales de origen feudal y veían en el debilitamiento de la monarquía una buena ocasión para reconquistar su antiguo dominio en la vida local. Por otra parte, la burguesía, que había adquirido un peso cada vez mayor en la vida económica sin ver reconocida su importancia en la representación política, consideraba los privilegios de los anteriores como un freno al desarrollo de la actividad económica. En tercer lugar, una crisis económica, que fue la que de una manera formal constituyó el inicio de la revolución.

Hacia 1787 Francia vivía una espiral inflacionista y un gran desequilibrio de las cuentas del reino por la financiación de los lujos de la corte y las guerras en los Estados Unidos. Con la intención de acabar con el déficit, el gobierno presentó un plan para que nobleza y clero también abonaran impuestos. Esto provocó un amplio rechazo de ambos estamentos en la Revuelta de los Privilegiados, que encendió la mecha de las revueltas que se sucedieron durante las siguientes dos décadas.

En mayo de 1789 se convocaron en Versalles los Estados Generales, las Cortes de la monarquía, que llevaban sin ser llamadas a consultas desde el año 1614. Estaban compuestas por los tres estados: nobleza, clero y tercer estado, que votaban como estamentos, no con representación política individual de cada miembro. Este sistema otorgaba el monopolio de bloqueo a la nobleza y el clero, que, como estamentos privilegiados, dejaban en minoría al tercer estado, que tenía más componentes que los anteriores. Los miembros del tercer estado, ante el rechazo a las propuestas e iniciativas que presentaban, decidieron abandonar los Estados Generales acompañados de algunos nobles y religiosos progresistas y constituirse en Asamblea Nacional en la sala del juego de la pelota del palacio de Versalles. Esta decisión rompía con la legitimidad política tradicional del reino y marcaba el inicio de un nuevo tiempo. Mientras tanto, los sectores más reaccionarios presionaron al rey Luis XVI (1754-1793) para que destituyera al ministro de Economía, que le había aconsejado llevar a cabo las reformas significativas para salvar la economía.

Toda esta situación causó un profundo descontento social y el 14 de julio de 1789 un gran número de personas tomó la cárcel de la Bastilla en París, mientras que en las zonas rurales los campesinos atacaron las propiedades de los estamentos privilegiados. Para acabar con esta situación, la Asamblea Nacional Constituyente decidió el 4 de agosto de 1789 poner fin al régimen feudal, igualando a todos los ciudadanos en lo que respecta a sus obligaciones fiscales. El 26 de agosto se completaría esta labor de transformación de súbditos a ciudadanos con la aprobación de la Declaración de los Derechos del Hombre y del Ciudadano. Mientras todos estos acontecimientos sucedían, el rey Luis XVI se mantuvo a la expectativa, presionado por los círculos cortesanos por un lado y por la actividad de la Asamblea Constituyente por otro.

En 1791 se inició una nueva fase del proceso de cambio. La Asamblea Nacional aprobó la Constitución de 1791 por la que se reconocía la monarquía constitucional como la forma de Estado. Fue la primera Constitución de Francia. En ella se reconocía la soberanía nacional y la separación de poderes y se establecía un sistema de sufragio censitario e indirecto. Entre las disposiciones contempladas, se ponía fin a las distinciones hereditarias como elemento de discriminación entre los ciudadanos. La Asamblea sometió el texto a la aprobación del rey, quien, con poca convicción, la aceptó el 3 de septiembre de 1791. Tanto en su periodo constituyente como después, la Asamblea realizó un amplio programa de modernización legislativa del país que se plasmó en iniciativas como la liberalización y venta de bienes nacionales, la libertad de comercio y la articulación del mercado interior o la constitución civil del clero tras la supresión de las órdenes religiosas.

Los acontecimientos que tenían lugar en Francia tuvieron también su eco en el exterior. Las casas reales europeas temían por la integridad física de Luis XVI y por que la ola revolucionaria se extendiera por el continente. Por ello, comenzaron a organizar su respuesta ante este desafío al Antiguo Régimen y su orden social. En 1792 varios Estados iniciaron una potente presión diplomática que incluyó las amenazas de guerra contra la Asamblea. De especial importancia fue la del ducado alemán de Brunswick de julio de 1792, que levantó entre los revolucionarios franceses las sospechas acerca de las actividades contrarrevolucionarias de Luis XVI y su círculo más próximo.

Ante este clima de suspicacias, las tropas populares se sublevaron en París y se lanzaron a la toma del palacio de las Tullerías el 10 de agosto de 1792. El rey fue suspendido en sus atribuciones por la Asamblea Nacional y quedó detenido junto a su familia. Francia había dejado de ser una monarquía y el 21 de septiembre de 1792 se proclamó la república.

Mientras tanto, la amenaza del ducado de Brunswick se cumplió y una coalición de Estados quiso rescatar a Luis XVI y reponerle en el trono. El choque se produjo en la batalla de Valmy, en la que las tropas del ejército popular revolucionario francés derrotaron a las prusianas y austriacas. Francia daba comienzo a un periodo bélico que no acabaría hasta 1815 y que la dejaría agotada económica y demográficamente.

Tras la proclamación de la república, la revolución entró en su fase más exaltada con un protagonismo creciente de los sectores populares, llamados *sans-culottes*. La Asamblea adoptó la denominación de Convención tras la celebración de elecciones por sufragio universal masculino. Se trataba de un nuevo periodo constituyente, pues la constitución monárquica ya no tenía sentido en la nueva Francia republicana. Al rey, convertido ya en un ciudadano corriente, se le acusó de conspiración contrarrevolucionaria, por lo que fue sentenciado a muerte y ejecutado en la guillotina en enero de 1793. Su esposa María Antonieta (1755-1793) correría su misma suerte en octubre. La noticia de ambas muertes causó una honda preocupación en las cortes europeas, que decidieron apoyar a los monárquicos franceses que se habían levantado en la rebelión de la Vendeé. Esta revuelta derivó en una completa guerra civil.

En la parte gubernamental, el radicalismo del gobierno del Comité de Salvación Pública, entre abril de 1793 y julio de 1794, liderado por Maximilien Robespierre (1758-1794), inició la Época del Terror o dictadura jacobina. En esos meses se inició un proceso de depuración política de los sospechosos de traición a la revolución con la ejecución de buena parte de los opositores. Los excesos represores del Comité tuvieron su final con la detención de sus dirigentes, entre los que se encontraba Robespierre, y su ejecución en 1794.

Las medidas jacobinas

Durante la dictadura jacobina se tomaron medidas como la creación del calendario republicano, una religión cívica y medidas de tipo social, como el reparto de bienes comunales o la ley de máximo general, que establecía un precio máximo para los bienes de consumo y los salarios. El calendario republicano estableció como inicio del año I la proclamación de la república el 22 de septiembre de 1792 y permaneció en vigor hasta el 1 de enero de 1806, cuando Bonaparte decidió abolirlo para volver al tradicional sistema de medición del tiempo.

El fin del régimen del terror jacobino dio paso a una reacción termidoriana de la burguesía que devolvió la revolución[76] hacia cauces más moderados, lo que se

---

76. Las consecuencias de la Revolución francesa. El proceso revolucionario francés tuvo una gran repercusión a nivel mundial. Por una parte, supuso la victoria de las ideas ilustradas y liberales frente a los lastres del Antiguo Régimen. Por otra, abrió la puerta a los dos grandes movimientos ideológicos del siglo XIX: el nacionalismo y el liberalismo. Dio nacimiento también a las corrientes de pensamiento situadas en los extremos del espectro político: el tradicionalismo y el populismo. Además, durante el periodo revolucionario se produjo un fenómeno de gran significación para el mundo moderno: la activación de la esfera pública a través de la prensa y de la discusión en los clubes políticos. Ello generó un proceso de politización creciente de la población, que reflejaba el paso de la condición de súbdito a la de ciudadano.

plasmó en la Constitución de 1795. Se trataba de una Constitución republicana de carácter liberal, apoyada en la soberanía nacional, pero con sufragio censitario. Con ella daba inicio el Directorio, una nueva forma de gobierno que se mantuvo vigente hasta finales de 1799. En este tiempo se produjeron numerosas revueltas populares contra la burguesía y su liberalismo, como la Conspiración de los Iguales de 1796 dirigida por François Babeuf (1760-1797), precursor del comunismo. El Directorio navegó entre la corrupción de sus dirigentes, la inestabilidad social y la amenaza exterior. Fue en este contexto en el que se fue forjando la imagen del joven militar Napoleón Bonaparte (1769-1821), en quien muchos vieron representada la figura de autoridad que creían que necesitaba Francia para terminar con la inestabilidad.

En noviembre de 1799, recién llegado de la campaña de Egipto, Bonaparte dio un golpe de Estado apoyado por el ejército y por ciertos sectores populares. Daba comienzo la última forma política de la Revolución francesa: el Consulado. La institución que dirigía el país estaba compuesta por tres cónsules al estilo romano: Bonaparte, Roger Ducos (1747-1816) y Sieyès (1748-1836). El primero se convertiría en el protagonista absoluto de la vida política durante más de 15 años.

EL IMPERIO RUSO

El zarato ruso dio lugar en el siglo XVIII a la creación de uno de los imperios de mayor tamaño de la historia. El Imperio ruso llegó a gobernar entre 1721 y 1917 hasta más de 100 millones de personas de más de un centenar de etnias, que convivían en 22,8 millones de km^2. El Imperio ruso también fue símbolo de absolutismo y, más tarde, del despotismo ilustrado con plena supervivencia de las instituciones y la organización del Antiguo Régimen y en claro contraste con los movimientos revolucionarios liberales iniciados con la Independencia americana y la Revolución francesa.

Pedro I (1672-1725) llegó al trono en 1682 tras una sucesión repleta de intrigas, cozaratos y varios intentos de golpes de Estado de sus familiares. En 1697 viajó a las principales cortes europeas para tratar de conseguir una alianza amplia contra el Imperio otomano. Aunque no consiguió su objetivo, el viaje significaría un antes y un después en la vida del zar y de Rusia. Pedro regresó con aires occidentalizadores.

Impuso la etiqueta europea en la vestimenta y en el protocolo real, cambió los uniformes de los soldados, apostó por la instrucción de todas las clases sociales, permitió a la mujer no llevar velo y participar en las actividades sociales y fue benefactor de las artes, las ciencias y la arquitectura al gusto europeo. Esta situación creó una verdadera brecha social entre la alta nobleza y los altos funcionarios que residían en la corte y las clases populares, que se aferraban a las tradiciones ancestrales rusas. Pedro centró entonces su atención en la guerra en el norte de Europa porque quería tener una amplia ventana de acceso al mar Báltico para acercarlo a Europa. Entre 1700 y 1721 se sucedieron un incontable número de batallas contra Suecia que llegaron a su fin en 1721 con el Tratado de Nystad, en el que Rusia ganaba parte de la actual Finlandia, Estonia y otros territorios bálticos. Esta victoria le sirvió el reconocimiento del pueblo y Pedro decidió proclamarse emperador en 1721, lo que abrió un periodo histórico que no terminaría hasta los inicios del siglo XX.

Durante el zarato y su reinado imperial, Pedro llevó a cabo un gran número de reformas que pretendía modernizar Rusia y hacerla semejante a las cortes absolutistas que él había conocido en su viaje a Europa. Emprendió una profunda reorganización del ejército, teniendo como base la modernización, la incorporación de artillería e ingenieros militares y nuevas embarcaciones. La administración gubernamental fue reformada para obedecer a los intereses absolutistas, reemplazó las oficinas encargadas de los temas por un cuerpo colegiado en la corte que lo asistía en la toma de decisiones. Hizo desaparecer la Duma de los boyardos, el Parlamento que asistía a los zares, para crear en 1711 el Senado Gobernante, compuesto por una decena de miembros que trataban temas de carácter legislativo, ejecutivo y judicial. Sus reformas alcanzaron también a la poderosa Iglesia ortodoxa, que, como iglesia oficial, fue incorporada a la estructura misma del Estado. Pedro suprimió el Patriarcado para evitar que cualquier persona, incluidos los religiosos, le hicieran sombra en palacio. Estableció como gobierno de iglesia al Santísimo Sínodo Gobernante, un órgano colegiado, que en última instancia dependía de él. En materia financiera, organizó la Hacienda real de manera que fue más efectiva, poniendo en marcha un censo fiscal, que excluía a nobles y clérigos, en el que todo ruso debía pagar, al menos, una pequeña cantidad de impuestos. Con este sistema se triplicaron los ingresos fiscales.

Tras la muerte de Pedro se produjo un periodo de inestabilidad, sucesiones fallidas y golpes palaciegos que se tradujeron en más de cuatro décadas de inestabilidad política. Durante este tiempo, mediados del siglo XVIII, los nuevos emperadores no abandonaron los ideales fundacionales del Imperio ruso de aumentar sus territorios, apostar por la modernización y convertirse en un actor político, diplomático y militar de primer orden en Europa.

En 1762 Pedro III (1728-1762) ascendió al trono durante tan solo 186 días en los que inició la secularización de los bienes de la Iglesia ortodoxa, obligó a que los clérigos se afeitaran la barba y sustituyó a los principales cargos de la Administración y el ejército por prusianos, de los que admiraba su eficacia e instrucción. Todas estas medidas le granjearon la enemistad del clero, la nobleza y el ejército. Su esposa, Catalina II (1729-1796), recogió el malestar de la corte y orquestó un golpe palaciego que terminó con el reinado de su marido. Catalina inició así un reinado de más de 30 años en los que el espíritu fundacional de Pedro I al crear el Imperio ruso volvía a ser el centro de la acción modernizadora y expansionista rusa. Acometió la reforma agrícola y comenzó la industrialización de las principales ciudades. En 1775 aprobó una reforma administrativa que dividía el país en provincias y distritos, a los que fueron enviados los principales nobles para así extender la autoridad imperial. Su gobierno estuvo inspirado en los ideales de la Ilustración y el despotismo ilustrado[77], pero, cuando se empezaron a notar los ecos de la Revolución francesa y los otros levantamientos liberales en Europa, procedió a un fortalecimiento de la autocracia, creando una policía secreta, la censura de libros y noticias que llegaran del exterior para continuar con un sistema basado en la servidumbre de los campesinos, que no sería abolido hasta un siglo después, en 1861.

En los nuevos territorios imperiales como Polonia, de población católica, o Ucrania, con gran diversidad étnica, se enfrentó al reto de la multietnicidad imponiendo un proceso de rusificación que incluyó la obligación para los judíos de vivir en unas zonas específicas de sus territorios. Casi un siglo después de su fundación el imperio mantenía los mismos problemas con Catalina II que con

---

77. El despotismo ilustrado fue un concepto político utilizado entre las monarquías absolutas europeas en el siglo XVIII, por el que recogieron el guante de las políticas ilustradas, basadas en el predominio de la razón, para modernizar instituciones y gobiernos, pero reservándose el ejercicio absoluto del poder en un Estado de corte centralizado. Entre los representantes más famosos de esta corriente se encuentran Catalina II de Rusia, Federico II de Prusia, María Teresa de Austria o Carlos III de España.

Pedro I: una élite europeizada pero desconectada de la población local, el sistema de servidumbre de la tierra como base de su economía agrícola y una tardía llegada de los procesos modernizadores de la Revolución Industrial. En el exterior, su poderío militar y diplomático le permitió participar de primera mano en los desafíos militares, como las guerras napoleónicas, el fin del Imperio otomano y la Cuestión de Oriente.

LOS TOKUGAWA: EL ÚLTIMO *SHOGUNATO* DEL JAPÓN

Desde finales del siglo XII, Japón vivió bajo un sistema de dictadura militar hereditaria en coexistencia con el emperador y su corte. El periodo Tokugawa fue el último de los tres *shogunatos* japoneses y se desarrolló entre 1603 y 1868. En este tiempo, en el que en el resto del mundo se iniciaba el expansionismo europeo, el establecimiento de nuevas relaciones transcontinentales y la puesta en marcha de filosofías como la Ilustración o el pensamiento político liberal tras las revoluciones del siglo XVIII en Europa, Japón decidió cerrarse al mundo exterior y tratar de mantener en funcionamiento un sistema de inspiración feudal que duraría más de siete siglos.

Los dos *shogunatos* anteriores habían creado un sistema político en el que el emperador, su poder y autoridad quedaban circunscritos a tareas protocolares y religiosas de conexión entre los hombres y la divinidad. Todo el poder político, militar y ejecutivo fue a parar a los clanes que detentaron el poder de manera hereditaria durante estos periodos. En 1603 Tokugawa Ieyasu (1543-1616), después de un rápido ascenso en medio de la crisis sucesoria del final del *shogunato* Ashikaga, recibió del emperador el título de *shōgun* y dio comienzo a una nueva dinastía.

Tras las guerras civiles de finales del siglo XVI, el nuevo *shogunato* trajo una unificación del poder central basada, a diferencia de los anteriores *shogunatos*, en un acuerdo entre los Tokugawa y el resto de señores provinciales y clanes más destacados de las islas. Para alcanzar este acuerdo, que trajo la paz a Japón, se estableció un sistema de duplicación de poderes a los niveles de cada feudo, pero reservándose en exclusiva el *shogunato*: la determinación de la política exterior del país, el control sobre el ejército imperial, el arbitraje en última instancia entre los señores del reino y la capacidad para dictar normas que unificaran criterios a nivel nacional. Fuera de estos temas, los líderes podían tener una fuerte independencia de actuación en sus feudos, pero, para que continuaran fieles al *shogunato*, se estableció el sistema de residencia alterna por el que cada señor debería instalar a su familia en Edo (actual Tokio), capital del *shogunato*, y él residir un año en su feudo y otro en la capital. Con este sistema se mantenía la posición dominante del *shōgun* y se debilitó a los señores de los feudos, que tuvieron que gastar enormes fortunas en este sistema de doble residencia.

Las grandes expediciones marítimas europeas habían establecido contacto con la corte japonesa durante el siglo XVI. España, los Países Bajos y Portugal mantenían embajadas más o menos estables en Japón y varios misioneros cristianos se establecieron en el país. Durante la primera parte del nuevo *shogunato*, Tukugawa estuvo asesorado por un capitán al servicio de los neerlandeses que trabajó por la ruptura de las relaciones comerciales con España y Portugal, asegurando para su país una pequeña actividad comercial en el puerto de Hirado. En materia exterior, sostuvo una fuerte oposición a los misioneros católicos que había en el país, decretando su expulsión en 1610 y de todos los cristianos en 1614, así como una reducción del comercio exterior a los puertos de Hirado y Nagasaki.

La política interior estuvo centrada en superar los problemas de lucha entre clanes que supusieron el fin del anterior *shogunato* y a una reafirmación de su autoridad por medio de reformas, como la remodelación de la corte imperial, que seguía teniendo su sede en Kioto. Así, en 1613 decretó el paso de los señores feudales a unas funciones meramente ceremoniales y las decisiones en sus feudos fueron vigiladas estrechamente desde la capital.

Sus sucesores buscaron ampliar en el interior el apoyo al *shogunato* con una política matrimonial que los uniría de manera directa a la dinastía imperial. En el exterior se radicalizó la postura de aislamiento y en 1633 se prohibió todo viaje transoceánico, se limitó la entrada de nuevos barcos, que solo podían atracar en el puerto de Nagasaki. Las naves japonesas, por su parte, debían obtener un permiso para poder navegar en el exterior.

Durante el siglo XVIII comenzó una tímida reforma para transformar el *shogunato* de una institución puramente militar en otra con mayor proyección civil. La potencia de China obligó al *shogunato* a flexibilizar su política aislacionista y en 1716 se permitió que anualmente 20 barcos chinos y dos neerlandeses pudieran atracar en territorio japonés. El siglo XIX trajo la decadencia del *shogunato* por las crisis económicas derivadas del aislacionismo y el intento de las potencias extranjeras de romper la prohibición del comercio con el mundo. La llegada de las naves militares americanas en 1853, comandadas por Matthew Perry (1794-1858), supusieron el fin del aislacionismo japonés. Los americanos impusieron a los japoneses un tratado que pondría fin a más de dos siglos y, medio de cierre naval y en poco más de una década, al sistema de *shogunatos* en Japón.

La apertura al exterior

El Tratado de Kanagawa entre los Estados Unidos y el gobierno de Japón en 1854 abrió a los estadounidenses los puertos de Shimoda y Hakodate, garantizaba la ayuda japonesa en caso de naufragio y permitía la instalación de un consulado americano para atender a los comerciantes. En 1858 se firmó el Tratado de Harris, que imponía a Japón nuevas cesiones, como el establecimiento de concesiones donde podrían vivir y operar comercialmente los extranjeros, territorios en Japón bajo jurisdicción americana y una política de bajos aranceles.

EL IMPERIO FRANCÉS DE NAPOLEÓN BONAPARTE

El periodo napoleónico es uno de los más controvertidos de la historia europea. Por una parte, se extendieron los valores liberales y de ciudadanía nacidos de la Revolución francesa de 1789 a la mayor parte de los estados europeos. Por otra parte, esta difusión se hizo por medio de un excesivo imperialismo francés que trastocó todas las fronteras del continente, depuso a numerosas dinastías y estableció un sistema de reinos vasallos de Francia que no perdurarían a la desaparición de Napoleón ni a la fuerte reacción nacionalista fruto de la caída del emperador francés. A pesar de todo ello, quedó en la mayor parte de Europa una profunda huella que afectó a los ámbitos jurídico, educativo, político y militar.

Desde la instalación en 1799 del Consulado como forma de gobierno en Francia, Napoleón Bonaparte había consolidado su imagen de estadista y buen militar. Bonaparte se ganó el favor del pueblo y de buena parte de la clase política y fue nombrado primer cónsul, destacando así su supremacía sobre Ducos y Sièyes. La Constitución aprobada en diciembre de 1799 centralizó el poder alrededor de su figura. Era un texto que descafeinaba la mayor parte de los logros revolucionarios al no incluir una declaración de derechos y centralizaba la administración del Estado en torno a la figura del prefecto, de inspiración romana. En 1802, tras la firma de la Paz de Amiens con Reino Unido, Bonaparte continuó su ascenso en el poder y fue nombrado cónsul vitalicio. En 1804 se aprobó en Francia el Código Civil Napoleónico, que fundó las bases del derecho civil moderno y fue modelo para los textos aprobados en las siguientes décadas en decenas de países. Ese mismo año, Bonaparte culminó su ascenso al poder y, tras un plebiscito, se hizo coronar emperador, dando por finalizado el tiempo republicano e iniciando el Primer Imperio francés.

La coronación del Emperador

Napoleón fue coronado en la catedral de Notre Dame de París por el papa Pío VII (1742-1823) gracias a que Bonaparte firmó la paz con la Iglesia en el Concordato de 1801, que devolvió a Roma el control de la Iglesia francesa y reguló las relaciones con el Estado.

La coronación de Napoleón causó un profundo impacto entre las cortes europeas, pues sus orígenes humildes ponían de manifiesto el triunfo de la meritocracia de las nuevas clases sociales frente a los poderes aristocráticos, basados en la sangre y la herencia. En el interior, los franceses vieron en él a la máxima expresión de la grandeza de Francia después de tantos años de inestabilidad desde el estallido de la revolución en 1789.

El imperio fue un periodo conservador en lo moral y en lo político. Se restablecieron las maltrechas relaciones de los gobiernos revolucionarios con la Iglesia católica, se recortaron las libertades y los derechos políticos, aunque se mantuvo la igualdad civil de todos los ciudadanos. Especialmente importante fue el establecimiento de la censura en la prensa y las actividades de ocio, como el teatro, que podía convertirse en el foco de las críticas al emperador. Durante el periodo imperial se avanzó en la modernización del país con la creación de algunas de las más importantes instituciones para el gobierno de Francia, como el Cuerpo legislativo, el Senado o Consejo de Estado. Aparte del Código Civil, Bonaparte desarrolló también una amplia labor codificadora en el Código Penal y el Código de Comercio y creó instituciones como el Tribunal de Casación. Socialmente, fue un periodo de auge para las clases burguesas. Bonaparte era consciente de la necesidad que tenía su régimen de apoyos sociales, para lo que creó títulos nobiliarios con los que premiar a sus mariscales y a aquellos banqueros y comerciantes que le eran fieles.

El imperio puso en la expansión militar uno de sus principales ejes de actuación. En política exterior, Francia buscaba la neutralización de Rusia, la alianza con Austria y el bloqueo económico del Reino Unido. Bonaparte logró un periodo de concordia con el zar Alejandro I (1777-1825) mediante la firma de la Paz de Tilsit en 1807. La alianza con el Imperio austriaco se logró tras su matrimonio en 1810 con María Luisa de Habsburgo, hija del emperador Francisco I, quien tuvo que aceptar la propuesta de matrimonio de Bonaparte para su hija ante las sucesivas derrotas sufridas por su ejército. Bonaparte estaba obsesionado por emparentar con una casa real europea para tener descendencia que prestigiase a su propia dinastía. Su mayor enemigo fue el Reino Unido, al que pretendió asfixiar económicamente mediante la aplicación del bloqueo continental. Su objetivo era impedir que los británicos pudieran mantener sus redes comerciales con el resto de Europa, base de su riqueza. Para ello, desarrolló un sistema de reinos vasallos, Estados aliados y Estados protegidos. En los tronos de los primeros situó a miembros de su familia, porque consideraba que la lealtad de sus hermanos garantizaría la fidelidad de estos reinos a Francia. Eso fue lo que se intentó hacer en España con José Bonaparte y en el reino de Holanda con Luis Bonaparte. En el caso de los segundos, los Estados aliados, se trató de territorios ocupados por Francia durante el periodo revolucionario, como la República Helvética. Los terceros, los territorios protegidos por Bonaparte, como el Gran Ducado de Varsovia o la Confederación del Rin, compartían simpatías ideológicas con Francia. Todas estas entidades políticas, además de convertirse en mercado para los productos franceses, sirvieron a Bonaparte como Estados-satélite que bordeaban Francia y que la protegían ante potenciales ataques enemigos.

Desde 1805 se sucedieron una gran cantidad de batallas en todo el continente europeo para llevar a cabo el plan de Napoleón. Ese mismo año, el emperador francés fue derrotado en Trafalgar por los británicos, por lo que centró sus esfuerzos en la conquista de otros Estados europeos. En 1808 se dirigió al sur, hacia Portugal y España, donde tuvo que hacer frente a una fuerte resistencia popular en una guerra de guerrillas que se alargó durante seis años. Entre 1810 y 1811 el acuerdo alcanzado con Alejandro I de Rusia comenzó a resquebrajarse por el resucitado interés del zar en recuperar los territorios polacos ocupados por las tropas francesas. Esta actitud del zar obligó a Bonaparte a replantear su estrategia, lo que le obligó a combatir en dos frentes, con el consiguiente desgaste económico y militar que ello suponía. Los enfrentamientos contra los franceses en algunos Estados alemanes como Prusia supusieron otro núcleo de resistencia a sus avances. El año 1812 fue clave, pues a las derrotas en España frente a la coalición anglo-ibérica en la batalla de Arapiles[78] se sumó la cruenta campaña de Rusia. En 1813 las tropas francesas fueron derrotadas por la coalición formada por el Imperio ruso, el Imperio austriaco, Prusia y varios Estados alemanes en la batalla de Leipzig. Esta derrota supuso el fin del mito de estratega y excelente militar de Bonaparte, que tuvo que replegarse a Francia, a donde le siguieron las fuerzas aliadas que ocuparon París. El emperador tuvo que abdicar y exiliarse en la isla de Elba (Italia). En Francia se restauró la monarquía de los Borbones en la figura de Luis XVIII (1755-1824), pero en 1815 el reinado de los Borbones se vio alterado porque Napoleón escapó del exilio y volvió a establecer, durante apenas unos meses, el imperio. Las fuerzas aliadas respondieron enviando sus ejércitos contra los de Napoleón y el emperador perdió definitivamente toda opción de restaurar su poder al caer derrotado en la batalla de Waterloo. Bonaparte fue enviado a la isla de Santa Elena (África), donde fallecería en 1821.

Las guerras napoleónicas trastocaron la mayor parte de las fronteras europeas. Para volver a una situación de equilibrio entre las potencias del Viejo Continente y diseñar el futuro de Europa se convocó el Congreso de Viena de 1815, que marcaría la política exterior de todo el siglo XIX.

EL CONGRESO DE VIENA: EL NUEVO ORDEN EUROPEO

Tras la rápida y efímera expansión del imperio napoleónico, las relaciones internacionales se desarrollaron entre 1815 y 1848 en un ámbito de relativa estabilidad,

---

78. Guerra de Independencia española. Entre 1808 y 1814 el pueblo español se levantó contra la ocupación francesa y el monarca impuesto por Napoleón, José I (1768-1844). Aquella contienda dio forma a la identidad nacional española moderna, abrió la puerta al liberalismo de la mano de la Constitución de 1812 e inició el proceso de independencia de las colonias americanas.

basada en los nuevos principios del concierto europeo y los trabajos diplomáticos del sistema de congresos. El punto de partida de esta nueva entente fue el acta final del Congreso de Viena de 1815, uno de los documentos fundamentales del orden de Estados europeos y el tratado más importante para las relaciones internacionales en la etapa que va desde la Paz de Westfalia de 1648 y los Tratados de Utrecht-Rastatt de 1713-1715 hasta los tratados de la Paz de París de 1919.

Desde el punto de vista político, el sistema de Viena se basaba en el compromiso de las cinco grandes potencias europeas, Reino Unido, Rusia, Austria, Prusia y Francia, con la aplicación de un sistema de seguridad colectiva basado en la diplomacia y según el cual las grandes potencias, ostentando un parecido nivel de fuerza, podían autolimitarse para conseguir el bien común de la paz y la estabilidad en el continente. Las cinco potencias crearon la idea del concierto europeo, por el que cualquier cambio de régimen, levantamiento o modificación de fronteras no podía realizarse unilateralmente, sino que debía contar con su aprobación y ratificación en congresos o conferencias convocadas al efecto.

Desde el punto de vista ideológico, las medidas tomadas en el Congreso de Viena se basaban en el concepto de Restauración por el que, tras la oleada liberal napoleónica, se debía volver a la legitimidad dinástica de los monarcas europeos. Esta regresión debía adaptar el Antiguo Régimen a las medidas modernizadoras, como las constituciones bajo la forma de carta otorgada, pero sin eliminar el núcleo del sistema prerrevolucionario.

El Congreso de Viena fue la mayor reunión diplomática del siglo XIX, abrió la edad dorada de la diplomacia y su profesionalización y contó con más de 1000 participantes de todas las potencias europeas, a excepción del Imperio otomano. Tuvo lugar entre septiembre de 1814 y junio de 1815 y allí acudieron reyes, emperadores y jefes de Estado, además de diplomáticos y funcionarios al servicio de sus respectivos soberanos. Dos de las figuras más importantes fueron el secretario de Asuntos Exteriores británico, lord Castlereagh (1769-1822), y el que luego sería canciller austriaco Klemens von Metternich (1773-1859). Formalmente, el Congreso otorgaba igual poder y soberanía a todas las naciones, contando cada una con un voto, pero las reuniones plenarias fueron escasas y las decisiones más importantes se tomaron por acuerdos bilaterales y en las reuniones de las cinco grandes potencias. Esta dinámica puso de manifiesto y normalizó la distinción entre pequeñas y grandes potencias.

Concierto europeo

El sistema Metternich fue la alianza conservadora y antiliberal organizada por las cinco potencias del Congreso de Viena para restaurar en los tronos a las dinastías históricas depuestas por Napoleón. Este principio se llevó a cabo en todos los países a excepción de Suecia.

El principal objetivo de los delegados en el Congreso fue restablecer la estabilidad del continente contra la amenaza de la revolución. Las grandes potencias llegaron al Congreso con diferente situaciones internas y externas. Austria se mostró como la gran potencia centroeuropea, factor de equilibrio continental y defensora a ultranza de la Europa restaurada, del conservadurismo y a favor de que Francia, pese a Napoleón, participara en las grandes decisiones. Rusia llegó dividida ante la alternativa política que le ofrecían los occidentalistas y los eslavófilos. Su objetivo fue mostrar su grandeza y poderío. Gran Bretaña se caracterizó por su fidelidad al liberalismo económico y político, por lo que ante la deriva conservadora del Congreso fue poco a poco desligándose de los acuerdos más ideológicos y buscó el pragmatismo. Prusia inició su proceso para convertirse en agente central de los estados alemanes y aglutinador del movimiento germánico. Francia, pese a la derrota en Waterloo, fue reincorporada al grupo de las potencias bajo la restauración en la figura de Luis XVIII (1755-1824) y su ministro Talleyrand (1754-1838).

El acuerdo final del Congreso[79] contenía 121 artículos, que reorganizaron el mapa europeo de la siguiente manera: Francia perdió todos los territorios conquistados por Napoleón; se ratificó la fundación del reino de los Países Bajos, gobernado por Guillermo I de Orange (1772-1843); Noruega y Suecia permanecieron unidas bajo la corona de Carlos XIII (1748-1818), que perdió Finlandia y pasó a Rusia, y también Pomerania, que pasó a Prusia; se garantizó la independencia y neutralidad de los cantones suizos, reorganizados en el marco de una Confederación Helvética. Asimismo, Rusia recibió la mayor parte del suprimido

---

79. La Santa Alianza fue una iniciativa del zar Alejandro I para defender los principios del absolutismo, la religión y el Antiguo Régimen frente a futuras oleadas revolucionarias. No tuvo una estructura formal, sino que fue un acuerdo moral al que se unió más tarde la Francia de la Restauración.

gran ducado de Varsovia, convertido en reino de Polonia. Prusia recibió la Prusia Occidental, Posen, la mitad norte de Sajonia y gran parte de las provincias del Rin y del extinguido reino de Westfalia. Hannover consiguió nuevos territorios y pasó a ser un reino; se le restituyeron al Imperio austriaco la mayoría de las zonas que había perdido frente a Napoleón y se le concedieron otras nuevas, como el Tirol, Salzburgo, la Lombardía, el Véneto y la antigua región veneciana de Dalmacia. Gran Bretaña se anexionó la colonia de El Cabo en Sudáfrica, Ceilán, isla Mauricio, Heligoland, Malta, las islas Jónicas, Trinidad y Tobago y la Guayana. El reino de Piamonte-Cerdeña recuperó el condado de Niza y Saboya y recibió Génova. La España de Fernando VII fracasó en sus objetivos de restaurar a los Borbones en las antiguas posesiones españolas en Italia y de obtener la ayuda del Congreso para devolver a la obediencia a las colonias americanas. En Viena se certificó así el descenso de España a la categoría de pequeña potencia.

En el Congreso también se tomaron otras importantes medidas, como la condena del comercio de esclavos y la libre navegación por los ríos que atravesaban varios Estados o eran frontera interestatal.

El siglo XIX: liberalismo, imperialismo y nacionalismo

LAS REVOLUCIONES LIBERALES EN EUROPA

Tras el Congreso de Viena y la restauración de los valores tradicionales y una vuelta a una cierta estructura social asociada al Antiguo Régimen durante el siglo XIX se sucedieron una serie de revoluciones. Algunas tenían carácter liberal y pretendían volver a implementar los valores revolucionarios moderados y otras eran más radicales, fruto de nuevas ideologías, como el nacionalismo y los postulados del movimiento obrero. Estos impulsos marcaron el devenir político de la mayor parte de los países europeos y transformaron sus instituciones, la mayoría de las veces hacia una mayor apertura democrática y participativa.

El aparente triunfo de los postulados más conservadores del Congreso de Viena desencadenó una reacción contraria, lo que propició varias oleadas revolucionarias que sacudieron el continente europeo en 1820, 1830 y 1848. Las revoluciones de 1820 y 1830 fueron liberales y nacionalistas y contaron con apoyos sociales afectados por la crisis económica, que eran amplios debido a la extensión de los sectores burgueses y obreros como resultado del avance de la Revolución Industrial. En cambio, las revoluciones de 1848 añadieron un componente democrático y obrero, así como aspiraciones nacionalistas en Europa Central y Oriental.

Los movimientos liberales de 1820 tuvieron como escenario fundamental a los países mediterráneos. El primer movimiento revolucionario tuvo lugar en España en enero de 1820 con la sublevación del general Rafael del Riego (1784-1823) en contra del absolutismo de Fernando VII. El objetivo era conseguir el restablecimiento de la Constitución liberal de 1812. Como consecuencia del éxito del movimiento, se implantó un régimen liberal entre 1820 y 1823. El eco de este movimiento se contagió pronto a otros Estados. Primero a Portugal, en donde el rey, que continuaba en Brasil, acabó otorgando una Constitución liberal. En Italia se produjeron movimientos revolucionarios en 1820 y 1821 en los que se mezclaban el nacionalismo, la aspiración a la unidad y el liberalismo y, tanto en Nápoles como en Piamonte-Cerdeña, se otorgaron constituciones inspiradas en la española de 1812. En Francia y también en Rusia se produjeron algunos intentos de modificar los regímenes absolutistas. Pero fue en Grecia en donde se produjo la revolución de índole más netamente nacionalista. Inspirada por las sociedades secretas implantadas fuera de la península, proclamó su independencia en 1821, en la Asamblea de Epidauro. Tras la intervención de tropas egipcias en apoyo del sultán otomano y rusas, inglesas y francesas en apoyo de los griegos, la independencia fue finalmente reconocida en Londres en 1830. Este movimiento revolucionario sirvió como nexo de unión entre la oleada de 1820 y la de 1830, permitiendo la consolidación del espíritu nacionalista, que adquirió una mayor fuerza en 1830. Con la excepción de Grecia, que se explica por los apoyos exteriores recibidos, los movimientos revolucionarios fueron reprimidos al cabo de unos pocos años por la acción concertada de los Estados miembros de la Santa Alianza.

La Revolución de Julio de 1830 en Francia tuvo su origen en las medidas de carácter absolutista que el rey Carlos X (1757-1836) estaba llevando a cabo y que tuvieron una gran contestación social. El estallido revolucionario consiguió la caída del monarca y de la propia dinastía Borbón, sustituida por la monarquía de Luis Felipe de Orleans (1773-1850), de corte liberal y constitucional, que daba respuesta a las peticiones de la burguesía moderada para aumentar la participación del pueblo en la toma de decisiones, pero que alejaba las ideas radicales de parte de los participantes en las protestas populares. Este tipo de monarquía, basada en el concepto de «rey ciudadano», se rigió por una Constitución liberal de sufragio restringido y soberanía nacional y perduró hasta 1848.

El éxito del levantamiento francés tuvo su eco en la revuelta de Bélgica, país unido artificialmente por el Congreso de Viena a Holanda y Luxemburgo en el reino de los Países Bajos. Bajo Guillermo I de Orange, los belgas se sentían infe-riormente representados en la política del reino en detrimento de los holandeses. El descontento estalló en las revueltas antiholandesas de Bruselas, Lieja y otras ciudades belgas en agosto y septiembre de 1830. Tras derrotar a las tropas holan-desas los nacionalistas belgas formaron un gobierno provisional que proclamó la independencia del país y convocó un Congreso Nacional que daría una Constitución al nuevo Estado. La alteración del orden creado en 1815 hizo intervenir a las cinco grandes potencias del Congreso de Viena, que, reunidas en la Conferencia de Londres de 1830, reconocieron la independencia de Bélgica y se pusieron de acuerdo sobre las principales cuestiones controvertidas, imponiéndose por lo general el criterio británico. El país se organizó como monarquía parlamentaria bajo Leopoldo de Sajonia Coburgo, que reinó como Leopoldo I (1790-1865) y se dotó de una avanzada Constitución liberal. Al nuevo soberano se le impuso una obligada neutralidad a perpetuidad, situación garantizada por las grandes potencias por el Tratado de Londres de 1831 y mantenida hasta 1914.

Los ideales liberales también llegaron a Polonia, donde en 1830 estalló la Revolución de los Cadetes. Se trataba de un levantamiento armado antirruso que contó con un amplio apoyo en la sociedad polaca. La insurrección derivó en guerra abierta a comienzos de 1831 y fue finalmente aplastada por las tropas del zar Nicolás I (1796-1855) sin que Reino Unido ni Francia intervinieran, pese a las simpatías que albergaban sus sociedades por la causa polaca. Como represalia, Polonia fue integrada en 1831 al Imperio ruso, perdió su autonomía, se anuló su Constitución y fue sometida a una política de rusificación.

Los movimientos revolucionarios de 1830, con un carácter liberal y nacionalista, se extendieron también por otras regiones de Europa. En Italia hubo levantamientos en 1831 en Módena, la Romaña, las Marcas y la Umbría, todos ellos sofocados por la intervención militar de Austria. En la Confederación Germánica hubo levantamientos esporádicos por la libertad y la unificación nacional, duramente reprimidos por Prusia y Austria. Los efectos de las protestas de 1830 se sintieron incluso en países en los que no hubo revolución, pero en los que eran palpables las mismas aspiraciones de ampliación de la representación política protagonizadas por una burguesía en ascenso. El Reino Unido acometió en 1832 una ampliación del sufragio censitario. En España la sucesión en 1833 de Fernando VII (1784-1833) por su hija Isabel II (1830-1904) permitió articular una monarquía parlamentaria bajo la regencia de María Cristina de Borbón (1806-1878).

En 1848 tuvo lugar la última oleada de revoluciones del siglo XIX en Europa. Fue la más extensa al afectar a casi todo el continente, a excepción del Reino Unido y Rusia. Al carácter liberal, social y nacional de anteriores revoluciones las de 1848 añadieron un componente democrático, alentado por los nuevos movimientos sociales, en particular el socialismo.

En Francia la revolución prendió de manera muy rápida y la joven monarquía de Luis Felipe de Orleans cayó en febrero de 1848 y dio paso la Segunda República, que adoptó el sufragio universal y decretó la abolición de la esclavitud en las colonias. La revolución se moderó en Francia al avanzar 1848. Las medidas socialistas iniciales del gobierno, como la implantación de talleres nacionales o el programa de nacionalizaciones, fueron revertidas después por la Asamblea Nacional elegida en abril, lo que desató la fracasada insurrección obrera de París y trajo el triunfo del partido del orden en las elecciones de diciembre de 1848. El líder de los conservadores, Luis Napoleón Bonaparte (1808-1873), se convirtió en presidente de la República y, tras su golpe de Estado de diciembre de 1851 y el plebiscito de 1852, proclamó el Segundo Imperio francés, creando así un régimen político autoritario, pero con plebiscito popular que sería conocido como bonapartismo.

El ministro poeta

Alphonse de Lamartine (1790-1869) fue un político y poeta francés que se hizo cargo del gobierno interino tras la caída de Luis Felipe de Orleans en Francia y publicó en marzo de 1848 su *Manifiesto a Europa*, en el que defendía la soberanía popular y el derecho de toda nación a decidir su forma de gobierno y subrayaba las intenciones pacíficas de los revolucionarios franceses.

La revolución de 1848 también se contagió a Viena, donde provocó la caída del canciller Metternich en marzo de 1848 y posteriormente se extendió a Praga, Budapest, Milán y Venecia. La parálisis en la capital imperial favoreció que checos y húngaros reclamaran la autonomía política, mientras en el sur el Piamonte de los Saboya declaraba la guerra a Viena con el objetivo de arrebatar Lombardía y el Véneto al imperio. Pasado un primer momento de desarticulación, el Imperio de los Habsburgo recuperó el control interno de la situación gracias a la fidelidad del ejército, la pasividad de las clases campesinas y la incompatibilidad mutua de las aspiraciones de las distintas nacionalidades sometidas a Viena. En octubre de 1848 los Habsburgo sometieron la revolución vienesa. A continuación, afianzaron su poder tras derrotar a los Saboya y en 1849 terminaron con la revuelta húngara con la ayuda de Rusia. La principal consecuencia del 48 austriaco fue evidenciar la debilidad del imperio de Francisco José I[80] (1830-1916).

En Italia estallaron también en 1848 disturbios revolucionarios en varias ciudades que obligaron a los soberanos de Piamonte y Toscana a hacer concesiones a los demócratas.

En Alemania la revolución prendió en varios de los territorios con reclamaciones como constituciones, gobiernos representativos y la unidad nacional. Estos levantamientos dieron lugar a la constitución de una Asamblea Nacional Alemana, que decidió formar una unión entre los estados con población alemana, aprobó en 1849 una Constitución para una monarquía parlamentaria con sufragio universal masculino y ofreció la corona de Alemania a Federico Guillermo IV de Prusia (1795-1861). El monarca prusiano rechazó el ofrecimiento porque despreciaba a los revolucionarios liberales y temía la reacción de las grandes potencias. Con la renuncia de Federico Guillermo IV, el movimiento por la unidad perdió empuje. La burguesía liberal también fue retirando su apoyo por temor al radicalismo revolucionario. Entre rebeliones armadas en toda Alemania, sofocadas por Austria y Prusia, la Asamblea Nacional se trasladó a Stuttgart y fue finalmente disuelta, mientras en Prusia el rey concedía una Constitución moderada que satisfacía las aspiraciones de parte de los liberales y conservadores.

Las revoluciones de 1848 amenazaron la estructura y el equilibrio establecidos por los tratados de 1815. Francia dejó de ser una monarquía liberal-conservadora para constituirse en república radical y después en imperio asentado en el sufragio. Austria y Prusia quedaron temporalmente paralizadas. Surgieron aspiraciones nacionalistas entre distintos pueblos europeos, lo que cuestionaba el equilibrio político y territorial del continente. Aunque los revolucionarios de 1848 fracasaron, sus acciones tuvieron efectos profundos sobre el orden internacional.

---

80. Francisco José I de Austria fue emperador durante casi 70 años. Su reinado evidencia todos los cambios políticos vividos en el siglo XIX. De ideales tradicionalistas católicos, tuvo que ir modificando la manera de gobernar, desde el absolutismo inicial al liberalismo final. Se casó con Isabel de Baviera (1837-1898), Sissi. Durante su reinado se enfrentó a los movimientos nacionalistas que desmembrarían el enorme Imperio austriaco y desencadenarían la Primera Guerra Mundial.

LA INDEPENDENCIA DE LAS COLONIAS AMERICANAS

Desde 1780 los territorios americanos de las coronas de España y Portugal mostraron signos inequívocos de inestabilidad. Entre 1808 y 1825 se independizaron de España y Portugal los territorios continentales de América que habían formado parte de sus imperios. En la América española se trató de procesos que involucraron a sociedades diversas geográfica, social, étnica y culturalmente. En el caso del Brasil portugués se trató una transición no traumática a partir de la bifurcación de la familia real portuguesa.

Las independencias de las naciones americanas se situaron en el contexto de las revoluciones atlánticas y la crisis de las monarquías absolutas europeas. Para comprenderlas hay que ponerlas en relación con los cambios por los que atravesaron las correspondientes metrópolis y cómo se proyectaron en sus dominios ultramarinos. Estos fenómenos no fueron aislados, sino parte de las transformaciones que en el último tercio del siglo XVIII y comienzos del XIX alteraron el orden establecido del mundo occidental. Primero fue la independencia de las Trece Colonias americanas de Gran Bretaña en 1776 y el establecimiento del primer sistema republicano en el continente americano, a la par que se daba en el escenario europeo la Revolución francesa de 1789 que impactó fuertemente en las monarquías.

Los antecedentes de la independencia de la América española se aprecian dos líneas: por una parte, las reformas borbónicas iniciadas en el siglo XVIII y, por otra, la invasión napoleónica, que provocó una revolución política y supuso el principio del fin de la monarquía absoluta. Los cambios en la Península y el tránsito del liberalismo al absolutismo y de nuevo al liberalismo incidieron en las dinámicas independentistas.

Desde la época de Carlos III y sus reformas modernizadoras se produjeron en América unos rápidos cambios de índole social, de desarrollo económico y de conciencia política. Las transformaciones económicas se debieron al impulso recibido por el Reglamento de Libre Comercio entre España y las Indias, que impulsó un mayor intercambio comercial y estimuló las producciones exportables. El Reglamento no trajo el esperado fin del monopolio de España del comercio con las Indias, pero permitió aumentar el número de puertos con los que comerciar. El bloqueo marítimo que llevó acabo Gran Bretaña en 1797 contra las colonias españolas obligó a permitir el comercio de las Indias con puertos de naciones neutrales al conflicto, lo que se tradujo en un aumento de la demanda y un fuerte desarrollo económico. En este contexto de auge y mayor libertad económica la sociedad criolla se sentía relegada ante el creciente número de altos cargos que provenían de la metrópoli para ocupar las altas jerarquías coloniales. Surgió así un anhelo por alcanzar nuevas cotas de poder que permitieran a la sociedad criolla una cierta independencia a la hora de tratar y gobernar los asuntos locales. Sobre esta base se dieron las protestas del Cabildo de México en 1771 o la de los comuneros de Nueva Granada en 1781. A estos factores se unió el total vacío de poder dejado desde la metrópoli tras la invasión francesa de España en 1808, lo que terminó por convencer a las oligarquías criollas de que la mejor solución sería la independencia.

En el virreinato de Nueva España los sacerdotes Miguel Hidalgo (1753-1811) y José María Morelos (1765-1815) iniciaron el movimiento independentista. Hidalgo llamó a la insurrección en 1810, pero la crudeza de los levantamientos llevados a cabo por los indígenas asustó tanto a los realistas como a la próspera sociedad criolla. El levantamiento fue sofocado en 1811. Morelos, que había combatido con Hidalgo, se levantó en 1812. Fue capturado y fusilado en 1815. Tras la derrota de ambos, que puso fin a los grandes alzamientos de masas indígenas, el movimiento revolucionario tomó un cariz más político y de naturaleza pragmática. Ante la situación creada en España por la revolución liberal, y tras un fracasado plan inicial de las autoridades del virreinato de segregar a México de la autoridad de España hasta que Fernando VII recobrara su poder, el militar realista Agustín de Iturbide (1783-1824) pactó con el principal jefe de la guerrilla independentista el Plan de Iguala[81]. De este modo, siguiendo el camino acordado, se declaró la independencia en 1821 y se constituyó la regencia. En 1822 Fernando VII rechazó lo pactado y entonces el propio Iturbide se proclamó emperador de México.

Al calor de la declaración mexicana Centroamérica anunció su independencia y en 1822 la mayor parte de sus ayuntamientos votó por la unión con México. La caída de Iturbide en 1823 facilitó la definitiva independencia de América Central bajo la fórmula de confederación: las Provincias Unidas de América Central.

---

81. El Plan de Iguala, ideado por Iturbide, pretendía crear un México independiente como reino gobernado por el propio Fernando VII o alguno de sus familiares cercanos, así como garantizar la importancia y el sostenimiento de la Iglesia en el reino y proclamar la igualdad entre los habitantes de México.

En Venezuela y Nueva Granada, el cabildo de Caracas convocó en 1810 una Junta de Gobierno, que en breve plazo tuvo que enfrentarse a las tropas españolas. En julio de 1811 el Congreso convocado para formar gobierno se convirtió en el primero en proclamar la independencia. Comenzó entonces una lucha en la que Francisco Miranda (1750-1816) y Simón Bolívar (1783-1830) fueron vencidos por los españoles y los llaneros. La primera república de Venezuela fracasó en 1813 y Bolívar se exilió en Jamaica. La restauración de Fernando VII en el trono trajo un nuevo impulso realista y el ejército español tomó de nuevo el control de Venezuela y Nueva Granada en 1816. Bolívar no cejó en su empeño y se hizo con los accesos al Orinoco desde el Caribe. En 1819, desde la ciudad de Angostura, hizo un famoso discurso en el que mostraba sus planes para liberar la zona y crear la Gran Colombia, formada por la reunión de Venezuela y Nueva Granada. En 1817 Bolívar derrotó a los españoles y entró triunfante en Bogotá. De regreso a Angostura, constituyó la República de Colombia. Poco después, la actual Panamá se liberó de los españoles y se incorporó a la Gran Colombia. Al poco tiempo, uno de los generales de Bolívar, Antonio José de Sucre (1795-1830), venció a los realistas en 1822 en la batalla de Pichincha y liberó Quito y Guayaquil.

En 1810 Chile trató de seguir los pasos de Venezuela, pero para 1814 volvían a estar bajo control español gracias a las tropas enviadas desde Perú. El general José San Martín (1778-1850) derrotó a las tropas españolas en Chacabuco y entró en 1817. Los realistas fueron confinados en la región sur del país. San Martín no aceptó el cargo de supremo director de Chile y, en su lugar, se nombró a Bernardo O'Higgins (1778-1842).

En el virreinato de Río de la Plata, la Junta de Buenos Aires fue la segunda que se creó en Iberoamérica. Optó por no pedir la independencia y se convirtió en gobierno local, exigiendo a las regiones que dependían del virreinato, el Alto Perú, la Banda Oriental y Paraguay, que acataran su autoridad. Esta situación creó una gran tensión y se desató un periodo de luchas civiles ante la resistencia de los territorios del interior, como Córdoba, Montevideo y Paraguay a acatar el gobierno bonaerense. Entre 1810 y 1820 la zona se enfrentó a una fuerte anarquía por las luchas entre caudillos. En 1835 comenzó a denominarse Confederación Argentina, pero no sería hasta 1853 cuando se sancionaría la nueva Constitución que estableció el nombre de República Argentina.

Tras la liberación de Chile, el general San Martín se preparó para continuar la campaña libertadora de Perú. Con la ayuda de una flota, San Martín se apoderó de Lima en 1821, aprovechándose de las disensiones internas entre los realistas tras la revolución de 1820. Los realistas se retiraron al interior, donde se hicieron fuertes y resistieron hasta 1824. En 1822 los peruanos perdieron la confianza en San Martín, acusando a sus tropas de inacción ante los ataques realistas. Ese mismo año, San Martín y Bolívar se encontraron en Guayaquil y Bolívar fue quien asumió la liberación de Perú. Tras la batalla de Junín y la victoria de Sucre en Ayacucho en 1824, Perú quedó completamente en manos de los independentistas. En 1825, tras la victoria de Tumusla, que marcó la victoria final para la independencia ibe-roamericana, el Alto Perú proclamó también su independencia con el nombre de República de Bolivia.

El Libertador

Tras vencer en la batalla de Carabobo de 1822, Simón Bolívar fue proclamado «Libertador». En el Congreso Anfictiónico de Panamá de 1826 propuso una gran confederación hispanoamericana que debía unir a los nuevos países americanos desde México hasta Argentina.

La independencia de Brasil fue muy diferente a las llevadas a cabo por las colonias españolas. En este caso, la casa real portuguesa se exilió en Brasil tras la invasión napoleónica. Tras la derrota de los franceses el rey todavía permaneció en Brasil. Después de la revolución liberal de Oporto de 1820, Juan VI (1767-1826) tuvo que jurar respetar la Constitución y volvió a Lisboa en 1821, dejando a su hijo Pedro (1798-1834) como regente de Brasil. Este se apoyó en los militares y políticos criollos y comenzó un distanciamiento de la metrópoli que culminó en 1822, cuando, ante la orden real de que regresara a Portugal, se produjo el Grito de Ipiranga con el que Pedro proclamó la independencia de Brasil. La independen-cia brasileña se consiguió sin pérdida de vidas humanas y con todos sus recursos humanos, económicos y técnicos intactos. Se constituyó así el único imperio que existía en el hemisferio austral.

En 1823 Uruguay fue forzado a convertirse en una provincia brasileña y tuvo que iniciar una nueva etapa de lucha por su independencia. El movimiento se inició en 1825 e involucró a Argentina como gran apoyo a los revolucionarios. Las potencias europeas que aspiraban a comerciar con la región forzaron una mediación para poner fin al conflicto. En 1828 se formó una convención preliminar de paz que sellaba la independencia de la Banda Oriental, una solución apoyada por todas las partes. Con la Constitución de 1830 se fundó la República Oriental del Uruguay.

LOS ESTADOS UNIDOS DE AMÉRICA EN EL SIGLO XIX

A lo largo del siglo XIX, los Estados Unidos experimentaron una profunda transformación que afectó a todos los ámbitos: desarrollo del sistema político, crecimiento económico, expansión territorial…, pero el gran acontecimiento que marcó su historia fue la guerra de Secesión que tuvo lugar entre 1861 y 1865. Las tensiones internas acumuladas desde la independencia, centradas no solo en la cuestión de la esclavitud, sino en el modelo económico y social, que se habían ido agravando a lo largo de la primera mitad del siglo XIX conforme aumentaba el territorio de la federación, se resolvieron de manera violenta en esta conflagración. Desde ese instante el país apostó por la ocupación física del territorio, apoyándose en una intensa emigración y en el descubrimiento de inmensas riquezas naturales. De esta forma, al llegar al final del siglo XIX los Estados Unidos ya tenían la estructura actual que les permitió convertirse en una de las principales potencias económicas y militares del planeta y comenzaron a abandonar el aislacionismo y el neutralismo que habían caracterizado su política internacional desde la independencia.

En un país como los Estados Unidos, que nació bajo la forma de una democracia, el sistema de partidos políticos que lo vertebraban era de vital importancia. Durante el siglo XIX dicho sistema experimentó una profunda transformación hasta la consolidación de los dos partidos políticos protagonistas de la vida política estadounidense hasta nuestros días. En un principio, la discusión política estuvo centrada en la interpretación del texto constitucional. Los partidarios de un poder central fuerte, los federalistas liderados por Hamilton, querían aplicar una amplia interpretación que otorgara a los poderes legislativo y ejecutivo federales un gran poder. Tras Washington y Adams, la elección de Jefferson como tercer presidente marcó el inicio de los gobiernos republicanos. En 1828 el presidente Andrew Jackson (1767-1828) inició un periodo de gobierno del Partido Demócrata que se extendería hasta la guerra de Secesión. En este tiempo, se aprobó el sufragio universal masculino. En 1854 nació el Partido Republicano como modernizador y aglutinador de los contrarios a la esclavitud, que consiguió que su candidato, Abraham Lincoln (1809-1865), ganara las elecciones de 1860 y fuera elegido presidente.

La guerra de Secesión estalló en 1861, cuando 11 estados del sur, reunidos en el Congreso de Montgomery, decidieron crear una Confederación y abandonar la Unión con la que se había fundado el país. Las causas de la guerra fueron principalmente de materia económica, pues existía una profunda división en cuanto a la especialización económica entre el norte y el sur del país. Los estados sureños habían cimentado su economía en las grandes extensiones de plantación de alimentos y algodón en la que trabajaban centenares de miles de esclavos. Los estados del norte tenían una economía industrial, amplios recursos naturales, gran número de artesanos y una potente banca y comercio marítimo. Tales diferencias de la estructura económico-social originaron un conflicto en el seno de la Unión. Los estados del norte querían establecer un sistema proteccionista y vías de comunicación transnacionales de este a oeste. Los estados del sur se mostraron hostiles al proteccionismo aduanero y a dichos sistemas de comunicación. Estas diferencias de intereses materiales y de tipos de civilización tenían también su reflejo en las cuestiones de materia moral, desde la religión hasta el verdadero problema de la guerra, que fue la cuestión de la esclavitud. La tensión aumentó al incorporar el Partido Republicano la cuestión de la abolición de la esclavitud en su programa.

El primer asesinato de un presidente

Abraham Lincoln fue asesinado en 1865, un año después de su reelección como presidente, mientras asistía con su mujer a una representación en el Teatro Ford de Washington. El asesino le disparó en la cabeza y huyó. El presidente falleció nueve horas después. Le sucedió su vicepresidente Andrew Johnson (1808-1875).

Tras la secesión, la guerra estalló formalmente con el bombardeo del fuerte Sumter, en Carolina del Sur, en 1861, y pronto se extendió a Virginia y Misuri. En ella, se pueden diferenciar dos fases. En la primera, se alternaron victorias de la Confederación y victorias de la Unión. En la segunda fase, el doble movimiento conducido por Ulysses S. Grant (1822-1885) en Virginia y el resto de tropas unionistas en Georgia condujo al final de la guerra en 1865.

Después del conflicto bélico, el arreglo para que los estados perdedores volvieran a integrarse en la Unión trajo un amplio debate político. Lincoln propuso la reintegración de los estados sureños después de que la décima parte de los votantes de en cada estado por separado prestasen juramento de sostener y defender la Constitución de la Unión y de que aceptasen formalmente la abolición de la esclavitud. El Congreso aprobó un proyecto de reconstrucción diferente, que establecía el nombramiento de un gobernador temporal en cada uno de los estados perdedores. Al final, después de que solamente Tennessee aceptara la enmienda XIV, que igualaba los derechos civiles de los negros a los de los blancos y denegaba a los estados el derecho de limitar los privilegios de los ciudadanos de los EE. UU., la Ley de Reconstrucción de 1867 dividió los restantes diez estados en cinco distritos militares, con lo que quedaron bajo administración militar.

En materia económica, durante el siglo XIX, salvando el paréntesis de la guerra, se produjo la transformación de una economía basada en la exportación de productos agrícolas y materias primas a una economía industrializada exportadora de manufacturas. Entre 1820 y 1850 se produjo la revolución del mercado nacional, que conllevó el proceso de especialización por zonas y que culminó con la regionalización. Con este sistema, la industria textil y metalúrgica y el desarrollo del ferrocarril se afianzaron en el norte, mientras que en el sur se localizaba el monocultivo del algodón, así como azúcar, tabaco y arroz. Con el fin de la guerra llegó una verdadera revolución económica basada en la gran cantidad de materias primas disponibles, un mercado en expansión y una buena oferta de mano de obra. Desde este momento, comenzó la modernización de la agricultura, que se mecanizó en las llanuras del Medio Oeste. El desarrollo del ferrocarril en esta etapa fue igualmente relevante, tanto desde el punto de vista de inversiones y desarrollo del capitalismo como de la vertebración del país.

El siglo XIX también fue el de la expansión territorial americana. Fue un largo proceso que se realizó por impulsos y en el que se combinaron diferentes métodos, motivos y fines. La expansión comenzó en 1803 con la compra de la Luisiana francesa por el presidente Jefferson a Napoleón Bonaparte. En una primera fase se produjo la colonización y creación de los estados del Medio Oeste: Indiana en 1816, Misisipi en 1817, Illinois en 1818, Alabama en 1819 y Misuri en 1821.

La expansión se complementó en esta etapa con la compra de Florida a España en 1819. La segunda fase de la expansión se llevó a cabo en la década de 1840, en la que se produjo la colonización de Oregón, lo que dio lugar a disputas con Gran Bretaña por el establecimiento de fronteras entre los Estados Unidos y los territorios de Canadá. En el sur se enfrentó con México en 1846, cuya guerra terminó con el Tratado de Guadalupe-Hidalgo[82]. La tercera fase fue la ocupación y colonización del Gran Oeste, desatando un gran movimiento migratorio y la fiebre del oro de 1848. El proceso terminó con la compra de Alaska a Rusia en 1867, el fin del aislacionismo y el inicio de un periodo de expansión en el Pacífico al anexionarse Hawái en 1898, así como varios territorios ganados a España tras la guerra hispano-norteamericana de ese mismo año.

LA ÉPOCA VICTORIANA

La reina Victoria (1819-1901) fue la monarca más longeva del Reino Unido hasta Isabel II. Durante sus más de seis décadas de reinado el país vivió un gran desarrollo económico, una importante expansión territorial colonial y un cambio social que hizo acuñar el título de era victoriana para referirse así a todo el conjunto de acontecimientos que tuvieron lugar desde su llegada al trono en 1837 hasta su fallecimiento en 1901. Este apogeo inglés estuvo basado en dos hechos fundamentales: la estabilidad y continuidad política, que cimentaron el sistema parlamentario inglés y la monarquía y una prosperidad económica nunca vista hasta el momento que se basaba en una extensa red mundial de comercio y transporte.

En materia política, la estabilidad del sistema estuvo garantizada por la corona, el Parlamento y los propios partidos políticos en una relación que se fue adaptando y ajustando según avanzaba el siglo para ir dando solución a problemas como

---

82. El Tratado de Guadalupe-Hidalgo fue firmado en 1848 entre México y los Estados Unidos. Con él se ratificaba el fin de la contienda entre ambos países. México cedería más de la mitad de su territorio a los Estados Unidos, que ganaron todos los territorios al norte del río Grande y California. Tras su ratificación en el Senado estadounidense desapareció la cláusula previamente acordada de protección de las concesiones de tierras otorgadas por México y España a particulares con anterioridad a la firma del acuerdo.

La política matrimonial de Victoria y Alberto

El matrimonio de la reina con Alberto de Sajonia-Coburgo-Gotha (1819-1861) en 1840 trajo una nueva dinastía al Reino Unido que, si bien es la actual reinante, cambió su nombre a Windsor en 1917. Victoria y Alberto aplicaron a sus descendientes una estricta política matrimonial que les llevó a emparentar con la mayor parte de las casas reales europeas. Entre sus descendientes hubo una emperatriz de Alemania, una zarina de Rusia y una reina de España.

el irlandés, las colonias o las crecientes demandas de la clase obrera. La monarquía británica vivió durante este tiempo la transformación que le haría llegar a la configuración actual de la institución. Al comienzo del reinado, Victoria tenía todavía atribuidas una serie de funciones, aunque limitadas, que le permitían una cierta dirección del ejecutivo. En la última parte del siglo XIX, en especial desde su proclamación como emperatriz de la India en 1877, sus funciones pasaron a ser simbólicas. La figura de la reina reflejaba la unidad nacional y las bondades de un sistema económico y político que en aquel entonces funcionaba a la perfección. El Parlamento tenía, al comienzo del reinado, unas funciones centradas en el control ejecutivo más que en la producción legislativa. La representación estaba mal configurada debido a que los distritos electorales sobrerrepresentaban a las áreas rurales y apenas tenían en cuenta el fenómeno urbano.

El desequilibrio electoral

La no adaptación de los distritos electorales llegó a tal distorsión que 1500 electores de 51 burgos enviaban a la Cámara de los Comunes 100 diputados, mientras que Mánchester y Birmingham no alcanzaban todavía la categoría de burgo.

Para paliar esta situación, se aprobaron durante este tiempo tres leyes que transformaron el sistema electoral británico. En 1832 se dobló el número de electores que seguían siendo censitarios; el censo electoral apenas era del 14% de la población masculina. En 1867 se amplió el derecho de voto y para justificar la renta no solo se aceptaron propiedades, sino que el estar abonando un alquiler por una vivienda dio derecho al voto. Con ella, millones de obreros que vivían en régimen de alquiler en las ciudades accedieron al censo, que pasó a representar al 44% de la población masculina. En 1884 el derecho al voto se extendió a los campesinos, lo que elevó el censo al 66% de la población masculina. Se dejó fuera de estas reformas a aquellos que convivían con familiares y a todas las mujeres.

El otro aspecto político vino dado por los partidos políticos. Al comienzo del reinado ya se apuntaba a una configuración bipartidista de la Cámara de los Comunes, que se fue acrecentando con el paso de las décadas. En la época victoriana se sucedieron gobiernos liberales y conservadores. La realidad social llevó a que los partidos llevaran a cabo, en la recta final del reinado, el reconocimiento de los sindicatos y el derecho de huelga, la regulación del trabajo de mujeres y niños o la necesidad de abordar el problema el problema irlandés[83].

El desarrollo económico fue otra de las señas de identidad de la época victoriana. Al comienzo del reinado, estaban en vigor unas leyes proteccionistas que garantizaban un precio alto para los productos agrícolas, lo que consolidaba el poder que los grandes latifundistas tenían en las Cámaras. Sin embargo, el crecimiento de la economía industrial y financiera hicieron que el Parlamento aprobase normas favorables al librecambismo. En 1852 comenzó otra de las bases de la expansión del poderío económico y comercial del Reino Unido, pues se abolió la entonces vigente ley de navegación, que impedía a los barcos extranjeros transportar mercaderías a los puertos ingleses en las mismas condiciones que los nacionales. La supresión de aranceles favoreció la expansión comercial inglesa, ya que atrajo la importación de productos alimenticios y materias primas y facilitó la exportación de manufacturas. En el desarrollo de este modelo económico, Inglaterra se vio respaldada por un vasto imperio colonial que cumplía la función de abastecer a la metrópoli de materias primas y demandar sus productos manufacturados. Esta engrasada economía llevó a que Inglaterra tomara la delantera en materia indus-

---

83. Desde la crisis agrícola de 1870, la agitación y la defensa de su independencia comenzaron a ser incontenibles en Irlanda. En 1886 y 1893 W. E. Gladstone (1809-1898) presentó una solución por la que Irlanda pasaría a ser un estado federado del Reino Unido. Esta opción fue rechazada en dos ocasiones y causó la división de su partido. Desde entonces se sucedieron revueltas, atentados y se puso de manifiesto un problema que no sería resuelto hasta el siglo xx.

trial. A mitad del siglo XIX la mitad del hierro y dos tercios del carbón mundial los extraía el Reino Unido. En este periodo también desarrolló una extensa red ferroviaria en la metrópoli y en las colonias y una de las mayores flotas mercantes de la historia, que le llevaron a tener una cuota del 75% del transporte por toneladas del comercio mundial. Este importante desarrollo económico vino de la mano de una efectiva organización financiera, que introdujo prácticas como las sociedades anónimas, el cheque bancario o la exportación de capitales para financiar a otros gobiernos o a empresas en el extranjero.

LA RESTAURACIÓN MEIJI EN JAPÓN

El fin del aislamiento japonés impuesto por los americanos desde 1854 terminó con el régimen del *shogunato* que había gobernado Japón durante más de siete siglos y abrió un periodo denominado Meiji, que se traduce como 'ilustración', que llevó a la modernización del país entre 1868 y 1912.

El *shogunato* Tokugawa se caracterizó por su administración centralizada y rígidamente jerarquizada, el sintoísmo como religión de Estado y una economía basada en la agricultura y el aislamiento exterior. Sin embargo, el envío por parte del presidente norteamericano Millard Fillmore (1800-1874) en 1853 de una misión militar, diplomática y comercial de navíos que exigió a Japón la apertura de sus puertos a los barcos estadounidenses trastocó el equilibrio interior del país ante la abrumadora potencia americana. En 1854 se firmó el Tratado de Kanagawa y en 1858 el Tratado Harris por los que Japón aceptaba el establecimiento de extranjeros en Osaka y Edo, actual Tokio, así como la extraterritorialidad y se establecía un sistema de bajos aranceles. La apertura a los americanos trajo una serie de reivindicaciones de Rusia, Reino Unido, Francia y los Países Bajos, que terminaron firmando acuerdos similares.

En la política interior de Japón estos acuerdos se vieron como verdaderas claudicaciones del *shogunato* ante los extranjeros y creó un clima de agitación, xenofobia y malestar contra el clan Tokugawa que desembocó en la revuelta de enero de 1868, en la que tropas de algunos señores menores se apoderaron del palacio imperial y proclamaron la abolición del *shogunato* y la restauración del imperio y los poderes del emperador. Decían tener la intención de salvar al propio Estado y fortalecerlo frente a las imposiciones extranjeras.

El periodo Meiji comenzó con importantes reformas que desembocarían en la promulgación de la Constitución de 1889. En el ámbito político e institucional, los cambios realizados fueron de naturaleza moderada para afianzar el poder de la élite y el emperador. Se trasladó la capital a Edo, se introdujo una nueva organización territorial en la que los gobernadores eran nombrados por el gobierno, se creó un ejército profesional y el reclutamiento obligatorio; también se creó una Asamblea Consultiva. En el aspecto social, se terminaron con los privilegios de las clases anteriores, dando fin al Antiguo Régimen cuasi feudal que dominaba Japón desde hacía siglos. Se decretó la igualdad jurídica ante la ley con códigos legales al modo francés y se adoptó el calendario gregoriano que regía en Occidente. Asimismo, se apostó por la educación con la creación del Ministerio de Instrucción Pública con programas educativos americanos y la fundación en 1877 de la Universidad Imperial de Tokio.

Las reformas también se extendieron a la economía y el sector financiero. En 1871 se reorganizó el sistema monetario y se adoptó el yen; el sistema bancario se estableció al modo americano. La creación en 1870 del Ministerio de Industria llevó a cabo una radical transformación del tejido productivo y dio lugar a un extraordinario despegue industrial y capitalista basado en industrias como la textil, la armamentística, los transportes, la construcción y las industrias pesadas de la minería del oro y el carbón.

Tras la creación en 1875 de un Senado con el objetivo de redactar una Constitución esta se aprobó en 1889. Era una ley con una mezcla de estilos y técnica política que combinaba las tradiciones orientales y la práctica occidental. Los poderes emanaban del emperador, que adquiría poderes absolutos y de carácter sagrado. La participación popular fue canalizada hacia las asambleas locales, carentes de todo poder, y de la Dieta, cuya Cámara Baja era elegida por sufragio censitario.

Con la adopción de las reformas cristalizadas en la Constitución de 1889 se inició un nuevo periodo caracterizado por el desarrollo económico. Entre 1894 y 1914 Japón se consolidó como gran potencia que rivalizaba en el Lejano Oriente con el resto de las potencias occidentales. Esta consolidación se llevó a cabo mediante la guerra contra China de 1894 a 1895 y contra Rusia entre 1904 y 1905. Especialmente significativa fue la victoria sobre Rusia, una potencia occidental, que le permitió afirmar en 1910 su control directo sobre Corea mediante una anexión directa. En 1912, en plena expansión y crecimiento japonés, la muerte del emperador Mutsuhito (1852-1912) puso fin a la primera gran fase de la evolución de Japón como nación moderna y con los fundamentos del nuevo Japón imperial plenamente consolidados.

El nacimiento de una tradición

Tras su muerte, el emperador Mutshuito recibió el honor de cambiar su nombre por el de la propia era que él había iniciado. Desde entonces es conocido como emperador Meiji. Así se inició la costumbre, todavía vigente, de rebautizar al emperador con el nombre de la era de su reinado.

LA DECADENCIA DE LA DINASTÍA QING: LAS GUERRAS DEL OPIO

China fue gobernada por la dinastía Qing desde mediados del siglo XVII hasta principios del siglo XX. En este tiempo, las relaciones de China con el exterior variaron considerablemente, pasando del aislacionismo inicial al amplio respeto de los grandes imperios occidentales y luego al intento de las potencias extranjeras de imponer un sistema comercial colonial al imperio de los Qing. Estas desavenencias terminaron en una serie de guerras durante el siglo XIX que debilitarían a la monarquía china y acelerarían su caída a principios del siglo XX.

Durante el siglo XIX hubo dos características que definieron las relaciones de China con Occidente. La primera fue la transformación de la concepción que se tenía sobre China en la sociedad internacional. Hasta 1839 fue de respeto a su aislamiento. Desde entonces, se impuso el afán comercial y Occidente buscó abrir rutas y puestos comerciales con el Imperio chino hasta que, a partir de 1890, ante el colapso de la situación, hubo serias intenciones por convertir el milenario reino en una colonia. La segunda característica fue la firme convicción de China de no aceptar el comercio internacional como la principal forma de relación y contacto entre Estados. Esta total divergencia de opiniones y fines causó durante todo el siglo XIX grandes desavenencias que cristalizaron en varios conflictos armados.

Desde finales del siglo XVIII la Compañía de las Indias británica gozaba de una posición dominante en el cerrado comercio internacional de China. Desde ella exportaba sedas, productos de lujo, maderas y té. Las transacciones arrojaban un importante déficit comercial para Gran Bretaña, debido a que estas misiones comerciales apenas vendían productos occidentales a China por los altos aranceles y la firme política imperial de no comerciar más que lo mínimo con el extranjero. Para paliar esta situación, los británicos comenzaron a exportar a China grandes cantidades de opio, pese a que su comercialización y consumo habían sido prohibidos por el emperador. Debido a esta restricción, los británicos iniciaron la Primera Guerra del Opio, que tuvo lugar entre 1839 y 1842. En la contienda la total superioridad naval y militar británica venció al ejército chino. El emperador tuvo que aceptar la derrota y firmó el Tratado de Nankín de 1842, por el que Gran Bretaña recibía Hong Kong como cesión y China abría cinco puertos al comercio con Occidente. La imposición de acuerdos continuó en 1843 con el Tratado de Humen, que garantizaba a los ingleses la extraterritorialidad en algunas plazas chinas, la aplicación de su jurisdicción desde los consulados y un trato preferencial frente a los acuerdos que China alcanzara con otros países. La debilidad del Imperio Qing se hizo patente y potencias como Francia y los Estados Unidos consiguieron hacer firmar al emperador en 1844 acuerdos comerciales con concesiones de extraterritorialidad y jurisdicción propia.

El efecto de estos tratados fue doble. Hacia el exterior, certificaban el fin de la centenaria política de aislamiento del Imperio chino y el comienzo de una ola de influencia en lo social, cultural y económico sobre los puertos abiertos al comercio exterior. En el interior, puso de manifiesto la fragilidad del sistema imperial y de la propia monarquía y comenzó un proceso de contestación interna con episodios como la Rebelión Taiping. Iniciada en 1850, se prolongó hasta 1886 desangrando económica y militarmente a las fuerzas imperiales y causando cerca de 20 millones de muertos. Esta contestación interna por sus concesiones al exterior debilitaban aún más la posición de Pekin frente a las potencias extranjeras, entrando en un círculo vicioso en el que cuanto más capitulaba, menos apoyo popular tenía el emperador y, por esa razón, más debía ceder ante las exigencias externas.

La Segunda Guerra del Opio tuvo lugar entre 1856 y 1860. Después de una primera fase, los chinos aceptaron su derrota y firmaron el Tratado de Tianjin de 1858, por el que se incrementaban los puertos abiertos al comercio, la libertad de establecimiento para los comerciantes occidentales y se permitía la libre acción de las misiones católicas y protestantes. Se imponía la apertura de concesiones con extraterritorialidad en la misma ciudad de Pekín, que había estado cerrada a los extranjeros durante siglos. Se garantizaba la movilidad de los extranjeros por toda China siempre que fuera por una razón religiosa, turística o comercial. Estas concesiones fueron rápidamente extendidas a rusos y norteamericanos. La segunda fase de la contienda se inició por la gran contestación interna a las severas condiciones del tratado, que China terminó por rechazar. Así, se reanudaron las hostilidades que incluyeron una potente ofensiva de las potencias extranjeras sobre la propia capital en la que saquearon el palacio de verano y ocuparon la Ciudad Prohibida. La guerra finalizó con la Convención de Pekín de 1860, en la que el emperador ratificó todos los términos del Tratado de Tianjin y, adicionalmente, se cedió a Gran Bretaña la península de Kowloon en Hong Kong, mientras partes de Manchuria fueron a parar a Rusia.

Este tratado desigual exacerbó el espíritu nacionalista chino y la desafección de la población contra una dinastía que era incapaz de mantener el Imperio chino en un lugar de preeminencia entre las naciones. Los acontecimientos llevaron a determinados sectores chinos a concienciarse de la posibilidad de la destrucción del Estado chino y a la necesidad de la creación de un Estado fuerte, capaz de oponerse a los occidentales, pero utilizando sus mismas técnicas. Así, surgió una corriente con líderes que pretendían una occidentalización de China en la técnica, la industria y los métodos militares para hacer frente a las agresiones externas.

Este periodo de caos interno llevó a las potencias occidentales a aprovechar la extrema debilidad de la dinastía Qing y obtener mayores concesiones territoriales y económicas. Con este espíritu colonizador, Japón se hizo con las islas Ryukyu en 1874. En 1876 los británicos entraron en Yunnan desde Birmania. Rusia penetró en la zona del Sinchián en el noroeste. Los franceses optaron por la vía bélica y entre 1882 y 1885 consiguieron tomar por la fuerza Vietnam.

El inicio del conflicto entre China y Japón

Entre 1894 y 1895 tuvo lugar la Primera Guerra Sino-Japonesa para decidir, por las armas, el dominio sobre Corea, que hasta el momento era un Estado vasallo de los Qing. La superioridad japonesa se impuso con facilidad y China dejó que Japón se anexionara Corea y, además le cedió Taiwán y varios archipiélagos.

Las imposiciones no solo fueron de carácter territorial, sino que, ante la creciente debilidad de los Qing, las potencias extranjeras consiguieron una intervención casi total en la economía china, desde el establecimiento de bancos extranjeros con capacidad de impresión de papel moneda y el control de la navegación por medio de sus compañías de barcos, hasta la construcción de fábricas y la explotación directa de recursos naturales, como minas. Todo ello, dio lugar a un creciente descontento social que explotaría con los levantamientos de principios del siglo XX.

LA DESCOMPOSICIÓN DEL IMPERIO OTOMANO: LA CUESTIÓN DE ORIENTE

Durante los siglos XVI y XVII el Imperio otomano dominó el Mediterráneo y gobernó sobre la mayor parte de los territorios que se extendían entre Oriente Próximo, el norte de África y el sudeste de Europa. Durante los siglos XVIII y XIX este enorme conjunto de territorios empezó a sufrir incontables tensiones internas de carácter nacionalista y se vio superado económica, militar y tecnológicamente por las principales potencias europeas. La debilidad del Imperio otomano trajo la aparición sucesiva de nuevas naciones a las que las potencias europeas trataron de atraer a sus órbitas de influencia, lo que desató fricciones y conflictos que terminarían por prender la llama de la Primera Guerra Mundial en el siglo XX.

Desde finales del siglo XVIII y hasta las primeras décadas del siglo XX, tuvieron lugar una serie de hechos relacionados con la desintegración progresiva del Imperio otomano que se denominaron la Cuestión de Oriente. Estos acontecimientos de países y grandes potencias enfrentaron los intereses particulares de muchas naciones en un polvorín que explotó en más de una ocasión. Entre los hechos más destacables se encuentra la extrema rivalidad que se desató entre las grandes potencias europeas, desde Rusia hasta Inglaterra, por establecer su control directo o influencia sobre los Balcanes y los países de la costa oriental del Mediterráneo según iban accediendo a su independencia del Imperio otomano. Rusia tenía el interés particular de encontrar una vía de acceso a las cálidas aguas del Mediterráneo y, para ello, adujo la necesidad de proteger a los ortodoxos y eslavos en los nuevos países. El Reino Unido centró sus intereses en proteger sus rutas comerciales marítimas, con especial interés en Egipto, donde el istmo que separaba el Mediterráneo y el océano Índico resultaba de vital importancia para garantizar su rápido acceso comercial y militar hacia la India. Francia quiso expandir su influencia cultural hacia los Estados árabes ribereños del Mediterráneo para garantizarse puestos militares y comerciales que aseguraran sus suministros. El Imperio austriaco buscaba frenar la creciente influencia rusa en los Balcanes e intentó establecer una franja de seguridad en las fronteras de su Imperio alrededor de Bosnia-Herzegovina. Ante estos intereses encontrados, el Imperio otomano trató de emprender una serie de reformas internas que le permitieran modernizar su ejército, pero la acción de las grandes potencias y los propios problemas internos limitaron el alcance de estos esfuerzos. Los otomanos perdieron casi todas las guerras que emprendieron en el siglo XIX, lo que provocó la pérdida, trozo a trozo, de la casi totalidad de sus territorios. Además, como gran parte de sus recursos eran controlados por los europeos, su dependencia respecto de estos aumentó.

La primera de las grandes guerras de la Cuestión de Oriente llegó con la lucha para la independencia de Grecia. Desde finales del siglo XVIII se produjeron intentos de crear una fuerza social y militar para conseguir la independencia del país heleno. Fue en el Congreso de Viena de 1815 cuando este interés se vio reconocido por las potencias convocantes del cónclave. Los griegos buscaron el apoyo de los rusos e iniciaron en 1821 unos movimientos de insurrección en Moldavia, Valaquia y zonas de la actual Grecia. En diciembre de 1821 una asamblea de representantes griegos, reunida en Epidauro, proclamó la independencia de Grecia y publicó su Constitución siguiendo el modelo de la aprobada por el Directorio en Francia. Los turcos reaccionaron a estos levantamientos en 1822 con una cruenta represión. Estos asesinatos de civiles alentaron a la sociedad griega a apoyar con más fuerza la causa de la independencia. Ante la imposibilidad de intervenir para restablecer su autoridad en Grecia, el sultán solicitó la ayuda de su vasallo el virrey de Egipto, que entró en la guerra y en el año 1826 estuvo a punto de decantar la balanza hacia el lado otomano. Los éxitos del Imperio otomano inquietaron al zar Nicolás I (1796-1855), que tenía un plan de control sobre los países de mayoría ortodoxa. En marzo de 1826 el zar impuso a los otomanos que se reconociera a los rusos el derecho de protección sobre Moldavia, Valaquia y Serbia, la soberanía rusa sobre el Cáucaso y el libre tránsito de los navíos rusos en aguas otomanas. En 1827 las tropas otomanas se apoderaron de Atenas. Ingleses, franceses y rusos constituyeron una alianza y una flota anglo-francesa intervino en la guerra bloqueando y destruyendo a la flota otomana. Ante la constante negativa del sultán a participar en una negociación, los rusos declararon la guerra a los otomanos e invadieron la Anatolia Oriental, Moldavia, Bulgaria y Tracia. Los ingleses y franceses, por su parte, consiguieron que los egipcios evacuaran el territorio griego y apoyaron la creación de un Estado griego autónomo. En los Tratados de Adrianópolis de 1829 y Londres de 1830 se impusieron a los otomanos y a los griegos unas condiciones acordes a las intenciones y equilibrios de las grandes potencias. Se proclamó la independencia griega, se reconoció la autonomía de Serbia, Moldavia y Valaquia, y los rusos obtuvieron territorios y ventajas comerciales, así como el libre tránsito de sus navíos comerciales por los estrechos griegos y otomanos.

Apenas dos décadas después se desató la guerra de Crimea, un nuevo conflicto con epicentro en el Imperio otomano, pero con causas y actores que vieron la oportunidad de acrecentar su poder e influencia ante la decadencia de la corte de Estambul. Las causas de la guerra de Crimea fueron varias. En 1849 Rusia y el Imperio otomano estuvieron a punto de iniciar el conflicto debido a un incidente diplomático relacionado con el asilo concedido por los otomanos a unos revolucionarios rusos huidos. Más tarde, la tensión continuó en ascenso por los conflictos entre los diferentes credos cristianos respecto de algunos lugares santos en Palestina. Luis Napoleón Bonaparte, para ganarse el apoyo de los católicos a su causa imperial en Francia, intervino en el asunto y consiguió del sultán garantías para los católicos, lo que causó el enfado del zar y exigió el mismo trato para los ortodoxos. El zar se encontraba en realidad buscando cualquier excusa posible para entrar en guerra con los otomanos y conseguir nuevos territorios en el Mediterráneo.

El enfermo de Europa

El zar Nicolás I consideraba al Imperio otomano «el enfermo de Europa» y su verdadero objetivo era provocar su desaparición para proceder al reparto de sus territorios. Los rusos ofrecieron a los británicos repartirse los nuevos territorios, pero estos temían que la expansión rusa al Mediterráneo trastocara los equilibrios militares y comerciales de esta región.

Los británicos recelaron de las verdaderas intenciones del zar y se aliaron con los franceses, además de ofrecer al sultán su apoyo ante un eventual conflicto con

Rusia. La guerra llegó en 1854 y los británicos y franceses entraron en el conflicto tomando Crimea y Sebastopol. Ese mismo año, las potencias occidentales firmaron un acuerdo con Austria, conocido como los Cuatro Puntos de Viena, para definir las bases de la paz: Rusia tendría que renunciar a su influencia preponderante sobre los principados rumanos y abandonar sus pretensiones de protectorado religioso sobre la población ortodoxa del Imperio otomano. A dichos privilegios rusos les sustituiría un compromiso de las grandes potencias. La libertad de navegación en las bocas del Danubio sería garantizada por un acuerdo internacional. Tras la intervención austriaca, Rusia se avino a negociar y en 1856 se firmó el Tratado de París, en el que los rusos perdían su derecho a ejercer un protectorado supranacional sobre los creyentes ortodoxos y su influencia sobre los principados en torno al Danubio. El acuerdo de paz no supuso mermas territoriales para los otomanos, pero sí costosísimas pérdidas de soberanía por cuanto se veían obligados a conceder una amplia autonomía a partes integrantes de su imperio, perdían la soberanía sobre una parte de sus aguas territoriales y quedaban sometidos a una suerte de tutela. Los imperios austriaco y ruso salieron mal parados de esta corta guerra. Austria quedaba debilitada al haber abandonado la política de acuerdo y paz con Rusia que estaba vigente desde 1833. Además, Rusia sufrió un alto coste económico por la guerra que le obligó a realizar intensas reformas en política interna.

El tercero de los principales conflictos de la Cuestión de Oriente durante el siglo XIX tuvo lugar entre 1875 y 1878. El problema comenzó en 1874 como una simple revuelta campesina en Herzegovina ante la imposibilidad de pagar los impuestos pertinentes debido a la mala cosecha del año anterior. El malestar prendió entre las clases populares y en 1875 se unieron al conflicto Bosnia y Montenegro. La revuelta en los Balcanes inquietó a los emperadores de Alemania, Austria y Rusia. Las tres potencias amenazaron a Estambul y en 1876 tuvo lugar una conferencia en la que los otomanos anunciaron la redacción de una Constitución que modernizase el Imperio. Sin embargo, la reunión no alcanzó ningún acuerdo debido a que los rusos creían que había llegado el momento final de su plan para desmembrar definitivamente al Imperio otomano. Los rusos declararon la guerra a Estambul en 1877.

La guerra se desarrolló en los Balcanes y en Anatolia Oriental. En 1878 los otomanos, arrollados por la potencia de los rusos, firmaron un acuerdo que certificaba la entrega de grandes territorios a Rusia, una indemnización millonaria y el establecimiento de nuevos Estados en los Balcanes que tendrían una importante influencia rusa. No obstante, el resto de potencias europeas no estaban dispuestas a tolerar que Rusia alcanzara ese poder sobre los Balcanes. La tensión con las potencias europeas llevó al zar Alejandro II (1818-1881) a rebajar sus exigencias a los otomanos y en 1878 firmó el Tratado de Berlín. El coste del acuerdo fue devastador para la economía otomana al tener que desprenderse de varias de las regiones más prosperas del imperio. Para el resto de países que intervinieron en las negociaciones quedó claro que, si bien los otomanos estaban neutralizados, no se habían resuelto las cuestiones territoriales en los Balcanes y que esta región comenzaba a ser el campo de pruebas de un enfrentamiento que llegaría tres décadas después con la Primera Guerra Mundial.

Las consecuencias del conflicto

El Tratado de Berlín de 1878 rebajó las pretensiones rusas de instaurar su influencia definitiva en los Balcanes. El texto establecía la independencia de Rumanía, Serbia y Montenegro. La Gran Bulgaria, ideada por los rusos, fue desmembrada: el norte quedó como principado independiente con capital en Sofía y el sur fue reintegrado a los otomanos. Macedonia fue también reintegrada al Imperio otomano. Se descartó la creación de una Gran Serbia y Bosnia y Herzegovina fueron devueltas nominalmente a los otomanos, pero estarían administradas por Austria-Hungría. Rusia conservó una parte de las ganancias territoriales en Anatolia Oriental.

LOS NACIONALISMOS EN EUROPA: EL RISORGIMENTO ITALIANO Y LA UNIFICACIÓN ALEMANA

Durante el siglo xix se produjo la definición moderna de la nación como titular de la soberanía política y garante de los derechos del hombre. Este nuevo concepto de nación, desligado de las características medievales, está relacionado con las nuevas sociedades individualistas e industriales y, por lo tanto, con la ascensión de la burguesía al poder político. Desde aquel momento, todo Estado moderno, independientemente de su sistema político, se postula como el instrumento y la expresión de una nación, que es la que le da los atributos de los que la nación es depositaria: la soberanía y la legitimidad.

Los nacionalismos, como ideología, tuvieron un gran auge y repercusión duran-te el siglo XIX, ligados a esta redefinición del concepto de nación llevada a cabo por las sucesivas revoluciones liberales. En ese contexto se dieron dos clases de nacionalismos: los disgregadores, como fueron los de los Balcanes, Grecia y otros Estados surgidos de la independencia de grandes imperios multinacionales y los integradores, como los procesos de unificación nacional que se llevaron a cabo en Italia y Alemania durante el siglo XIX.

El proceso que condujo a la unidad de Italia bajo un mismo Estado fue largo y complejo y en él participaron tanto las masas populares como las élites cultu-rales y políticas de la península. Fue un proceso desencadenado por dos motivos principales. Por una parte, se debió a las transformaciones territoriales y políticas experimentadas en Italia durante el periodo napoleónico. Por otra parte, estuvo orientado a liberarse del control, directo e indirecto, que ejercían el Imperio aus-triaco y el papado sobre la península itálica. Las raíces directas del movimiento unificador se encuentran en diferentes corrientes políticas e intelectuales de los años 1830 y 1840.

El deseo de unificación

En las décadas de 1830 y 1840 surgieron en Italia tres movimientos principales que propugnaban la unidad del país desde tres ángulos muy diferentes. El mo-vimiento Joven Italia de Giuseppe Mazzini (1805-1872) apostaba por un estado republicano con un gobierno que emanase de la soberanía popular. Los neo-güelfos del jesuita Vincenzo Gioberti (1801-1852) anhelaban una confederación presidida por el papado. Por último, la vía de la independencia tanto de los aus-triacos como de los Estados Pontificios, defendida por Cesare Balbo (1789-1853) y Massimo d'Azeglio (1798-1866), que veían en los Saboya los líderes naturales para conseguir la unidad con una postura liberal moderada.

En 1848, al calor de las revoluciones liberales europeas, se sucedieron una serie de levantamientos y altercados tendentes a la unificación que fracasaron debido al papel conservador adoptado por el papado, la represión austriaca y la derrota de los piamonteses en 1848 y 1849 a manos de los austriacos. Este primer intento sirvió para congregar en torno a la figura de Víctor Manuel II de Saboya (1820-1878) y su primer ministro el conde de Cavour (1810-1861) a los movimientos unificadores, descartando las ideas republicanas y de liderazgo del papado. Tras las derrotas contra los austriacos, los Saboya comprendieron que el proceso de unificación solo podría tener éxito si participaban del concierto internacional y se granjeaban el apoyo de las principales potencias europeas. La guerra de Crimea proporcionó la oportunidad de sentarse en la Conferencia de París de 1856 y de hacer partícipe de su plan al emperador francés Napoleón III. Ambas partes acordaron una ayuda mutua, aunque los fines de italianos y franceses eran muy diferentes. Napoleón III quería acabar con el sistema de Viena y situar a Francia de nuevo como potencia principal continental. Para este objetivo no le interesaba un único Estado italiano, sino una confederación presidida por el papa que debilitara a Austria. La guerra terminó tras dos grandes derrotas austriacas que desembocaron en la Paz de Zúrich de 1859 por la que los italianos ganaron la Lombardía, pero no pudieron alcanzar el objetivo de la unificación.

El liderazgo de Víctor Manuel II se vio reforzado con su elección como rey de Parma, Módena, Toscana y Romaña, por lo que para completar su tarea solo le restaba acceder al Véneto austriaco, la Roma papal y el reino de las Dos Sicilias. Este último reino, bajo la órbita española, fue tomado por el revolucionario Giuseppe Garibaldi (1807-1882) y su ejército de camisas rojas en 1860. Tras la rápida victoria, sustentada en un gran apoyo popular, Garibaldi llevó sus tropas hacia Roma. Víctor Manuel II quiso evitar un nuevo enfrentamiento directo con Austria, el papado y España y se adelantó en conquistar Roma. La región del Véneto sería incorporada tras una carambola diplomática y militar por la que los Saboya se aliaron con Prusia en 1866 y, tras una serie de victorias de estos contra los austriacos, se estipuló la entrega del Véneto a los franceses, y estos, tras un plebiscito, se la darían a los italianos. La última cuestión en resolverse fue el de la ciudad de Roma y los Estados Pontificios. En 1870, en el contexto de la guerra franco-prusiana, Francia desmovilizó las tropas que tenía acantonadas en Roma y la ciudad fue ocupada por el ejército italiano, anexionada y declarada capital del reino en 1871.

El proceso que condujo a la unificación alemana también comenzó en el periodo napoleónico y se desarrolló durante dos fases. La primera se propició desde la propia sociedad que, influida por el espíritu del romanticismo y los ideales liberales, fue escenario de tres oleadas revolucionarias que fueron revertidas en su mayoría gracias a la presión ejercida desde el exterior por el Imperio austriaco. El espíritu unificador permaneció latente, aunque sin definir el modelo de Estado al que se aspiraba: una confederación de estados, un Estado federal con un emperador o un único Estado unitario solo para los territorios de poblaciones alemanas. El segundo impulso llegó por motivos económicos. En 1834 se creó la Unión Aduanera Alemana que suprimía los aranceles dentro de la Confederación Germánica, a excepción de Austria. Más tarde, el desarrollo de los ferrocarriles auspiciados por Prusia y su canciller Otto von Bismarck (1815-1898) vertebró también la idea de una unión más estrecha entre los estados germánicos. En el marco de las revoluciones liberales de 1848 se convocó en Fráncfort una Asamblea Nacional Constituyente en la que se enfrentaron dos corrientes. Una proponía la creación de la Pequeña Alemania, una federación bajo control prusiano que excluía a Austria. Otra proponía la Gran Alemania, en la que participaría Austria. Se impuso la primera tesis, pero Federico Guillermo IV rechazó la corona por las implicaciones liberales de la Constitución que se quería aprobar. Tras la disolución de la Asamblea Nacional, Prusia lideró una unión restringida que englobaba a Prusia, Sajonia, Hannover y otros 28 pequeños estados. Esta unión enfureció a Austria y Prusia paralizó el proyecto en 1850.

En 1861 ascendió al trono de Prusia Guillermo I (1797-1888), lo que marcó la etapa final del proceso de unificación. Guillermo eligió como canciller al experimentado político y general Otto von Bismarck para que, recurriendo a la guerra primero contra Austria y luego contra Francia, se consiguiera la unificación alemana en torno a Prusia. En 1866 estalló la guerra que enfrentó a Prusia con Austria, los estados alemanes del sur, Hannover y Hesse. Tras derrotar a los estados alemanes, Prusia derrotó a los austriacos en la batalla de Sadowa. Los contendientes firmaron la paz en Praga, con la que Prusia se anexionaba gran parte de los estados alemanes, incluyendo el reino de Hannover, y establecía su claro dominio sobre el norte de Alemania. En 1867 se proclamó la Constitución de la Confederación Alemana del Norte, que se convirtió en un Estado federal sui géneris presidido por el rey de Prusia.

Para lograr la unidad del sur de Alemania en torno a Prusia y la recién creada Confederación, Bismarck utilizó primero los argumentos económicos y luego, ante la reticencia de los sureños a estrechar los lazos con Prusia, de nuevo los militares. La causa de la declaración de guerra vino promovida por un engaño diplomático derivado de la exigencia francesa de que el rey de Prusia renunciase públicamente a la candidatura de su sobrino Leopoldo de Hohenzollern al trono español[84]. La guerra franco-prusiana no se desarrolló entre iguales debido a que Francia carecía de apoyos y su ejército no tenía la preparación ni el equipamiento adecuados. El ejército francés fue derrotado en Sedán en 1870 y el emperador Napoleón III cayó prisionero. En 1871, con los alemanes en París, se proclamó a Guillermo I emperador de Alemania, un nuevo país que aglutinaba a los 39 estados que componían la Confederación Germánica.

EL CONSTITUCIONALISMO ESPAÑOL DEL SIGLO XIX

España fue uno de los países en los que el ya de por si azaroso siglo XIX europeo trajo un mayor número de cambios dinásticos, de régimen, de monarcas y una sucesión de revoluciones y pronunciamientos que alteraron durante casi ocho décadas su funcionamiento ordinario. En este contexto, también hubo grandes avances políticos, sociales y económicos que quedaron reflejados en las seis constituciones y dos proyectos adicionales de Carta Magna que se adoptaron en el país.

Con el vacío de poder creado por la huida de la familia real a Bayona tras la invasión napoleónica, una élite de carácter liberal pretendió dar por terminado el Antiguo Régimen en España y preparar un texto constitucional de carácter liberal para que cuando Fernando VII (1784-1833) volviera al país lo hiciera al amparo de esta nueva Carta Magna. El abogado y diplomático Agustín de Argüelles (1776-1844) fue el responsable de la redacción del texto que las Cortes de Cádiz aprobaron en 1812. Fue una Constitución muy avanzada para la época. Proclamó el sufragio universal para los varones mayores de 25 años y un Parlamento unicameral con representación directa de las colonias que España tenía por el mundo. Pese a su aprobación, a la vuelta de Fernando VII en 1814 se impusieron los aires absolutistas y de vuelta al Antiguo Régimen que soplaban

---

84. El telegrama de Ems fue una comunicación enviada por el rey Guillermo I en 1870 a su canciller Bismarck tras entrevistarse con el embajador francés en Prusia. Bismarck decidió hacer pública una versión editada del documento que obligaba, por honor, a Francia a declarar la guerra a Prusia, dando así inicio a la guerra franco-prusiana que terminaría con el Segundo Imperio francés y daría comienzo al Imperio alemán.

desde el Congreso de Viena de 1815. El monarca reinó hasta su fallecimiento en 1833 y tan solo tuvo que someterse a la Constitución en el Trienio Liberal de 1820 a 1823.

La Pepa

La Constitución liberal de las Cortes de Cádiz fue aprobada el día 19 de marzo de 1812, día de San José, y fue apodada popularmente como la Pepa.

La prematura muerte de Fernando VII llevó a su pequeña hija Isabel II al trono. Durante su minoría de edad, la regente María Cristina de Borbón (1806-1878) tuvo que lidiar con las guerras carlistas, que rechazaban la sucesión de una mujer y abogaban por otorgar la corona al hermano del fallecido monarca. En este contexto bélico, María Cristina de Borbón sancionó en 1834 el Estatuto Real, una carta otorgada a la vieja usanza y no propiamente una Constitución, mediante la cual la monarquía se desprendió de algunas atribuciones con el objetivo de ganarse a los liberales y contar con mayor apoyo para ganar la guerra. En su articulado se vuelve a unas Cortes bicamerales y apenas se apuntan más que los requisitos formales para la convocatoria de las Cámaras y el funcionamiento.

La insatisfacción de los liberales y de las élites más progresistas cristalizaron en 1836 en un motín en La Granja, lo que obligó a la regente a restaurar la Constitución de 1812 y convocar elecciones con el objetivo de redactar un nuevo texto. La nueva Constitución se aprobó en 1837. Su articulado ponía de manifiesto el trabajo de consenso que había detrás. Así, se pudieron aprobar elementos de carácter liberal y progresista, como la división de poderes, la soberanía nacional e incluso la positivización de algunos derechos y libertades, junto con elementos más moderados como la bicameralidad o unos poderes reales reforzados. La Carta Magna tenía una clara intención de versatilidad para poder funcionar con gobiernos de uno u otro signo. Además, incorporaba un fácil procedimiento de reforma para que pudiera adaptarse a futuras necesidades. Bajo este texto legal se vivió la sublevación del general Espartero (1793-1879), que mandó al exilio a la reina María Cristina y él mismo asumió la regencia.

Tras la caída de Espartero se promulgó la Constitución de 1845, que tuvo una larga vigencia de casi dos décadas. Fue de corte moderada y entre sus principios básicos se impuso la soberanía conjunta rey-Cortes, que reforzaba el papel ejecutivo del monarca y le añadía competencias legislativas, como la opción de utilizar un veto absoluto, la disolución de las Cortes, nombramiento y separación de los ministros, así como el carácter conservador del Senado, que no tendría un número fijo de miembros, que serían de carácter vitalicio y por designación real. En cuanto al derecho de sufragio, sufrió recortes con respecto a anteriores textos. Era una Carta Magna creada por y para moderados conservadores que reflejaba sus ideales y los del momento político que entonces se vivía. En ese contexto de recuperación de poder por parte del monarca, hubo un proyecto constitucional redactado por Juan Bravo Murillo (1803-1873) que restringía las competencias de las Cortes, endurecía las condiciones para ser diputado y dotaba al rey de nuevas facultades legislativas. Ante las críticas que levantó, la reina Isabel II tuvo que destituir a Bravo Murillo.

En 1854 un nuevo levantamiento liberal liderado por Espartero venció a las tropas gubernamentales y el general fue nombrado presidente del Consejo de Ministros. De manera inmediata el nuevo gabinete se puso manos a la obra para redactar un texto que acabara con la Constitución moderada y reflejara los valores liberales y progresistas. Fue un texto que no llegó a ser aprobado porque el gobierno progresista tan solo permaneció en el poder dos años. En su articulado se proponían cuestiones como una tímida libertad de conciencia frente a la confesionalidad católica del Estado o la elección de los miembros del Senado. El texto no vio la luz por el levantamiento del conservador Leopoldo O'Donnell (1809-1867).

Los continuos pronunciamientos que deponían y alzaban gobiernos fueron en aumento y causaron una gran inestabilidad en el país. Los favoritismos mostrados por Isabel II a la hora de la composición de los gobiernos afectaron a la imagen de la monarca entre los políticos, las élites y el pueblo. En 1868 se produjo una revolución que acabaría con Isabel II enviada al exilio y abriría un Sexenio Revolucionario, que estuvo caracterizado por graves convulsiones políticas, complicadas por la guerra de Cuba y la nueva guerra contra los carlistas. La Constitución de 1869 apostó por la democracia y el sufragio universal masculino. Detalló y valoró una amplia multitud de derechos individuales, que comenzaron a ser considerados inherentes a la naturaleza humana y, por tanto, exigibles de por sí. Asimismo, recogió el reconocimiento de los derechos de asociación y reunión y el multipartidismo y la libertad de culto.

Entre 1868 y 1874 se vivió una intensa etapa de cambios políticos en los que tuvieron cabida nuevas fórmulas democráticas. Unas fueron de índole monárquica. Así, se instauró una nueva dinastía en Amadeo I de Saboya (1845-1890), cuyo reinado de carácter constitucional apenas duró dos años. Más tarde, se intentó la fórmula republicana y en 1873 se proclamó la Primera República. Con el nuevo régimen político se preparó un texto constitucional que fuera acorde con el nuevo sistema político. Este proyecto no llegó a aprobarse, pero entre las novedades que se proponían se encontraba la definición de España como una república federal compuesta por 17 estados. Los levantamientos de 1874 de mano de generales monárquicos repusieron en el trono a la dinastía de los Borbones en la persona del hijo de la reina Isabel II. De este modo, llegó a España Alfonso XII[85] (1857-1885) y con él se inició el periodo de la Restauración.

La Constitución de 1876 tendría una vigencia de casi medio siglo y arbitraría el juego político en los reinados de Alfonso XII y Alfonso XIII (1886-1941). Este último incluyó la larga regencia de su madre debido a que la prematura muerte de su padre convirtió a Alfonso XIII en rey titular desde su nacimiento. Este periodo histórico supuso una de las épocas más estables de la España de finales del siglo XIX, ya que se mantuvo en vigencia un único texto constitucional. La Carta Magna de 1876 potenció de forma explícita el papel de la monarquía. El propio texto tiene carácter de pacto entre la monarquía y las Cortes, que comparten la iniciativa legislativa, otorgando al rey el derecho a nombrar a su antojo a una parte de los senadores y el de disolver el Congreso y la parte electiva del Senado a su consideración. También se volvió a la estrecha unión de la corona y la Iglesia que el texto de 1869 había recortado, se restauró la confesionalidad y se limitaron algunos derechos y libertades.

---

85. Alfonso XII fue el monarca español que encarnó los ideales del romanticismo cultural alemán de la época. Tuvo una vida difícil y atormentada. De joven partió al exilio con su madre Isabel II, acudió como príncipe sin corona a la Academia Militar británica de Sandhurst. Para ocupar el trono y restaurar su dinastía en la corona de España tuvo que traicionar el legado de su madre, que continuó en el exilio, y viajar a Madrid sin ella. Se casó con su prima hermana María de las Mercedes de Orleans y Borbón (1860-1878), su amor de juventud, pero el matrimonio apenas duró seis meses porque ella falleció de tuberculosis dejando a Alfonso sumido en una gran depresión.

FRANCIA: DEL SEGUNDO IMPERIO A LA TERCERA REPÚBLICA

Durante la segunda mitad del siglo XIX, Francia transitó entre una corrección del modelo liberal del rey-ciudadano de la dinastía Orleans a la república tradicionalista de Luis Napoleón Bonaparte, que transformó en el Segundo Imperio para intentar devolver a Francia a una posición de potencia internacional que había perdido tras el Congreso de Viena. El régimen de Napoleón III colapsó tras la guerra franco-prusiana y dio paso a una serie de gobiernos republicanos de muy distinto carácter que debilitaron la posición interna y externa de Francia de cara al inicio del siglo XX.

El Segundo Imperio llegó tras el golpe de Estado de 1851 del entonces presidente de la república Luis Napoleón Bonaparte que, apoyado por las fuerzas tradicionales, la burguesía y las élites, pretendía aplacar las crecientes insurrecciones de carácter anarquista y conseguir un gobierno de ley y orden que trajera estabilidad política y desarrollo económico al país. Las casi dos décadas de Segundo Imperio estuvieron divididas en una primera mitad de carácter autoritario y una segunda mitad de gobierno más liberal. Entre 1852 y 1860 Napoleón III contó con el decidido apoyo del conservadurismo y la Iglesia católica. En este periodo el nuevo emperador aplicó una férrea censura a la prensa, una persecución de la oposición y una serie de medidas encaminadas a obstaculizar la práctica del sufragio universal masculino. La Constitución de 1852 elevó al máximo rango legal la concesión de todos los poderes al príncipe-presidente.

Tras varios años de políticas autoritarias Napoleón III perdió el apoyo de los conservadores por la aplicación de políticas librecambistas y de la Iglesia católica por las concesiones que Francia realizó a los Saboya en el marco de la unificación italiana. Al quedarse sin el apoyo de las que habían sido sus bases llevó a cabo, entre 1860 y 1870, un giro liberal con medidas de carácter democrático y social, como la concesión del derecho de asociación y huelga a los obreros en 1864. En 1869 se reformó la Constitución y se adoptaron profundos cambios, como el refuerzo del poder legislativo y el establecimiento de la enseñanza primaria y secundaria de carácter estatal en detrimento del monopolio de la Iglesia en la docencia. Estas medidas no consiguieron que Napoleón III se ganara el afecto de las clases urbanas y trabajadoras, que todavía recelaban de su golpe de Estado de 1852, ni tampoco recuperó a los conservadores, que veían en su apertura un posible caos para el país.

Con la política interna muy dividida una parte del éxito del Segundo Imperio descansó en su aparente desarrollo económico. El emperador estaba convencido de que el Estado debía favorecer la prosperidad económica y, para ello, apostó por la construcción de la Red Nacional de Ferrocarriles, las obras públicas para dar trabajo a las clases obreras, la radical transformación del casi medieval París en una ciudad de amplias avenidas y modernos edificios o la construcción de grandes infraestructuras, como el canal de Suez[86].

En materia de política exterior, el emperador apostó por intentar recuperar el protagonismo francés como potencia europea interviniendo en una gran cantidad de crisis internacionales. En el marco del creciente colonialismo conquistó Senegal y Argelia, con lo que inició la penetración francesa en África. También llevó a cabo campañas en Extremo Oriente para consolidar la presencia francesa en la zona, e intervino en México en apoyo del nuevo emperador Habsburgo. La otra pata de su política exterior se basó en proporcionar apoyo a movimientos nacionalistas y de lucha contra la Santa Alianza, por lo que entró en la guerra de Crimea y prestó su apoyo a los patriotas italianos. Tras el engaño del telegrama de Ems, Napoleón III cayó en la trampa tendida por el canciller alemán Otto von Bismarck y declaró la guerra a Prusia. La superioridad del ejército prusiano y su mejor armamento frente a un disperso y antiguo ejército imperial francés llevó en 1870 a la derrota de Sedán, en la que Napoleón III fue apresado por las tropas prusianas y perdió el poder en Francia.

La capitulación y captura de Napoleón en Sedán trajo la formación de un gobierno de Defensa Nacional en París con el fin de evitar el avance de los prusianos hacia la capital. En 1871 el gobierno convocó unas elecciones para la Asamblea Nacional que ganaron los partidos realistas y conservadores. Ese mismo año llegó la definitiva derrota francesa, que culminó con la humillación de los prusianos a Francia cuando proclamaron a Guillermo I como emperador alemán en el propio palacio de Versalles. A la vez que los conservadores coparon la mayoría

---

86. El canal de Suez une el mar Mediterráneo con el mar Rojo y el océano Índico. Fue construido entre 1859 y 1869 a iniciativa del gobierno francés y del diplomático Fernando de Lesseps (1805-1894). El canal cuenta con más de 190 kilómetros de longitud y ahorra una media de 8 900 kilómetros para llegar a Londres desde Asia. Fue inaugurado en 1869 por la emperatriz Eugenia de Montijo (1826-1920).

de los asientos de la Asamblea, las revueltas populares se alzaron en varias ciudades y también en 1871 fue proclamada la Comuna de París, que fue sofocada por el ejército francés a sangre y fuego.

Entre 1871 y 1873 el presidente interino Adolphe Thiers (1797-1877) consiguió organizar y consolidar el régimen republicano desde el punto de vista institucional. La presión de la izquierda liberal y de los partidarios de la restauración monárquica acabó con su presidencia. Sin embargo, la falta de acuerdo entre los propios monárquicos sobre qué dinastía debía volver al trono, los Borbones o los Orleans, llevó a que se forjara un acuerdo para la adopción en 1875 de media docena de leyes fundamentales que se transformaron en la Constitución de aquel año.

Entre 1876 y 1898 tuvo lugar la llamada República Oportunista, que incidió en el impulso modernizador y social del país y de la Administración con la aprobación de leyes como la del divorcio o la de la gratuidad de la escuela primaria estatal. En el exterior, se dio un paso de gigante para la construcción de su segundo imperio colonial con intereses en Túnez, varios países africanos, Madagascar o Indochina. No obstante, la crisis económica derivada de las malas cosechas de 1882 llevó a una radicalización de la vida política que condujo a la agitación nacionalista, antisemita, así como a la formación de un bloque republicano que abarcaba a gran parte de la izquierda que ganó las elecciones de 1902.

LA SEGUNDA REVOLUCIÓN INDUSTRIAL: EL AUGE DEL CAPITALISMO

En el siglo XIX los Estados que sobrevivieron a la era napoleónica apenas tuvieron tiempo para enfrentarse a los nuevos retos de la emergente economía global. Fue un momento en el que las mejoras en la agricultura y la calidad de vida impulsaron el crecimiento demográfico, que activó una mayor demanda de consumo, que trajo la reorganización de la producción, su especialización y el aumento del comercio. A mediados del siglo XIX los efectos transformadores de la industrialización eran patentes en varias zonas del mundo. Este desarrollo de la industria moderna benefició especialmente a ciertas partes de Occidente e introdujo cambios en el orden internacional, la movilidad y distribución espacial de la población, sus condiciones de vida y trabajo, el ascenso de nuevas clases sociales, las profundas desigualdades entre sociedades y, dentro de las mismas, entre ricos y pobres. Sus efectos también alcanzaron a la organización institucional de los Estados.

La Revolución Industrial fue un continuado proceso de transformación de las economías agrícolas con energía humana y centradas en el trabajo artesanal a una industria basada en la maquinaria, la producción en cadena en las fábricas y las nuevas fuentes de energía, como el carbón o el petróleo, que impulsaban a las primeras máquinas de vapor o producían electricidad. Estas innovaciones tuvieron efectos en todos y cada uno de los aspectos de la sociedad. El proceso si inició con la revolución agrícola, por la que se privatizaron tierras comunales, del Estado o del clero, a la par que se aplicaban nuevas técnicas de roturación, abonado o irrigación que multiplicaron la producción de alimentos, liberaron mano de obra del campo, que se trasladó a las ciudades, y crearon beneficios para los pequeños propietarios que pudieron ser invertidos en otras actividades. Tras la revolución agrícola llegó la revolución demográfica por el descenso de la tasa de mortalidad gracias a la mejora de la alimentación, la higiene y los descubrimientos científicos en el área de la medicina. Con el aumento de la esperanza de vida también llegó un crecimiento de la demanda de todo tipo de bienes y un aumento de la migración hacia tierras no industrializadas en varias zonas del planeta. La tercera pata sobre la que se sustentó el desarrollo del siglo XIX llegó de la mano de los transportes. Los ferrocarriles y el barco de vapor acortaron el tiempo de viaje entre cualquier rincón del mundo y entre las propias ciudades, lo que llevó a un aumento de la movilidad, a una mejor distribución de la mano de obra y a una mayor eficiencia a la hora de acercar los centros de producción a los consumidores en unas horas o días, multiplicando los mercados o la especialización regional en la producción de algunos bienes.

Todos estos avances habían comenzado en Inglaterra a finales del siglo XVIII, pero hacia el año 1840 varios países ya comenzaban a dar síntomas de aplicar las mismas medidas y recorrer el mismo camino hacia la industrialización y la transformación de la sociedad. En Europa destacaron Bélgica, Francia y los estados alemanes de la Confederación Aduanera y en el continente americano, los Estados Unidos.

En esta carrera industrializadora los Estados tomaron conciencia de la creciente necesidad de capitales para financiar grandes obras públicas, como las líneas de ferrocarril, los puertos o los canales transcontinentales. Para ello, la banca y el propio Estado movilizaron capitales excedentes en algunos mercados o derivados de la deuda en otros casos que fueron configurando un marco económico global en el que la estabilidad monetaria aportada por el patrón oro fue crucial. También el desarrollo de la propia banca y sus productos y la extensión del crédito mejoraron la eficiencia económica, que se benefició del aumento de tratados de libre comercio y la liberalización de algunos mercados, poniendo en marcha políticas netamente capitalistas.

Este sostenido crecimiento económico trajo el convencimiento de algunos gobiernos, y de los propios mercados, de que se estaba abriendo una época de crecimiento y desarrollo ininterrumpido. Sin embargo, la realidad es que el sistema capitalista comenzaba a mostrar las grietas por las que la desigualdad acrecentaba determinadas diferencias sociales. Los contrastes se daban, por ejemplo, entre el ascenso social de pequeños propietarios y hombres de negocios frente a la complicada vida rural, la adaptación de los artesanos a las nuevas maneras de producción y la aparición de la clase social proletaria y urbana. La vida de las ciudades representaba este sistema de desigualdades, los nuevos barrios burgueses contrastaban con el hacinamiento en suburbios obreros, donde se producía un fuerte desarraigo de los recién llegados y en los que se vivían en condiciones muy duras e insalubres. Las diferencias también comenzaron a producirse entre regiones, territorios y países. Así, aumentaron las diferencias y dependencias entre las áreas más y menos industrializadas, entre las más ricas y las más pobres, provocando importantes alteraciones en el orden internacional a partir del último cuarto de siglo.

Hacia el año 1870 la industrialización dio un segundo paso de gigante y el modelo capitalista avanzó en todos los frentes. Desde esa fecha se produjeron importantes cambios en varios sectores. Aparecieron nuevas fuentes de energía ligadas al aprovechamiento de los combustibles fósiles. La investigación aplicada a la tecnología permitió el desarrollo de la electricidad y el petróleo. La electricidad revolucionó la vida humana al poder ser aprovechada como fuente de calor, iluminación general, energía para el funcionamiento de otras máquinas, en nuevos descubrimientos del ámbito de las comunicaciones, como el telégrafo[87], el teléfono o la radio y en los

---

87. Thomas Alva Edison (1847-1931) fue uno de los más importantes inventores del siglo XIX. Fue precursor de los laboratorios de investigación industrial encaminados al descubrimiento de todo tipo de materiales, productos o sistemas que pudieran fabricarse industrialmente y llegar de forma rápida, económica y sencilla al consumo de las masas. Durante su vida registró más de 1000 patentes, entre las que se encuentran la mejora de la bombilla eléctrica, la mejora del suministro de electricidad y la grabación y reproducción de música.

transportes urbanos. Los nuevos descubrimientos trajeron también la aparición de potentes industrias pesadas, como la química, la siderúrgica, la eléctrica o la automoción, que continuaron aportando en sus campos importantes innovaciones aplicadas al transporte, la construcción o el desarrollo de medicamentos.

Este sistema de producción intensiva necesitaba de unas formas más desarrolladas de capitalismo para financiar las ingentes inversiones. Apareció el modelo de propiedad bajo la sociedad anónima de capitalización bursátil y la banca especializada en la financiación, que se erigió en juez de las tecnologías o descubrimientos científicos que merecían recibir inversión para su desarrollo, aunque no se primaran siempre los avances científicos, sino más bien el inmediato rendimiento económico de la inversión. La proliferación de múltiples actores empresariales llevó a que la lucha entre las compañías fuera feroz y, en ocasiones, se tendiera a la concentración empresarial pública en manos de grandes compañías nacionales que se hacían con el monopolio de un sector o a la concentración de pequeñas empresas mediante alianzas o fusiones para dominar un mercado mediante la creación de un cártel. La industrialización trajo también una revolución en la organización del trabajo para aumentar su eficiencia y disminuir la influencia humana en la variación en los tiempos de producción. De este modo, el llamado taylorismo[88] acabó imponiendo tareas sencillas de trabajo a los obreros, una práctica que llevó a su máxima expresión en 1910 Henry Ford (1863-1947) con la invención de la cadena de montaje.

Este sistema capitalista de propiedad de los medios de producción y de organización social y económica tuvo una excepcional acogida en Estados Unidos y Alemania, que para principios del siglo XX ya habían superado la producción industrial de Inglaterra. La industrialización también se extendió a algunos países escandinavos, a algunas regiones de España e Italia y a áreas del Imperio austro-húngaro, la Rusia europea, Canadá y Japón.

Algunos sociólogos, economistas y pensadores creyeron que la extensión de la industrialización por zonas tan diferentes del mundo traería una homogenización

---

88. Frederick W. Taylor (1856-1915) desarrolló un sistema de organización de la producción en el que la aplicación del método científico y la mecanización consiguieron reducir drásticamente los momentos en el que el obrero tenían el control sobre los tiempos de producción. Su método se basó en la asignación de tareas muy sencillas de debían realizarse de manera repetitiva.

de la sociedad, de los sistemas políticos o de las ideologías, que se encaminarían hacia un desarrollismo centrado en el capitalismo y en evitar los conflictos. Al margen de los temas sociales derivados de las desigualdades del capitalismo y de la aparición de los movimientos obreros, este sistema en realidad trajo una mayor competencia entre las potencias industrializadas. Todas ellas se encaminaron en una vertiginosa búsqueda de las materias primas y alimentos que escaseaban en su territorio, así como en encontrar nuevos mercados donde colocar su creciente producción industrial o territorios y zonas para que emigrara su población excedente y áreas de inversión privilegiada para rentabilizar sus capitales. Por esta razón, durante esta época se dio el neocolonialismo europeo en África y Asia y surgieron los roces entre las potencias por expandir sus áreas de influencias, que terminarían cristalizando en la gran confrontación de la Primera Guerra Mundial.

EL IMPERIALISMO EUROPEO EN ÁFRICA Y OCEANÍA. LA CONFERENCIA DE BERLÍN Y EL REPARTO DE ÁFRICA

El último tercio del siglo XIX y los primeros años del siglo XX están considerados el momento de máxima hegemonía europea a nivel político, económico, militar, territorial y cultural. La relativa paz en el continente, los efectos positivos del desarrollo económico capitalista y la Segunda Revolución Industrial aportaron las mimbres de un sentimiento de superioridad europeo centrado en los logros sociales, científicos y culturales. Esta conciencia y la necesidad de encontrar nuevos territorios de expansión económica y comercial llevaron a las potencias europeas a desplegar una expansión neocolonialista nunca vista hasta el momento, que se transformó en una política imperialista de dominación de pueblos y territorios.

Entre las causas que llevaron al expansionismo imperialista de Europa, Estados Unidos y Japón se encuentran motivaciones económicas, políticas, ideológicas y científico-técnicas. Las económicas tuvieron su desencadenante en la crisis de 1870, que se produjo debido a la saturación de los mercados occidentales y la aparición de grandes monopolios que llevaron a aplicar a los Estados medidas proteccionistas, como la imposición de aranceles. Sin embargo, estas disposiciones eran un simple parche para proteger la producción nacional de cada país frente a los mismos productos, más económicos, procedentes de otros países. El siguiente paso vino derivado de la lógica capitalista de encontrar nuevos mercados donde colocar la producción nacional la necesidad de tener acceso a materias primas para las industrias europeas, que escaseaban en el continente y eran abundantes en otros rincones del mundo.

Las causas políticas variaron entre un país y otro. En el caso francés, se debió a su marcado carácter chovinista y la necesidad de permanecer en la primera liga de potencias europeas. Para los británicos fueron unas medidas estratégicas para establecer un cinturón de puertos base y rutas marítimas variadas para defender las líneas de comunicación entre la metrópoli y los territorios coloniales tras las unificaciones alemana e italiana y el interés mostrado por Rusia en los Balcanes y en el Mediterráneo. Una causa política común a varios países fue la de buscar territorios a los que enviar el excedente de población derivado del aumento demográfico y que los países europeos no eran capaces de absorber. Las causas científico-técnicas están ligadas a la mejora de las telecomunicaciones, como el telégrafo, que proporcionaba una comunicación rápida y fiable para transmitir información y órdenes de todo tipo. También tenían que ver con las comunicaciones. Así, la llegada del barco a vapor cambió el concepto de transporte marítimo, pero requería de una incontable red de puertos en los que reabastecerse de mineral para continuar el viaje. A su vez, el ferrocarril permitió adentrarse en territorios dominados para llegar hasta los lugares dónde se extraían las materias primas.

Las emigraciones de finales del siglo XIX

Entre 1850 y 1914 más de 40 000 000 de europeos abandonaron el continente para emigrar a otros rincones del mundo.

Entre las causas ideológicas destacan dos tendencias principales: el interés misionero y evangelizador y, de manera principal, la corriente de pensamiento occidental por la que se forjó un sentimiento de superioridad europea, respaldado por los asombrosos avances científicos y técnicos y el desarrollo que estaba teniendo lugar en los países industrializados, que consideraba como un deber llevar al resto de pueblos y lugares del planeta los beneficios del nuevo sistema económico, pese a que tratara a esos pueblos como inferiores y sujetos a una tutela hasta que alcanzaran un nivel de desarrollo suficiente como para proseguir en solitario.

La suma de todos estos factores llevó a las grandes potencias a salir del marco continental en busca de nuevas zonas de influencia, lo que produjo una mutación del sistema económico hacia el capitalismo financiero imperialista, que fue criticado tanto desde sectores liberales como desde los nuevos movimientos obreros.

Las dos grandes áreas de expansión occidental fueron Asia y África. La expansión por Asia y Extremo Oriente presentó, en líneas generales, pocas dificultades. Francia extendía su dominio por el sudeste, mientras Gran Bretaña ocupaba la zona sur, centrada en India y estableciendo protectorados en Afganistán, Tailandia y Nepal. El afán imperialista europeo también topó con los dos imperios de Extremo Oriente, aunque ambos reaccionaron de manera muy diferente. China se vio sometida al dictado de las potencias extranjeras, lo que produjo una intensa agitación social y, a largo plazo, la caída de la dinastía y del propio régimen imperial. Japón, por el contrario, reaccionó con rapidez y energía, adoptando las técnicas y métodos occidentales, con lo que se sumó al proceso imperialista menos de medio siglo después de haber sido obligado a romper su vocacional aislacionismo. El caso africano fue diferente al asiático. La presencia europea tenía varios siglos de historia, pero se había limitado a pequeños enclaves, como puertos para sus largas rutas comerciales. Este tipo de colonialismo dio paso en este periodo histórico a la ocupación formal y completa del territorio con el fin de obtener el máximo rendimiento de las materias primas que en él existieran. Para regular la frenética carrera por la ocupación física[89] del continente se convocó la Conferencia de Berlín de 1884-1885.

Los imperios coloniales de cada país fueron muy diferentes entre sí y sus características respondieron tanto a causas sociales internas como a las líneas maestras de la política exterior de cada potencia.

---

89. La colonización. El imperialismo europeo del siglo XIX se sirvió de varios métodos de dominio: las colonias fueron los territorios en los que la metrópoli implantó un gobierno y una administración para actuar sobre los nativos, como Macao y Hong Kong. La colonia de poblamiento fue aquella a la que se enviaba gran cantidad de pobladores de la metrópoli y ellos llegaban con su lengua, instituciones y modo de vida, como Argelia o Canadá. También existieron bases de carácter estratégico, que eran pequeños enclaves destinados al mantenimiento de una guarnición militar en un lugar importante por sí mismo o por servir de control a las rutas comerciales, como Gibraltar o las islas Malvinas. El protectorado se dio sobre los países que ya tenían una estructura administrativa e institucional, a la que la metrópoli permitió seguir existiendo de manera independiente a cambio de reservarse el control militar y las concesiones económicas más ventajosas, como fueron los casos de Marruecos o Egipto.

El Imperio británico fue el resultado de una política de Estado perfectamente orquestada y aplicada siguiendo un elaborado plan que respondía a motivos económicos. Los británicos comenzaron a construir su imperio colonial en el siglo XVI y, pese a haber perdido las Trece Colonias americanas de los Estados Unidos, llegó a finales del siglo XIX con un gran número de territorios repartidos por todos los continentes. Para el año 1870 controlaba la parte oriental de Canadá, gran cantidad de las Antillas menores en el Caribe, amplias zonas de África Occidental, Sudáfrica, algunos territorios en la India e incontables enclaves que daban forma a sus múltiples rutas marinas. Pese a su enorme envergadura, durante el siglo XIX el Imperio británico vivió una gran transformación tanto geográfica como jurídica. Desde el punto de vista geográfico su extensión aumentó considerablemente al incorporar la práctica totalidad del subcontinente indio y nuevos territorios en África y al adquirir Hong Kong. En el aspecto jurídico se fundó formalmente el imperio y la reina Victoria se convirtió también en emperatriz de la India. Las colonias de poblamiento vivieron una profunda transformación al comenzar a desarrollar unas instituciones propias con idéntica arquitectura institucional y jurídica a la de la metrópoli, como fue el caso de Canadá, Australia, Nueva Zelanda o Sudáfrica. Esta transformación jurídica sentó las bases de la que en el siglo XX sería la Commonwealth o Comunidad de Naciones.

El imperialismo francés respondió a la filosofía nacionalista y expansionista de la Francia del Segundo Imperio, centrada en no perder su hueco como gran potencia de influencia internacional. No tuvo colonias de poblamiento debido a que no existió una presión demográfica en la metrópoli que lo requiriera. Francia llevó a cabo en sus enclaves y territorios una fuerte política de imposición cultural y afrancesamiento centrada en expandir su influencia cultural y no solo en los intereses económicos como los británicos. Durante la Tercera República, el imperio colonial francés pasó de tener pequeños enclaves en el Caribe, Senegal, Indochina o Nueva Caledonia a tomar el control de efectivo del territorio en Indochina, Madagascar o África Subsahariana.

El caso del imperialismo belga fue peculiar y estuvo centrado en la figura de su monarca Leopoldo II (1835-1909), que apoyó personalmente la exploración del río Congo y sus territorios aledaños. Para evitar fricciones con otras potencias, Leopoldo II concedió al Congo su autonomía, convirtiéndolo en Estado Libre del Congo, lo que evitó las interferencias de otros países. En el Congreso de Berlín el

Congo no fue otorgado a Bélgica, sino que se adjudicó a Leopoldo II como una propiedad personal del rey. En el año 1908 el monarca cedió al Estado el Congo y entonces Bélgica se convirtió en potencia colonizadora.

Los Países Bajos habían tenido presencia en los archipiélagos de Extremo Oriente desde sus expediciones de los siglos XVI y XVII. Durante el siglo XIX los neerlandeses centraron sus esfuerzos en intensificar su presencia en la actual Indonesia y establecer centros de producción en los que se dedicaron a cambiar los cultivos nativos por otros que aportaban mayor rendimiento económico y comercial. Ante el aumento de la población estableció una Administración burocrática puramente colonial.

El colonialismo portugués iniciado en el siglo XV centró sus esfuerzos durante varios siglos en crear una red de enclaves marítimos para sus rutas comerciales y en explotar el ingente territorio de Brasil y sus abundantes recursos naturales. En el siglo XIX los portugueses mantenían enclaves en la India, Timor Oriental y establecimientos en las costas africanas, en especial en Angola y Mozambique. Tras la independencia de Brasil el espíritu imperialista se centró en Macao y en llevar a cabo el sueño del explorador Serpa Pinto (1846-1900) por unir Angola y Mozambique con una red de territorios dependientes de Portugal.

España había sido la potencia colonial por excelencia desde el siglo XV. Su imperialismo había estado centrado en el monopolio comercial con las colonias, la extracción de ingentes recursos naturales y la creación de una sociedad criolla con un potente marco cultural, religioso e institucional. España inició el siglo XIX con la independencia de la mayor parte de sus colonias, a excepción de Cuba, Puerto Rico y Filipinas. Para la década de 1880 intentó entrar en la nueva era imperialista apostando por el Sáhara y Marruecos y tratando de obtener rendimiento de sus posesiones en los territorios de Fernando Poo y Río Muni, actual Guinea Ecuatorial.

El Imperio ruso ejerció su faceta imperialista fuera del mar. A diferencia de otras potencias Rusia, adquirió nuevos territorios por vía terrestre en áreas adyacentes a su imperio. Durante todo el siglo XIX experimentó un continuo crecimiento al ocupar el Cáucaso, zonas de Asia Central y Oriental hasta que llegó a enfrentarse a otras potencias, como Japón en Asia o Inglaterra y Francia por los Balcanes.

El caso alemán fue diferente al de otras potencias europeas. Durante siglos los estados alemanes estuvieron centrados en sus problemas internos y en las amenazas derivadas de su posición central en el continente europeo. Tras la unificación del país, y ante el creciente desarrollo económico, los propios comerciantes alemanes alentaron al canciller Otto von Bismarck para adentrarse en el imperialismo colonial a través del cual encontrar territorios que fueran fuentes de materias primas y nuevos mercados. La llegada tardía y de forma bélica del Imperio alemán al expansionismo imperialista causó importantes choques con las potencias que tradicionalmente habían ejercido el colonialismo europeo en África y Asia.

Entre 1884 y 1885 tuvo lugar en Berlín una conferencia destinada a ordenar la nueva ola imperialista de las potencias occidentales en África. La idea de celebrar una gran convención diplomática partió de Portugal tras el establecimiento en 1879 de un protectorado francés en una de las regiones del río Congo que tradicionalmente habían sido ocupadas por Bélgica y Portugal. La conferencia también ayudó a resolver conflictos entre Inglaterra y Francia por Egipto y Túnez. Además, sirvió de excusa a Bismarck para intentar acelerar sus nuevas ansias imperialistas en África.

A la conferencia asistieron una docena de naciones europeas, el Imperio otomano y los Estados Unidos. Sus objetivos fueron diversos. Uno era establecer un marco de actuación adecuada, bajo el principio de entendimiento mutuo, de las metrópolis interesadas en establecerse en África tanto con las otras potencias como con las comunidades autóctonas. Otro era fijar una serie de normas comunes tendentes a ordenar la ocupación del continente, como el establecimiento de determinadas zonas de libre comercio, la garantía de la neutralidad de otros territorios, la regulación de la navegación por los ríos Níger y Congo o la regulación de la trata de esclavos.

Entre los acuerdos más importantes que se tomaron destacan los de las normas que habría de aplicar para otorgar de manera efectiva un territorio colonial a una metrópoli. Como consecuencia de estas normas se desató una verdadera fiebre por la ocupación real y efectiva de los territorios, que dio lugar a un reparto acelerado, incontrolado y definido por fronteras trazadas desde Europa que no tuvieron en cuenta los pueblos, culturas o civilizaciones que habitaban esos territorios desde hacía siglos.

La puesta en marcha de la ocupación de África se realizó desde las grandes vías fluviales primero y, tras la apertura del canal de Suez, por la cuenca mediterránea. Las potencias trataron entonces de conectar sus colonias mediante el trazado de ejes o corredores con el fin de no depender del acuerdo con otros países para trasladar

Requisitos de ocupación

La Conferencia de Berlín estableció que para otorgar una colonia a una potencia habría que cumplir como requisito la ocupación efectiva del territorio reclamado para poder dar validez a los derechos históricos y no solo el simple establecimiento de una misión comercial o puerto. Únicamente la costa sería atribuida de forma definitiva. En este caso, se admitiría que la potencia colonial establecida sobre un litoral tendría ciertos derechos especiales sobre el territorio interior correspondiente mediante la ocupación efectiva y el establecimiento de acuerdos con los indígenas y pactos con el resto de potencias coloniales en contacto. Cuando el territorio contara con un valle, si este era ocupado, se consideraría que se tenía derecho a la ocupación de la cuenca entera y a la formación de una colonia sobre ella.

materias primas, bienes o ejércitos. Los ingleses pretendieron abrir uno norte-sur, los portugueses y alemanes uno este-oeste en el sur de África y los franceses otro este-oeste a la altura del Sahel. La vertiginosa carrera de la ocupación de África dio pie a incidentes, como la crisis del Mapa Rosa en 1890 o la de Fashoda en 1898, que llevarían a un rearme de las potencias coloniales y a choques bélicos que desencadenarían la Primera Guerra Mundial.

LOS NUEVOS IMPERIOS AMERICANOS: MÉXICO Y BRASIL

Durante el siglo XIX, los territorios más importantes en América de las coronas de España y Portugal alcanzaron su independencia. Entre ellos, los grandes territorios de México y Brasil fueron los únicos en poner en marcha la configuración del nuevo Estado bajo la forma de una monarquía imperial. México lo intentó en dos cortas ocasiones y Brasil, en una que se alargó durante casi todo el siglo XIX.

México accedió a la independencia marcado por los hechos ocurridos en la España peninsular con la ocupación francesa del país y la declaración de la Constitución de Cádiz de 1812. Su guerra de independencia no fue un movimiento libertador homogéneo. Tras las ejecuciones de Morelos, una importante élite del país recelaba de los aires liberales que llegaban de la metrópoli y que podían acabar con sus tradicionales privilegios. En ese contexto, la élite criolla local declaró la independencia en 1821 bajo los postulados del Plan de Iguala, que establecía que el nuevo Estado soberano se configuraría como una monarquía encabezada por el monarca español o alguno de los miembros de la casa real española, con la religión católica como única en el país y bajo la unión de todas las clases sociales. Para llevar a cabo este plan, se estableció la regencia en el general Agustín de Iturbide en espera de la llegada del monarca designado por los Borbones. Desde España se aseguró que no se enviaría a ningún monarca, puesto que no aceptaban la independencia del nuevo Estado. Esta contestación desató en la calle un fervoroso apoyo a Agustín de Iturbide, que, con la aprobación del Congreso, en el año 1822 fue proclamado Agustín I, emperador de México.

En los apenas nueve meses que duró su reinado se sucedieron las conspiraciones de los guerrilleros, que se hacían fuertes en las provincias, y de los congresistas, divididos entre monárquicos tradicionalistas que apoyaba a Iturbide, republicanos y borbonistas, que preferían una república antes que una monarquía sin los Borbones ciñendo la corona. El caos en el legislativo activó las tendencias absolutistas de Agustín I, que disolvió el Congreso. En 1823 se produjo la rebelión de Antonio López Santa Ana (1794-1876)[90], junto con alguno de los generales que habían apoyado la monarquía de Agustín I. El emperador, acuciado por las tensiones territoriales y la pérdida de apoyos en solo unos meses de reinado, reinstauró el Congreso y abdicó en él la corona en marzo de 1823. Tras su huida a Europa las provincias centroamericanas que habían pertenecido al virreinato de Nueva España se independizaron de México y ese mismo año fue declarada la Primera República Federal de México.

Durante varias décadas hubo una alternancia en el gobierno de conservadores y liberales, cuyos gobiernos caían tras sufrir revueltas populares, ataques de potencias como España, Francia o Estados Unidos y descontento social por la inestabilidad general. Antonio López Santa Ana, que ya fomentara la caída de Agustín I, estuvo también detrás de varios alzamientos y cambios de presidentes. Debido a su fama por sus éxitos militares accedió a la presidencia en diez ocasiones entre 1833 y 1847,

---

90. La revolución del Plan de Casa Mata fue un levantamiento de republicanos, realistas borbónicos, algunos militares que apoyaron la creación del Imperio mexicano y fuerzas de Gran Bretaña y la Gran Colombia, que entre 1822 y 1823 se levantaron contra el emperador Agustín I.

con cada vez un mayor tono dictatorial. En 1858 accedió a la presidencia Benito Juárez (1806-1872), que llevó a cabo, en sus diferentes mandatos presidenciales, la configuración institucional de la república de los Estados Unidos Mexicanos y tuvo que hacer frente a numerosos levantamientos de fuerzas conservadoras que no deseaban aplicar las reformas administrativas, de justicia o sociales de sus gobiernos, como la nacionalización de los bienes del clero.

En 1861 las arcas estatales no pudieron hacer frente a la deuda externa debido al fuerte coste económico que estaba teniendo para el gobierno de Juárez luchar contra la guerra de Reforma que asolaba el país. España, Inglaterra y Francia, principales acreedores de México, trataron de negociar el cobro de la deuda, pero el acuerdo fue imposible y las potencias comenzaron acciones militares en suelo mexicano en 1861. Los españoles y los ingleses, pese a sus éxitos, abandonaron México convencidos de poder cobrar pronto la deuda. Los franceses continuaron su incursión militar apoyados por el papado, que se situó contra el gobierno de Juárez por su nacionalización de los bienes eclesiásticos. En 1862 los franceses tuvieron un serio revés militar al perder la batalla de Puebla, pero continuaron su avance al recibir refuerzos y ocuparon Ciudad de México en 1863. Francia estaba interesada en imponer una monarquía en México para frenar el avance como potencia continental de los Estados Unidos y apoyar a los confederados en la guerra de Secesión americana.

Los conservadores mexicanos, tras las batallas con los liberales de Benito Juárez, habían puesto su fe en instaurar una monarquía de corte tradicional que respetara a la Iglesia y los privilegios de las élites y que desarrollara una política de orden público que apaciguara las constantes insurrecciones y golpes de Estado que vivía el país. Desde el año 1857 su objetivo había sido conseguir que un aristócrata europeo de alto rango aceptara el ofrecimiento para establecer una nueva dinastía real que gobernara México bajo la forma de un imperio. La corona fue ofrecida a Maximiliano de Habsburgo-Lorena (1832-1867), archiduque de Austria y hermano menor del emperador Francisco José I, casado con la princesa Carlota de Bélgica (1840-1927). El emperador fue proclamado en 1863 y llegó a México en 1864.

Maximiliano comenzó su gobierno con un programa liberal de corte europeo. Su espíritu conciliador le llevó a aceptar la legislación reformista aprobada hasta la época, incluyendo la nacionalización de los bienes de la Iglesia y llegó incluso a ofrecer la cartera de Justicia en su gabinete a Benito Juárez. Asimismo, puso en marcha una intensa tarea reformista aprobando leyes como la creación de la Asamblea de notables, las bases para la organización del gobierno del Imperio, la división territorial en departamentos para mejorar la eficiencia de la gestión burocrática, la ley electoral de ayuntamientos, la del cuerpo diplomático y consular o la creación del Periódico Oficial, que daba seguridad jurídica a las normas aprobadas. En materia social, aprobó la ley de garantías individuales, normas para asegurar la libertad de trabajo, la declaración de libertad, cancelando sus deudas a los indígenas que permanecían como siervos y el fin de los castigos corporales que se realizaban en las haciendas.

Todas estas medidas le hicieron perder los apoyos de aquellos que le habían ofrecido la corona y facilitado su llegada a México: los conservadores y la Iglesia. Del lado republicano, Maximiliano tampoco pudo recabar los apoyos necesarios para afianzar el Segundo Imperio. Los líderes republicanos continuaron batallando contra los ejércitos imperiales mexicanos y franceses durante todo el reinado de Maximiliano y Carlota. El único apoyo que le quedaba al emperador eran las tropas francesas desplazadas por Napoleón III para instalarle en el poder. Sin embargo, en el año 1866 el emperador francés decidió retirarlas de México al constatar la derrota del ejército confederado en la guerra de Secesión y ante la necesidad de contar con esos destacamentos para cuando diera comienzo la inminente guerra franco-prusiana. La salida del ejército francés supuso el principio del fin del Segundo Imperio mexicano, la actividad legislativa se paralizó y Maximiliano concentró sus esfuerzos en el área militar. El emperador perdió la batalla de Querétaro, fue hecho prisionero, juzgado y fusilado en 1867, lo que dio paso de nuevo al gobierno republicano de Benito Juárez.

Brasil vivió una independencia única entre las naciones americanas. En el año 1808, tras la invasión napoleónica de la península ibérica, la familia real de los Braganza huyó en bloque a Brasil, joya de la corona colonial portuguesa. Allí se establecieron y elevaron la antigua colonia a reino de Brasil. En 1821 Juan VI (1767-1826) volvió a Europa con toda la familia, a excepción de su hijo Pedro de Braganza (1798-1834), que se quedó como regente en el país americano. Al recobrar su trono de Lisboa, Juan VI decretó la disolución de las instituciones creadas en Brasil, el reino pasó a dividirse en provincias autónomas que dependían directamente del gobierno de la capital portuguesa y exigió a su hijo que volviera a Portugal. En

1822 Pedro aceptó la propuesta de los brasileños de proclamarse emperador y se negó a embarcar hacia Europa, dando comienzo la guerra de independencia brasileña, que se alargó hasta 1824. Ese mismo año, el emperador otorgó la primera Constitución del país, de corte más conservador que el esperado por los liberales. El tratado definitivo para el reconocimiento portugués de la independencia brasileña llegó en 1825 en Río de Janeiro.

Pedro I creó un Estado muy centralizado para poder combatir las tensiones republicanas de los estados del norte y las independentistas de algunos del sur. La élite liberal que vivía en la corte imperial de Río de Janeiro difería mucho de los terratenientes de las provincias interiores. El liberalismo inicial pronto dio paso a un férreo control gubernamental. En 1826 falleció su padre Juan VI en Lisboa y él fue proclamado sucesor en el país europeo, pero sabía que la unión de ambos reinos de nuevo traería problemas que podrían dar al traste con la propia dinastía de los Braganza. Pedro abdicó la corona de Portugal en su hija María II (1819-1853), pero se inició una guerra civil entre los que apoyaban a María y los absolutistas. Pedro terminó abdicando la corona imperial para viajar a Portugal y afianzar a su hija en el trono.

En Brasil le sucedió su hijo, de apenas cinco años, Pedro II (1825-1891). Se inició así un largo reinado que duraría más de 57 años y que finalizaría con el establecimiento de la república. Los primeros años de Pedro II transcurrieron bajo una regencia de tres personas, un liberal, un conservador y un militar, que lidiaron con una gran inestabilidad en todas las regiones. Ante la dimisión de dos de los integrantes de la regencia, el Parlamento decretó que Pedro II era mayor de edad y apto para asumir el trono en 1840 con poco más de 14 años.

El reinado de Pedro II se inició con una cierta esperanza liberal al apostar por crear la figura del Consejo de Ministros y la del primer ministro en un guiño al parlamentarismo británico. La realidad es que el emperador conservó un gran número de poderes, en especial el de moderador de la vida política. Por eso, cuando el Parlamento no aprobaba al Consejo de Ministros, él disolvía el legislativo con la intención de que las nuevas elecciones trajeran un mayor apoyo a su forma de dirigir el país. Pedro II pronto entendió que debía aliarse con las élites del país, desde las liberales de Río a las más conservadoras de los estados interiores. La estabilidad institucional y el crecimiento económico de su reinado se basaron en un constante juego de entrega de prebendas y pequeñas victorias de liberales y conservadores. A las élites rurales las ennobleció y apostó por construir infraestructuras que llegaran hasta sus haciendas y minas para favorecer el comercio. El apogeo de su reinado llegó tras las victorias en la guerra de la Triple Alianza y por el poderío económico que le permitió liquidar las deudas contraídas para financiar la contienda en tan solo una década.

Paraguay, perdedor de la contienda

La guerra de la Triple Alianza tuvo lugar en Sudamérica entre 1864 y 1870 en la que la coalición forjada por el Imperio brasileño, Uruguay y Argentina se enfrentó a Paraguay por la hegemonía en la cuenca del Río de la Plata.

Su ocaso se inició con la crisis de imagen derivada de su empeño personal por terminar con la esclavitud en Brasil, donde en 1823 el 29% de la población era esclava. La opinión del emperador apenas era compartida por unos pocos intelectuales debido a que la esclavitud había sido una de las bases fundacionales de la sociedad brasileña. En 1871 se aprobó la ley por la que todos los niños nacidos de madre esclava serían automáticamente libres. La imagen de la monarquía también se vio dañada ante la pérdida de empuje del emperador y la falta de hijos varones que le sucedieran en el poder. En 1889 se produjo un levantamiento militar republicano que terminó por triunfar y expulsar a Pedro II, que moriría en el exilio parisino apenas dos años después.

LA ÉPOCA DE LA RESTAURACIÓN EN ESPAÑA Y EL DESASTRE DE 1898

El último cuarto del siglo XIX trajo a España la restauración de la monarquía de los Borbones tras el exilio de Isabel II, el fracasado intento de la Primer República y la monarquía electiva de Amadeo de Saboya. Gracias a la Constitución de 1876 España disfrutaría de medio siglo de estabilidad institucional en el marco de un cambiante entorno exterior que culminaría con la pérdida de las últimas colonias americanas y asiáticas.

En 1874 el general Martínez Campos (1831-1900) proclamó rey de España a Alfonso XII (1857-1885), hijo de Isabel II (1830-1904). Con ello, no solo la corona volvía a la dinastía Borbón tras seis años de inestabilidad política. Con este proceso se restablecieron también algunas características de la sociedad española del siglo XIX, como el gobierno de las élites burguesas de base agraria latifundista, así como el retorno a un constitucionalismo de tipo doctrinario, lo que constituyó la forma más característica y persistente del liberalismo español durante el siglo XIX.

La Constitución de 1876 fue la piedra de toque sobre la que se erigió todo el sistema político, burocrático, institucional y social de la época de la Restauración. El proyecto constitucional fue elaborado por una comisión de notables elegida entre diputados y senadores de todas las Cámaras que habían funcionado en España en los 30 años anteriores. Las nuevas Cortes aprobaron el proyecto constitucional en 1876. Su objetivo era el de crear una plataforma lo más amplia posible para que tuvieran cabida las tendencias políticas más importantes y representativas de la sociedad española, evitando así que cada gobierno que accediera al poder derogara la anterior Carta Magna para imponer una acorde con su ideología. Entre sus características destacan que la soberanía no reside en el pueblo, sino en las Cortes con el rey. Sobre esta afirmación se construyó el juego de los poderes públicos y del monarca, al que se le otorgaba inviolabilidad, coparticipación en el poder legislativo con las Cortes y se le atribuía la iniciativa y la sanción con derecho de veto, designación real de parte de los senadores, convocatoria, suspensión y cierre de las sesiones y disolución simultánea o separada de las Cámaras.

La nueva Constitución otorgó a los partidos políticos un papel fundamental en la construcción de la nueva sociedad, basado en un sistema de turnismo que establecieron entre sí a ejemplo del bipartidismo inglés. Antonio Cánovas del Castillo (1828-1897) representaba a los conservadores, a personas que deseaban el orden en las clases medias, terratenientes y a la nobleza madrileña y rural. A su izquierda, Práxedes Mateo Sagasta (1825-1903) representaba a comerciantes e industriales, y a las clases medias urbanas e ilustradas. La alternancia entre ambos partidos fue casi matemática[91]. A estas dos grandes formaciones, que se repartían el poder político,

---

91. La alternancia política en la Restauración. Los cambios de gobierno no obedecieron a los ciclos electorales, sino a la existencia de circunstancias que aconsejaban el cambio, y que eran decididas, con mayor o menor grado de acuerdo, por los dirigentes de ambos partidos. Se trata de un sistema que funcionaba desde arriba. La corona otorga el poder a un jefe de gobierno que convocaba y hacía las elecciones, logrando un Parlamento adecuado a sus intereses políticos.

hay que sumar una serie de partidos extendidos por todo el espectro electoral: los republicanos, los carlistas, los nacientes grupos regionalistas y los partidos y movimientos de carácter obrero.

El juego del turnismo político se basó en la existencia de una oligarquía política dirigente, constituida por hombres de los partidos y estrechamente conectada, tanto por su extracción social como por sus relaciones familiares y sociales, con los grupos sociales privilegiados, como terratenientes, nobleza de sangre, burguesía de los negocios… También en la existencia de personas que por su poder económico, prestigio personal o influencia ante la oligarquía controlaban extensos grupos humanos: el llamado cacique, que era capaz de poner a disposición de uno u otro partido un número determinado de votantes y sus respectivos votos. La influencia de los caciques actuó durante toda la primera parte de la Restauración y fue perdiendo poder según se aprobaron la Ley de Asociaciones de 1887, que permitió la constitución de sindicatos obreros, y la de Sufragio Universal de 1890.

Durante el siglo XIX se produjo una redefinición territorial de Europa y el mundo en un marco basado en las alianzas y las grandes convenciones, como el Congreso de Viena de 1815 y la Conferencia de Berlín de 1884-1885. España fue uno de los Estados europeos que quedó descolgado de esta dinámica debido a la fuerte crisis interior y al claro paso a una segunda división internacional tras la pérdida de sus colonias americanas a principios del siglo XIX. En el exterior, España fue incapaz de proyectar un poder que fuera respetado por las potencias y quedó prácticamente fuera de los grandes acuerdos internacionales de la época. Los Estados Unidos eran una potencia emergente que tenía serios intereses en expandir su poder hacia las Antillas mayores del Caribe. Ante el conflicto que se iba avecinando entre Estados Unidos y España se produjo un total desentendimiento del resto de potencias europeas hacia las reclamaciones españolas. Esta actitud de desentendimiento y falta de apoyos, incluso en el nivel diplomático, se pudo apreciar con carácter previo a la guerra, cuando las potencias europeas se limitaron a presentar notas de protesta a los Estados Unidos. Esta falta de oposición, o amenaza directa, supuso en la práctica una carta blanca para la actuación estadounidense. La guerra se desató en 1898 y tan solo duró tres meses, en los que los españoles apenas pudieron defender con dignidad los últimos retazos de su imperio americano y asiático.

El Tratado de París de 1898 acordó la futura independencia de Cuba, que se concretaría en 1902, la entrega de Puerto Rico, Filipinas y la isla de Guam a los

¿Un accidente?

La causa que adujo Estados Unidos para iniciar la guerra contra España fue la explosión fortuita del acorazado *Maine* que los americanos habían enviado a la bahía de la Habana para forzar a España a venderles Cuba y Puerto Rico.

Estados Unidos de América. El desastre fue tal en lo político y lo moral que España se deshizo voluntariamente de la última parte de su imperio asiático vendiendo a Alemania las islas Marianas, las Carolinas y Palos al verse incapaz de afrontar otra guerra ni de establecer allí un estatuto colonial acorde con las provisiones de la Conferencia de Berlín de 1884-1885.

El impacto moral del desastre de 1898 fue mucho más profundo que las pérdidas materiales. La vida política de la España de la Restauración quedó sacudida por un profundo choque, tras el cual no volvería a recobrar la estabilidad. La sociedad española, enfrentada a lo que se llamó el Desastre del 98, tomó conciencia de su decadencia y volvió la vista sobre sí misma.

EL NACIMIENTO DEL MOVIMIENTO OBRERO: SOCIALISMO Y ANARQUISMO

La industrialización que nació en el siglo XIX trajo importantes cambios económicos y sociales derivados de la nueva manera de producción que dio origen a una nueva clase social: el proletariado. Durante todo ese siglo, esta nueva clase social tomó conciencia de su existencia, comenzó a organizarse y, finalmente, reclamó su sitio en la sociedad planteando sus reivindicaciones y luchando por obtener unas condiciones laborales y de vida más justas. El nacimiento del movimiento obrero trajo también importantes cambios políticos que afectaron a los mismos cimientos del Estado, desde transformaciones legislativas en los Estados liberales hasta las revoluciones populares que instauraron nuevos Estados basados en los derechos del proletariado.

A comienzos del siglo XIX, el despegue de la industrialización llevó a artesanos y campesinos a emigrar a las ciudades, donde tuvieron que acostumbrarse a una nueva disciplina laboral, a sufrir el desarraigo y a convivir con una extensa miseria social. Estos nuevos asalariados necesitaron décadas para que entre ellos se forjase una solidaridad y conciencia de clase que los situara como un nuevo agente del cambio social que se vivió durante la transformación económica y social del siglo XIX. Durante la mayor parte de este siglo, las asociaciones obreras tenían un carácter gremial y urbanita, formadas por antiguos artesanos, obreros cualificados, y distaban mucho de ser un movimiento social. Se trataba de asociaciones pequeñas, pertenecientes a un área determinada y no estaban coordinadas entre sí. El fin de la era gremial y la prohibición del asociacionismo laboral que se impuso con las primeras revoluciones liberales dejaron a la nueva clase social que se estaba formando en una posición de indefensión.

En Inglaterra, en el año 1824, se dieron los primeros pasos para permitir que algunos obreros cualificados pudieran asociarse en pequeños sindicatos locales y de oficio con el fin de hacer valer sus reivindicaciones laborales. Reclamaban que no se permitiera la contratación de obreros no cualificados y de salario más bajo para sus oficios, así como la creación de unas mutuas para cubrir los accidentes de trabajo, enfermedad o muerte de los socios. En Francia, los movimientos obreros estuvieron inspirados por el socialismo utópico de Henri de Saint-Simon (1760-1825) y lucharon en la Revolución de 1848 para exigir la libertad de asociación, el aumento de los salarios y la reducción de la jornada laboral.

Definición de socialismo

El término socialismo apareció por primera vez en 1832 en una publicación del periódico francés *Le Globe*. Se utilizó para hacer referencia a las alternativas políticas que se oponían al liberalismo individual y que proponían un aspecto social, comunal y cooperativo de la economía y la sociedad.

Estos primeros movimientos fracasaron debido a que apenas estuvieron ligados a las crecientes masas de población obrera, escasamente cualificada, que llegaban a las ciudades. La publicación del *Manifiesto comunista*[92] de Karl Marx (1818-1883)

---

92. El *Manifiesto comunista* se publicó en Londres en 1848. En sus 23 páginas se exponen las bases del pensamiento marxista, tales como la lucha de clases, los conflictos que acarreaba el método de producción capitalista y su explicación materialista de la historia.

y Friedrich Engels (1820-1895) llevó al movimiento obrero a una acción más revolucionaria y convenció a los sindicatos franceses y británicos que debían crear una organización internacional de carácter obrero. Así, en 1864 se fundó la Asociación Internacional de Trabajadores (AIT) con el fin de extender la solidaridad, colaboración y lucha de los obreros en todos los países. Esta Primera Internacional apenas duró una década y fue disuelta en 1876 debido a las luchas internas entre Marx y Bakunin (1814-1876), este último de tendencias anarquistas, y la represión que sufrieron las organizaciones obreras en varios países tras la revuelta comunal de París en 1871. Con el fin de la AIT, socialistas y anarquistas quedaron definitivamente escindidos.

El movimiento obrero no fue unívoco y tuvo características diferenciadoras en cada país, pero desde el fin de la Primera Internacional quedó claro que, a nivel global, los principales movimientos obreros del siglo XIXI, se definían como socialistas o anarquistas.

Marx y Engels fueron los inspiradores del socialismo. En sus escritos sobre la historia del movimiento obrero hicieron una diferenciación entre el socialismo utópico y el científico. El socialismo utópico estuvo representado por pensadores como Henri Saint-Simon en Francia o el galés Robert Owen (1771-1851), que proponían una mejora de las condiciones de vida y trabajo de los obreros, pero carecían de sentimiento revolucionario y que para Marx y Engels no comprendían la profundidad de las diferencias sociales, ni abrían ninguna posibilidad para que el proletariado tuviera iniciativas fuera del sistema establecido o se emancipara.

El socialismo científico estaba representado por el propio pensamiento de Marx y Engels, que tras su manifiesto se expresó con total rotundidad en 1867 en el libro *El capital*. La clave de esta nueva visión socialista se centraba en la acción, en la capacidad transformadora de la sociedad que tenía que tener el movimiento obrero. Las teorías de Marx en el ámbito histórico, político y social fueron una interpretación materialista de la historia por la que los fenómenos de la sociedad tienen su origen en las condiciones materiales que están incorporadas a los sistemas económicos. La existencia de una constante lucha de clases debía terminar con la llegada de la dictadura del proletariado. En el ámbito económico, su aportación teórica más importante fue el concepto de la plusvalía y quién se beneficiaba de ella. Para Marx era el empresario el que estaba recibiendo injustamente la totalidad de la plusvalía generada por el mayor trabajo del obrero.

El anarquismo moderno fue la otra gran corriente del movimiento obrero del siglo XIX. Fundado por el ruso Mijaíl Bakunin[93], consideraba que el capital privado era una fuente de tiranía de ciertos individuos sobre los otros. Su pensamiento se resume en la supresión de clases y de la propiedad privada, junto con la necesidad de promover actos revolucionarios para acabar con el entramado social. Su diferencia con los socialistas no es tanto el diagnóstico de la problemática social del movimiento obrero como las soluciones que propone. Si Marx y Engels creían que el individuo solo podría ser libre si el Estado se convertía en el único capitalista, el anarquismo temía que si se aplicaba la doctrina socialista, el Estado heredaría las tendencias tiránicas propias del capitalismo privado. Por eso, proponía conciliar la posesión comunal con la mayor disminución posible de los poderes del Estado y, como fin, su completa abolición. Su carácter revolucionario fue decisivo entre los nihilistas rusos y el movimiento anarquista español e italiano.

En 1891 se retomó el espíritu de una unión internacional que diera más fuerza al movimiento obrero. En Bruselas se constituyó la Segunda Internacional, que, para paliar los errores de la anterior, se constituyó como una federación que respetaba las diferentes opciones de los partidos, las distintas tendencias y la pluralidad de tácticas de la lucha obrera. Apenas dos años después de su fundación, el contencioso con los anarquistas se repitió y estos fueron expulsados en el Congresos de Zúrich de 1893.

En el último cuarto del siglo XIX se otorgaron más derechos participativos a los obreros, implantando en gran número de países el sufragio universal masculino o, al menos, para los hombres que trabajaran. Con este paso, los movimientos obreros de carácter socialista se orientaron a la participación política para obtener la representación popular que les permitiera defender, por los cauces de los propios Estados liberales, sus postulados sociales. Esto causaría un intenso debate sobre la colaboración con las fuerzas y partidos burgueses, la cuestión colonial y el peligro de una guerra inminente entre las potencias europeas. La problemática específica de cada país se impuso con el tiempo a los intentos de coordinación de la acción de los trabajadores. La incapacidad de estos actores para ponerse de acuerdo en

---

93. *Dios y Estado.* Fue el nombre de la obra más conocida de Bakunin. Se publicó en 1882 y en ella relata la necesidad histórica que han tenido las clases dirigentes de contar con un dios o una religión con la que controlar y adormecer a las masas.

oponerse al previsible estallido de la Primera Guerra Mundial en los años previos fue una manifestación de ello.

EL EXPANSIONISMO DE LOS ESTADOS UNIDOS DE AMÉRICA

Los Estados Unidos experimentaron una profunda transformación desde el final de la guerra de Secesión y hasta el comienzo de la Primera Guerra Mundial. En el ámbito político, el país terminó su configuración continental con la colonización de la costa Oeste y se volcó hacia el exterior en una mezcla de imperialismo, intervencionismo y aislacionismo. En el ámbito económico, se consolidó como la primera potencia económica del planeta.

La mayor parte del siglo XIX los Estados Unidos tuvieron una marcada política aislacionista de aquello que ocurría fuera de sus fronteras. Esta elección estaba fundada en la necesidad de centrar sus recursos en la extensión total de las fronteras hacia el sur y el oeste, en la debilidad de su ejército y en los problemas interiores que derivaron más tarde en la guerra de Secesión. El aislacionismo en este caso tenía un marcado carácter anticolonialista europeo, que quedó reflejado en la declaración de la Doctrina Monroe de 1823[94].

Tras la conformación territorial del país hasta el Pacífico, la colonización de estos nuevos territorios, la resolución de los problemas internos con la guerra de Secesión y el posterior auge y transformación económica del país, los Estados Unidos cambiaron la concepción de lo que debería ser su política exterior, que giró hacia una activa expansión al exterior. De este modo, a mediados del siglo XIX hubo unos primeros tímidos pasos expansionistas, como los acuerdos comerciales con China de 1842 y las expediciones a Japón de 1852 y 1853, que fueron dando paso a una mayor implicación en las sucesivas intervenciones en México para definir

---

94. La Doctrina Monroe fue presentada por el presidente James Monroe (1758-1831) en 1823 en su discurso sobre el estado de la Unión. Fue concebido como la respuesta estadounidense a la restauración monárquica que estaba viviendo Europa tras el Congreso de Viena de 1815 y ante la independencia de las colonias americanas de España y Portugal. La doctrina muestra su firme oposición al colonialismo europeo en el continente americano y quedó resumida con una contundente frase: «América para los americanos».

las fronteras, evitar la ocupación francesa o apoyar a Juárez y más tarde a Porfirio Díaz (1830-1915). Pero el salto definitivo hacia una nueva política expansionista tuvo lugar en 1898 con la guerra hispano-norteamericana, que abrió con más rotundidad esta nueva etapa en las relaciones con el resto del mundo.

La nueva política de los Estados Unidos se puede resumir en tres puntos. Para empezar, el imperialismo y el intervencionismo en el continente americano, que pasó a ser considerado como el área natural de expansión de los intereses económicos norteamericanos. Asimismo, una voluntad de participación en los beneficios del mercado chino, pero sin el empleo abierto de la fuerza militar, salvo de manera coordinada con el resto de potencias occidentales y Japón, y nunca en contra de estos. Por último, el aislacionismo respecto de los problemas políticos y militares en Europa, basado en un sentimiento de superioridad moral.

La reformulación de la Doctrina Monroe tuvo como fundamento la persecución de objetivos económicos y estratégicos. La originalidad de este imperialismo fueron sus métodos. Había que evitar las anexiones territoriales, ya que todavía estaba muy presente la propia fundación de los Estados Unidos, que surgieron de una imposición colonial. Para evitar esta situación, pero a la vez participar de los beneficios económicos de una situación de cierto control sobre territorios extranjeros, se optó por el establecimiento de zonas de influencia que permitieran llegar a resultados casi equivalentes, utilizando para ello la negociación y la presión diplomática mezcladas con el empleo del poder militar y los intereses materiales. Así, en

La evolución de la Doctrina Monroe

La Doctrina Monroe fue modificada dos veces añadiendo unos corolarios que fueron mostrando el creciente interés norteamericano por ejercer un poder imperialista sobre todo el continente. El primer corolario llegó en 1880, cuando el presidente Hayes (1822-1893) indicó que para evitar la injerencia de imperialismos extracontinentales en América, los Estados Unidos debían ejercer el control exclusivo sobre cualquier canal interoceánico que se construyese. En 1904 el presidente Roosevelt añadió un segundo corolario en el que ampliaba la posibilidad de intervención norteamericana a cualquier lugar en el que un país europeo pusiera en peligro los derechos o las propiedades de ciudadanos o empresas estadounidenses.

el año 1904 el presidente Theodore Roosevelt (1858-1919) modificó oficialmente la Doctrina Monroe añadiéndole un corolario que incidía en el derecho de los Estados Unidos a intervenir en aquellos lugares en los que hubiera intereses económicos que hubiese que defender para garantizar la seguridad de las inversiones. Con ello, los Estados Unidos abrieron una época que, con matices, perdura hasta nuestros días, en la que se arrogaron una función de vigilancia internacional en materia de seguridad. El primer país en el que se aplicó fue Cuba que, tras la guerra hispano-norteamericana, fue declarada independiente, pero sobre la que los Estados Unidos se arrogaron el derecho a intervenir en defensa de sus propios intereses.

Esta nueva política intervencionista sobre lo que consideraban su área de influencia fue más patente en los países centroamericanos. El máximo ejemplo de esta política estuvo relacionado con el canal de Panamá, donde los intereses de los Estados Unidos chocaban con los del Reino Unido. Tras la guerra con España, los estadounidenses ganaron una gran influencia sobre el mar Caribe y los británicos no pudieron centrar sus esfuerzos en recuperar poder en la zona porque estaban centrados en la guerra de Sudáfrica. Ambos países llegaron al Tratado Hay-Pauncefote de 1901, por el que los Estados Unidos podían proceder a la construcción de manera unilateral. Este acuerdo causó tensiones con Colombia, de la que en aquel momento era parte el istmo de Panamá, y los Estados Unidos respondieron promoviendo la independencia panameña y adquiriendo los derechos de libre disposición de la franja de tierra a ambos lados del futuro canal. De esta manera, el canal de Panamá, inaugurado en 1914, constituyó la pieza clave de la hegemonía naval norteamericana en los océanos Atlántico y Pacífico.

MÉXICO EN EL CAMBIO DE SIGLO: DEL PORFIRIATO A LA REVOLUCIÓN

México navegó el cambio de siglo entre el sistema autoritario de Porfirio Díaz, que propició una cierta estabilidad y orden a las oligarquías locales durante más de tres décadas, y la revolución popular, que desde diferentes facciones, ideologías y liderazgos derrocó a Díaz dando inicio a un periodo de caos y alzamientos que desembocarían en la proclamación de una nueva Constitución mexicana.

Porfirio Díaz (1830-1915) fue un militar y político mexicano que había ganado gran prestigio en la lucha de la guerra de Reforma y contra la ocupación francesa.

Desde 1867 se presentó en varias ocasiones a las elecciones presidenciales, pero fue derrotado por Benito Juárez primero y después por Sebastián Lerdo de Tejada (1823-1889). En 1876 Díaz instigó un alzamiento militar, que fue secundado por una parte del ejército y que inició la última revolución del siglo XIX en México. Tras varios meses de lucha venció a sus opositores y se convocaron unas elecciones extraordinarias que le encumbraron a la presidencia del país. Se inició así un periodo de más de tres décadas en las que el país vivió una profunda transformación económica y de las infraestructuras y cuyo reverso fue un ejercicio autocrático del poder.

Desde el punto de vista político, el periodo de Porfirio Díaz tuvo dos etapas. En la primera se apostó por la pacificación del país y la lucha contra las guerrillas que asaltaban los caminos impidiendo el desarrollo del comercio. El presidente pidió poderes especiales al legislativo y envió el ejército para pacificar amplias zonas del país. En esta fase se buscó la unificación y la conciliación por la vía del control regional y también se utilizó la represión como medida de coerción política. La segunda etapa comenzó en 1888 tras la eliminación de los obstáculos constitucionales que impedían la reelección indefinida presidencial. En 1891 se crearon las siete Secretarías de Estado que conformarían el gabinete encargado de la administración del país. Se abrió un momento de apuesta por el centralismo, por una gestión paternalista de los recursos públicos y un ejercicio más autoritario del poder. Porfirio Díaz también buscó recomponer las deterioradas relaciones de los gobiernos liberales con la Iglesia. Para ello, permitió el regreso de los jesuitas y la institución de nuevas órdenes religiosas, se crearon más diócesis y se otorgaron nuevas tierras al clero.

La ideología positivista que impregnó el porfiriato también se vio reflejada en la política económica que se llevó a cabo en estos años. Tras la quiebra de las arcas públicas, que llevó a la intervención militar de Francia, Inglaterra y España y a la llegada de Maximiliano de Habsburgo como emperador, las cuentas nacionales no habían mejorado sustancialmente, lastradas por las guerras y la inestabilidad de los últimos años de gobierno de Benito Juárez. Díaz implantó unas reformas económicas orientadas a la reducción del gasto público, la reestructuración de la deuda externa, la extensión de los tributos no comerciales y la reordenación del sistema bancario que dio lugar en 1884 al Banco Nacional de México. Esta reordenación de la economía vino acompañada de un potente plan inversor y de colaboración público-privada en infraestructuras. Durante el porfiriato se construyeron cerca de 19 000 km de vías férreas, conectando en ejes norte y sur y ambos océanos.

El país también se abrió a la inversión extranjera para la explotación de los recursos naturales. Esto tuvo un importante papel dinamizador de la economía y benefició el desarrollo en un primer momento, pero más tarde fue fuente de desigualdades sociales, ya que los beneficios obtenidos por los inversores extranjeros eran repatriados en gran parte a sus países de origen.

El desarrollismo y la bonanza económica no alcanzaron a todas las clases sociales por igual. Durante el porfiriato la desigualdad se acrecentó y no se tomaron medidas para paliar la situación de los trabajadores de las haciendas, la escasez de tierras en manos de pequeños agricultores o la situación de los indígenas. Esta falta de atención a algunos asuntos sociales fue creando un descontento en las clases más humildes y del interior del país que cristalizó en algunos levantamientos, como el de 1886 de los campesinos de Sinaloa y Mazatlán o la rebelión indígena Tomóchic de 1891. Los intentos de insurrección fueron sofocados a sangre y fuego con una firme política represiva que se ayudaba de una férrea censura y el control de los medios de comunicación.

Desde comienzos del siglo XX la crisis económica y cambiaria, derivada de la caída del precio internacional de la plata y el aumento de la contestación interna reclamando más democracia, hicieron mella en la popularidad del presidente Porfirio Díaz, ya de avanzada edad.

En este contexto, Francisco Ignacio Madero (1873-1913), un empresario y político mexicano, apostó por la transición democrática del régimen de Porfirio Díaz. Convencido de la necesidad de un cambio político, se entrevistó con el presidente Díaz en 1909 para conocer de primera mano sus intenciones para presentarse a un nuevo mandato presidencial y la posibilidad de reconocer a nuevos partidos políticos que se presentaran en igualdad de condiciones a las siguientes elecciones. Tras la reunión, Madero comprendió que Díaz no iba a cambiar su política autocrática y se dedicó a recorrer el país recabando el apoyo de miles de personas y abogando por la vuelta a la democracia. Madero fue encarcelado por el régimen y, durante su estancia en la cárcel, Díaz volvió a ganar las elecciones. Madero dio a conocer en 1910 su Plan de San Luis[95], que dio comienzo a una serie de levanta-

---

95. El Plan de San Luis fue la hoja de ruta que Madero dio a conocer en 1910 para recabar el apoyo del pueblo y poner fin al porfiriato. Entre sus propuestas estaban la no reelección presidencial, el restablecimiento de elecciones libres y democráticas a todos los niveles y la devolución a los campesinos de las tierras arrebatadas por los latifundistas.

mientos populares por todo el país comandados por revolucionarios como Pascual Orozco (1882-1915), Pancho Villa (1878-1923) y Emiliano Zapata (1879-1919), que terminaron en 1911 con la renuncia y exilio de Porfirio Díaz, el acceso a la presidencia Madero y el inicio de la Revolución mexicana.

La Revolución mexicana fue un conjunto de revueltas con diferentes liderazgos encaminadas a denunciar y mejorar las condiciones de vida de las clases más desfavorecidas del país. Las revueltas fueron muy sangrientas y durante casi una década se cobraron la vida de centenares de miles de personas en las luchas contra los violentos insurrectos por parte de los sucesivos gobiernos republicanos. La primera de ellas fue la que llevó a Madero al poder. La segunda oleada se produjo con el golpe de Estado contrarrevolucionario que asesinó a Madero y situó en el poder a Victoriano Huerta (1845-1916), que tuvo que luchar contra los ejércitos de Pancho Villa y Emiliano Zapata y solo un año después de su golpe de Estado, huyó del país tras la ocupación estadounidense de Veracruz. Dio comienzo entonces una guerra de facciones entre los constitucionalistas del nuevo presidente Venustiano Carranza[96] (1859-1920) y los revolucionarios seguidores de Zapata y Villa.

Carranza, Villa y Zapata fueron asesinados entre 1919 y 1923. Las fuerzas revolucionarias y gubernamentales quedaron exhaustas y el país, al borde del colapso. Los historiadores sitúan el fin de la lucha revolucionaria en el periodo que fue desde la proclamación de la Constitución de 1917 y el inicio de la presidencia constitucional de Plutarco Elías Calles (1877-1945) en 1924.

LA REVOLUCIÓN DE XINHAI Y EL FIN DEL IMPERIO CHINO

Al acabar, en 1895, la guerra sino-japonesa con una total derrota del Imperio Qing y la vía libre a Japón para ocupar el territorio de Corea, China enfrentó un periodo de inestabilidad política y social que en menos de tres lustros terminaría con la caída de uno de los imperios más longevos de la historia.

---

96. El Plan de Guadalupe. Hecho público por Carranza en 1913, desconocía al presidente Huerta y todos los poderes legislativos y ejecutivos derivados de su golpe de Estado. En 1914 añadió nuevos artículos para otorgarse poderes legislativos hasta la pacificación del país y, una vez restaurado el orden, se disponía la convocatoria de un Congreso constituyente.

Tras aceptar en las últimas décadas la imposición de concesiones, apertura de puertos, acuerdos comerciales y la llegada al país de misioneros, turistas y comerciantes extranjeros, surgió entre la población china un sentimiento de desafecto con los Qing y de extremo recelo contra los extranjeros. En este contexto, surgió en 1900, en el norte de China, una revuelta de la Milicia Unida en Justicia contra los misioneros y los extranjeros que allí habitaban porque, según su parecer, no estaban cumpliendo con las obligaciones tributarias que les correspondían. La milicia inició una violenta marcha hacia Pekín, donde asediaron el barrio de las legaciones diplomáticas, asaltaron la embajada alemana y asesinaron a uno de sus enviados. Este hecho no fue ni evitado ni reprimido por las autoridades imperiales y desató la furia de las potencias extranjeras, que crearon la Alianza de las Ocho Naciones. Fuerzas de los ejércitos de Estados Unidos, el Imperio austro-húngaro, Gran Bretaña, Francia, Alemania, Italia y Rusia consiguieron liberar la zona asediada y sentenciaron a muerte a todos aquellos oficiales de la Administración china que habían participado, por acción u omisión, en la llegada de la milicia hasta la zona de las embajadas. Las potencias firmaron con China, en la embajada española, un nuevo protocolo de actuación que volvía aumentar el poder de extraterritorialidad de los extranjeros incluso en Pekín, sometiendo al gobierno de los Qing a otra nueva defenestración a ojos de su pueblo.

La representación de España

El Tratado de Xinchou que puso fin al asedio a la zona de las legaciones de Pekín fue firmado en la embajada española debido a que Bernardo Cologán (1847-1921), el embajador español, fue el negociador entre las ocho potencias y China. Cologán era el decano del cuerpo diplomático en Pekín y el único de entre los miembros de la diplomacia extranjera que tenía acceso directo a la Ciudad Prohibida y a la presencia ante la emperatriz viuda Longyu (1868-1913).

Durante los siguientes años las hambrunas, la crisis económica y los levantamientos populares ante la presencia extranjera continuaron por todo el país. El gobierno permanecía en manos de la emperatriz viuda Cixí (1835-1908), que ejercía de regente del emperador-niño Puyi (1906-1967). En 1908 Cixí murió y la regencia fue asumida por la emperatriz viuda Longyu. En 1911 surgió la que parecía una más de las muestras de descontento social, pero en aquella ocasión los revolucionarios de Xinhai se apoyaron en las potentes sociedades secretas de la mafia china, en revolucionarios que vivían en el exilio y en sectores del ejército que estaban de acuerdo con las nuevas ideas republicanas de la Liga Unida. La guerra civil apenas duró unos meses y la emperatriz Longyu acordó firmar su renuncia y la del propio Puyi y traspasar el poder a los republicanos. A cambio de esta cesión la familia imperial podría quedarse a residir en la Ciudad Prohibida, mantener ciertas propiedades, los títulos y recibir tratamientos y honores de jefe de Estado extranjero, así como una pensión de las nuevas autoridades. Este acuerdo apenas se mantuvo dos años, hasta la muerte de la emperatriz. Con la llegada de la república se ponía fin a más de dos milenios de reinado imperial en China.

La república tampoco trajo la ansiada paz y la inestabilidad permaneció en el país debido a los choques con las potencias extranjeras, las diferencias con el ejército y la fundación del Partido Comunista Chino. La República China entraría en una profunda crisis que llevaría al país a la guerra civil de 1927 a 1949.

LA DIPLOMACIA EUROPEA A FINALES DEL SIGLO XIX: DE LA PAZ ARMADA AL SISTEMA DE ALIANZAS

Entre 1869, con la apertura del canal de Suez, y 1914, con la inauguración del canal de Panamá, el mundo vivió una primera globalización con la que los flujos de personas, mercancías y bienes crearon una fuerte interdependencia económica entre todos los países. Este tiempo también coincidió con la ruptura del modelo de paz establecido por Otto von Bismarck entre las grandes potencias mundiales, basado en una complicada y hábil política diplomática, y dio lugar a una gran rivalidad entre los países más industrializados, que competían por controlar territorios, recursos y zonas de influencia, desplegando unos extensos imperios coloniales que requirieron unos enormes ejércitos para su mantenimiento. El equilibrio europeo de potencias fue sustituido por un sistema de alianzas, en ocasiones secretas, que provocaron un gran recelo entre los países, dando lugar a una acelerada carrera armamentística que terminaría con el inicio de la Primera Guerra Mundial.

Durante esta época las relaciones internacionales no fueron entre iguales. Los conflictos se resolvían por imposición del fuerte sobre el débil[97] cuando enfrentaban a una gran potencia con una pequeña. En el caso de que la crisis se desatara entre potencias de primer orden, se acudía a la negociación y al establecimiento de alianzas con otras potencias para, ante el miedo a una gran guerra, imponer un acuerdo de mínimos. En este contexto, la prensa surgió como un nuevo poder que tendría una gran influencia en los gobiernos y la diplomacia de la época. La prensa, impregnada de nacionalismo en cada país, creó las corrientes de opinión de masas que influyeron en la toma de decisiones de los gobiernos de todos los países.

A finales del siglo xix las rivalidades entre las potencias y su constante fricción en muy diversas crisis alrededor del mundo dieron comienzo a un periodo de «paz armada», así llamado por la escalada armamentística que tuvo lugar en todas las potencias. En este tiempo histórico, las relaciones internacionales giraban por completo en torno a los intereses de las principales potencias europeas, el decadente Imperio otomano y, Estados Unidos y Japón. Ante las crecientes tensiones y las múltiples crisis producidas por las fricciones derivadas de los intereses imperialistas, se impusieron entre las grandes potencias la negociación y las transacciones con el fin de evitar una gran guerra. Con el aumento de los recelos internacionales, se recurrió a la búsqueda de alianzas entre potencias afines. Todas estas circunstancias llevaron al aumento exponencial del gasto en materia de defensa, que generó una creciente militarización de los países y a una carrera armamentística entre los bloques. El paso del tiempo no rebajó las tensiones, sino que fueron en aumento y, a comienzos del siglo xx, la crisis de los Balcanes y la del norte de África se enquistaron y tuvieron episodios recurrentes. Por último, el fin perseguido durante años de evitar la guerra pasó a un segundo plano cuando el análisis de los diplomáticos y los políticos llegó a la conclusión de que el enfrentamiento, sin poner fecha con-

---

97. «Naciones vivas, naciones moribundas». Esta clasificación fue realizada en 1898 por el primer ministro inglés, marqués de Salisbury (1830-1903), para aumentar el campo de acción del imperialismo de las potencias mundiales a finales del siglo xix. Ya no solo existiría el derecho a imponerse sobre territorios vacíos, poco desarrollados o no explotados, sino que se podrían ocupar zonas de países que atravesaran una profunda crisis y no pudieran defender de manera efectiva todo su territorio. Entre estos casos estaban el Imperio otomano y España, que vivían una aguda crisis interna y un proceso de desintegración de sus posesiones.

creta, sería inevitable. Este cambio de paradigma aceleró la carrera armamentística y desvió los esfuerzos de los países, que hasta ese momento se habían centrado en evitar la guerra, y desde entonces se centraron en situarse en una alianza que les permitiera salir vencedores en el inminente conflicto.

El equilibrio europeo que sustituyó al creado por Bismarck en 1870 se configuró en dos bloques de alianzas rivales: la Triple Alianza y la Triple Entente.

La Triple Alianza se formó en 1882 por Alemania, Austria-Hungría e Italia como un pacto de marcado carácter antifrancés. En el año 1887 Alemania aumentó el nivel de compromiso con sus socios: prometió a Italia su apoyo militar en sus intereses en el sur del Mediterráneo frente a Francia y al Imperio austro-húngaro le ofreció importantes compensaciones si recibía su apoyo en los Balcanes frente a la Rusia zarista.

La Triple Entente se formó, de una forma algo caótica, como una combinación de acuerdos bilaterales que, en su conjunto, gozaban de un menor grado de coherencia. Su origen fue la alianza franco-rusa de 1893 por la que estos países comprometían su apoyo militar mutuo ante una agresión de los alemanes o los austriacos. El acuerdo indicaba que los ejércitos de ambos países debían movilizarse de manera automática y simultánea. Francia y Rusia también acordaron que en caso de guerra no alcanzarían la paz por separado. Esta alianza fue promovida por Rusia después de que el emperador alemán Guillermo II no quisiera renovar el Tratado de Reaseguro lo que dejó sin aliados al zar Alejandro III. A este acuerdo se añadió la Entente Cordial a la que llegaron el Reino Unido y Francia en 1904. La entrada de los británicos en una alianza rompía así su larga etapa de aislacionismo internacional ante la evidente llegada de un gran conflicto y la creciente militarización alemana, cuya potente nueva flota naval estaba en condiciones de arrebatar el indiscutible liderazgo de la Royal Navy británica. Desde ese momento, la rivalidad naval anglo-germana se convirtió en un elemento desestabilizador y amenazante para Londres. El acuerdo de 1904 puso fin a los enfrentamientos de Francia e Inglaterra en el sur del Mediterráneo: Egipto quedaría bajo influencia británica y Marruecos, bajo tutela francesa. La Entente Cordial no era una alianza formal ni implicaba obligación de auxilio mutuo en caso de guerra, pero resistió los intentos alemanes de dividir a Londres y París. El tercer elemento de la Triple Entente fue la Entente anglo-rusa de 1907 que terminaba con disputas y fricciones que llevaban décadas sin resolver. Ambos países se vieron abocados al pacto tras la derrota rusa contra Japón en 1905 y por el creciente temor británico ante la potencia militar alemana. Ambos gobiernos acordaron en agosto de 1907 terminar con sus diferencias en los estrechos de Bósforo y Dardanelos, Persia, Afganistán y el Tíbet. De este modo, se aseguraban sus principales objetivos: para el Reino Unido, la India, su joya de la corona, y para Rusia, un enemigo menos en su asalto a los Balcanes.

Tras la configuración de las alianzas la carrera armamentística no solo no disminuyó, sino que se aceleró. En 1913 Alemania, Francia y Gran Bretaña multiplicaron sus presupuestos militares y tomaron medidas, como prolongar el servicio militar obligatorio. Ese mismo año Rusia abordó una apresurada modernización de su ejército, que no fue suficiente ante la inminente guerra. Desde ese año, los bloques intensificaron sus compromisos y la atracción de nuevos Estados a sus alianzas y comenzaron a programar el gran conflicto que se avecinaba. Ante esta situación ni los intereses económicos y financieros, ni la sociedad civil desde los movimientos obreros, religiosos o pacifistas pudieron contrarrestar el firme convencimiento que los gobiernos de las principales potencias tenían de que la guerra era inminente e inevitable.

El siglo XX: la era de los enfrentamientos globales

LA PRIMERA GUERRA MUNDIAL Y SUS CONSECUENCIAS POLÍTICAS Y SOCIALES

La Primera Guerra Mundial puso fin al periodo conocido como paz armada. Con ella se inició el declive de la supremacía europea en el concierto mundial, así como la consolidación de nuevas potencias, como Japón y Estados Unidos. Aunque el final de la guerra trajo una profunda transformación de las relaciones internacionales debido a la creación de la Sociedad de Naciones, el periodo de entreguerras siguió dominado por aspectos geopolíticos y nacionalistas arrastrados del siglo XIX.

Las causas que condujeron a la llamada Gran Guerra habían ido apareciendo durante las décadas anteriores: los movimientos nacionalistas que tendían a desintegrar los Estados plurinacionales, la carrera de armamentos, las rivalidades económicas entre las potencias y la política de bloques que se había iniciado con el canciller Bismark. Sin embargo, la causa inmediata de la contienda fue el asesinato del archiduque Francisco Fernando, heredero al trono austrohúngaro, el 28 de junio de 1914 en Sarajevo. El responsable fue Gavrilo Princip (1894-1918), miembro de la organización terrorista serbia la Mano Negra.

El asesinato del archiduque puso en marcha el mecanismo que se había venido fraguando con la política de bloques. Austria-Hungría impuso un ultimátum a Serbia y le declaró la guerra cuando se cumplía un mes desde el atentado. A continuación, Rusia decretó la movilización general. Alemania lanzó un doble ultimátum a Rusia y a Francia, declaró la guerra el 1 de agosto e invadió Bélgica. Gran Bretaña reaccionó declarando a su vez la guerra a Alemania y en los días siguientes se completaron el resto de las declaraciones de guerra. Junto a Alemania y Austria-Hungría se alinearon Turquía y Bulgaria, formando el bloque de las potencias centrales. Frente a ellos se situó el frente aliado, formado por Rusia, Serbia, Francia y Gran Bretaña, a las que se unieron más tarde Japón, Italia, Rumanía, Grecia y, finalmente, Estados Unidos.

Cuando estalló la guerra, Alemania trató de poner en marcha el Plan Schlieffen, que se había elaborado con anterioridad en previsión de un enfrentamiento con Francia. El plan preveía un ataque a través de las llanuras belgas, evitando la frontera franco-alemana, que estaba fuertemente fortificada, para tomar los puertos del canal de la Mancha y rodear París por el oeste y el sur. Es lo que se conoce como la guerra de movimientos, en la que se trazaron las líneas de frente que permanecerían casi inalteradas durante los dos años siguientes.

Alemania fue incapaz de ejecutar el Plan Schlieffen y fracasó en la conquista de París. A partir de ese momento, el frente occidental se convirtió en una línea continua de 800 kilómetros de trincheras, dando paso así a la guerra de posiciones. Entre 1915 y 1916 el desarrollo del conflicto en el frente occidental estuvo marcado por la incapacidad de los contendientes para romper el frente rival y por el enorme número de bajas humanas. Solo en 1915 los franceses tuvieron casi 350 000 bajas.

En 1916 el ejército alemán trató de romper el frente aliado concentrando el ataque en un solo punto en torno a la ciudad de Verdún entre febrero y junio. A continuación, los franceses atacaron en Somme entre los meses de julio y septiembre. Las bajas en ambos bandos fueron elevadísimas y la línea del frente apenas sufrió modificaciones.

En el frente oriental la situación fue muy diferente. En 1915 los alemanes avanzaron casi 500 kilómetros e invadieron Rusia y Ucrania. Pero el frente aliado no se hundió por las victorias de la única gran ofensiva rusa, que llegó hasta las inmediaciones de Hungría. Por otra parte, las incorporaciones de Italia y Bulgaria incrementaron los frentes bélicos en suelo europeo y los británicos, a instancias de Churchill[98], trataron de abrir un nuevo frente en el Mediterráneo con el objetivo de abrir los estrechos para asistir a su aliado ruso.

---

98. Winston Churchill (1874-1965). Pasó a la historia por el primer ministro del Reino Unido durante la Segunda Guerra Mundial. Sin embargo, durante la Primera Guerra Mundial también formó parte del gobierno, primero como ministro encargado de Municiones y después como secretario de Estado para la Guerra. Churchill fue responsable de la desmovilización del ejército británico y una de las pocas figuras del gobierno que se opuso a las duras medidas contra Alemania. También advirtió contra la desmovilización del ejército alemán, señalando que podría ser necesaria frente a la amenaza que suponía la recién creada Unión Soviética.

Durante estos periodos se produjo también la ocupación de los territorios coloniales alemanes en África y en Asia. Japón entró en guerra con Alemania y se apoderó rápidamente de sus territorios coloniales en China y en el Pacífico.

El 16 de marzo de 1917 abdicó el zar Nicolás II (1868-1918). El gobierno provisional ruso quiso continuar con la guerra, pero carecía de apoyo entre las tropas. Tras la Revolución de octubre, los bolcheviques optaron por retirarse de la contienda y firmaron con los alemanes la Paz de Brest-Litovsk en 1918, que consagraba la victoria alemana en el frente oriental.

El hecho decisivo que inclinó el resultado del conflicto fue la entrada de Estados Unidos como potencia asociada en 1917. La ruptura del tradicional aislamiento estadounidense tuvo varias causas: el hundimiento del vapor *Vigilantia*, torpedeado por un submarino alemán, el telegrama Zimmermann que manifestaba la intención alemana de aliarse con México contra Estados Unidos y el riesgo de perder todos los créditos concedidos a los aliados en caso de una victoria alemana.

Entre marzo y octubre de 1918 tuvieron lugar las grandes ofensivas que condujeron al final de la guerra. Alemania, con ayuda de una parte del ejército del frente oriental, atacó en el frente occidental. Su fracaso dio paso a la contraofensiva aliada en Flandes en agosto y septiembre, que rompió por completo el frente alemán. El káiser Guillermo II (1859-1941) se vio obligado a abdicar y huyó a Holanda. Por su parte, los italianos rompieron el frente austriaco en los Alpes, los británicos derrotaron a los turcos en Palestina y, tras la incorporación de Grecia, los aliados derrotaron a los búlgaros.

Bulgaria se rindió en septiembre de 1918. El Imperio otomano depuso las armas el 31 de octubre, Austria-Hungría, a principios de noviembre y, finalmente, Alemania decretó el alto el fuego tras la firma del Armisticio de Compiègne el 11 de noviembre, fecha en que acaba formalmente la Primera Guerra Mundial. Las potencias centrales aceptaron negociar la paz fundamentada en los Catorce Puntos de Wilson (1856-1924), que el presidente de Estados Unidos había propuesto a principios de 1918 como base para terminar el conflicto.

Tras el fin de las hostilidades se convocó la Conferencia de Paz de París, de la cual se excluyó por completo a las potencias centrales que habían sido derrotadas. En las negociaciones participaron representantes de 32 países, aunque la redacción de los tratados de paz con cada una de las potencias vencidas correspondió fundamentalmente a Estados Unidos, Gran Bretaña, Francia e Italia.

Una paz impuesta

Los Catorce Puntos fueron una iniciativa del presidente norteamericano Woodrow Wilson, que los presentó formalmente ante el Congreso de los Estados Unidos en enero de 1918. Los Catorce Puntos constituían los objetivos de guerra estadounidenses y contenían, entre ellos, la creación de una Sociedad de Naciones que garantizara la paz mundial y la integridad territorial e independencia política de todos los Estados. También preveían el fin de la diplomacia secreta, la libertad de navegación y el reajuste de las reclamaciones coloniales.

La paz con Alemania se firmó el 28 de junio de 1919 mediante el Tratado de Versalles, que contenía disposiciones de orden territorial, garantías de seguridad y las controvertidas compensaciones financieras. Alemania se veía obligada a desmilitarizar amplias zonas de su territorio y a reducir el volumen de su ejército. Perdía todas sus posesiones coloniales[99] y parte del territorio continental y se comprometía a pagar unas elevadísimas reparaciones de guerra a Francia.

Los Tratados de Saint-Germain-en-Laye y Trianón consagraban la desaparición del Imperio austro-húngaro, así como la creación de nuevos Estados, como Polonia, Checoslovaquia y el reino serbio-croata-esloveno. Austria quedaba reducida a una pequeña porción de su territorio anterior a la guerra y se prohibía su unificación con Alemania, conocida como el Anschluss. Por otro lado, el Tratado de Neuilly imponía a Bulgaria grandes pérdidas territoriales, mientras que el Tratado de Sèvres supuso la desmembración definitiva del Imperio otomano.

La Primera Guerra Mundial fue el conflicto más sangriento hasta ese momento de la historia de la humanidad. Provocó la muerte de unos 10 millones de personas, la mayor parte de ellas, varones en edad laboral. Alemania perdió el 15% de su

---

99. Los mandatos de la Sociedad de las Naciones. Así se llamaron a una serie de territorios que habían sido controlados por las potencias centrales antes de la Primera Guerra Mundial y que, tras la Conferencia de Paz de París, pasaron a ser administrados por las potencias vencedoras, principalmente Gran Bretaña y Francia. La mayor parte de los mandatos procedían de los territorios coloniales alemanes o de las antiguas provincias otomanas de Medio Oriente. Entre los más relevantes cabe citar los mandatos británicos de Palestina, Transjordania e Irak y los franceses de Siria, Líbano y Camerún.

población activa masculina, Francia, el 10% y Austria-Hungría, el 17%. La guerra supuso también un desastre económico para los contendientes. Francia fue el país más afectado, con unos gastos de reconstrucción que se evaluaron en unos 132 000 millones de francos-oro. Las casas, los recursos agrícolas y ganaderos y las vías de comunicación en las zonas ocupadas desaparecieron en su práctica totalidad. La contienda provocó, además, un considerable aumento del gasto público, financiado a través de la venta de activos y del endeudamiento, especialmente con Estados Unidos, que fue el único país que no salió perjudicado de la guerra.

Por su parte, la Conferencia de Paz de París y los tratados de paz que surgieron de ella crearon un nuevo orden internacional basado en la seguridad colectiva y en la creación de una Sociedad de Naciones que velara por la paz y seguridad internacionales. Sin embargo, las condiciones tan duras que se impusieron a Alemania, conocidas como el Diktat de Versalles, figuran entre las causas del surgimiento del régimen nazi y el consiguiente estallido de la Segunda Guerra Mundial.

LA REVOLUCIÓN RUSA Y EL NACIMIENTO DE LA UNIÓN SOVIÉTICA

La Revolución rusa constituye uno de los acontecimientos capitales del siglo XX. La consolidación del nuevo régimen constituyó el mayor desafío hacia el sistema económico capitalista. A partir de ese momento, y debido a la vocación internacionalista de los bolcheviques, comenzó la división del mundo en dos bloques que se enfrentaron a lo largo de casi 50 años tras la Segunda Guerra Mundial.

Las circunstancias que condujeron al estallido de la Revolución rusa en febrero de 1917 son complejas. La sociedad rusa era fundamentalmente rural, con una inmensa mayoría de la población que vivía en el campo en condiciones de miseria. El proletariado, relativamente poco numeroso, creció mucho a raíz de la industrialización que comenzó a finales de siglo XIX, aunque sus condiciones no eran mejores que las de los campesinos. Además, el complejo mosaico étnico del Imperio ruso estaba en permanente ebullición.

La situación política no era favorable a la monarquía. Pese a las reformas democratizadoras que se introdujeron tras la Revolución de 1905, el régimen zarista consiguió manipular el sistema parlamentario para consolidar su control autocrático del país. Frente a la corrupción de la corte se alzaban diferentes partidos políticos.

Algunos, como el Partido Constitucional Demócrata, aspiraban simplemente a reformar el sistema, pero otros, como los socialdemócratas, escindidos en mencheviques y bolcheviques, abogaban por una transformación radical. Los socialdemócratas realizaron una intensa campaña de propaganda durante la Primera Guerra Mundial que desembocó en huelgas y manifestaciones obreras por todo el país.

En San Petersburgo, capital del imperio zarista, se formaron dos comités provisionales de gobierno. El primero estaba controlado por los miembros moderados de la Duma, mientras que el otro se conoce como el primer sóviet de Petrogrado, en el que los bolcheviques tenían dos representantes de un total de 14. Entre ambos comités eligieron un gobierno provisional. El zar Nicolás II rechazó abdicar en el *zarévich* y renunció a favor de su hermano, quien al cabo de unas horas rehusó la corona y la república fue instaurada.

En ese momento, los dos principales líderes bolcheviques, Vladímir Lenin (1870-1924) y León Trotsky (1879-1940), estaban fuera de Rusia. Lenin regresó en cuanto tuvo noticia de los hechos y proclamó su Tesis de abril, en donde pedía el fin de la guerra, la colectivización de las tierras y la entrega del poder a los sóviets bajo el lema «paz, alimento y tierra». En mayo regresó Trotsky. En este momento se formó el primer gobierno de coalición de corte constitucional demócrata, cuyo programa constaba tan solo de dos puntos: democracia y Asamblea constituyente. El fracaso en el frente oriental durante la Primera Guerra Mundial empujó a los bolcheviques a un levantamiento armado en julio, que fue sofocado por el gobierno, provocando el descrédito de los bolcheviques, la huida de Lenin a Finlandia y el encarcelamiento de Trotsky. Rusia, no obstante, quedó sumida en la anarquía.

Trotsky, la revolución permanente

León Trotsky comenzó siendo afín a los mencheviques y tuvo disputas ideológicas y personales con Lenin, aunque después se convirtió en uno de los líderes de los bolcheviques. Durante la guerra civil rusa desempeñó el cargo de comisario de asuntos militares y negoció la retirada de Rusia de la Primera Guerra Mundial. Tras la muerte de Lenin, se enfrentó política e ideológicamente a Stalin, liderando la oposición de izquierda, lo que le causó su exilio y posterior asesinato en México por orden de Stalin.

En octubre Lenin volvió a Petrogrado. Los bolcheviques decidieron llevar a cabo un nuevo levantamiento armado, cuya dirección se encomendó a Trotsky. El levantamiento se produjo los días 25 y 26 de octubre, derribó al gobierno provisional y dio el poder a los sóviets, que a partir de ese momento pasarían a estar controlados por los bolcheviques. Los sóviets eligieron un Consejo de Comisarios del Pueblo, presidido por Lenin, que anunció la retirada de la guerra, la colectivización de la tierra y el derecho de autodeterminación de los diferentes pueblos que formaban parte del antiguo Imperio ruso.

El triunfo de la revolución no significaba que los bolcheviques gozaran del apoyo mayoritario del pueblo ruso. Lenin fue obligado a convocar elecciones libres a la Duma, en las cuales los bolcheviques obtuvieron un pésimo resultado. Entonces Lenin optó por disolver la Duma e instaurar la dictadura del proletariado, que se articulaba a través del partido bolchevique. En cuanto se hubieron instalado en el poder, los bolcheviques decidieron retirarse de la Primera Guerra Mundial y abrieron negociaciones de paz con Alemania, culminadas con el Tratado de Brest-Litovsk de marzo de 1918, que supuso la pérdida de un tercio de la población rusa, el 80% de las reservas de hierro y el 90% de las de carbón.

Tras la disolución de la Duma, se desató en Rusia una guerra civil que se extendió desde 1918 hasta 1921. El bando aliado, que había considerado que la retirada rusa de la Gran Guerra era una traición, se alineó con el bando monárquico: Estados Unidos, Gran Bretaña, Francia y Japón apoyaron con soldados y suministros al Ejército Blanco. Tras tres años de lucha, los bolcheviques resultaron finalmente ganadores en el conflicto, en gran parte gracias a la excelente labor organizadora de Trotsky, creador del Ejército Rojo, a la escasa voluntad de los aliados de involucrarse abiertamente en el conflicto ruso y a la descoordinación interna de los rusos blancos.

La consolidación del poder se realizó también desde el ámbito político mediante la creación de un nuevo Estado. Los bolcheviques cambiaron su denominación por la de Partido Comunista Ruso. En 1918 se promulgó la Declaración de derechos del pueblo trabajador y explotado y se aprobó una nueva Constitución, en la que se proclamaba la República Socialista Federativa Soviética Rusa, que pronto firmó acuerdos con Azerbaiyán, Ucrania, Bielorrusia, Armenia y Georgia.

La situación interna continuaba siendo inestable, como puso de manifiesto la revuelta de los marineros de Kronstadt en primavera de 1921. Gran parte de la población rusa quería un gobierno elegido por sufragio universal secreto y no un gobierno de los comunistas. Esto empujó a Lenin a un cambio de rumbo por miedo a perder el control de la revolución. En 1922 la transformación del Estado continuó con la creación de la Unión de Repúblicas Socialistas Soviéticas y la nueva Constitución, que, aunque encomendaba las funciones legislativas al Sóviet Supremo[100] y las ejecutivas al Presídium, en la práctica respetaba la concentración de poder en el Partido Comunista y su secretario general Lenin.

La política económica desarrollada por los comunistas pasó por dos etapas bien diferenciadas: el denominado comunismo de guerra y la Nueva Política Económica (NEP). El comunismo de guerra se basó en la nacionalización de los bancos y las empresas, el control del comercio exterior, el repudio de la deuda externa, la requisa de las cosechas y la prohibición del derecho de huelga, entre otras medidas. El resultado no fue el esperado, motivo por el cual Lenin adoptó la NEP, en cuyo marco se reconoció una cierta libertad económica a los campesinos y se toleró la propiedad privada en las pequeñas empresas y en los comercios, así como una cierta economía de mercado.

Las relaciones exteriores del régimen soviético en una primera etapa estuvieron marcadas por el aislamiento que habían impuesto los aliados al final de la Gran Guerra. Los comunistas soviéticos estaban convencidos de que la supervivencia del régimen dependía de la extensión de la revolución a otros Estados, como Alemania y Gran Bretaña, motivo por el cual se creó en 1919 la Tercera Internacional[101].

---

100. El Sóviet Supremo era el nombre del máximo órgano legislativo de la URSS y se elegía mediante sufragio universal, directo y secreto. Estaba compuesto por dos Cámaras, cada una con poderes legislativos iguales y con miembros elegidos por periodos de cuatro años: el Sóviet de la Unión, que representaba directamente a la población, y el Sóviet de las Nacionalidades, que representaba a las poblaciones étnicas con miembros elegidos sobre la base de 32 diputados de cada república de la Unión.

101. La Tercera Internacional. El *Komintern* contaba con la representación de partidos comunistas de 32 países, que compartían el objetivo expreso de impulsar la revolución proletaria mundial. Tras una línea de conducta inicial revolucionaria, el *Komintern* pasó a llevar a cabo una política más flexible al comienzo de los años veinte. A partir de 1921, los bolcheviques moderaron sus esperanzas en una revolución próxima y giraron hacia posturas de frentes unidos de los partidos comunistas con otras fuerzas socialistas. No obstante, no renunciaron a la extensión de la revolución, aunque en lugar de centrar sus esfuerzos en Europa los dirigieron hacia Asia, en especial a la India y China.

El rechazo ideológico al régimen comunista se materializó en el denominado «cordón sanitario», cuya finalidad era impedir la extensión del comunismo hacia Europa Central. Sin embargo, en 1922 se convocó la Conferencia de Génova para tratar el pago de las deudas de guerra repudiadas, cuyo resultado fue el Tratado de Rapallo entre Alemania y la URSS, que rompieron su aislamiento diplomático y propiciaron el acercamiento entre los dos Estados más discriminados en la posguerra.

Al morir Lenin en 1924 ya se habían sentado las bases fundamentales del Estado autoritario que su sucesor, Joseph Stalin (1878-1953), desarrolló y consolidó como régimen totalitario. Stalin, secretario general del Partido Comunista, utilizó los resortes políticos del cargo para acabar con todos sus opositores, reales o potenciales, mediante una política de alianzas con otros dirigentes. Además, se apoyó en la policía política, que recrudeció la represión interna.

Stalin concibió la represión como un instrumento al servicio del poder autocrático y lo aplicó contra todo tipo de disidentes, fuera y dentro del partido. Comenzó por acabar políticamente con Trotsky, que salió de la URSS. Posteriormente, hizo lo propio con otros líderes comunistas en una serie de campañas de limpieza del partido y el ejército a lo largo de los años treinta, las conocidas como «purgas»: cinco de los siete presidentes del Comité Central, nueve ministros centrales de la URSS, 43 secretarios de organizaciones centrales del partido, la mitad de los generales del ejército, tres de los cinco mariscales y millones de ciudadanos rusos fueron exterminados.

En el ámbito económico, Stalin introdujo la planificación centralizada mediante los planes quinquenales. Los tres primeros, los realizados antes de la Segunda Guerra Mundial, tenían el objetivo de industrializar el país como método para reforzar la capacidad militar y, con ella, la defensa del régimen. En el ámbito político, se aprobó una nueva Constitución en 1936, que, pese al amplio catálogo de libertades individuales que reconoció, no hizo sino reforzar el totalitarismo del régimen soviético y la dictadura unipersonal de Joseph Stalin.

LA SOCIEDAD DE NACIONES Y EL INICIO DEL MULTILATERALISMO

La creación de la Sociedad de Naciones fue uno de los aspectos más originales y novedosos de los tratados de paz tras la Primera Guerra Mundial. Su creación supuso la culminación de un gran número de esfuerzos diplomáticos realizados a lo largo del siglo anterior centrados en la prevención de la guerra. No obstante, ni la voluntad de las potencias, ni las condiciones económicas y políticas del periodo de entreguerras permitieron que la Sociedad de Naciones consolidase la tarea para la que fue originalmente creada.

La idea de crear una Sociedad de Naciones estaba ya presente en los Catorce Puntos de Wilson. En la Conferencia de Paz de París se habilitó un complejo mecanismo para diseñar el nuevo sistema internacional, que finalmente condujo a la aprobación del Pacto de la Sociedad de Naciones en 1918, aunque no entró en vigor hasta 1920. La sede de la nueva organización se ubicó inicialmente en Londres, aunque más tarde se trasladó a Ginebra. Además de los 32 Estados o dominios vencedores de la guerra, se aprobó la propuesta de Wilson de invitar a 13 Estados neutrales a adherirse al Pacto.

La finalidad primordial de la nueva organización fue crear y garantizar las condiciones para la paz entre las naciones. Esto se intentó lograr por dos vías. Por una parte, mediante una concepción colectiva de la seguridad, basada en el desarme, la solución pacífica de las controversias y el respeto a la integridad territorial y la independencia política de los Estados. Esto se complementaba mediante la imposición y aplicación de sanciones a los países agresores, así como la prohibición de una diplomacia secreta con la inscripción y revisión de los tratados internacionales. Se aceptó la idea de que la paz universal no podía edificarse sobre otra base que no fuera la justicia social, a la que se llegaría mediante la promoción de la cooperación económica, técnica, cultural y humanitaria.

La Sociedad de Naciones nació debilitada desde su mismo origen debido a la ausencia de tres potencias muy importantes en el concierto internacional: Estados Unidos, Alemania y Rusia. Los Estados Unidos, cuyo presidente había sido el principal promotor del nuevo organismo, nunca llegaron a ingresar tras el rechazo por parte del Senado norteamericano al Tratado de Versalles y al Pacto de la Sociedad de Naciones. Por otro lado, los acuerdos se adoptaron en ausencia de las potencias vencidas en la Segunda Guerra Mundial, lo cual significó que Alemania solo fue admitida en el año 1926. En tercer lugar, Rusia fue excluida como consecuencia de la revolución y el posterior asesinato de la familia real, así como por la firma unilateral del acuerdo de paz con Alemania y el repudio de las deudas zaristas, por lo que no ingresó hasta 1934.

Durante la primera fase de su existencia, entre 1920 y 1924, la acción de la Sociedad de Naciones se vio marcada por las dificultades de la posguerra. Europa estaba arrasada económica y socialmente tras la contienda. Se tuvo que hacer frente a los problemas de organización de la paz, como los conflictos territoriales, la organización del sistema de mandatos y la protección de las minorías. Por otro lado, hubo fuertes tensiones políticas derivadas de la exigencia del cumplimiento estricto de los términos del Tratado de Versalles, en especial en lo referente a las indemnizaciones de guerra. También influyó el nuevo aislacionismo norteamericano respecto de los problemas europeos, como demostró la negativa del Senado a ratificar el Tratado de Versalles.

Entre 1924 y 1931 se produjo el periodo de plenitud de la Sociedad de Naciones. Las relaciones internacionales habían regresado a una cierta normalidad y la situación económica en Europa había mejorado considerablemente. Alemania ingresó en la organización en 1926 y se firmaron importantes acuerdos que parecían augurar un futuro sin conflictos bélicos. Sin embargo, el crac bursátil de 1929 y la Gran Depresión que le siguió alteraron completamente la escena internacional y la Sociedad de Naciones entró en una etapa de decadencia.

Un acercamiento entre guerras

Los Acuerdos de Locarno de 1925, firmados por los representantes de Bélgica, Checoslovaquia, Francia, Alemania, Reino Unido, reino de Italia y Polonia, supusieron el inicio de la reconciliación en Europa tras la Primera Guerra Mundial. Francia y Alemania se comprometieron a respetar mutuamente sus fronteras. En este mismo sentido, mediante el Pacto Briand-Kellogg de 1928, firmado por 15 potencias mundiales, entre ellas Alemania, Italia y Japón, se renunciaba definitivamente a la guerra como método para solucionar posibles controversias. Obviamente, ambos tratados tuvieron una corta existencia, ya que apenas una década después se declaró la Segunda Guerra Mundial.

Entre 1931 y 1936 la organización fue perdiendo cada vez más influencia en la escena internacional a causa de los virajes expansionistas de países como Japón e Italia. La Sociedad de Naciones se mostró impotente para imponer el respeto a sus principios fundacionales. Japón, Alemania e Italia fueron abandonando la organización. A partir de 1936 se puso de manifiesto el nulo protagonismo de la Sociedad de Naciones ante los acontecimientos que sacudían Europa y que condujeron a la Segunda Guerra Mundial.

La Sociedad de Naciones dejó de existir oficialmente en abril de 1946, con el voto unánime de los 34 miembros presentes, transfiriendo todos sus activos a la recién creada Organización de las Naciones Unidas.

EL FIN DEL IMPERIO OTOMANO: LA CREACIÓN DE TURQUÍA, EGIPTO Y LOS MANDATOS ÁRABES

Debido a la decadencia del Imperio otomano, el nacionalismo árabe aspiraba durante la primera mitad del siglo XX a conseguir dos objetivos fundamentales: la independencia y la unidad de sus países. A lo largo de esa primera mitad del siglo y en torno a la Segunda Guerra Mundial, los pueblos árabes fueron consiguiendo el primero de esos objetivos al irse constituyendo como Estados independientes. El segundo objetivo, sin embargo, resultó irrealizable, aunque quedó la idea del panarabismo como una utopía, que más tarde se concretaría con la creación la Liga de Estados Árabes.

El Tratado de Sèvres, negociado durante la Conferencia de Paz de París, resolvió que el Imperio otomano perdería todos sus territorios en Oriente Medio, que pasarían a ser administrados por Francia e Inglaterra, primero como territorios ocupados y más tarde bajo el régimen de mandatos. El sultán retenía el control sobre casi toda la península de Anatolia, aunque partes de la misma quedaban ocupadas por Francia, Italia y Grecia, mientras que el control de los estrechos se encomendada a las tropas británicas. Igualmente, se preveía la creación de un Estado kurdo. Asimismo, el ejército otomano quedó reducido a 50000 hombres, 7 buques de guerra y se le prohibió poseer fuerza aérea.

Ya desde la Cuestión de Oriente se había venido formando un movimiento nacional turco, cuyos ideales se basaban en la separación de la religión del Estado, la aceptación de la civilización occidental en sus aspectos científicos y técnicos y la construcción de un sistema político que diera el poder a la minoría intelectual. Este movimiento nacionalista se materializó en la persona de Mustafá Kemal Ataturk[102], que se alzó contra la disgregación del Imperio otomano aceptada en el Tratado de Sèvres, rebelándose contra el gobierno del sultán y fundando en 1920 una república turca en Anatolia.

Kemal y sus seguidores se enfrentaron al ejército del sultán y recuperaron mediante el uso de la fuerza los territorios de Anatolia bajo ocupación francesa, griega e italiana. Tras evitar el choque con el destacamento franco-inglés que guardaba el estrecho de los Dardanelos, en 1922 un nuevo acuerdo concedió a Ataturk el derecho a recuperar la administración de Constantinopla y expulsar al sultán. En 1923 cayó el antiguo imperio y se proclamó la república.

La nueva paz con Turquía cristalizó en el Tratado de Lausana, rubricado el 23 de julio de 1923. La nueva república quedaba reducida a Asia Menor y una pequeña porción territorial en Europa en torno a Estambul.

Respecto a los territorios que habían formado parte del Imperio otomano, Egipto había estado sometido al sultán de Constantinopla desde la guerra otomano-mameluca de 1517, aunque siempre fue una provincia difícil de gobernar. Tras la breve ocupación francesa de 1798, en 1805 se hizo con el poder Mehmet Alí (1769-1849), un militar albanés del ejército otomano en Egipto, bajo cuya dinastía se mantuvo nominalmente como provincia otomana. En 1867 se le concedió el estatus de estado vasallo autónomo o jedivato y, apenas dos años más tarde, en 1869, se produjo la inauguración del canal de Suez, que atrajo el interés de las potencias europeas sobre Egipto al ser el paso más rápido para navegar hacia Asia. Las acciones del canal pertenecían en una mayoría a inversores privados franceses, aunque el jedive egipcio retenía un porcentaje significativo. En 1875, el jedive Ismail Pachá (1830-1895) vendió sus acciones al gobierno británico debido a problemas financieros.

En 1882 una revuelta nacionalista en Egipto hizo que las potencias europeas se preocuparan por el estatus del canal. Francia e Inglaterra enviaron tropas, con

---

102. Mustafá Kemal Ataturk (1881-1938). Fue el líder que realizó una importante labor de modernización de la nueva Turquía. Cambió el alfabeto árabe por el latino, el calendario lunar musulmán por el solar y gregoriano y la forma oriental de vestir por la occidental. Introdujo una educación guiada y uniforme y clausuró los tribunales islámicos. Consagró la igualdad jurídica entre hombres y mujeres y en 1934 concedió el derecho de sufragio a las mujeres, diez años antes que Francia. Consiguió, ante todo, reforzar el sentimiento de identidad nacional siendo denominado "padre de los turcos".

el resultado de que Inglaterra derrotó al ejército egipcio y comenzó la ocupación británica del país. Aunque Egipto continuó siendo, en teoría, un jedivato dependiente del Imperio otomano, era el cónsul británico, lord Cromer (1841-1917), quien gobernaba de manera efectiva el país. Esta presencia británica y el dominio extranjero de la economía del país fueron el caldo de cultivo del crecimiento del movimiento nacionalista, que tenía como objetivos el panarabismo y el retorno a las fuentes del islam.

Cuando estalló la Primera Guerra Mundial, los británicos proclamaron el protectorado formal sobre Egipto, dando fin por tanto a la dependencia teórica del sultán otomano. Al final del conflicto, el sentimiento nacionalista egipcio se había visto exacerbado por la presencia constante de tropas aliadas en su territorio, el toque de queda, el control del canal de Suez y la excesiva injerencia británica en el gobierno de Egipto. Los británicos consideraban a Egipto como una pieza fundamental en las comunicaciones británicas con la India y Extremo Oriente, que tenía que ser conservada a toda costa, lo que originó violentos levantamientos en todo el país que los egipcios llaman la revolución de 1919.

En 1922 la presión de los nacionalistas obligó a Gran Bretaña a proclamar el fin del protectorado y a reconocer la soberanía de Egipto como reino independiente dotado de una Constitución parlamentaria. No obstante, esto no supuso el fin de la presencia británica, porque hasta la firma del tratado de 1936, Gran Bretaña se reservó la defensa, las comunicaciones, la protección de los intereses extranjeros, la

Descubrimiento arqueológico, incidente diplomático

En noviembre de 1922, solo meses después de proclamarse la independencia de Egipto, los británicos Howard Carter y lord Carnarvon descubrieron la célebre tumba del faraón Tutankamón. El hallazgo tuvo consecuencias políticas inmediatas, ya que los nacionalistas acusaron al gobierno británico de estar llevando a cabo un expolio constante de sus tesoros nacionales. Se corrió el rumor de que varios aviones iban a desvalijar la tumba y a llevarse todas las antigüedades al Museo Británico. La tensión generó un incidente diplomático de primer orden que se saldó con el compromiso de que todos los tesoros de Tutankamón, así como la momia del faraón, permanecerían en el Museo de El Cairo.

administración de Sudán y, lo más importante de todo, el control absoluto sobre el canal. Aunque el tratado de 1936 reconocía ya a Egipto la independencia total, los británicos siguieron ocupando la zona del canal y conservaron cierto control sobre la política exterior del país, mientras Sudán era sometido a una administración de condominio.

En la península arábiga, el hundimiento del Imperio otomano al final de la Primera Guerra Mundial hizo que accedieran a la independencia los principales Estados configurados como monarquías feudales, entre los que destacaban el Yemen y los reinos del Hedjaz y del Nejd. El reino del Nejd emprendió la tarea de unificar la Península Arábiga bajo su corona y terminó fundando en septiembre de 1932 el reino de Arabia Saudí.

El resto de los territorios árabes que habían pertenecido al Imperio otomano quedaron en manos de las potencias aliadas tras el fin de la Primera Guerra Mundial. Toda la zona se hallaba sumida en una situación de gran inestabilidad. Durante el desarrollo de la contienda, el gobierno británico había llegado a un acuerdo con Husayn ibn Ali (1853-1931), jerife de La Meca, para crear un gran reino árabe a cambio de su apoyo contra los turcos. Sin embargo, los acuerdos secretos de Sykes-Picot de 1916 fijaban zonas de influencia francesas y británicas, desmontando la idea del gran reino árabe. Por último, la Declaración Balfour de 1917 comprometía al Gobierno británico a crear un hogar nacional judío en Palestina. Se trataba, en definitiva, de distintos compromisos incompatibles entre sí.

El hijo del jerife, Fáysal, fue la cabeza visible de la rebelión árabe iniciada por su padre en 1916. El primer paso de la rebelión fue la liberación del Hiyaz, una región al oeste de la península arábiga, y su transformación en reino independiente. Las tropas sublevadas, dirigidas por Fáysal y asistidas por el agente de enlace británico Thomas Edward Lawrence[103] (1888-1935), continuaron hacia el norte, tomando

---

103. T. E. Lawrence (1888-1935), más conocido como Lawrence de Arabia, fue un militar y arqueólogo británico. Durante la Primera Guerra Mundial desempeñó un notable papel como enlace de la rebelión árabe contra el dominio otomano. Lawrence participó en la Conferencia de Paz de París como miembro de la delegación británica y como miembro de la delegación árabe encabezada por Fáysal. Tras la firma de los tratados de paz, volvió a Inglaterra como soldado raso y se dedicó a escribir hasta su muerte prematura en un accidente de motocicleta.

el puerto de Áqaba y, finalmente, Damasco en 1918. En la capital siria se intentó crear las primeras instituciones del Estado árabe.

Fáysal llegó a un acuerdo con los franceses para concederles la ocupación de las áreas costeras del Líbano. Los sectores árabes más radicales no aceptaron la cesión y en marzo de 1920 proclamaron la independencia de Siria con el propio Fáysal como rey, fundando así el Estado árabe.

Franceses y británicos reaccionaron rápidamente. Convocaron una reunión del Consejo Supremo de la Liga de Naciones, tras la cual se firmó el tratado de San Remo de 1920. Siria y Líbano se convertían en mandatos bajo administración francesa, mientras que Irak, Transjordania y Palestina quedarían bajo jurisdicción británica. El mandato británico de Palestina debía soportar la obligación de llevar a la práctica los términos de la Declaración Balfour.

En 1921 los británicos celebraron una Conferencia en El Cairo con la finalidad de resolver de manera definitiva la gestión de los territorios bajo su mandato. Allí se acordó que Fáysal sería hecho rey de Irak. Los mandatos franceses de Siria y Líbano evolucionaron hacia la independencia durante la Segunda Guerra Mundial. En Siria, el representante de la Francia Libre proclamó el final del mandato y la concesión de la independencia en septiembre de 1941. Un proceso paralelo ocurrió en Líbano, donde el representante de la Francia Libre proclamó en noviembre de 1941 el final del mandato y la independencia. El mandato británico de Irak accedió a la independencia por el tratado anglo-iraquí de 1930, que aseguró que el país sería aliado de Gran Bretaña durante la Segunda Guerra Mundial.

El último país árabe de Oriente Próximo en obtener la independencia en estos años fue Transjordania, cuyo emir Abdullah fue un firme aliado de Gran Bretaña durante la Segunda Guerra Mundial, tras la cual pidió a Londres la independencia, que le fue concedida en 1946. Con esto culminó el acceso a la independencia de los territorios árabes de Oriente Próximo que habían pertenecido al Imperio otomano.

EL PROBLEMA DE LAS REPARACIONES, EL CRAC DEL 29 Y LA GRAN DEPRESIÓN

Tras la Primera Guerra Mundial, uno de los principales problemas a los que tuvieron que hacer frente los países europeos fue la reconstrucción económica de las regiones devastadas y del sistema económico internacional en general. En este sentido, las reparaciones de guerra ocuparon un papel central, provocando graves tensiones en los primeros años de la posguerra. Durante los años veinte del siglo pasado pareció que el problema estaba en vías de solución definitiva, pero la crisis de 1929 y la posterior Gran Depresión alteraron por completo el escenario.

El problema de las reparaciones tenía varios factores. En primer lugar, los países contendientes carecían de reservas con las que hacer frente a los gastos necesarios. Por otro lado, alguna de las potencias victoriosas, fundamentalmente Francia, se veían en la necesidad de devolver los créditos que habían recibido durante el conflicto, cuyos principales acreedores eran Estados Unidos y Gran Bretaña. Este endeudamiento se incrementó tras la guerra por la necesidad de importar todo tipo de productos. Por último, Alemania estaba obligada por el Tratado de Versalles a pagar elevadísimas compensaciones por la responsabilidad de haber desencadenado el conflicto.

Todas las cuestiones estaban estrechamente relacionadas, especialmente desde la posición francesa, que se debatió hasta 1925 entre la exigencia del pago de unas reparaciones que no permitían a Alemania recuperar su economía y hacer frente al pago de las mismas, o bien permitirle que reconstruyese primero su economía, lo que situaría a Alemania en posición de reiniciar un nuevo ciclo bélico. Un pago de reparaciones que, en cualquier caso, Francia necesitaba para poder hacer frente a sus propias deudas con Estados Unidos y Gran Bretaña.

Frente a la posición de los países europeos, favorables a cancelar las deudas de guerra, los Estados Unidos exigían el pago íntegro, lo que provocó la vinculación de esta cuestión con la del pago de las reparaciones de guerra por Alemania. Por su parte, la Unión Soviética repudió tajantemente la deuda rusa y ningún país percibió cantidad alguna.

Alemania, con la República de Weimar ya asentada, fue pagando las reparaciones con enorme esfuerzo hasta que en julio de 1922 declaró su incapacidad para seguir cumpliendo con las estipulaciones financieras y solicitó una moratoria. El gobierno francés rechazó la petición y, ante la suspensión unilateral de los pagos por parte de Alemania, invadió el Ruhr junto con tropas belgas. La posibilidad de que la situación escalara a un nuevo conflicto bélico llevó a Estados Unidos a salir de su aislamiento y presentar el Plan Dawes, que ofrecía facilidades para el pago de las reparaciones alemanas. Entre 1924 y 1930, Alemania recibió 28 000 millones de marcos oro, de los que dedicó 10 000 millones al pago de reparaciones.

Sin embargo, pronto se hizo evidente que Alemania no podría soportar un calendario de pagos tan exigente, por lo que el Plan Dawes fue sustituido en 1930 por el Plan Young. El objetivo era establecer definitivamente las obligaciones de Alemania, reduciendo a la vez la carga financiera. Apenas entró en vigor el plan, los efectos económicos de la Gran Depresión afectaron a Alemania de lleno y esta se vio en la necesidad de solicitar otra moratoria en el pago.

La Gran Depresión tuvo su origen en el crac bursátil de 1929, que su vez se debió a una concatenación de circunstancias: crisis de superproducción industrial, deflación generalizada con la vuelta al patrón oro, burbuja especulativa en la bolsa, una cosecha sobreabundante en Estados Unidos que provocó una bajada de precios y la contracción de la demanda de productos industriales en 1929.

Los primeros síntomas de contracción industrial, publicados en octubre de 1929, generaron la venta masiva de acciones el día 24 de octubre, el célebre Jueves Negro. No obstante, algunos bancos realizaron compras masivas de valores que suavizaron la caída. La venta de estos paquetes en la primavera de 1930 produjo el hundimiento definitivo de la bolsa. Ante la caída de los valores, los depositantes retiraron en masa dinero de los bancos, muchos de los cuales quebraron y otros, para recuperar liquidez, retiraron los depósitos y las inversiones en Europa. Esto provocó la extensión de la crisis, comenzando por los países más dependientes de los créditos norteamericanos: Austria y Alemania. Pronto la ola se extendió hacia el resto de Europa, que abandonó en masa el patrón oro. La contracción de la economía estadounidense afectó también a países como Japón, que dependían de las importaciones de los Estados Unidos. Ante la magnitud de los problemas, prevalecieron los enfoques nacionales a través de la autarquía, las preferencias aduaneras, las devaluaciones monetarias y el cierre de mercados, lo que agravó la crisis. La confusión de consideraciones políticas y económicas impidió cualquier solución coordinada y el mundo entró de lleno en la llamada Gran Depresión.

La Gran Depresión tuvo claras repercusiones en el plano político tanto a nivel internacional como nacional. En el primero, se interrumpió el espíritu de Locarno, que había permitido la distensión y el crecimiento económico. En los países que mantuvieron regímenes democráticos se produjo el descrédito de la democracia parlamentaria. En el segundo, se reafirmaron el intervencionismo estatal y los gobiernos autoritarios. Se creó un clima de hostilidad entre las grandes potencias, aguijoneada por los movimientos ultranacionalistas, como el fascismo italiano o el nazismo alemán. La Sociedad de Naciones sufrió directamente las consecuencias de este nuevo clima internacional.

La Gran Depresión planteó una nueva situación en las relaciones económicas mundiales. En lo relativo al pago de las indemnizaciones, pronto se hizo evidente que Alemania no podía seguir adelante con el Plan Young al faltar el crédito estadounidense. De esta manera, en junio de 1931, el gobierno alemán declaró que ya no podía hacer frente a la ejecución del plan de pagos, por lo que solicitó una nueva moratoria temporal conocida como la Moratoria Hoover, que entró en vigor de forma inmediata. En la Conferencia de Lausana de 1932 se fijó un último pago por parte de Alemania en concepto de reparaciones: 3000 millones de marcos a partir de 1935, con los cuales quedaría zanjado el problema. En esta tesitura, el Parlamento francés aprobó en diciembre de 1932 una moción suspendiendo unilateralmente el pago de las deudas, postura que fue seguida por el resto de países deudores. En cuanto a Alemania, el ascenso de Hitler al poder significó el rechazo del compromiso de Lausana.

El baile de cifras

El montante total de las reparaciones finalmente pagadas por Alemania es objeto de debate. Los aliados apuntaron la cifra de 23000 millones de marcos oro, mientras que Alemania señalaba que había pasado los 68000 millones. Las divergencias son producto de la diferente valoración de los pagos en especie. Además, Alemania consideró que los prisioneros de guerra alemanes supusieron mano de obra barata para los países aliados. Lo cierto es que Francia, que debía recibir 68000 millones de marcos oro, tan solo recibió unos 9500 millones, por lo que prácticamente tuvo que hacer frente en solitario al coste de reconstrucción de las áreas devastadas por la guerra.

EL EXPANSIONISMO JAPONÉS EN EL PACÍFICO

El ascenso mundial de Japón en términos geopolíticos ya se había puesto de manifiesto en la guerra chino-japonesa de 1894 y en la victoria naval sobre Rusia en 1905. El proceso de modernización, iniciado con la Revolución Meiji, acabaría por convertirle en una potencia industrial y un país occidentalizado, pero que había perseverado en mantener su herencia histórica y cultural como piezas clave de su identidad. La modernización de la economía japonesa estuvo estrechamente vinculada a la propia evolución del Estado, de modo que mientras que en el siglo XIX este ejercería un papel interventor y animador de la actividad económica, tras la Primera Guerra Mundial se asistió a una liberalización de la política económica que comenzó a mitigarse en la década de los treinta con motivo de la crisis económica y se potenció con la política expansionista y el rearme.

Tras la muerte del emperador Mutsuhito (1852-1912) se inauguró la era Taisho, durante la cual el poder oligárquico de la nobleza fue desplazado por los militares, las grandes empresas comerciales y la burocracia, al tiempo que generaciones más jóvenes propugnaban una liberalización política y profundas reformas sociales. Se produjo así un choque entre los partidarios de incrementar el poder militar de Japón como forma de aumentar las adquisiciones territoriales y los que propugnaban reducir el gasto militar y acrecentar la penetración en los mercados continentales por vías comerciales y diplomáticas.

En 1913 y 1914 el crecimiento constante de los créditos militares y navales tropezó en los medios parlamentarios con una resistencia vigorosa y los partidos políticos protestaron contra las exigencias del Consejo Superior del Ejército. En 1914 subió al poder el gabinete Okuma, favorable a una expansión económica, pero no a la militar.

Japón participó en la Primera Guerra Mundial en el bando de los aliados, lo cual le proporcionó el control de los territorios alemanes en China. La devolución de dichos territorios a China estaba condicionada a la satisfacción de una serie de compensaciones, que indicaban que Japón buscaba ventajas económicas que le asegurasen zonas de influencia. En la Conferencia de Paz de París, Japón vio reconocido su nuevo estatus internacional como gran potencia. El Tratado de Versalles confirmó dicha anexión, aun en contra de las protestas de China, así como la administración de las islas Marianas, Marshall, Carolinas y Palaos. No obstante, ante la presión de Estados Unidos, Japón se vio forzado en la Conferencia de Washington (1921-1922) a reintegrar a China las ganancias territoriales obtenidas. La guerra favoreció igualmente el desarrollo industrial de Japón, que se quintuplicó en este periodo. La balanza comercial, antes deficitaria, se volvió excedentaria.

En los años veinte del siglo XX se reanudó el choque entre ambas tendencias internas de Japón. Los partidarios de la expansión económica pacífica propugnaban un acercamiento económico a China al tiempo que se buscaban nuevos mercados de exportación en las colonias europeas en Asia. Los defensores de la expansión armada aludían al posible riesgo de verse privados de materias primas o de ser sometidos a un boicot, por lo que proponían la dominación directa de los mercados exteriores y de las fuentes de materias primas más importantes. Según los militaristas, esta idea estaría en concordancia con la misión sagrada del pueblo japonés, llamado a dirigir y unificar las poblaciones asiáticas.

En este periodo dominó la tesis de la expansión pacífica. La crisis económica japonesa de la primera mitad de la década contribuyó a ello. La política exterior nipona estuvo mayoritariamente en manos de personas ligadas a los grupos de negocios. Japón abandonó esta política exterior de prudencia en 1931 debido, en gran medida, a la crisis económica mundial, que golpeó antes a Japón que a los países europeos, ya que la mayor parte de sus exportaciones a Estados Unidos lo eran de seda en bruto, un artículo de lujo. Para paliar las consecuencias de la crisis, las empresas japonesas se sintieron inclinadas a escuchar las tesis de los partidarios de la expansión territorial para asegurar el control de los mercados y las fuentes de materias primas. Por otra parte, el mundo rural, aquejado de una grave superpoblación, se asoció igualmente a esta política para favorecer la creación de empleo industrial. Todo ello determinó la formación de una opinión pública favorable al militarismo. Solo hay divergencias en cuanto a la naturaleza de dicha expansión: si beneficiaría únicamente a la gran industria o también a los campesinos.

En 1931 explotó una bomba en el ferrocarril meridional de Manchuria, que estaba bajo administración japonesa. Sin esperar instrucciones del gobierno japonés, el Estado Mayor del cuerpo de ocupación japonés inició operaciones militares y en pocas semanas ocupó toda la Manchuria china. El gobierno de Tokio, desbordado por la situación, respaldó las iniciativas tomadas alegando la necesidad de proteger los bienes y la seguridad de los ciudadanos japoneses. El gobierno chino declaró un boicot a los productos japoneses y presentó una protesta en la Sociedad de Naciones. En 1932 los japoneses desembarcaron tropas en Shanghái y, al cabo de tres meses de combates, aceptaron la mediación británica. La intervención quedó, por tanto, limitada Manchuria.

La inercia que comenzó en 1931 se veía confirmada en 1937 con la guerra contra China, primer episodio de la Segunda Guerra Mundial en el Lejano Oriente. El Estado Mayor japonés pretendía que el control del mercado chino convirtiera al país en el principal proveedor de materias primas, al tiempo que hacía de China un simple espacio de exportación de los productos nipones. La expansiva política japonesa en el Lejano Oriente le conduciría a la confrontación directa con las grandes potencias coloniales y en especial con su gran rival, Estados Unidos.

Manchukuo, la dominación japonesa de China oriental

Manchukuo fue un Estado títere creado y dominado por Japón tras la invasión de Manchuria en 1931. Los japoneses colocaron al antiguo emperador chino, Puyi, como jefe de Estado para acabar coronándolo como emperador de Manchukuo, aunque sin ostentar ningún poder real. Los manchúes constituyeron una minoría en Manchukuo, cuyo principal grupo étnico estaba compuesto por la etnia han. A su vez, la población de coreanos aumentó considerablemente durante el periodo de existencia de Manchukuo, al igual que las poblaciones de japoneses, mongoles, rusos blancos y otras minorías.

LOS TOTALITARISMOS Y EL AUGE DEL FASCISMO

Tras el fin de la Primera Guerra Mundial, Europa se enfrentó a profundos problemas económicos, políticos y sociales, a los cuales se unió la cuestión de las reparaciones, que fue especialmente dura para Alemania debido a la imposición de los acuerdos de Versalles. El surgimiento de soluciones autoritarias en algunos países, como Italia, España, Polonia o Portugal, contó con un amplio respaldo social a lo largo de los años veinte del siglo pasado. La crisis de 1929 y la Gran Depresión pusieron de manifiesto la incapacidad de los diferentes gobiernos para dar soluciones rápidas a los graves problemas económicos y sociales y facilitaron, igualmente, el ascenso al poder de partidos autoritarios en otros países, como es el caso de Alemania.

Las ideas que sirvieron de base ideológica al nacionalsocialismo alemán entroncaban con la tradición filosófica del siglo XIX, que llevó a una evolución del nacionalismo hacia el pangermanismo. Surgió de ideas como la misión espiritual del pueblo alemán, la noción de que este constituía una raza superior, la necesidad vital de extender su poder a los territorios de su alrededor o la exaltación de la guerra. El pangermanismo ya había florecido en la Alemania de Guillermo II y se encontró en las raíces de la ideología preconizada por Adolf Hitler (1889-1945).

Hitler entró en contacto con la política en 1920, cuando el ejército le encargó infiltrarse en un grupo de extrema derecha, el Partido Obrero Alemán, para informar sobre sus actividades. Gracias a sus dotes de orador y organizativas, Hitler se hizo con el control de este grupo, que fue el embrión del Partido Nacionalsocialista Alemán de los Trabajadores: el Partido Nazi.

En 1921 Hitler reclutó a sus principales colaboradores y creó las SA, una milicia dependiente del partido que utilizó como servicio de seguridad y como instrumento de terror propagandístico. El desastre económico y financiero que vivía Alemania en aquellos años hizo que el número de afiliados aumentara rápidamente. Siguiendo el ejemplo de Benito Mussolini (1883-1945) en Italia, en noviembre de 1923 llevó a cabo el llamado Putsch de la Cervecería, que terminó con su encarcelamiento.

Durante el tiempo que permaneció en prisión, Hitler escribió el *Mein Kampf*, donde sienta las bases de la política nazi: superioridad racial aria, odio a los judíos[104] y necesidad de expansión hacia el Este. En la cárcel Hitler decidió cambiar la táctica política, aceptando plenamente el juego parlamentario democrático.

Desde que su líder salió de prisión a finales de 1924, el Partido Nazi no dejó de fortalecerse. La crisis del 29 hizo que aumentara rápidamente el número de afiliados y condujo a los éxitos electorales de 1930 y 1932. Hitler perdió las elecciones presidenciales de 1932 frente a Paul von Hindenburg (1847-1934), que, sin embargo, se vio obligado a cooptarlo nombrándolo canciller de Alemania en 1933. Tras la disolución del Parlamento en febrero de ese año, Hitler comenzó a gobernar por decreto, limitando los derechos de reunión y la libertad de prensa y persiguiendo a la oposición.

Cuando se produjo el incendio del Reichstag, el Parlamento alemán, Hitler acusó a los comunistas de haberlo provocado y aprovechó la coyuntura para sus-

---

104. El Holocausto fue el genocidio llevado a cabo contra los judíos por parte del régimen nazi. Los asesinatos no solo tuvieron lugar en Alemania, sino que se produjeron a lo largo de todos los territorios ocupados en Europa durante la Segunda Guerra Mundial. La decisión de llevar a la práctica el genocidio se tomó en otoño de 1941, aunque alcanzó su punto culminante al año siguiente, cuando las víctimas eran transportadas en trenes de carga dirigidos a campos de exterminio, donde la mayoría eran asesinados en cámaras de gas. El exterminio se expandió también a otras minorías, como los homosexuales y los gitanos. La cifra total de víctimas se estima en unos 11 millones de personas.

pender, virtualmente, todos los derechos civiles. Se abrieron los primeros campos de concentración. Tras no obtener la mayoría absoluta en las elecciones de marzo de 1933, decidió prescindir de toda legalidad: un nuevo decreto ilegalizó a la oposición, al tiempo que obtenía del Parlamento la concesión de plenos poderes durante cuatro años.

Tras la muerte de Hindenburg en 1934, Hitler convocó un referéndum y se proclamó Führer. Se decretó la unidad entre el Partido Nazi y el Estado, se instauró un sistema económico dirigido por el Estado y se institucionalizó la persecución de los judíos con las Leyes de Núremberg de 1935. El proceso culminó el 9 de noviembre de 1938, la Noche de los Cristales Rotos, con el saqueo de comercios, la destrucción de sinagogas y el asesinato de miles de judíos.

En cuanto a la política exterior del Tercer Reich, Hitler buscó la consecución de tres objetivos fundamentales: la desaparición de las obligaciones impuestas a Alemania por el Tratado de Versalles, la unificación de todos los pueblos alemanes y la conquista de un «espacio vital» en el Este para asegurar la subsistencia de la raza aria.

Alemania abandonó definitivamente la Conferencia de Desarme en 1932. A partir de ese momento, comenzó a rearmarse, primero de forma secreta y, desde 1935, de manera abierta con la reinstauración del servicio militar obligatorio. Hitler dio el primer golpe de fuerza en 1936 con la ocupación militar de la zona desmilitarizada de Renania. Ese mismo año, los gobiernos alemán y japonés firmaron el Pacto Antikomintern, por el que acordaron informarse mutuamente acerca de las actividades de la III Internacional Comunista, consultarse acerca de las medidas necesarias y llevarlas a cabo en estrecha colaboración. Este acuerdo fue el origen del pacto tripartito de 1940 entre Alemania, Italia y Japón, uno de cuyos fines principales era amenazar a la URSS por la retaguardia.

A continuación, Hitler se propuso reunir en un solo Estado a todos los alemanes. En el caso de Austria, impuso al canciller la presencia en su gobierno de un socialdemócrata, lo que facilitó la realización de la unidad entre ambos países en 1938. En Checoslovaquia, alentó al jefe de los alemanes separatistas a reclamar no solo la autonomía administrativa, sino el derecho a incorporarse a Alemania. El gobierno checoslovaco acabó plegándose a las exigencias de Hitler y los Sudetes se integraron a sus dominios. El resultado fue la formación del gran Reich de 80 millones de habitantes, la adquisición de zonas industriales importantes por su producción metalúrgica y la dislocación del sistema francés de alianzas de retaguardia.

Aquiescencia europea para evitar el conflicto

A través de la política de apaciguamiento, las potencias aliadas europeas trataron de calmar las ansias expansionistas de Hitler concediéndole varias de sus demandas. En 1938 se reunieron en Múnich Hitler, Mussolini y representantes de Francia y Gran Bretaña. Hitler lanzó un ultimátum: invadiría Checoslovaquia con o sin la aprobación de dichas potencias. Francia y Gran Bretaña terminaron por aceptar las demandas alemanas para intentar evitar que se declarara una nueva guerra en Europa, permitiendo, por tanto, que Hitler se anexionara los Sudetes.

En 1939 Hitler ocupó el resto de Chequia, implantando el protectorado de Bohemia y Moravia. Esto supuso un salto cualitativo en la política expansiva del Tercer Reich que acabó desencadenando la Segunda Guerra Mundial.

En el caso italiano, la crisis económica y social tras el fin de la guerra fue especialmente grave, con desequilibrios en la producción, una altísima tasa de paro, huelga y ocupaciones de fábricas y tierras entre 1919 y 1920. A esto se añadió la sensación de humillación y frustración ante lo obtenido al acabar la contienda. El desencanto prendió en las clases medias empobrecidas por la crisis y motivó una resurrección del nacionalismo que tendría su vía de escape en el posterior imperialismo.

Esta situación de inestabilidad fue aprovechada por Benito Mussolini, que difundió su doctrina a través de la prensa y los *fascios* de combate, milicias organizadas a partir de grupos de excombatientes. La crisis política propició la celebración de elecciones anticipadas en 1921, en las cuales los *fascios* de combate obtuvieron 32 escaños. A partir de ese momento se formalizaron como un partido político, el Partido Fascista, con su propio sindicato, la Unión Obrera de Trabajo. Los *fascios* comenzaron a ser apoyados y financiados por los terratenientes y la burguesía industrial ante la agitación obrera y campesina.

Ante la difícil situación política y la agitación social de 1922 Mussolini anunció la Marcha sobre Roma para restablecer el orden. Tras ello, el rey Víctor Manuel III (1869-1947) encargó a Mussolini la formación de gobierno. En un primer momento, este contó con personalidades de distinta procedencia política, aunque reservó para el Partido Fascista los ministerios fundamentales, que le garantizaban el control del Estado y el prestigio en el exterior.

El fin de la Monarquía en Italia

Durante todo el gobierno de Benito Mussolini, incluida la Segunda Guerra Mundial, Italia continuó siendo una monarquía bajo la figura del rey. Fue él quien nombró a Mussolini presidente del Consejo de Ministros. Las relaciones entre Víctor Manuel III y Mussolini nunca fueron más allá de la formalidad entre el jefe de Estado y el jefe de gobierno. El rey, de formación liberal, no dejó de recordar a Mussolini y sus colaboradores la experiencia del Estado liberal, oponiéndose a elementos del régimen como la discriminación de los judíos. Cuando Italia comenzó a sufrir varias derrotas consecutivas en la Segunda Guerra Mundial, Víctor Manuel III procedió a cesar a Mussolini, aunque ya fue tarde para salvar la monarquía. En 1946 se proclamó la República italiana.

A partir de 1923, Mussolini procedió a consolidar los mecanismos de control del poder mediante la elevación de la violencia a método legal, el uso de la propaganda, la acumulación de poder personal y la creación del Gran Consejo del Fascismo. Poco a poco, se fue asentando un nuevo régimen de corte totalitario caracterizado por la omnipotencia del Estado, la desigualdad jurídica entre los ciudadanos de distintas procedencias y la instalación del partido único.

La estructura liberal del país se transformó hasta convertirse en una dictadura. En 1927 se promulgó la Carta del Lavoro, por la que se instauraba un Estado corporativista. Se fomentaron las grandes obras públicas, que absorbieron el creciente paro y propiciaron un periodo de autarquía y bienestar económico. Por esta causa, cuando Mussolini presentó un plebiscito en 1929 para ratificar la toma del poder por parte del Partido Fascista, recibió el apoyo del 90% de los electores.

Desde el otoño de 1923, Mussolini intensificó la actividad colonial en Somalia y en Eritrea, que le correspondían por el reparto hecho con Francia y Gran Bretaña en 1906. En 1925 se propuso construir un ferrocarril que comunicara ambas colonias, pero el gobierno independiente de Etiopía no aceptó dar la concesión. Italia se preparó para imponerse por la vía militar, pero Etiopía era miembro de la Sociedad de Naciones y estaba protegida por el pacto de seguridad colectiva. En 1934 Italia aprovechó un pequeño incidente militar en la frontera entre Somalia y Etiopía para exigir disculpas e indemnizaciones. Unos meses después, Italia declaró finalmente la guerra, lo cual provocó sanciones en el marco de la Sociedad de

Naciones, que sin embargo no evitaron que Mussolini siguiera adelante con sus planes de expansión colonial en África Oriental.

Italia abandonó la Sociedad de Naciones en 1937 en protesta por las sanciones que le habían sido impuestas. Su amistad con Alemania se confirmó en el Pacto de Acero de 1939, con el que nació el denominado eje Berlín-Roma. En 1940 Mussolini entró en la Segunda Guerra Mundial una vez convencido de la clara ventaja alemana y con la finalidad de sumarse a la victoria.

LA GUERRA CIVIL ESPAÑOLA

La contienda civil que vivió España entre 1936 y 1939 abrió una brecha social, política y emocional que no pudo ser resuelta hasta finales del siglo XX. Desde el punto de vista interior, supuso la rebelión de los representantes de la época de la Restauración, temerosos del caos social y del creciente poder del comunismo en las revoluciones europeas de la época, frente al incipiente sistema político democrático auspiciado por la mayor parte de los movimientos obreros y la mayor parte de la burguesía urbana. También tuvo un aspecto internacional, que fue la anticipación de la lucha que tendría lugar menos de una década después en Europa entre el fascismo y la democracia.

Las causas de la guerra tienen que ver con la situación política vivida durante el año 1936. El resultado de las elecciones legislativas arrojó una victoria del Frente Popular, una unión de gran parte de las izquierdas con un programa de reforma social y en plena sintonía con muchos de los cambios llevados a cabo en Rusia por los soviéticos. Los perdedores fueron los partidos de derecha que

La configuración del bando alcista

Las facciones de la derecha estaban compuestas por la CEDA, que había gobernado en la República, pero que se sentía más cercana a la monarquía de Alfonso XIII, a los falangistas, que querían instaurar un Estado fascista a la italiana, y a los carlistas, que buscaban la recuperación de una monarquía tradicionalista fuera del liberalismo y la democracia.

habían estado gobernando en los últimos dos años. En este contexto, los partidos más extremistas de cada posición ideológica alentaron el miedo al contrario y llevaron a cabo acciones violentas que elevaron la tensión en las calles al borde del conflicto civil.

El 18 de julio de 1936 se produjo un golpe de Estado contra el gobierno republicano auspiciado por las fuerzas derechistas y parte del ejército, que buscaban hacerse con el poder de manera rápida para impedir que el gobierno del Frente Popular derivara hacia la revolución obrera. El golpe tuvo éxito en la mayor parte de la España interior y fracasó en las zonas industrializadas del este y del norte y en muchas de las grandes ciudades. Esta situación puso de manifiesto que el alzamiento no contaría con una adhesión mayoritaria y lanzó a ambos bandos a una lucha civil.

Tras el golpe de Estado, España quedó dividida en dos bandos contendientes que pondrían en marcha dos programas muy diferentes de arquitectura institucional: por una parte, los afectos a la República y, por otra, los que apoyaban la sublevación, que serían llamados nacionales.

En el bando republicano se vivieron varias fases durante la contienda. En primer lugar, hubo un derrumbe de la arquitectura institucional del Estado. Tras el alzamiento, se produjo en gran parte de las zonas fieles a la República una revolución social de carácter colectivista que buscaba la destrucción del Estado y su sustitución por juntas, consejos y comités. Asimismo, tuvo lugar un cambio en el sistema de propiedad para pasar a un colectivismo agrario e industrial, como ocurrió con los decretos de colectivización de la industria en Cataluña y de las explotaciones agrarias en Aragón, Andalucía o Valencia. Esta transformación del Estado estuvo respaldada por los partidos anarcosindicalistas y la Unión General de Trabajadores, pero no fue apoyada por varios de los partidos afectos a la República. Tras esta situación de caos en la que solo durante el verano de 1936 hubo tres gobiernos diferentes en el bando republicano, comenzó una segunda fase en la que se abrió un intento de recomposición del Estado liderado por Francisco Largo Caballero (1869-1946), que intentó formar un gobierno de concentración de todas las fuerzas de izquierda, disolvió los comités y juntas y creó un Ejército Popular para afrontar la contienda. Las disensiones internas entre los partidos que componían el gobierno y el ascenso del Partido Comunista gracias al apoyo recibido desde Rusia llevaron a la caída de Largo Caballero en 1937.

La tercera fase se abrió paso con el acuerdo de socialistas y comunistas que hizo presidente del gobierno a Juan Negrín (1892-1956), quien, junto con su ministro de Guerra Indalecio Prieto (1883-1962), tomó las riendas de la estrategia militar para hacer frente a los avances del bando nacional. Negrín impuso una política de resistencia a ultranza pese a las derrotas en el campo de batalla, lo que irritó a algunos partidos del gobierno, que vieron que la victoria de los sublevados podía ser inevitable.

En el bando de los golpistas los militares crearon de inmediato la Junta de Defensa Nacional como órgano de gobierno de las zonas sublevadas, pero que carecía de poder de decisión sobre la estrategia militar. A diferencia del colapso inicial en el bando republicano, los sublevados, por su carácter militar, tenían establecida una jerarquía de gobierno. La muerte del líder natural, el general Sanjurjo (1872-1936), en los primeros días de la guerra llevó a su sustitución por el general Francisco Franco (1892-1975), que fue nombrado jefe de Estado, jefe de Gobierno y generalísimo de los ejércitos españoles por decreto. Franco asumió así todo el poder político y militar y disolvió la Junta de Defensa Nacional. Durante el primer año de la guerra los partidos que habían apoyado el golpe fueron tolerados, pero en 1937 se promulgó el Decreto de Unificación por el que todas las fuerzas políticas quedaron agrupadas en un sistema de partido único llamado Falange Tradicionalista y de las JONS, del que Franco se hizo nombrar jefe máximo. Ante el avance de la guerra, los sublevados se dotaron en 1938 de una arquitectura institucional por medio de la creación del primer gobierno y la promulgación del Fuero del Trabajo, la primera de las Leyes Fundamentales del futuro régimen.

Desde el punto de vista bélico, la contienda vivió cuatro fases principales: la guerra de columnas, las batallas en los alrededores de Madrid y la llegada al norte, el avance en el Mediterráneo y la batalla del Ebro. La guerra de columnas tuvo lugar entre julio y diciembre de 1936 y en ella el bando sublevado pretendió unir sus territorios creando una columna que no tuviera injerencia republicana. El gobierno de la República fue trasladado de Madrid a Valencia y la capital resistió los primeros envites de los sublevados, anunciando así que la contienda no sería cuestión de solo unas semanas. La segunda fase se desarrolló entre diciembre de 1936 y octubre de 1937, cuando ambos bandos conformaron ejércitos de un carácter más regular que les permitieron establecer estrategias unificadas. Tras el fracaso de la toma de Madrid por los sublevados, el objetivo pasó a ser el aislamiento de la capital. Franco abandonó la idea de una toma inminente de Madrid y dirigió sus esfuerzos hacia el norte de España, donde se produjo el ataque a Guernica[105]. Entre noviembre de 1937 y junio de 1938 se produjo la llegada de brigadas mixtas al bando republicano, que intentó tomar la iniciativa con batallas como la de Teruel, pero el contraataque de los nacionales recuperó la ciudad y consiguió atravesar el territorio republicano, que quedó dividido en dos. Franco se dirigió entonces hacia Valencia y Castellón, pero los republicanos comenzaron el ataque sobre el Ebro. De julio de 1938 a abril de 1939 se produjo la batalla del Ebro, que fue una de las más intensas de toda la contienda. La derrota republicana ya avanzó el posible desenlace de la guerra, pues su ejército quedó seriamente mermado. Franco aprovechó la ocasión para avanzar hacia Cataluña y entró en Barcelona sin lucha. Ante estos hechos, en Madrid se sublevó el militar republicano Segismundo Casado (1893-1968) para terminar con la política de Negrín de la resistencia a ultranza y tratar de llegar a un acuerdo de paz con los sublevados que supusiera una derrota honrosa para la República. Ante la inminencia de la victoria, Franco rechazó cualquier tipo de negociación y entró en Madrid sin resistencia el 28 de marzo de 1936. La guerra terminó de manera definitiva el día 1 de abril de ese mismo año.

Las consecuencias de la guerra afectaron a todos los ámbitos de la sociedad. En primer lugar, la contienda produjo más de 160 000 víctimas en los combates, pero varios centenares de miles fallecieron en la represión ejercida por ambos bandos y debido a las penalidades de la guerra. En lo político, trajo la instauración del régimen autoritario del general Franco, de corte nacionalista, conservador, tradicionalista y confesional, inspirado en sus primeros años en los Estados fascistas europeos. En el ámbito internacional, comenzó a configurar los bloques de contendientes de la Segunda Guerra Mundial, que utilizaron como campo de pruebas la contienda civil española.

---

105. El bombardeo de Guernica. Tuvo lugar el 26 de abril de 1937 cuando la Aviación Legionaria italiana y la Legión Cóndor alemana, que apoyaban en la guerra a los sublevados, arrasaron la localidad vizcaína causando centenares de muertos civiles. Pablo Picasso (1881-1973) pintó ese mismo año un cuadro sobre el bombardeo que se ha convertido en símbolo internacional de los horrores de la guerra y a favor del pacifismo.

LA SEGUNDA GUERRA MUNDIAL

La Segunda Guerra Mundial es, en gran medida, una continuación de la Primera, dado que los contendientes son prácticamente los mismos y los orígenes se remontan a la Conferencia de Paz de París. Aun así, tuvo también características propias, como los efectos de la crisis del 29 y de la Gran Depresión y el surgimiento de regímenes totalitarios y militaristas tanto en Europa como en Japón.

La causa inmediata de la Segunda Guerra se produjo en marzo de 1936, cuando la Alemania del Tercer Reich ocupó la zona desmilitarizada del Rin. Los pasos siguientes agravaron las relaciones entre las potencias del eje y las democracias occidentales: la ayuda prestada por Berlín y Roma al bando nacional español en la Guerra Civil, la integración de Austria y Alemania de 1938 y la anexión de los Sudetes. A continuación, Hitler firmó con Stalin un tratado de no agresión, gracias al cual Alemania podía iniciar la ocupación de Polonia sin temer por el flanco oriental y Stalin obtenía la inclusión de Finlandia y los pequeños Estados bálticos dentro de la zona de influencia soviética. El paso definitivo fue la invasión de Polonia por tropas alemanas el 1 de septiembre de 1939, que desencadenó la declaración de guerra por parte de Francia y Gran Bretaña.

La guerra relámpago alemana provocó la capitulación del ejército polaco en menos de un mes. Gracias al tratado de no agresión entre Berlín y Moscú, el ejército soviético invadió Finlandia, mientras el resto de las naciones potencialmente beligerantes declaraban su neutralidad en la guerra, Estados Unidos incluido.

Esta concepción hitleriana de la guerra relámpago hizo que las tropas alemanas lanzaran una gran ofensiva en el oeste de Europa en la primavera de 1940. Las primeras operaciones consistieron en neutralizar a Gran Bretaña en Noruega y en acosar a Francia hasta lograr la toma de París ese mismo año. En 1940 Mussolini entró en guerra junto al bando alemán y Francia se vio obligada a firmar el segundo armisticio de Compiègne.

La batalla de Inglaterra comenzó en los primeros días de agosto de 1940. El alto mando militar alemán había planeado invadir la isla desde las posiciones ganadas en los puertos de Holanda, Bélgica y norte de Francia. El arma utilizada prioritariamente contra Inglaterra fue la aviación, que bombardeó día y noche tanto Londres como los puertos del sur de Inglaterra. La defensa británica logró neutralizar la ofensiva aérea alemana. Este fracaso abrió la posibilidad de una guerra larga y costosa que amenazaba con exigir a Berlín una economía de guerra. Para evitarlo, Hitler tomó la decisión de avanzar hacia los Balcanes y en dirección a la frontera con la Unión Soviética.

Mussolini, por su parte, se concentró en las posesiones franco-británicas en el norte de África. A pesar de la división entre Italia y Alemania de los escenarios bélicos, Hitler se vio obligado a enviar tropas de apoyo a la región.

El 22 de junio de 1941 las divisiones acorazadas alemanas irrumpieron en territorio soviético poniendo en práctica la célebre operación Barbarroja, que perseguía el control de los campos de trigo ucranianos y los yacimientos petrolíferos de Cáucaso. Hitler pretendía llevar a cabo una nueva guerra relámpago, pero la resistencia rusa y la inclemencia del invierno permitieron a la URSS sobrevivir a la agresión la nazi.

Los Estados Unidos entraron en la guerra ese mismo año tras el bombardeo de Pearl Harbor (Hawái) por parte de la Armada Imperial Japonesa. El enfrentamiento entre Japón y las potencias anglosajonas, fuertemente afincadas en Extremo Oriente, venía gestándose desde hacía años. A partir de 1941 el eje de Berlín-Roma-Tokio funcionó como una alianza de Estados fascistas encaminada a imponer su concepción del orden internacional en contra de lo establecido en Versalles. Durante los seis primeros meses de confrontación, los ataques y desembarcos japoneses cogieron por sorpresa a Estados Unidos, aunque, a partir de la primavera de 1942, se produjo un auténtico viraje en los resultados de la guerra. La iniciativa pasó a manos aliadas, mientras Alemania se veía obligada a reaccionar en los distintos frentes abiertos. Las derrotas se multiplicaron hasta que, en octubre de 1943, Mussolini fue depuesto e Italia cambió de bando y declaró la guerra a Alemania.

El desembarco de Normandía del 6 de junio de 1944 culminó con la liberación de los territorios de Europa Occidental ocupados por Alemania. En los primeros meses de 1945, las tropas aliadas se encontraban ya estacionadas y a punto de penetrar el territorio alemán. El avance del ejército soviético desde los países del Este contribuyó a cercar al Tercer Reich en el núcleo mismo de su fortaleza territorial. El 30 de abril de 1945 Hitler se suicidó y, unos días más tarde, Alemania aceptó la rendición exigida por los aliados.

El teatro oriental sufrió un proceso parecido. Entre octubre de 1944 y agosto de 1945, los Estados Unidos se empeñaron en conquistar isla por isla desde las Salomón hacia las Filipinas para saltar finalmente sobre Japón. Ante la encarnizada resistencia japonesa decidieron arrojar las bombas nucleares sobre Hiroshima y Nagasaki que obligaron al emperador del Japón a firmar la rendición incondicional, con lo que se puso fin a la Segunda Guerra Mundial.

El proyecto Manhattan

Las bombas atómicas empleadas por los norteamericanos para el bombardeo de Hiroshima y Nagasaki son fruto de la investigación conocida como Proyecto Manhattan. El ataque, ordenado por el presidente de Estados Unidos, Harry Truman (1884-1972), provocó la muerte inmediata de unas 120 000 personas. Otras 130 000 resultaron heridas y muchas otras padecieron enfermedades debido a las radiaciones. Hasta el día de hoy, se trata de los únicos ataques nucleares que han tenido lugar en el planeta.

LAS CONFERENCIAS DE YALTA Y POTSDAM Y LA CREACIÓN DE NACIONES UNIDAS

La Segunda Guerra Mundial alteró de forma definitiva las bases de la sociedad internacional. Europa perdió definitivamente su posición central en el mundo. Las viejas potencias europeas quedaron destruidas y sin capacidad autónoma de recuperación, mientras Estados Unidos y la URSS adquirían una nueva relevancia, dando origen al concepto de superpotencia.

Las Conferencias de Yalta y Potsdam, en las que participaron Gran Bretaña, Estados Unidos y la URSS, fueron las dos últimas reuniones en la cumbre entre los aliados. En ellas se sentaron las bases de la ordenación del mundo posterior a la guerra.

La Conferencia de Yalta se celebró en febrero de 1945 y participaron Churchill, Stalin y el presidente norteamericano Franklin D. Roosevelt (1882-1945). En ella se realizó la Declaración sobre la Europa liberada, un compromiso concertado con Stalin acerca de la autodeterminación de los países liberados y ocupados por el ejército soviético en la Europa Oriental y Central. Respecto a Alemania, se pactó la división del país en cuatro zonas y el pago de reparaciones de guerra por su parte. Se acordó también la entrada de la URSS en la guerra en Extremo Oriente tan pronto como finalizase la contienda en Europa a cambio de una serie de concesiones territoriales. Finalmente, en Yalta se decidió convocar la Conferencia de San Francisco, en la cual se crearía un nuevo organismo para sustituir a la desprestigiada Sociedad de Naciones.

La Conferencia de Potsdam se celebró entre los meses de julio y agosto de 1945, una vez finalizada la guerra. Se decidió el desarme y desmilitarización de Alemania, el juicio de los responsables nazis por crímenes de guerra, el control de la economía alemana y la reconstrucción del país bajo el control directo de las fuerzas de ocupación aliadas. Prusia Oriental pasó a integrarse en la URSS y se acordó la transferencia a Alemania de poblaciones de origen alemán que hubiera en Polonia, Hungría y Checoslovaquia. Se estableció, por último, un Consejo de Ministros integrado por representantes de Gran Bretaña, China, Estados Unidos, Francia y la URSS que se encargaría de preparar los tratados de paz con los aliados europeos de Alemania.

El legado de Núremberg

Los Juicios de Núremberg fueron un conjunto de procesos judiciales llevados a cabo por iniciativa de las naciones aliadas tras la Segunda Guerra Mundial. En ellos se determinaron las responsabilidades criminales de los dirigentes, funcionarios y colaboradores del régimen nazi. Se desarrollaron entre el 20 de noviembre de 1945 y el 1 de octubre de 1946 y supusieron un punto de inflexión en la definición de conceptos como crímenes de lesa humanidad o genocidio.

La Conferencia de las Naciones Unidas se celebró en San Francisco entre abril y junio de 1945 de forma parcialmente simultánea a la conferencia de Potsdam. Supuso la cristalización de un conjunto de decisiones que habían venido adoptándose en el bando aliado durante la guerra en torno a la idea de crear una organización capaz de velar por la paz y la seguridad internacionales gracias al principio de la seguridad colectiva.

En la Conferencia de San Francisco se decidió crear el Consejo de Seguridad como máximo responsable de la seguridad colectiva. Este Consejo contaría con cinco miembros permanentes y con derecho a veto sobre cualquier decisión: Estados Unidos, Gran Bretaña, Francia, China y la URSS. El órgano plenario, la Asamblea

General, contaría con representantes de todos los Estados miembros y partiría del principio de la igualdad soberana de los Estados. En un principio, se elaboró una lista de los países que podían y no podían formar parte de la organización, aunque con el tiempo esta lista fue extendiéndose hasta incluir a todos los Estados del planeta. También se consensuó la creación de un Tribunal Internacional de Justicia.

De esta manera, en agosto de 1945 se aprobaron por unanimidad la Carta de Naciones Unidas y el Estatuto de Tribunal Internacional de Justicia. El número de miembros originarios de las Naciones Unidas fue de 51. Los propósitos de la organización se definieron como el mantenimiento de la paz y la seguridad internacionales, el fomento de las relaciones de amistad entre las naciones, la solución pacífica de controversias y servir de foro de cooperación para todos los miembros.

En cuanto a la estructura, se crearon finalmente seis órganos principales: la Asamblea General, el Consejo de Seguridad, el Secretariado General, el Tribunal Internacional de Justicia, el Consejo de Administración Fiduciaria y el Consejo Económico y Social. Dependientes de estos seis órganos se creaba todo un entramado de organismos especializados que se ocuparían de cuestiones concretas de naturaleza técnica, económica o social.

JAPÓN TRAS LA SEGUNDA GUERRA MUNDIAL: DEMOCRACIA Y DESARROLLO ECONÓMICO

La derrota japonesa en la Segunda Guerra Mundial supuso de hecho una nueva oportunidad para el país de reintegrarse en la sociedad internacional desde una apuesta democrática, liberal y de desarrollo económico. Esta senda constitucional y aperturista llevó a Japón a convertirse en segunda potencia económica mundial en apenas unas décadas.

El fin de la guerra trajo el inicio de la ocupación norteamericana de Japón, que se prolongó durante seis años. El país se encontraba conmocionado ante los efectos de la guerra, la devastación tras las bombas atómicas y la crisis de identidad ante la renuncia del emperador a su carácter divino, que cambió por completo la forma del Estado y su relación con los monarcas. Durante el tiempo de ocupación norteamericana se produjo una profunda reforma y modernización del sistema político, que pasó a ser una democracia con la monarquía constitucional como forma de gobierno. En 1951 se firmó el Tratado de San Francisco por el que Japón recuperaba su independencia y sus fronteras previas al Tratado de Shimonoseki de 1895 y renunciaba al imperialismo y al militarismo en su política exterior.

Las consecuencias de la rendición

El emperador Hirohito (1901-1989) comunicó en un mensaje de radio a la nación en 1945 la rendición del país. Esta fue la primera vez que los japoneses oían la voz de su monarca. Ante la humillación que supuso este hecho para lo que muchos consideraban una divinidad decenas de aviadores y militares se suicidaron al finalizar la transmisión radiofónica.

La Constitución de 1947 fue el principal instrumento modernizador del país y el texto legal que establecía las líneas maestras de la nueva arquitectura institucional. Entre otras cuestiones establecía que el emperador pasaba a ser «símbolo del Estado y de la unidad de la nación», pero no era reconocido como jefe del Estado, aunque actualmente reciba tratamiento protocolar como tal. Se prohibió la existencia de la aristocracia y el emperador podría otorgar solo distinciones no hereditarias. Se estableció un sistema político de democracia parlamentaria pluripartidista con un ejecutivo que respondería ante dos Cámaras elegidas por sufragio universal. Se recogieron derechos y libertades, como la igualdad del hombre y la mujer, la prohibición de los matrimonios concertados, la libertad de culto... Uno de los puntos más distintivos de esta Constitución fue la expresa renuncia en el texto legal a recurrir al uso de la fuerza para la solución de conflictos internacionales.

Tras la adopción del texto constitucional de corte liberal occidental, Japón inició la transformación de su sistema económico y productivo. El denominado milagro japonés se fundamentó en la paz social alcanzada con los sindicatos en 1960, la elevada productividad, la constante inversión en innovación y desarrollo tecnológico que hicieron florecer industrias punteras, como la electrónica de consumo, la automovilística, la robótica industrial y la química. Todo ello en un marco de escasa competencia interna en el que los bancos, las grandes corporaciones y los políticos establecieron una serie de monopolios y de circuitos cerrado de comercio que crearon potentes grupos, pero perjudicaron al libre comercio. Durante años las multinacionales extranjeras tuvieron serios problemas para establecerse en el país, y el mercado agrícola fue muy proteccionista hasta 1993.

Desde finales del siglo xx, la economía japonesa se enfrentó a los retos del estallido de su burbuja inmobiliaria en la que los bancos tenían importantes activos y la quiebra de empresas, que hizo elevar la tasa de desempleo hasta un desconocido 5%. Entre los efectos económicos más perversos está la llamada estanflación, en la que un escaso crecimiento y unos tipos de interés rondando el 0% de interés se combinan con una alta inflación. Este proceso erosionó la economía japonesa durante el siglo xx y los ingentes planes públicos de inversión no consiguieron reactivar la economía hasta los niveles alcanzados en las décadas de 1970 y 1980.

El cambio político y el desarrollo económico llevaron a Japón a una gran transformación social. El modelo social japonés hundía sus raíces en la Restauración Meiji de 1868, cuando se trabajaba por la vertiente integradora del individuo en la sociedad. Desde 1945 la reinvención del país llevó a los políticos a apostar por una sociedad integrada e integradora, sobre la base del no elitismo y de profundas raíces democráticas. Desde 1960 la estabilidad social ha estado ligada al gran pacto alcanzado por la sociedad para luchar contra las desigualdades y para estrechar la distancia entre las clases más privilegiadas y las más humildes, un contexto en el que el esfuerzo personal es el factor determinante del reconocimiento social.

El modelo de sociedad armónica, homogénea, de devoción por el trabajo y el respeto del individuo se ha visto afectado por las crisis económicas de finales del siglo xx y xxi. La combinación de una sensación de fracaso colectivo por los efectos de las crisis que han roto los esquemas tradicionales, como el de poder obtener un trabajo en una empresa de por vida y la pérdida del valor del esfuerzo en favor del mayor consumismo asociado al ocio han elevado los índices de suicidios y problemas asociados a la juventud. En el ámbito económico internacional, Japón se ha visto sustituido por la potente economía de la Unión Europea y por la gran pujanza de China, que ya ocupa el puesto de segunda economía mundial y que apunta a un liderazgo cercano.

ESPAÑA BAJO EL RÉGIMEN FRANQUISTA

Una vez concluida la Guerra Civil española, el bando vencedor comandado por el general Francisco Franco, instauró en España un régimen autoritario que perduró hasta la muerte del dictador en el año 1975. Durante este largo periodo se produjeron importantes cambios sociales, políticos y económicos en la sociedad española, así como una evolución interior del propio régimen.

El régimen de Franco ha sido analizado por numerosos historiadores y politólogos, que han ofrecido diferentes teorías a la hora de analizar su naturaleza institucional. El consenso mayoritario coincide en que se trató de un régimen autoritario de carácter conservador y tradicionalista que evolucionó en cuanto a su orientación e instituciones a lo largo de los años con el fin de adaptarse a las circunstancias externas, como la política internacional, y mantener el control interno del país. Siguiendo este consenso, el franquismo ha quedado dividido en tres periodos temporales. El primero, que llega hasta el año 1945, es totalitario a imitación de los regímenes alemán e italiano de la época, con un discurso nacional-sindicalista. El segundo abarca hasta 1957. Es el tiempo de la autarquía y ostracismo internacional, durante el cual el régimen se refugió en una vuelta a los valores tradicionalistas marcados por la religión: es el periodo del nacional-catolicismo. El tercer periodo llega hasta la muerte del dictador en 1975 y viene determinado por el acceso al gobierno de los tecnócratas y la creación de un gobierno aperturista en lo económico, paternalista en lo social y con una apuesta por la democracia orgánica que pretendía abrir la participación, pero dentro de un partido de sistema único y jefatura del Estado de carácter autoritario.

El primer periodo se caracterizó institucionalmente por la falta de una arquitectura más allá de la voluntad del dictador expresada en sus decretos. El carácter fascista y sindicalista se pudo observar al ser el Fuero de los Trabajadores la primera ley de carácter esencial aprobada por Franco. Más tarde llegaría la Ley de Cortes, que no establecía un legislativo con iniciativa, sino con el encargo de refrendar las iniciativas tomadas desde la Jefatura del Estado. La ley de referéndum de 1945, tras la derrota de los aliados del Eje, fue un intento por otorgar al nuevo régimen la legitimidad popular expresada bajo un referéndum popular. En 1945 también se aprobó el Fuero de los Españoles, que se erigió como una de las normas fundamentales del régimen. En este tiempo fue habitual el uso de un lenguaje, una simbología y unos gestos propios del fascismo europeo. En materia económica, la reconstrucción del país tuvo que hacerse desde una total autarquía, por el bloqueo internacional, que llevó al Estado a tomar las riendas de todos los aspectos laborales y sociales. España no se benefició del Plan Marshall de reconstrucción europea y no recuperó los indicadores económicos previos a la guerra hasta principios de la década de 1950. Este tiempo estuvo marcado por fuertes hambrunas, las cartillas de racionamiento de alimentos y utensilios básicos y una fuerte migración de españoles hacia América Latina, especialmente a Venezuela y Argentina.

El segundo periodo comenzó marcado por la derrota de los gobiernos europeos que habían apoyado a Franco durante la Guerra Civil. Las potencias ganadoras de la Segunda Guerra Mundial no veían con buenos ojos la continuidad de Franco en España debido a sus simpatías por Hitler y Mussolini, pero el régimen se fue deshaciendo de sus formas fascistas y adoptando un discurso de lucha, cruzada, no contra las democracias liberales vencedoras de la contienda, sino a favor del catolicismo y contra el comunismo que representaba la Rusia soviética. El cambio en las condiciones exteriores en las que Europa quedó dividida por un Telón de Acero en los países de la órbita occidental y los de la órbita soviética jugó a favor de Franco a la hora de servir de Estado tapón ante una revolución de carácter soviético. Institucionalmente, se aprobaron en este periodo la Ley de Sucesión a la Jefatura del Estado, con la que España se proclamaba oficialmente como un reino sin rey y abría la puerta a que tras Franco se produjera una sucesión en la persona de un príncipe católico. Desde el punto de vista económico, se produjo el fin de la autarquía y el inicio de los Planes de Estabilización que buscaban recomponer el tejido industrial, comercial y económico controlando las principales magnitudes macroeconómicas con reformas de amplio calado que favorecieron el destacable desarrollismo del último periodo.

El tercer periodo se prolongó hasta la muerte de Franco en 1975 y estuvo marcado por un amplio desarrollo económico y social que llevó a un grupo de preparados tecnócratas de inspiración católica a ocupar la Administración y las más altas instituciones del Estado. Institucionalmente, se apostó por forjar un marco jurídico y un Estado de derecho que pudiera dar cobertura al desarrollo de la sociedad española de aquel momento. En 1958 se aprobó la Ley de Principios Fundamentales del Movimiento y en 1967, la Ley Orgánica del Estado, una suerte de Constitución del régimen que lo preparaba para, desde la democracia orgánica, poder sobrevivir a su fundador. En 1969 se nombró a Juan Carlos de Borbón y Borbón (1938) sucesor de Franco a título de rey, lo que concedía estabilidad al régimen, a la vez que daba unas ciertas garantías a los países occidentales sobre la continuidad de ciertas políticas. En materia económica este periodo es el de la gran transformación de España en un país industrial y de servicios con un creciente comercio exterior y una posición privilegiada como potencia turística mundial. Entre 1960 y 1972 la renta per cápita se multiplicó 4,5 veces. Los trabajadores del sector agrícola pasaron del 52% a ser el 25% de la masa laboral. El número de turistas internacionales subió de 7 millones en 1960 a 24 millones en 1970. Y el PIB per cápita con respecto a la media europea pasó de ser un 59% a estar a un 74%.

La organización institucional del franquismo

La democracia orgánica, que nació con el propio régimen, se puso en práctica en toda su extensión tras la aprobación de la última de las Leyes Fundamentales en 1966. A diferencia de las democracias liberales, en las que la participación política de los ciudadanos está encauzada por los partidos políticos, en este sistema la participación se expresaba en los municipios, en la familia y en el sindicato. Estos tres pilares darían lugar a instituciones como las Cortes, el Consejo Económico y Social, las Corporaciones Profesionales y el sindicato único.

Estos incontestables datos económicos no fueron acompañados de una mayor apertura política que diera salida a la creciente necesidad de los españoles de ejercer una mayor participación política. Durante este último periodo, los partidos de la oposición franquista desarrollaron una política de unidad de acción encaminada a ser un actor al que tomar en cuenta tras el fallecimiento del dictador. La Iglesia católica, pilar y apoyo fundamental del régimen desde su instauración, comenzó un proceso de separación de este y un progresivo acercamiento a las clases trabajadoras. El periodo franquista llegó a su fin el 20 de noviembre de 1975 con el fallecimiento del dictador.

LA GUERRA FRÍA: LA CREACIÓN DEL SISTEMA BIPOLAR

Estados Unidos y la Unión de Repúblicas Socialistas Soviéticas adquirieron tras la Segunda Guerra Mundial la condición de superpotencias. Ambos países lideraron durante años dos visiones radicalmente opuestas en su concepto de sociedad, libertad y construcción institucional del Estado. Durante décadas ambas potencias mantuvieron una tensión global, con focos puntuales de enfrentamiento militar en terceros países, que marcaron la política exterior de las siguientes décadas.

La Guerra fría fue un permanente estado de tensión entre Estados Unidos y la URSS, los respectivos bloques de aliados que fueron creando a lo largo de los años, en el que nunca llegó a desatarse un conflicto directo debido a la garantía de destrucción mutua asegurada que hubiera supuesto la utilización de su arsenal nuclear.

La principal consecuencia de la Guerra Fría fue la creación de un sistema bipolar que se caracterizó por el enfrentamiento constante, no bélico, de ambos países desde el año 1947. Las dos superpotencias desarrollaron su política exterior bajo el axioma aliado-enemigo, en un constante intento de sabotaje de las acciones del contrario y una imparable búsqueda de nuevos integrantes para su bloque. Una vez que un aliado tomaba partido por un bloque, el líder debería defenderlo ante cualquier agresión y el bloque contrario tendría que abstenerse de cualquier incursión o relación. Desde los primeros choques en Europa, la política de bloques fue adquiriendo nivel global, con solo unos cuantos países no alineados y con la ONU como teórico árbitro que fue incapaz de manejar la situación. Todas estas características del sistema bipolar llevaron a la creación de una política basada en los riesgos calculados, siempre con la amenaza nuclear, y que se tradujo en una acción diplomática y militar que buscaba la contención del bloque contario, la disuasión de la ejecución de cualquier acto hostil, la persuasión de los aliados y de los enemigos, y la utilización a gran escala del espionaje, llevado a cabo por la CIA norteamericana desde 1947 y por el NKVD y el KGB soviéticos desde 1954.

Tras los acuerdos alcanzados en las conferencias de Yalta y Potsdam, la política exterior de Estados Unidos y de la URSS tomó rumbos completamente opuestos, como se pudo observar en el diferente comportamiento en los países liberados por unos u otros en Europa tras la derrota de Hitler. En 1947 el presidente norteamericano, Harry S. Truman (1884-1972), y el general George Marshall (1880-1959) pusieron en marcha una política de contención de la URSS. La Doctrina Truman dio un cambio radical en los fines y objetivos de la política exterior norteamericana que daba comienzo a un periodo de ayuda a los países europeos ante la amenaza de los totalitarismos. Los dos primeros países en los que se aplicó esta doctrina fueron Grecia y Turquía. La nueva línea de contención de la URSS se puso en marcha con el Plan Marshall, una iniciativa encaminada a dar soporte económico a todos los países europeos para que hicieran frente a la reconstrucción y reactivación de la economía. El plan fue uno de los primeros choques entre los bloques: la URSS rechazó de manera tajante que los países bajo su órbita aceptaran cualquier ayuda norteamericana. En el terreno militar, se incrementó el presupuesto en defensa de los Estados Unidos, que ejercieron un poder moral al ser el único país en aquel momento que poseía la bomba atómica. Bajo el espíritu de la configuración completa del bloque occidental, y teniendo como base los tratados previos de Dunkerque de 1947 y de Unión Occidental de 1948, se creó en 1949 la Organización del Tratado del Atlántico Norte con diez países europeos más Estados Unidos y Canadá.

Los beneficios del Plan Marshall

El Plan Marshall estuvo en marcha entre 1948 y 1952. Movilizó en sus diferentes modalidades más de 20 000 millones de dólares de la época para 16 países europeos. Los países europeos recibieron ayudas que luego se fueron devolviendo mediante la compra de bienes y servicios estadounidenses.

En el bloque soviético las cosas eran muy diferentes. La URSS no quedó satisfecha con lo obtenido tras la guerra. Los soviéticos consideraban que tras sus 20 millones de muertos debían recibir mayores reparaciones. Para ello, mantuvieron un ejército de 6 millones de soldados en los países que habían arrebatado a los nazis. Desde 1946, Stalin elevó el tono al denunciar que Rusia estaba volviendo a ser rodeada por una fuerza imperialista, militar y agresiva en referencia al bloque occidental. Para hacerle frente, ideó la creación de un sistema socialista mundial, el bloque soviético, que tendría como líder a la propia URSS. Para contrarrestar el Plan Marshall crearon la *Kominform*, que asesoró entre 1947 y 1984 a los partidos comunistas de los países del Este. Su objetivo era acelerar la sovietización de sus instituciones, lo que dio lugar a un nuevo tipo de Estado que se denominó Democracia Popular y que también sirvió de arquitectura institucional a los países africanos y asiáticos en los que la URRS instigó revoluciones populares[106]. A imitación

---

106. Las Democracias Populares fueron los sistemas comunistas de gobierno en la mayoría de los países de la órbita soviética como en Bulgaria (1946), Polonia y Rumanía (1947), Checoslovaquia (1948), Hungría y la República Democrática Alemana (1949).

del Plan Marshall los soviéticos crearon el Consejo de Ayuda Mutua Económica en 1949, y ya ese año el sistema socialista mundial contaba con más de 16 Estados en todo el mundo. En el terreno militar, la URSS siguió el ejemplo de los Estados Unidos y en 1949 anunció que ya había realizado la primera prueba efectiva con bomba atómica, poniendo a ambos bloques en pie de igualdad y dando inicio a la carrera armamentística de las siguientes décadas. El pacto militar soviético que contrarrestó a la OTAN nació en 1955 y se denominó Pacto de Varsovia.

Con los bloques configurados se dio el pistoletazo de salida a los choques que tendrían lugar entre ambas potencias y sus respectivos aliados hasta el año 1991. Durante este tiempo se sucedieron tres momentos críticos, como fueron la guerra de Corea, la crisis de los misiles de Cuba y la guerra de Vietnam.

La guerra de Corea tiene como origen la partición llevada a cabo en la península coreana tras la Segunda Guerra Mundial y la lucha entre Rusia y Japón. El paralelo 38 se utilizó como línea que determinó la frontera entre el Norte con un gobierno comunista y el Sur con un gobierno prooccidental. En este tiempo la URSS consiguió también extender el comunismo a la República Independiente Democrática de Vietnam en 1945, la República Democrática Popular de Corea en 1948 y la República Popular China en 1949. En 1950 ocurrieron una serie de problemas fronterizos y el Norte invadió el Sur. La ONU permitió que se creara una coalición liderada por los Estados Unidos para defender a Corea del Sur, mientras que China intervino para apoyar al Norte. El conflicto se alargó durante tres años, centrando las batallas en la región fronteriza. Durante esta crisis el presidente Truman tuvo que destituir al general MacArthur, héroe de la lucha contra Japón en la Segunda Guerra Mundial, porque el militar estaba decidido a utilizar de nuevo las armas nucleares, esta vez contra China.

La siguiente crisis tuvo lugar en Cuba al inicio de la década de 1960 y tras unos años de teórica calma entre los bloques. A la muerte de Stalin, Nikita Kruschev (1894-1971) accedió al poder y en 1956 puso en marcha la doctrina de la coexistencia pacífica entre los bloques que llevó a un cierto tiempo de tranquilidad y acuerdos entre las dos superpotencias. Esta línea se truncó cuando en 1959 la Revolución cubana venció en la isla y estableció, a tan solo 150 km de suelo estadounidense, un régimen comunista completamente apoyado desde Moscú. Ante esta situación, Washington elevó su nivel de alerta y llevó a cabo en 1961 la incursión en la bahía Cochinos de Cuba, que fue un terrible fracaso del nuevo presidente, John F. Kennedy (1917-1963), y decretó el embargo total a la isla. El gobierno comunista de Fidel Castro (1926-2016) solicitó a la URSS ayuda económica, alimentaria y militar. En octubre de 1962, Kennedy informó de que los servicios secretos estadounidenses habían descubierto que la URSS no solo enviaba alimentos y bienes de equipo a Cuba, sino que se habían instalado en la isla misiles soviéticos de corto y medio alcance. Este hecho desencadenó una crisis que duró 13 días en la que las dos potencias activaron sus ejércitos y su arsenal. Kennedy dio un ultimátum para la retirada de los misiles soviéticos o utilizarían la fuerza, incluyendo el arsenal atómico. La tensión hizo temblar el mundo, pero finalmente la URSS retiró los misiles y se evitó un conflicto directo entre ambas potencias.

La guerra de Vietnam fue otro de los choques que tuvieron ambos bloques. La Indochina francesa fue dividida en 1954, bajo el proceso de descolonización, en dos países cuya frontera sería el paralelo 17. El Norte se configuró como un Estado marxista y el Sur, como una autocracia de simpatías occidentales. En 1963 el líder del Sur fue derrocado en un golpe de Estado y, ante la amenaza comunista del Norte, los Estados Unidos decidieron intervenir invadiendo el país para establecer algún gobierno títere que evitara la intervención del Norte. Entre 1965 y 1973 los norteamericanos llegaron a tener en el país más de 1 millón de soldados en una cruenta guerra en la que se utilizaron armas químicas incluso sobre la población civil. La guerra duró dos presidencias norteamericanas y tuvo un alto coste económico, militar y de vidas estadounidenses que pasaron una gran factura de imagen al país. La propia sociedad norteamericana se rebeló contra esta guerra en masivas manifestaciones que llegaron a tomar Washington pacíficamente. En 1969 el presidente Nixon (1913-1994) inició una retirada de tropas del país y en 1973 tuvo lugar la salida completa con la firma de los Acuerdos de Paz de París. La guerra entre el Norte y el Sur continuó hasta 1975, cuando los comunistas unificaron el país.

LA FUNDACIÓN DE LA REPÚBLICA POPULAR CHINA Y EL LIDERAZGO DE MAO ZEDONG

El fin de la dinastía Qing supuso el inicio de un nuevo tiempo en China. Entre 1911 y 1949 una prolongada guerra civil asoló el país. De la contienda salió vencedor el Partido Comunista, que estableció en el país un régimen que perdura hasta nuestros días.

Tras la Revolución de Xinhai de 1911, el país adoptó una fórmula republicana de gobierno que pretendió modernizar China por completo, pero que se vio sobrepasada por los estallidos de violencia y las luchas de poder que estallaban por cada rincón del país. En este contexto emergieron dos importantes grupos: el Kuomintang, Partido Nacionalista Chino, encabezado por Chiang Kai-shek (1887-1975), y el Partido Comunista Chino. En 1927 Chiang Kai-shek fundó en Nankín la República China de corte liberal y en 1928 consiguió llegar hasta Pekín y ser nombrado presidente. Durante algunos años ambos grupos fueron aliados, pero desde 1927 quedó patente que eran proyectos políticos incompatibles y comenzó una cruenta guerra que se alargó hasta el año 1934, cuando el Ejército de Liberación Popular del Partido Comunista Chino, liderado por Mao Zedong (1893-1976), fue prácticamente derrotado e inició un repliegue general[107].

La llegada de la guerra sino-japonesa en 1937 y su continuación con la invasión japonesa de China en el contexto de la Segunda Guerra Mundial permitieron que Chiang Kai-shek y Mao Zedong colaboraran en algunas batallas para salvaguardar la independencia de China. En 1945 terminó la guerra, durante la cual la imagen del Partido Comunista se había visto reforzada entre la población, al contrario que la del Kuomintang, que empezó a mostrar signos autoritarios, una gran corrupción y una desatención a las necesidades de las clases populares. En este marco se desencadenó la segunda fase de la guerra civil entre ambos combatientes y, en esta ocasión, Mao Zedong ganaría la contienda y proclamaría en 1949, en Pekín, la República Popular China. Por su parte, los partidarios de Chiang Kai-shek se exiliaron a la isla de Formosa, actual Taiwán, donde se establecieron bajo el nombre de República de China.

Mao Zedong permaneció en el poder desde 1949 hasta su muerte en 1976, más de dos décadas que se pueden dividir en tres periodos. Durante el primero,

---

107. La Larga Marcha. Mao comandó a los restos del Ejército de Liberación Popular en un repliegue que recorrió más de 12 000 kilómetros entre 1934 y 1935 para llegar desde el sur hasta el norte del país. En el camino perdieron más del 90% de las tropas que iniciaron el éxodo, pero fueron adoctrinando a los campesinos y a las clases más populares y reclutando nuevos adeptos.

que fue de 1949 a 1958, se produjo una rápida creación institucional del nuevo Estado. En 1954 se aprobó la Constitución que estableció que China se constituía en una dictadura democrática popular, para lo cual se constituyó una única Asamblea. Asimismo, se llevó a cabo la reforma agraria con la que Mao Zedong se ganó el favor de los pequeños agricultores y desde 1958 se crearon las comunas. La industrialización se realizó copiando el modelo soviético de planificación vía los planes quinquenales. En 1957 se puso en marcha un plan de apertura de la crítica y de opinión para recabar la opinión de los ciudadanos.

El segundo periodo tuvo lugar entre 1958 y 1966 y comenzó con la suspensión total de la libertad de crítica y opinión. Ante la escasez de alimentos se fomentó la colectivización de todas las tierras y se terminó con la propiedad privada de todos los medios de producción agrícola, pero las reformas no tuvieron el éxito deseado y se produjo durante años una gran hambruna que terminó con la vida de más de 30 millones de personas. En la industria se dio un gran salto al llevar la industrialización a todos los rincones del país para la producción de acero y carbón, desde grandes a pequeñas fábricas. El programa tuvo un cierto éxito en cuanto a la producción, pero fue nefasto en cuanto a la calidad del producto. En el ámbito político, se produjeron dos importantes acontecimientos: el primero fue la renuncia de Mao en 1959 a la presidencia del país, aunque retuvo hasta su muerte la presidencia del Partido Comunista, la presidencia de la Comisión Militar Central y, lo más importante, el título de líder supremo, por lo que mantuvo el control efectivo del país. El segundo acontecimiento fue la ruptura con la URSS.

Ruptura entre la URSS y China

La ruptura con la URSS en 1960 se debió a las diferencias ideológicas sobre cuál debía ser el modelo de sociedad comunista y cómo tenía que aplicarse en el tercer mundo. También tuvieron que ver la política de coexistencia pacífica de Kruschev, que impedía tomar por la fuerza Taiwán, y las reticencias de la URSS a ayudar a China en su investigación sobre la bomba atómica.

El tercer periodo se inició en 1966 y finalizó tras la turbulenta sucesión de Mao, que se alargó hasta 1978. En 1965 Mao puso en marcha la Revolución Cultural, un programa de movilización de masas para adoctrinar, en especial a los jóvenes, en el contexto de las luchas de poder que comenzaban a aparecer dentro del Partido Comunista. La revolución buscaba depurar todo pensamiento, elemento o monumento que recordara al capitalismo o el pensamiento tradicional chino para que las futuras generaciones únicamente recordaran al pensamiento de Mao Zedong. Para llevar a cabo esta política se persiguió y depuró a los disidentes, causando centenares de miles de muertos y millones de humillaciones públicas, torturas o trabajos forzados. También se destruyeron miles de lugares históricos y su contenido. Mao falleció en 1976 y se desató entonces una encarnizada lucha de poder en la que el ala más izquierdista y radical, responsable de la implantación de la Revolución Cultural, fue detenida y juzgada, dando el nuevo gobierno un cambio de rumbo frente a las políticas de Mao Zedong.

LA URSS Y LAS DEMOCRACIAS POPULARES DE EUROPA DEL ESTE

Polonia, Hungría, Rumanía, Checoslovaquia y Bulgaria llevaron a cabo, entre 1945 y 1948, el establecimiento de un modelo político comunista siguiendo los dictados soviéticos, que no estuvo exento de contestación popular y revueltas que fueron sometidas desde Moscú.

Tras la victoria contra Hitler en la Segunda Guerra Mundial centenares de miles de soldados soviéticos permanecieron en los países del Este de Europa para garantizar la seguridad, pero también para ofrecer ayuda a los partidos socialistas y comunistas de estos países a la hora de instaurar nuevos regímenes tutelados desde la URSS.

Esta transformación política apenas duró tres años y se llevó a cabo en varias etapas. La primera tuvo lugar entre 1945 y 1946, durante la cual los países invadidos por Hitler recuperaron la libertad y, devastados por la guerra, formaron gobiernos de unidad nacional en los que los comunistas y socialistas forjaron alianzas que les permitió unir a todas las fuerzas de izquierdas gracias al apoyo de las fuerzas soviéticas. En esta fase se instauraron formalmente las democracias populares, que en teoría iban a ser respetuosas con el pluralismo político. En este periodo se aprobaron las primeras grandes leyes estatalizadoras de la agricultura, la industria y el comercio. La segunda fase tuvo lugar entre 1946 y 1947. En ella los nuevos gobiernos, una vez instalados en el poder, terminaron con cualquier resquicio de democracia liberal y aprobaron leyes que intervenían todos los sectores económicos para poder crear las bases de un Estado de corte soviético. La última fase tuvo lugar entre 1947 y 1948 y supuso la culminación de la instauración de regímenes de partido único tras la prohibición de la mayor parte de los partidos y la absorción de algunas entidades de izquierda por parte de los respectivos partidos comunistas nacionales.

Desde el punto de vista económico, las democracias populares de Europa apostaron por la propiedad estatal de los bienes de producción y por el establecimiento de un sistema de planificación de la economía a través de planes quinquenales que regulaban el funcionamiento de todos los sectores económicos del país. Tras el establecimiento de la arquitectura institucional de las democracias populares tuvo lugar la nacionalización de la totalidad de los sectores económicos. Apenas subsistieron algunos resquicios fuera del sistema, solo algunas pequeñas propiedades agrarias, artesanía tradicional o mínimo comercio de intercambio en poblaciones rurales. Los planes quinquenales comenzaron a establecerse en 1949 en Checoslovaquia y Bulgaria y, al año siguiente, en Hungría y Polonia, y se centraron principalmente en la industria. Para la agricultura se optó por el sistema soviético de granjas estatales centralizadas.

La industrialización de los países del Este se produjo en gran parte gracias al apoyo financiero y la coordinación ejercida por la URSS. Los soviéticos crearon, en respuesta al Plan Marshall norteamericano, el Consejo de Ayuda Económica Mutua en 1949.

La instauración de las nuevas democracias populares de corte soviético no estuvo exenta de contestación social en la mayor parte de los países de Europa del Este. Así, entre 1956 y 1980, se vivieron importantes crisis en Hungría, Checoslovaquia y Polonia, que mostraron las contradicciones sociales de estos sistemas y que tuvieron que ser sofocadas por la intervención directa del ejército de la URSS.

El fallecimiento de Stalin trajo un cierto espíritu renovador en el gobierno de la URSS, que fue acogido con buenas expectativas por los países de su órbita. En Hungría se enfrentaron dos bandos del Partido Comunista, unos renovadores y otros más ortodoxos y fieles a las políticas de estricto control social aplicadas por Stalin. Esta discusión se trasladó a las calles y aparecieron manifestaciones callejeras y protestas a favor de una mayor apertura del régimen. El nuevo espíritu que reinaba en Moscú vio positivo un cambio en el gobierno húngaro y le dio su presidencia al reformista Imre Nagy (1896-1958). El nuevo presidente pidió el fin de las protestas y llamó a la población a discutir un pacto nacional que llevara hacia una cierta apertura con orden y la negociación con Moscú. La población húngara recibió con entusiasmo el plan y Nagy, sintiéndose respaldado por sus ciudadanos, aceleró las medidas reformistas que incluyeron abolir el sistema de partido único. Esta medida irritó a la URSS, que veía fundamental dentro de su arquitectura institucional el total control del Partido Comunista de todas las instituciones nacionales. Nagy continuó con su plan y en 1956 pidió la salida de Hungría del Pacto de Varsovia y solicitó a las Naciones Unidas que se le garantizara su estatus de país neutral. Moscú tomó cartas en el asunto y el 12 de noviembre de 1956 el ejército ruso tomó Budapest, depuso al gobierno y estableció un nuevo liderazgo. El nuevo presidente impuesto por la URSS anuló todas las leyes aprobadas por Nagy, reprimió a la oposición, estableció la ley marcial y llevó a juicio sumarísimo a los participantes en el plan. Por último, en 1958 ejecutó a Nagy.

En 1968 en Checoslovaquia el Partido Comunista del país nombró a Alexander Dubcek (1921-1992), un declarado reformista, como nuevo secretario general. Dubcek accedió al poder y presentó a la población en la primavera del año 1968 un plan de acción para adaptar el sistema socialista a los nuevos tiempos. Entre las propuestas de Dubcek estaban la eliminación de la censura, mayor permisividad con la práctica de la religión y una igualdad real entre Chequia y Eslovaquia. Una vez más el plan no fue visto con buenos ojos desde Moscú y, tras varios meses de negociaciones para intentar pararlo de manera diplomática, las fuerzas del Pacto de Varsovia tomaron Praga el 21 de agosto de ese mismo año. El nuevo gobierno impuesto por las fuerzas soviéticas derogó todas las medidas tomadas por Dubcek y lo destituyó de todos sus cargos.

En Polonia a finales de los años setenta del siglo xx la dramática situación económica llevó a un fuerte descontento social. En 1980 se produjeron unas masivas huelgas que rápidamente se extendieron por todo el país. En la ciudad de Gdansk el sindicalista Lech Walesa[108] (1943) presentó un plan de 21 puntos encaminados a mejorar las

---

108. Lech Walesa fue el sindicalista que lideró las protestas en Polonia durante los años ochenta del siglo xx. Su sindicato Solidaridad fue un ejemplo de resistencia a los regímenes comunistas y de activismo en materia de derechos humanos. En 1983 ganó el Premio Nobel de la Paz y, tras la transición política en Polonia, fue electo presidente, cargo que ejerció entre 1990 y 1995.

condiciones de vida de los trabajadores, a los que se reconocía el derecho de huelga, la libertad de afiliación sindical o la libertad de expresión. La dureza de las huelgas llevó al gobierno polaco a aceptar la propuesta de Walesa y, ese mismo año pudo fundar el Sindicato Independiente y Autogestionario Solidaridad. Ante el recrudecimiento de las protestas por la falta de medidas que encauzaran la economía, el Politburó polaco otorgó al general Jaruzelski (1923-2014) plenos poderes como jefe del partido, del gobierno y ministro de Defensa. El general estableció la ley marcial y en 1982 ilegalizó el sindicato de Walesa y detuvo a sus dirigentes. En esta ocasión no hubo intervención directa de la URSS, que para esta década ya afrontaba sus propios problemas de descomposición. La contestación en la calle fue masiva y en 1984 el gobierno tuvo que conceder una amplia amnistía que dio inicio a una lenta transición política.

LA DESCOLONIZACIÓN Y LOS NUEVOS PAÍSES DE ÁFRICA, ASIA Y OCEANÍA

La descolonización es el proceso histórico por el que las colonias de Asia y de África, hasta entonces dependientes de distintos países europeos, alcanzaron la independencia política tras la Segunda Guerra Mundial. Supuso la desaparición de los imperios coloniales occidentales constituidos en la época de la expansión colonial europea y el inicio de una nueva era.

El origen inmediato del proceso descolonizador se encuentra en las guerras mundiales. Los dos grandes conflictos bélicos tuvieron serias consecuencias en las relaciones existentes entre las metrópolis y sus colonias, creando una nueva situación en sus vínculos de intercambio y dependencia. Amplias zonas geográficas de Asia y de África fueron escenarios de combate durante ambas guerras, a lo que habría que sumar las aportaciones tanto materiales como humanas que realizaron. Con ello condicionaron su posterior evolución. Un claro ejemplo fue el del nacionalismo despertado por la ocupación japonesa en las colonias europeas del Sudeste asiático.

Por otro lado, tanto las ideas como la conciencia internacional se fueron mostrando cada vez más opuestas a los abusos del colonialismo, expresando una crítica anticolonialista y defendiendo los beneficios de la descolonización. En este sentido, se mostró el pensamiento de las iglesias católica y protestante o en su momento el de la II Internacional. También hubo una transformación en la propia actitud política de las potencias coloniales. Las opiniones públicas internas empujaron a las metrópolis a poner en marcha procesos descolonizadores. Este cambio se puso de manifiesto en Reino Unido mediante la creación en 1931 de la Commonwealth. Entre 1946 y 1958, Francia instituyó la Francophonie, una comunidad de naciones a la que fueron adhiriéndose sus antiguas colonias. Holanda y Bélgica actuaron más tardíamente y no acertaron a dotarse de un nuevo modelo. Por último, España y Portugal, países opuestos a la descolonización, realizaron una política de provincialización que desembocó en la ruptura y graves conflictos coloniales.

Un factor fundamental para la eclosión del proceso descolonizador fue el desarrollo económico y social de los pueblos colonizados. Los territorios que hasta entonces habían dependido de Europa fueron adquiriendo conciencia de su situación y organizando su resistencia contra la dependencia colonial. En el caso de Asia, los elementos más relevantes fueron la formación y desarrollo del nacionalismo que, de una manera general, tuvo sus bases en la continuidad con la tradición y la historia, las realidades creadas por el colonialismo, la influencia del marxismo y las consecuencias de la Segunda Guerra Mundial. Algunos de estos partidos fueron el Partido del Congreso en la India, la Liga Musulmana, el Kuomintang en China o el Viet Minh. También se dio la aparición del panasiatismo como movimiento de solidaridad y cooperación que buscaba la aproximación y la colaboración entre los pueblos de Asia en su actitud común contra Europa. La culminación de este movimiento se alcanzó con la Conferencia de Bandung de 1955.

En el mundo árabe-islámico, el nacionalismo apareció ya en el siglo XIX sobre una base religiosa y cultural. En el siglo XX surgió el panarabismo o movimiento de unidad árabe, que desembocó en la constitución de la Liga Árabe en 1945 y el panislamismo, movimiento más amplio que el anterior, ya que buscaba la cooperación de todo el mundo islámico.

En el África subsahariana, las realidades sociales y económicas del colonialismo dieron lugar a un nacionalismo basado en la tradición y la historia de cada pueblo y la reacción contra las potencias coloniales. Como rasgo específico del área francófona hay que señalar el concepto de negritud, que contraponía los valores tradicionales africanos a la cultura francesa. También surgió un movimiento panafricano, expresión de solidaridad y unión entre los pueblos de África en favor de la independencia del continente, que desembocó en la constitución de la Organización de la Unión Africana en 1963.

Por último, es preciso resaltar la política que siguieron tanto la Sociedad de Naciones como la Organización de las Naciones Unidas respecto a la descolonización al crear un marco de derecho internacional para hacerla posible. Este marco comenzó con el sistema de mandatos de las Naciones Unidas y culminó con el Consejo de Administración Fiduciaria de Naciones Unidas.

El proceso de descolonización constó de varias fases. En la primera, entre 1945 y 1955, se produjo la independencia de la práctica totalidad de los países de Asia Oriental, Meridional y del Sudeste asiático, así como del Próximo Oriente árabe. En la segunda fase, entre 1955 y 1975, tomó carácter formal el concepto de tercer mundo y tuvieron lugar las revoluciones e independencias de los países de África. A partir de 1975, se registraron las independencias de los países de África Austral, Oceanía y el Caribe. Los últimos en obtener su independencia fueron los países del Asia Central, excepto ejemplos concretos, como Macao, Hong Kong, Timor Oriental o Gibraltar.

Los resultados del proceso descolonizador arrojaron luces y sombras. Aunque la práctica totalidad de los territorios alcanzaron la independencia, no siempre lograron un nivel aceptable de desarrollo económico. Muchos de los nuevos Estados cayeron en una situación de dependencia respecto de los países desarrollados que ha sido calificado de neocolonialismo. Por otra parte, muchas de las nuevas naciones trataron de no verse arrastradas por el conflicto bipolar de la Guerra Fría. Esta postura tuvo dos manifestaciones principales. La primera fue la Conferencia

El proceso descolonizador

El primer esfuerzo en la organización del tercer mundo se produjo en la Conferencia de Bandung, celebrada entre el 17 y el 24 de abril de 1955 en la antigua capital indonesia. Fue la primera gran conferencia internacional sin la participación de los países europeos, Estados Unidos o la Unión Soviética. En ella se reunieron 24 Estados y algunos de los líderes más destacados del mundo poscolonial, como el primer ministro Jawaharlal Nehru de la India o el presidente Gamal Abdel Nasser (1918-1970) de Egipto. En el desarrollo de las sesiones se afirmarán tres posiciones: una de carácter prooccidental (Filipinas, Japón, Turquía), una tendencia neutral (Egipto, India) y una última procomunista (China, Vietnam del Norte).

de Bandung de 1955, que representa el acceso a la comunidad internacional de los nuevos Estados. En segundo lugar, el Movimiento de los Países No Alineados, que nació en la Conferencia de Belgrado de 1961 y condujo a la reivindicación de un Nuevo Orden Económico Internacional.

LAS INDEPENDENCIAS DE INDIA Y PAKISTÁN

Desde el siglo xix apareció la idea de una moderna nación india entre las élites locales y las clases medias que estaban en contacto con las ideas europeas. Durante el siglo xx se llevó a cabo el proceso de independencia de India y Pakistán, que, si bien terminó con el problema colonial, inauguró una época de extrema rivalidad entre ambos países.

Los inicios de la democracia liberal en India tienen sus orígenes en el Congreso Nacional Indio, fundado a iniciativa del virrey británico en 1881, como un partido que permitiera la participación política de la burguesía local y cohesionara a una población dividida por tres religiones. Pero un joven Mahatma Gandhi (1870-1948) pronto tomaría las riendas del partido y lo convertiría en principal azote de los británicos.

Gandhi, líder de la independencia india

Mahatma Gandhi fue un decidido pacifista que defendió la independencia de la India desde la práctica de la desobediencia civil no violenta. En 1948 fue asesinado por un terrorista hindú que criticaba su postura de tolerancia y la búsqueda pacífica de acuerdos con los musulmanes.

La creciente demanda social llevó a los británicos en 1919 a aprobar la creación de una Asamblea representativa que tuviera capacidad legislativa con el virrey. En 1935 se aprobó la Ley de Gobierno de la India, que permitió a miembros del partido del Congreso Nacional Indio entrar en el ejecutivo. No obstante, estas medidas no completaban los anhelos de independencia de la mayor parte de la población.

La victoria en 1945 del laborista Clement Attlee (1883-1967) en el Reino Unido trajo una nueva política británica hacia la India. Se convocaron elecciones provinciales en las que el partido del Congreso Nacional Indio salió ampliamente victorioso y la Liga Musulmana creada en 1906 obtuvo el primer puesto en las provincias de mayoría musulmana. Ante el avance del sentimiento nacionalista, el Reino Unido aceptó trazar una hoja de ruta para poner en marcha una Unión Federal. A la hora de conformar el gobierno de esta nueva unión, la Liga Musulmana se retiró de las negociaciones. Attlee quiso dar un nuevo rumbo a las negociaciones y nombró a lord Mountbatten (1900-1979) como virrey de la India con el encargo de negociar con el Congreso Nacional Indio y la Liga Musulmana el establecimiento de dos Estados, ambos con categoría de dominio dentro de la Commonwealth, en los que deberían integrarse los principados y territorios de la nobleza india. Las provincias de mayoría musulmana podrían formar Pakistán y una comisión de partición se encargaría de abordar las fronteras en las que ambos grupos religiosos estaban repartidos casi de igual manera. Las tensiones fueron creciendo entre los representantes hindúes y los musulmanes y la comisión creada al efecto fue incapaz de determinar las fronteras, que al final fueron decididas por un abogado londinense. En 1947 la India y Pakistán proclamaron de forma oficial su independencia, en la que Jawaharlal Nehru presidió el gobierno de la Unión India.

La rapidez en llegar a la independencia y la falta de un consenso en las fronteras hizo que los problemas entre ambos países surgieran desde el comienzo de su existencia. Cerca de 7 millones de personas se desplazaron entre uno y otro país para huir de las matanzas que tuvieron lugar contra los miembros de la religión del otro Estado.

En el momento de la independencia existían 352 principados, no integrados en la India británica, que eran vasallos de la corona británica. A todos ellos se les concedió el derecho de opción entre su pertenencia a India o Pakistán. La elección fue sencilla para la gran mayoría, pero tres principados causaron problemas que contribuyeron a la inestabilidad política de los nuevos países. Junnabad tenía población hindú y un príncipe musulmán que optó por su integración en Pakistán, pero el ejército indio ocupó el principado y tras un plebiscito se unió a la India. Hyderabad tenía el mismo problema que Junnabad y fue forzado a integrarse en la India. Cachemira se situaba en la frontera de los dos Estados y respondía al caso contrario, población musulmana y un príncipe hindú que no se decidía dónde integrarse. Pakistán forzó la situación invadiendo el principado y el marajá pidió ayuda a la India, que envió su ejército. Este choque dio lugar entre 1948 y 1949 a la primera guerra entre India y Pakistán. Gracias a la intervención de la ONU se produjo un alto el fuego y se prometió un referéndum que nunca llegó a celebrarse mientras esta región se convertía en una de las más conflictivas en las siguientes décadas.

La segunda guerra entre ambos países tuvo lugar en 1965 y en 1971 estalló la tercera de ellas por un problema interno de Pakistán, cuando la región sur quiso independizarse para convertirse en Bangladés. Ante la negativa de Pakistán a aceptarlo el ejército indio intervino, ocupó la región y garantizó la independencia bangladesí. Desde entonces las tensiones no han desaparecido entre la República Islámica de Pakistán y la India, la mayor democracia del mundo.

EL PROCESO DE INTEGRACIÓN EN EUROPA

Europa había quedado devastada tras la Segunda Guerra Mundial en lo económico y en lo social. Tras dos guerras entre europeos en medio siglo, surgió entre la sociedad civil un espíritu de cooperación y de unidad que comenzó a fraguar entre los políticos y que dio paso a la creación de una serie de instituciones que han llegado hasta la integración política de 28 Estados Miembros en el siglo XXI.

En 1950 el ministro de Exteriores francés, Robert Schuman (1886-1963), expuso en una declaración la necesidad de fundar una institución de carácter internacional que fuera apoyando un proceso sostenido de acercamiento y colaboración de los Estados europeos. Su frase más conocida fue «Europa no se hará de una vez», en la que viene a indicar que esta futura institución no se crearía de la nada y como un todo, sino que comenzaría como una pequeña colaboración y debería ir creciendo con el tiempo para asumir mayores responsabilidades. El objetivo fundamental de esta institución sería garantizar que nunca más volviera a haber una guerra entre las potencias europeas. Para ello, ofreció comenzar una pequeña integración económica basada en los principales recursos de la época, el acero y el carbón. Schuman ofreció a su homólogo alemán la formación de una

Alta Autoridad que contribuyera a coordinar los mercados de estos productos, confiando en su idea de que si existía colaboración y dependencia económica, la guerra sería una opción más lejana. El proyecto de Schuman se abrió a todo aquel que quisiera participar y, en 1951, Francia, Alemania, Italia, Países Bajos, Bélgica y Luxemburgo firmaron la constitución de la Comunidad Económica del Carbón y del Acero (CECA).

El siguiente paso se dio a instancias de los tres países que conformaban el Benelux y trataba sobre ampliar la cooperación económica a todos los ámbitos y no solo al carbón y el acero. En 1957 se firmó en Roma el Tratado Constitutivo de la Comunidad Económica Europea (CEE) y de la Comunidad Europea de la Energía Atómica (Euratom). Surgieron así tres instituciones distintas que concitaban la colaboración de seis países europeos en distintos sectores.

La práctica durante la década de 1960 y 1970 de una efectiva colaboración llevó a institucionalizar las cumbres de los jefes de Estado o de Gobierno de estos países para abordar los temas de su política comercial y arancelaria común, pero de manera natural fue derivando a otros sectores, como el de las relaciones exteriores de estos países frente a otros Estados europeos que estaban fuera del bloque y el resto del mundo. La colaboración fue en aumento y en 1986 se firmó el Acta Única Europea que formalizó la cooperación en materia de política europea, justicia e interior.

En 1992 se produjo uno de los cambios fundamentales al plasmar en el Tratado de Maastricht la apuesta por la profundización en la colaboración y la ampliación. También en este tratado se tomaron importantes decisiones, como la nueva denominación de la unión, que pasaría a conocerse como Comunidad Europea. También el establecimiento de los tres pilares que constituirían los ejes de acción de la unión: la Comunidad Europea con sus respectivos tratados, la Política Exterior y de Seguridad Común y la Cooperación en los Asuntos de Justicia e Interior.

El Tratado de Ámsterdam de 1997 mantuvo la estructura de los tres pilares y otorgó a la Comisión Europea competencias en materia de visados, asilo, inmigración y otras formas de cooperación. Quedó pendiente el tercer pilar únicamente con la cooperación policial y de justicia penal.

En el año 2004 el Tratado de Lisboa llevó a cabo una profunda reforma de las instituciones y del funcionamiento de la unión, que, debido a los problemas en la ratificación por parte de la negativa de algunos países, no entró en vigor hasta el año 2009. Estableció el nombre de Unión Europea[109] y la dotó de una personalidad jurídica propia, que desde entonces sería ejercida en materia de representación internacional. Este tratado dio por terminada la estructura de los tres pilares que sirvió de arquitectura institucional a la Unión durante varias décadas. Llevó a cabo una reforma democratizadora por la que más materias comunes de la Unión Europea pasaban a regirse por el procedimiento ordinario, lo que dotaba de mayores poderes al Parlamento. Se introdujo la iniciativa ciudadana y se obligó a que la elección de la presidencia de la Comisión Europea tuviera en cuenta los resultados de las elecciones al Parlamento. Entre las reformas internas, se llegó a una mayor eficiencia y dinamismo en la toma de decisiones al extender la votación por mayoría cualificada a más decisiones del Consejo.

En la actualidad, la arquitectura de la Unión Europea se compone de siete instituciones a las que los Estados Miembros han conferido alguna de sus competencias. El Parlamento Europeo representa el poder de los ciudadanos y tiene competencias legislativas. Desde el año 1979, sus 750 miembros son elegidos por sufragio universal, libre y directo. La Comisión Europea surgió en el año 1958 y hoy representa el poder ejecutivo y los intereses europeos. El Consejo de la Unión Europea es la presentación de los Estados Miembros por medio de los enviados, de rango ministerial, de cada uno de los países para tratar sobre temas concretos y comparte con el Parlamento funciones legislativas y presupuestarias. El Consejo Europeo venía celebrándose de manera informal hasta que la entrada en vigor del

---

109. Las ampliaciones de la Unión Europea. Durante sus más de seis décadas de historia la Unión Europea ha vivido hasta siete ampliaciones oficiales. En el año 1972 se produjo la entrada de Reino Unido, que había sido vetada por Francia hasta en dos ocasiones, Irlanda y Dinamarca. Estaba previsto que también se uniera Noruega, pero sus ciudadanos rechazaron la adhesión en un referéndum popular. En el año 1979 entró Grecia. La tercera ampliación llegó en el año 1985 con España y Portugal. En el año 1994 se unieron Austria, Finlandia y Suecia. La mayor ampliación hasta la fecha tuvo lugar en el año 2003 con la entrada de República Checa, Eslovaquia, Chipre, Eslovenia, Lituania, Letonia, Estonia, Hungría, Malta y Polonia. El año 2005 fue el momento de Bulgaria y Rumanía. En 2008 se produjo la séptima y última ampliación hasta la fecha con la adhesión de Croacia. En la actualidad tienen solicitada su adhesión Turquía desde el año 2005, aunque este proceso se encuentra totalmente parado desde el año 2016, Montenegro inició las conversaciones en 2012 y Serbia, en el año 2014. Con motivo de la invasión rusa de Ucrania en el año 2022 han solicitado su adhesión Georgia, Moldavia y Ucrania.

Tratado de Lisboa lo elevó a su rango institucional; en él se reúnen los jefes de Estado o de Gobierno de los Estados Miembros, el presidente de la Comisión Europea y el presidente del Consejo, que tiene categoría de jefe de Estado y representa, junto con la Comisión, a la Unión Europea ante terceros. El Tribunal de Justicia Europeo es el órgano de control de la legalidad comunitaria y sus sentencias son de obligado cumplimiento en los Estados Miembros. El Tribunal de Cuentas es el órgano fiscalizador de la UE. El Banco Central Europeo es el banco de la moneda única, el eje del eurosistema y el garante del euro.

LAS TRANSICIONES DEMOCRÁTICAS DE ESPAÑA Y PORTUGAL

Los países de la península ibérica viviendo durante gran parte del siglo XX bajo sistemas autoritarios que llegaron a su fin entre 1974 y 1975. Portugal vivió un proceso de corte revolucionario que terminó con el sistema del Estado Nuevo y España, tras la muerte de Francisco Franco, dio inicio a un nuevo tiempo político. Ambos países basaron sus transiciones en la búsqueda de un amplio marco de consenso bajo la fórmula de Estados sociales y democráticos de derecho.

En el año 1933 Antonio de Oliveira Salazar (1889-1970) fundó en Portugal su Segunda República o Estado Nuevo a imagen de los totalitarismos anticomunistas de corte burgués. Durante 48 años el Estado Nuevo evolucionó institucionalmente, incluyendo un cambio en la jefatura del Estado debido a la incapacitación de Salazar, pero mantuvo siempre su corte autoritario alejado de los estándares de las democracias liberales. Portugal se encontraba a principios de la década de 1970 sumido en una importante crisis económica y social debido al intento desesperado de mantener bajo su dominio los últimos resquicios coloniales de Guinea, Mozambique y Angola. La guerra estalló en estos dos últimos países y el coste económico y en vidas para la metrópoli empezó a ser inaceptable socialmente. En este contexto de fuerte descontento social, varios mandos militares comenzaron a creer que la continuidad de la guerra era absurda y que se debía encontrar una solución pacífica que pusiera fin al conflicto con las colonias. Ante la negativa gubernamental surgió entre los cuadros medios del ejército el Movimiento de las Fuerzas Armadas que la madrugada del 25 de abril de 1974 se rebeló y salió a la calle en las principales ciudades del país. El gobierno ordenó a los altos mandos militares que salieran a las calles para detener a los insurrectos y disolver las manifestaciones de civiles que estaban tomando las calles durante la mañana de ese día. Pero los militares para aquel momento ya estaban de parte del pueblo en las calles y recibieron de los civiles centenares de claveles. El gobierno de Marcelo Caetano (1906-1980) cayó ese mismo día y partió hacia el exilio. Una Junta de Salvación Nacional tomó el poder y convocó elecciones constituyentes que aprobaron el establecimiento de un sistema democrático parlamentario de plenas garantías.

La Transición en España comenzó tras la muerte por enfermedad de Francisco Franco, que había ostentado la Jefatura del Estado desde 1939. El régimen franquista había preparado este momento dotándose de una arquitectura institucional y habiendo nombrado heredero a título de rey a Juan Carlos de Borbón y Borbón, nieto de Alfonso XIII. El periodo de la Transición española abarca desde el fallecimiento del dictador hasta la consolidación de la democracia tras la victoria del Partido Socialista Obrero Español en las elecciones legislativas de 1982.

La sociedad española de 1975 era muy diferente de la de 1939, cuando se instauró el franquismo tras vencer en la Guerra Civil. El aceptable nivel de vida de los españoles y la estabilidad de una economía desarrollada, con fuertes lazos con el mercado exterior y centrada en la industria y en los servicios, con una población altamente capacitada, incorporada a la sociedad de consumo, mayoritariamente urbana y con valores sociales y culturales de estándares europeos propiciaron el éxito de los cambios políticos que terminaron con la consolidación democrática.

La Transición española puede dividirse en tres periodos: el franquismo sin Franco, la construcción de un nuevo sistema político y la consolidación democrática. En 1975, tras el fallecimiento de Franco, se activaron todas las previsiones institucionales para la sucesión en la Jefatura del Estado: Juan Carlos I asumió el trono, juró ante las Cortes franquistas las Leyes Fundamentales del Movimiento y dio inicio a su reinando volviendo a confiar la Presidencia del Gobierno a Carlos Arias Navarro (1908-1989), que ya ocupaba el cargo desde 1973. Arias Navarro representaba a las élites tradicionales del franquismo y pretendía continuar el régimen sin la presencia de su fundador. Llevó a cabo tímidos intentos aperturistas encaminados a aprobar en el largo plazo una democracia limitada en la que solo unos pocos partidos, previamente aprobados, pudieran participar en el escaso campo de juego político. La oposición democrática, que durante los años previos al fallecimiento de Franco había llevado a cabo discretos contactos con el monarca y varios prominentes miembros del régimen, fusionó las diversas entidades que la componían en la Plataforma de Organizaciones Democráticas en 1976 y presionó al gobierno de Arias Navarro a tomar medidas concretas que avanzaran las líneas de actuación con respecto a la apertura. El rey Juan Carlos se sumó de manera indirecta a estas presiones al anunciar en un viaje a los Estados Unidos su voluntad de convertir a España en una democracia. Arias Navarro dimitió de su cargo y el rey Juan Carlos nombró a Adolfo Suárez (1932-2014), un joven político que no causaba recelos entre las élites del régimen y que pronto demostró su compromiso con la apertura política al trazar un plan que llevaría a la convocatoria de elecciones democráticas en el periodo de un año.

La segunda fase de la Transición fue pilotada por Juan Carlos I desde la Jefatura del Estado, Adolfo Suárez como cabeza del ejecutivo y Torcuato Fernández-Miranda (1915-1980) desde la presidencia de las Cortes. Se presentó en 1976 la Ley de Reforma Política, que fue aprobada primero por las Cortes, todavía franquistas, y ratificada en referéndum popular con un 94% de apoyo. La ley sirvió para confirmar a la oposición democrática el compromiso del gobierno Suárez con el cambio de régimen y convencerla de que renunciara a su idea de ruptura institucional para conseguir el advenimiento de la democracia. Con los nuevos mecanismos de sufragio universal y plenas garantías democráticas se convocaron elecciones legislativas para junio de 1977. El gobierno continuó cumpliendo con los compromisos adquiridos con la oposición y, antes de la celebración de las elecciones, llevó a cabo medidas como la supresión del Tribunal de Orden Público, la extinción del Movimiento Nacional y del partido único del régimen, la legalización de todos los partidos políticos, incluidos el Partido Comunista y todos los sindicatos, y el establecimiento de las relaciones diplomáticas con los países de la órbita soviética y con México. Las elecciones arrojaron un Parlamento multipartidista con un bloque

El establecimiento de la democracia

La Ley de Reforma Política ideada por Torcuato Fernández-Miranda permitió el cambio político en España pasando de ley en ley, manteniendo la legalidad vigente en todo momento, haciendo las reformas legales para la transformación de las instituciones paso a paso, y evitando que Juan Carlos I cometiera perjurio al haber sido proclamado, y él mismo jurado, las Leyes Fundamentales del Movimiento.

de derecha ligeramente mayor que el del conjunto de los partidos de izquierda. De este modo, Adolfo Suárez fue reelegido presidente del gobierno.

La primera tarea de las nuevas Cortes fue la redacción de un proyecto de Constitución, que fue aprobado por las Cortes y en referéndum popular el 6 de diciembre de 1976 con un apoyo del 87,8% de los votos. La Constitución de 1978 estableció que España se constituye en un Estado Social y Democrático de Derecho, con un régimen de monarquía parlamentaria y de carácter autonómico en el que se reconocieron las tradicionales nacionalidades históricas de España y se otorgó un fuerte autogobierno a las Comunidades Autónomas. En el proceso constituyente la corona perdió los poderes heredados de las leyes franquistas y se fijó un marco de actuación similar al de otras monarquías democráticas. La Constitución contó también con un extenso catálogo de derechos sociales para configurar el nuevo Estado con características de bienestar y una economía social de mercado.

La tercera fase de la Transición consistió en la consolidación del sistema político que los españoles se habían dado y que reflejaba la Constitución. En 1979 tuvieron lugar las primeras elecciones legislativas de la nueva democracia. En ellas, la Unión de Centro Democrático (UCD) de Adolfo Suárez comenzó a perder apoyos a favor de la socialdemocracia de Felipe González y los nuevos partidos de la derecha liderados por Manuel Fraga (1922-2012). También obtuvo una buena representación, pero no acorde con su importancia durante la etapa de oposición política al franquismo, el Partido Comunista de España de Santiago Carrillo (1915-2012).

El proceso de consolidación democrática se vio seriamente amenazado por dos causas principales. La primera fue el incremento del terrorismo separatista de ETA y los GRAPO, que asesinaban a decenas de personas cada año. La segunda amenaza, de carácter político, fue el intento de golpe de Estado de 1981[110]. Lamen-

---

110. El golpe de Estado del 23 de febrero de 1981 se produjo durante la sesión de las Cortes para la investidura de Leopoldo Calvo-Sotelo (1926-2008) como presidente del Gobierno tras la dimisión de Adolfo Suárez. Un grupo de guardias civiles armados, capitaneados por Antonio Tejero (1932), irrumpieron en el Congreso de los Diputados, paralizaron la sesión y secuestraron a los parlamentarios. Al mismo tiempo, los tanques salían a la toma de la ciudad de Valencia por orden del teniente general Jaime Milans del Bosch (1915-1997). Durante varias horas se sucedieron momentos de incertidumbre hasta que, una vez desmantelado el golpe al contar con el apoyo del estamento militar, el rey Juan Carlos dirigió un mensaje a la nación en la que condenaba el alzamiento y defendía la Constitución de 1978.

tablemente, el terrorismo continuó amenazando a la democracia española durante años y asesinando a centenares de personas hasta su desaparición en el siglo XXI.

La Transición democrática quedó consolidada con el acceso al poder del Partido Socialista Obrero Español en las elecciones legislativas de 1982, que Felipe González ganó por una amplia mayoría absoluta. La alternancia democrática ha sido desde entonces una seña de identidad de la democracia española.

DENG XIAOPING Y LA APERTURA DE CHINA

La llegada al liderazgo de China del Pequeño Timonel supuso el inicio del programa de reforma y apertura que llevó a China a unos niveles de desarrollo y bienestar nunca vistos en la historia del país asiático. Las diferentes políticas reformistas transformaron la mayor parte de los aspectos de la economía y la sociedad china hasta ponerlas en vías de acceso al liderato mundial que podrá llegar en la tercera década del siglo XXI.

Deng Xiaoping (1904-1997) alcanzó el Liderazgo Supremo de China en el año 1978 tras la convulsa sucesión de Mao Zedong. Hasta su muerte en 1989, fue el motor de un periodo ininterrumpido de reformas que permitieron la confirmación en los años noventa del siglo pasado del milagro económico chino. A Deng Xiaoping le guió en su tarea el proverbio chino que indica «elimina el caso y vuelve a la normalidad». Y, para recuperar la senda del desarrollo borrada por completo por las políticas de Mao, decidió reinventar el socialismo bajo características chinas.

Entre los principales logros durante su mandato se encuentran el reconocimiento internacional a la República Popular China como gobierno del país, la reforma económica, la apertura cultural y la creación de la política basada en la máxima «un país, dos sistemas». En el lado negativo cabe destacar la gestión de las protestas de Tiananmen.

El reconocimiento internacional del bloque occidental a la República Popular China tuvo lugar en 1978, cuando los Estados Unidos dieron ese paso diplomático que dejaba en una precaria situación a los exiliados de la República de China con sede en Taiwán. Deng Xiaoping realizó un viaje oficial en 1979 a Estados Unidos, donde visitó las sedes de Boeing, Coca-Cola o la Nasa, dejando entrever que la apuesta de la nueva China pasaba por el comercio, el desarrollo económico y la industrialización.

La reforma económica se realizó en varias fases en las que se fue desmantelando el colectivismo de Mao y se fue otorgando a los campesinos chinos un mayor control sobre la tierra que cultivaban y permiso para vender en los mercados los productos que cultivaban. Al mismo tiempo, se produjo una progresiva apertura al comercio exterior mediante acuerdos con las principales empresas extranjeras. Así, China compró a Boeing sus primeros aviones en 1978.

La apertura cultural fue una consecuencia natural del giro que experimentó la economía y la postura ideológica del nuevo régimen de Deng Xiaoping. Comenzaron a permitirse la llegada de artistas extranjeros, la salida de artistas chinos al exterior y se apostó por reabrir el canal de conexión cultural entre China y Taiwán para establecer unos lazos culturales que, en el futuro, estrecharan las conexiones políticas.

La principal causa de inestabilidad de China durante el siglo XIX, y que propició la caída de la dinastía Qing en el siglo XX, fue el sentimiento de humillación por las sucesivas pérdidas territoriales y de jurisdicción impuestas por las potencias extranjeras tras las sucesivas guerras del opio. Entre los casos más importantes que afectaron al orgullo chino se encontraban los de la colonia portuguesa de Macao y la británica de Hong Kong. Para China la recuperación de estos territorios constituía un eje fundamental de su política exterior. En el caso de Macao, fue el mismo Portugal el que ofreció en 1974, tras la Revolución de los Claveles, su devolución, pero las autoridades chinas pidieron a Portugal que continuaran con la gestión de la colonia, pues querían negociar con los británicos una entrega única de ambos enclaves. El caso de Hong Kong fue algo más complicado. El gobierno chino exigió, a principios de los años ochenta, la devolución del territorio una vez que finalizase el periodo de arrendamiento existente de 100 años y que finalizaba en 1997. Deng Xiaoping tomó personalmente las riendas de la negociación con el Reino Unido y, tras una entrevista con la primera ministra británica Margaret Thatcher (1925-2013), ambos dirigentes firmaron la declaración conjunta sino-británica de 1984 en la que se acordaba la devolución a China del territorio de Hong Kong para 1997. El gobierno chino se comprometía a respetar el sistema económico y de libertades individuales de la entonces colonia británica durante los 50 años siguientes a la devolución. Los acuerdos de 1984 establecían un régimen especial para la excolonia, plasmado en la Ley Básica aprobada por la Asamblea Nacional de la República Popular China en 1996. Para poder dar coherencia legal a este encaje se creó la teoría política de «un país, dos sistemas».

La intromisión de Pekín

La mencionada teoría de «un país, dos sistemas» se ideó para que pudieran convivir bajo un mismo sistema político tanto la realidad económica comunista de la China continental como el capitalismo con instituciones políticas liberales de Hong Kong y Macao. Con esta posición se buscaba atraer a Taiwán hacia la reunificación pacífica y pactada con China. Pero la realidad del siglo XXI, en la que la China de Xi Jinping no ha respetado los acuerdos firmados con el Reino Unido y ha intervenido sobre Hong Kong en materia política y judicial, alejan aquel anhelo de reunificación pacífica.

Desde el punto de vista político, Deng Xiaoping no introdujo ninguna reforma de calado que promoviera realmente una apertura hacia la participación democrática vía sufragio universal, secreto y directo típico de las democracias occidentales. En 1989 una serie de movilizaciones para pedir una apertura democrática en el entorno de la plaza de Tiananmen en Pekín desembocaron en una fuerte represión gubernamental que causó varios muertos. Liderados por los estudiantes, los manifestantes denunciaban la corrupción del Gobierno y los problemas generados por su política económica, como la inflación y el desempleo. La protesta fue disuelta por el ejército con violencia y se declaró la ley marcial. A todo eso siguió una política de arrestos de los supuestos investigadores. La famosa fotografía del hombre del tanque ha quedado en la memoria colectiva como símbolo de las protestas, aunque no fue tomada en la plaza de Tiananmen, sino en la avenida Chang'an, a unos 200 metros. La protesta ciudadana y el sofocamiento desproporcionado trajo importantes protestas internacionales que llevaron a un periodo de aislamiento político del régimen chino por parte de las potencias occidentales. Sin embargo, en la década de 1990 la tensión se fue suavizando debido a los intereses económicos de las empresas internacionales en penetrar en el masivo mercado chino.

EL CONFLICTO ÁRABE-ISRAELÍ

La cuestión palestina, que todavía hoy es un conflicto internacional permanente, se inscribe, en un principio, dentro de los procesos de descolonización del mundo árabe. Desde la creación del Estado de Israel en 1948 adquirió una dimensión panárabe que situó el conflicto árabe-israelí en el centro de las relaciones internacionales.

Los orígenes del conflicto árabe-israelí se remontan a la ideología sionista de Theodor Herzl[111] (1860-1904), que dio forma a la aspiración del pueblo judío de tener una patria en Palestina. Cuando llegaron los primeros colonos judíos, Palestina formaba parte de la Gran Siria dentro del Imperio otomano. Tras la Primera Guerra Mundial, el futuro de Palestina era incierto debido a un triple juego diplomático; por un lado, el gobierno de Londres había prometido la creación de un reino árabe; por otro, había acordado con Francia en los Acuerdos Sykes-Picot de 1916 dividirse las provincias árabes del Imperio otomano, y, por último, se había comprometido con la Declaración Balfour de 1917 a la creación de un Hogar Nacional Judío en Palestina.

El Tratado de Versalles de 1919 dividía el Imperio otomano y lo sometía a la tutela de los vencedores de la guerra con mandatos supervisados por la Sociedad de Naciones. A diferencia del resto de mandatos, rápidamente institucionalizados como Estados, Gran Bretaña estableció en Palestina un gobierno colonial indirecto bajo la autoridad de un gobernador británico. En el periodo de entreguerras, Gran Bretaña se enfrentó al dilema de cómo conciliar los compromisos contraídos con árabes y judíos durante la Primera Guerra Mundial. Durante estos años aumentó la emigración judía a Palestina, lo que intensificó el rechazo árabe y acabó dando lugar a una Gran Revuelta Árabe entre 1936 y 1939.

Durante la Segunda Guerra Mundial, el movimiento sionista buscó el apoyo de Estados Unidos para crear un Estado judío y la cuestión pasó a la Organización de Naciones Unidas. El Consejo de Seguridad aprobó un plan favorable, en términos geográficos, a los judíos, ya que las potencias occidentales sentían una responsabilidad moral tras el holocausto. El plan preveía la creación de una zona bajo control internacional que incluía los Santos Lugares, Jerusalén y Belén. En 1948 se proclamó la creación del Estado judío en la tierra de Israel «en virtud del derecho natural e histórico del pueblo judío».

---

111. El sionismo. Según sus defensores, este movimiento se sitúa al siglo I d. C., cuando el pueblo judío fue expulsado de Israel y comenzó a vivir en el exilio. De acuerdo con el judaísmo, la Tierra de Israel es la Tierra Prometida por Dios para los judíos. Durante siglos existió entre los judíos de la Diáspora una gran nostalgia de origen religioso por retornar a la patria histórica. A mediados del XIX se secularizó al entrar en contacto con las corrientes ideológicas europeas. El movimiento sionista no cristalizó en una ideología concreta hasta la aparición de Theodor Herzl.

Tras esta proclamación unilateral, cinco Estados árabes iniciaron las hostilidades. Finalizado el conflicto de 1948, Israel había obtenido más de las tres cuartas partes del territorio del mandato británico sobre Palestina. En la cuarta parte restante no se creó un Estado palestino, sino que los países árabes vecinos se hicieron cargo de su administración.

La derrota árabe acrecentó el volumen de refugiados palestinos que abandonaban voluntariamente o a la fuerza las zonas bajo control israelí, viéndose agravada la situación por la política de expropiación de tierras del gobierno israelí y por la aprobación en 1950 de la Ley del Retorno, que facilitaba el acceso a la nacionalidad israelí a todos los judíos del mundo.

La derrota árabe de 1948 agudizó la crisis de legitimidad de los dirigentes. Llegó así al poder una nueva generación de líderes, menos comprometidos con las potencias occidentales, con el presidente egipcio Nasser a la cabeza. La nacionalización del canal de Suez en 1956 provocó una nueva guerra que confirmó la entrada en el escenario de Oriente Medio de los Estados Unidos y la Unión Soviética.

En 1964 se creó la Organización para la Liberación de Palestina (OLP) bajo la tutela de los países árabes. A finales de ese año comenzaron los ataques contra Israel. La aplastante derrota de los ejércitos de Egipto, Siria, Irak y Jordania en junio de 1967 en tan solo seis días tuvo importantes consecuencias. Israel conquistó la franja de Gaza, Cisjordania y Jerusalén Este, la península del Sinaí y los Altos del Golán. Pese a la resolución de Naciones Unidas que exigía la retirada de los «territorios ocupados», Israel consolidó su presencia iniciando una política de asentamientos.

La derrota de 1967 provocó una profunda crisis en las sociedades árabes y marcó el declive de la ideología panarabista, que fue sustituida progresivamente por el islam político o islamismo. La Organización para la Liberación de Palestina se hizo más autónoma. En octubre de 1973, Siria y Egipto lanzaron una ofensiva contra Israel durante la festividad judía del Yom Kippur intentando obtener una palanca de negociación para un acuerdo duradero. La guerra tuvo un frente económico al anunciar la Organización de Países Exportadores de Petróleo que estaba dispuesta a reducir su producción de petróleo hasta que Israel retrocediera a sus fronteras de 1967.

La ruptura de Egipto con la Unión Soviética favoreció el acercamiento egipcio-israelí de la mano de Estados Unidos. Los Acuerdos de Camp David (1978) facilitaron la firma del Acuerdo de Paz en 1979 por el que Israel se comprometía a desmantelar sus asentamientos en el Sinaí. Este tratado supuso la condena unánime del mundo árabe a la política egipcia y su aislamiento durante casi una década al ser suspendido en su condición de miembro de la Liga Árabe, cuyo secretariado fue trasladado a Túnez.

Una vez firmada la paz con Egipto, Israel pretendía expulsar del Líbano a los combatientes palestinos implicados en la guerra civil libanesa. La operación se saldó en 1982 con 30 000 muertos y la ocupación del sur del Líbano.

Tras la crisis del Golfo de 1990-1991, se hizo evidente la necesidad de emprender una negociación internacional para establecer una paz general en la región. Una vez que la diplomacia norteamericana consiguió el acuerdo a la celebración de una cumbre por parte de los países de la región, se anunció la celebración de una conferencia de paz en Madrid. Fue la primera reunión en la que israelíes y árabes se sentaron en la misma mesa para tratar los problemas globales de la región. La conferencia finalizó sin llegar a establecer acuerdos concretos, pero con el compromiso de continuar los contactos.

La crisis del Golfo

La causa inmediata de la guerra del Golfo de 1990 fue la decisión iraquí de invadir Kuwait en agosto de 1990. Esto provocó una reacción mundial de carácter político-diplomático y militar, cuya iniciativa corrió a cargo de las Naciones Unidas y de Estados Unidos. Para hacer frente a la agresión iraquí, se emplearon tres medios: el embargo, la diplomacia y, como último recurso, el uso de la fuerza. La derrota de Irak tuvo, como una de sus consecuencias, la consolidación de Estados Unidos como única superpotencia tras la caída del Muro de Berlín, dotada de unas capacidades militares muy superiores a las de ningún otro país o coalición de países.

A partir de la Conferencia de Madrid, se iniciaron los contactos directos entre palestinos e israelíes. Estos fructificaron en las conversaciones secretas mantenidas en Oslo en 1992-1993 y ratificadas en septiembre de ese mismo año en Washington. En virtud del acuerdo, la Organización para la Liberación Palestina y el gobierno israelí se reconocían mutua y recíprocamente e iniciaban un proceso de paz que ha atravesado grandes dificultades y que hoy se considera fallido. El objetivo principal del acuerdo de Washington era el establecimiento de una Autoridad Interina Palestina de Autonomía en Gaza y Cisjordania en un proceso que debía llevar a un estatuto definitivo sobre el proceso palestino.

Con el objetivo de hacer inviable la creación de un Estado palestino, Israel ha continuado construyendo asentamientos y ha levantado un muro que separa su territorio del de Cisjordania. Las hostilidades entre los dos bandos continúan y la solución pacífica al conflicto parece más lejana que nunca.

EL FINAL DE LOS ESTADOS SOVIÉTICOS: LAS DEMOCRACIAS POPULARES EUROPEAS Y LA URSS

Desde el año 1982 todos los países de la órbita soviética, incluida la URSS, entraron en un proceso de deterioro institucional y social que desembocó en las diferentes transiciones de las democracias populares europeas hacia 1989 y la disolución de la URSS en 1991. Este lento proceso se gestó durante años debido al descontento social por la precaria calidad de vida y ante la caída de la influencia internacional de la URSS debido a su colapso económico.

Tras la muerte de Leonid Brézhnev (1906-1982) la URSS entró en un periodo de inestabilidad en el que en tres años se sucedieron tres secretarios generales. En 1985 fue elegido Mijaíl Gorbachov (1931-2022), un joven líder que se convirtió en el primer máximo mandatario soviético que no había vivido la Revolución de Octubre. Gorbachov llevaba años viajando por los países soviéticos debido a sus cargos en el gobierno y era plenamente consciente de que el declive que estaba viviendo la URSS tenía un gran componente económico debido a la falta de competitividad y de eficiencia de los propios sistemas de producción. Esta situación económica había dado lugar a un amplio descontento social por el deterioro de la calidad de vida de la población. Por esta razón, el principal objetivo de su presidencia fue la reforma de la economía para mejorar su eficiencia. Para ello, introdujo la posibilidad de que existieran cooperativas privadas al margen de las estatales o que profesiones liberales pudieran ser ejercidas de manera privada; también impuso nuevas medidas para combatir el absentismo laboral e incentivar la productividad. Para dar forma a todos estos cambios, Gorbachov inició un plan llamado *perestroika*, cuyo objetivo era la modernización completa del sistema socialista soviético para recuperar el apoyo popular y estar preparado para competir económicamente en el contexto internacional. Entre 1987 y 1990 se aprobaron una serie de leyes[112] que resultaban impensables solo una década atrás para la URSS y que fueron boicoteadas por las estructuras más ortodoxas del Partido Comunista, que no veían con buenos ojos cambiar el sistema de planificación quinquenal. Después de los cambios económicos, la *perestroika* vino acompañada de cambios importantes en las instituciones soviéticas. En 1988 se modificó la ley para variar el sistema electoral favoreciendo la movilidad de los altos cargos. En 1990 se suprimió el artículo de la Constitución que consagraba el sistema de partido único y más tarde se aprobó la ley de asociaciones públicas, que suponía de hecho la introducción del pluralismo político.

La difícil situación económica y el amplio descontento social eran también una realidad en las democracias populares europeas. El sistema de control estatal de los medios de producción no había traído el desarrollo económico esperado y las sociedades del ámbito soviético vivían en un declive constante de la calidad de vida que se traducía en cuestiones como los bajos salarios, el descenso en la calidad de los servicios públicos, la precariedad laboral o la mala calidad de las viviendas públicas. El inicio de la *perestroika* de Gorbachov trajo una ola de optimismo a los países del Este de Europa al creer que, si la URSS iniciaba una serie de reformas, ellos también podrían intentar políticas reformistas que esta vez no fueron eliminadas por la intervención directa de la URSS, como había ocurrido en las décadas anteriores.

En Polonia tuvo lugar uno de los ejemplos más claros de la evolución y transición del régimen soviético hacia una democracia de corte liberal. Desde el inicio de la década de 1980, el gobierno había tratado de poner en marcha una serie de tímidas reformas que no dieron el esperado fruto y no cambiaron el rumbo de la economía. Cuando las protestas se extendieron por todo el país, el sindicato

---

112. Los cambios económicos. Entre las leyes económicas más importantes que aprobó Gorbachov estaban la ley de Empresas del Estado de 1987 para desarrollar la descentralización de las compañías estatales y fijar un sistema de incentivos ante la consecución de objetivos, la ley de Fomento de la Actividad Cooperativa de 1988 para introducir nuevas formas de propiedad y trabajo privado y la reforma de los precios y de los sistemas de determinación del salario basados en la realidad de cada empresa, sus beneficios y su eficiencia.

Solidaridad de Lech Walesa acaparó el protagonismo y se erigió en representante del descontento social. En 1989 la situación política y social era insostenible y el gobierno tuvo que negociar con Solidaridad una salida pactada a la crisis y un plan de reformas que desembocaron en la celebración de elecciones semilibres ese mismo año. En estos comicios los candidatos de Solidaridad consiguieron alzarse con la victoria, formar gobierno y comenzar la transición política encaminada a acabar con el sistema soviético en el país.

En la República Democrática Alemana (RDA) se llevaba produciendo durante años un fenómeno de inmigración, legal e ilegal, hacia la República Federal de Alemania (RFA) debido a las malas condiciones de vida en la parte soviética del país y al aumento de la represión política contra los disidentes y todo aquel que cuestionara el sistema. Desde que en 1961 las autoridades de la RDA levantaran el Muro de Berlín, la ciudad quedó dividida en dos y familias enteras quedaron separadas, viviendo en dos realidades sociales, políticas y económicas completamente diferentes. En 1989 la crisis económica se agudizó y tuvieron lugar manifestaciones masivas en la ciudad en contra del gobierno. El líder de la RDA dimitió en septiembre de 1989 y el nuevo gobierno hizo público en noviembre el proyecto de ley para facilitar los viajes al exterior, que fue recibido con fuertes críticas de la población. El 9 de noviembre se anunció en una rueda de prensa en la televisión que se iban a retirar todas las restricciones de viajes al extranjero y en ese mismo momento decenas de miles de ciudadanos acudieron a los puntos de paso del Muro para cruzar al lado de la RFA. Ante la avalancha de personas y tras no haber recibido órdenes específicas, los guardias de los puntos de acceso no se atrevieron a disparar contra los ciudadanos y decidieron abrir el paso, produciéndose la caída del Muro de Berlín. La descomposición de la RDA ya era imparable. En las

La caída de un símbolo

El Muro de Berlín fue construido en 1961. Tenía una longitud de 45 km que dividían la ciudad y 115 km adicionales para separar la parte occidental de la RDA que la rodeaba. Durante 28 años fueron detenidas cerca de 3000 personas intentando cruzarlo ilegalmente y 200 fallecieron en el intento, de las cuales más de una treintena murieron por las minas antipersonas.

elecciones libres convocadas cuatro meses después se alzó con el triunfo el partido democristiano del canciller de la RFA, Helmut Kohl (1930-2017), lo que facilitó la reunificación de Alemania.

En Checoslovaquia los intentos de reforma económica llevados a cabo por los comunistas no consiguieron encauzar el desarrollo y la mejora de la calidad de vida de los ciudadanos. En 1989 se fundaron dos partidos que iban a jugar un importante papel en la transición política: Público Contra la Violencia en Eslovenia y Foro Cívico del Václav Havel en Chequia (1936-2011). En diciembre de ese mismo año el gobierno dimitió y se formó un nuevo ejecutivo de unidad nacional en el que por primera vez en décadas los comunistas no eran mayoritarios. Tras la celebración en 1990 de elecciones libres ambos partidos consiguieron la mayoría absoluta que les permitió realizar los cambios políticos y económicos para la transformación del país. Asimismo, en 1993 Eslovaquia consiguió la independencia pactada con Chequia.

En Hungría, en 1988, un grupo de reformistas comunistas se había hecho con el poder en los órganos de gobierno del partido y anunciaron su intención de iniciar una serie de cambios políticos, institucionales y económicos para alcanzar «un Estado constitucional moderno». En 1989 se aprobó el pluripartidismo y se convocaron elecciones libres en 1990, cuyo vencedor fue el partido de centro-derecha Foro Democrático de Hungría, que emprendió la transformación del país encaminada a su ingreso en la Comunidad Europea.

En Bulgaria el gobierno decidió poner en marcha su propia *perestroika* reformista que le permitiera llegar a un sistema democrático de manera ordenada y sin caos. En 1990 el Partido Comunista terminó con el sistema de partido único y pasó a denominarse Partido Socialista. Ese mismo año se celebraron elecciones libres y el nuevo Partido Socialista obtuvo la mayoría de los votos y se alzó con el gobierno. En 1991 se aprobó la nueva Constitución búlgara que dejaba atrás la democracia popular y se constituía en un Estado de derecho de corte liberal.

En Rumanía la situación fue completamente distinta a la de Bulgaria. Las élites comunistas, comandadas por Nicolae Ceausescu (1918-1989), no estaban de acuerdo con la ola reformista que estaban viviendo los países de su entorno y cuando las protestas se iniciaron en el país en 1989 fueron reprimidas con extrema violencia. Esta situación despertó en los ciudadanos un sentimiento de hastío y les llevó a aumentar la presión en la calle contra el régimen. En diciembre de ese año el matrimonio Ceausescu que gobernaba con mano de hierro desde 1974 fue retenido y ejecutado. Tras el vacío de poder inicial la oposición democrática se organizó y tomó las riendas de la transición hacia un nuevo sistema de libertades.

En la URSS la eliminación del sistema de partido único y la aprobación de la legislación que permitía las nuevas asociaciones fueron el punto de no retorno de la relación de Gorbachov con los fieles comunistas más ortodoxos. Durante años, sus reformas económicas despertaron la suspicacia del Politburó y de los más antiguos miembros de la élite comunista. Pero, además, los acontecimientos vividos durante 1989 en los países europeos de la órbita soviética y la aprobación de la reforma política dejaron a Gorbachov sin apenas apoyo en las instituciones rusas. A esta situación se unió la imposibilidad de mantener la unión de las Repúblicas Soviéticas federadas con Rusia. En 1990 Lituania, Letonia, Estonia y Georgia declararon su independencia y, con ello, se liberó un fuerte espíritu nacionalista que también caló en otras partes de la URSS. En este contexto de caos económico, deterioro del poder adquisitivo de los ciudadanos, aumento de la delincuencia y surgimiento de tensiones nacionalistas en varias repúblicas de la URSS, un grupo de dirigentes comunistas decidió dar un golpe de Estado contra Gorbachov en 1991. Su objetivo era volver a la ortodoxia tradicional soviética e imponer un nuevo gobierno. El golpe de timón se intentó dar el 19 de agosto de 1991, pero los golpistas habían calculado muy mal sus fuerzas y el día 22 Gorbachov pudo regresar al Kremlin. Sin embargo, el proceso de desintegración de la URSS era ya imparable y a finales de ese año Gorbachov dimitió de su cargo y disolvió oficialmente la URSS.

La Federación Rusa, principal república heredera de la URSS, pasó a estar presidida por Borís Yeltsin (1931-2007), que llevó a cabo el proyecto de Comunidad de Estados Independientes, encaminado a salvar las relaciones comerciales, políticas y de colaboración en todos los ámbitos que mantenían las que fueran repúblicas integrantes de la URSS.

AMÉRICA LATINA: TRANSICIONES DEMOCRÁTICAS Y PROCESOS DE PAZ

El último cuarto del siglo XX trajo en todo el mundo una tercera ola democratizadora que también llegó a América Latina. En este periodo se incorporaron al marco democrático occidental, por diferentes vías, más de una docena de países. En varios de estos países todavía pervivieron guerrillas y conflictos civiles, cuya solución, como es el caso de Colombia, se certificó en el siglo XXI.

Entre los años 1978 y 1990 fueron 15 los países latinoamericanos que dejaron atrás gobiernos autoritarios, militaristas y dictatoriales de diferente signo para iniciar un nuevo ciclo político en el que las elecciones libres, la alternancia en el poder y el respeto a los derechos humanos fueran la norma que rigieran el Estado y no la excepción. El camino a la democracia llegó por dos vías principales. Por una parte, las transiciones en las que los directorios militares o los autócratas se vieron obligados a abandonar el poder, como fueron los casos de la República Dominicana y Ecuador en 1978, Perú en 1980, Honduras en 1981, Bolivia en 1982, Argentina en 1983, Brasil y Uruguay en 1985, Paraguay, Panamá y Chile en 1989 y Haití y Nicaragua en 1990. Por otra parte, en Centroamérica se dieron casos de fundación democrática tras años de guerra, como ocurrió en El Salvador y Guatemala.

El abrazo a la democracia, con su cambio político, llegó a todos estos países de la mano de intensas movilizaciones, profundos consensos políticos, sindicales y sociales, y una gran dosis de empuje popular. Pero también surgieron problemas derivados del desmontaje institucional y clientelar de la propia dictadura. Los procesos estuvieron bajo la lupa de la sociedad internacional y de la propia sociedad de cada país y se vivieron de una manera dual: poniendo límites al alcance de los cambios sociales, como fueron la tutela efectuada por Pinochet de la transición chilena y sus leyes de amarre, o con el surgimiento de grupos terroristas que socavaban los cimientos democráticos del país, como en el Perú. También hubo ocasiones en las que las fuerzas internas del país, pese a la transición, se encontraban muy igualadas y hubo intentos de involución, como en los golpes de Estado de Argentina. También fueron fuente de tensiones la cuestión de la reparación a las víctimas, en especial en las transiciones ordenadas desde arriba o pactadas. En estos casos, hubo que conjugar el necesario esclarecimiento de la verdad y el castigo de las atrocidades cometidas mediante comisiones o juicios especiales con leyes de punto y final o de amnistía, lo que fue visto por los sectores más perjudicados por las dictaduras como una posible impunidad. A las tensiones propias de estos procesos se añadió en todos los casos los efectos de la crisis económica y de las necesarias reformas sobre la sociedad, lo que en muchos casos minó la autoridad de los nuevos gobiernos y su capacidad para profundizar en los cambios de paradigma económico, institucional y social.

El camino hacia la reconciliación

La búsqueda de la verdad y la reconciliación se llevó a cabo en varios países mediante la creación de comisiones especiales. Las más importante fueron la Comisión Nacional sobre Desaparición de Personas (CONADEP) en Argentina, la Comisión Nacional de Verdad y Reconciliación y su Informe Rettig de Chile, De la Locura a la Esperanza en El Salvador y la Comisión para el Esclarecimiento Histórico y el Informe de la Recuperación de la Memoria Histórica (REMHI) en Guatemala.

Las transiciones que se llevaron a cabo pueden diferenciarse en cuatro grandes grupos: las transiciones desde arriba, las del colapso del autoritarismo, las tuteladas desde el exterior y las pactadas. Entre las transiciones controladas desde arriba, como las de Ecuador, Perú, Bolivia, Uruguay, Brasil, Paraguay y Chile la iniciativa de la apertura democrática provino de la parte autoritaria que, por diversas razones, buscaba el acuerdo para cerrar una etapa y hacer partícipe a la oposición del nuevo tiempo político. En estas transiciones el ejército jugó un papel clave a la hora de tutelar las reglas de juego y el nivel de apertura de la transición. Otras transiciones se produjeron por colapso total del propio sistema dictatorial ante algún hecho que afectó a su desempeño en el gobierno. Así fue el caso de Argentina tras la derrota en la guerra de las Malvinas. Panamá, Haití y Nicaragua fueron ejemplo de transiciones tuteladas desde el exterior, ya fuera por organismos internacionales o por alguna potencia extranjera. Entre las transiciones pactadas se encuentran las de El Salvador y Guatemala, que fueron fruto de unos acuerdos de paz que pusieron fin a largas guerras civiles y base de un nuevo marco de convivencia que solo podía ser garantizado bajo instituciones democráticas. Esta ola también afectó positivamente a países que ya tenían una arquitectura institucional democrática, como México o Colombia, que, gracias a este impulso, realizaron profundas reformas que mejoraron la calidad democrática de sus países.

Las causas que explican esta ola democratizadora fueron de muy diversa índole. En unos casos, los gobiernos autoritarios cometieron algún tipo de violación de derechos superior a la habitual que causó en profundo rechazo en la sociedad. En otras ocasiones, las dictaduras sufrieron un profundo desgaste por los sucesivos fracasos de sus planes económicos. También fue una causa importante el creciente apoyo de la sociedad a los valores democráticos junto con una evolución tanto de los sectores más conservadores como de las izquierdas revolucionarias. En otras ocasiones, el impulso democratizador fue fruto de la unidad de las fuerzas democráticas, la acción de organismos internacionales, de la Iglesia, como la Vicaría de la Solidaridad chilena, o de la sociedad civil, como el movimiento de las Madres de la Plaza de Mayo en Argentina.

La práctica totalidad de los países que culminaron su transición democrática a finales del siglo XX continúan todavía hoy, bien entrado el siglo XXI, en un marco institucional democrático. Sin embargo, factores como las crisis económicas, la deuda externa y la incapacidad de dar una respuesta rápida y global al problema de la extrema desigualdad han traído en este siglo una ola de gobiernos populistas de todo signo que han agravado la crisis preexistente y han deteriorado la calidad democrática, incluso hasta revertir los logros democráticos, como es el caso de la Nicaragua de los Ortega y la Venezuela de Maduro.

En Colombia se ha vivido durante todo el siglo XXI un proceso capaz de ser elevado a la categoría de transición por los profundos cambios que ha ocasionado el país, la búsqueda de acuerdos y el cese de hostilidades de carácter militar. La lucha armada apareció en Colombia a mediados de los años sesenta del siglo XX. En aquel tiempo guerrillas de diferente ideología se repartieron por el país, controlando grandes zonas y convirtiéndose en un problema endémico. Durante la década de los noventa del siglo pasado algunos grupos de menor entidad pudieron ser desmovilizados, pero quedaron en activo las Fuerzas Armadas Revolucionarias de Colombia (FARC-EP) y el Ejército de Liberación Nacional (ELN). En el año 1998 el presidente Andrés Pastrana inició los Diálogos del Caguán con las FARC, pero no llegaron a buen término. Más de una década después, en el año 2012, Cuba acogió una nueva ronda de contactos entre el gobierno, presidido por Juan Manuel Santos (1951), y las FARC en una complicada negociación, llena de incontables obstáculos, que se alargó durante cuatro años. En 2016 se firmó en La Habana el cese definitivo de la violencia y ese mismo año, y ante decenas de líderes políticos internacionales, se firmó en Cartagena de Indias el resto de los acuerdos. Para que surtieran efecto estos pactos debían ser refrendados en un plebiscito popular, pero el NO a los mismos ganó por un estrecho margen y hubo que renegociar algunos puntos. El acuerdo final fue ratificado y aprobado por el Senado y la Cámara de Representantes, y fue entonces cuando comenzó el proceso de ejecución de lo acordado. Una misión de la ONU certificó la culminación del acuerdo de alto el fuego. Una vez cubiertos estos procesos, se inició el camino para el último de los puntos negociados: la reintegración a la vida civil de combatientes, para lo que se estableció la Misión de Verificación de la ONU en Colombia.

En la actualidad todavía queda pendiente resolver el cese de la violencia por parte del ELN. Este movimiento guerrillero, que nació en 1963 al amparo de la Revolución cubana, perdió su apoyo internacional tras la caída de la Unión Soviética. Las conversaciones con el ELN comenzaron en 1991 y en 1998 se firmó un preacuerdo en Madrid. Pero parte de las estipulaciones no se cumplieron y no fue hasta el inicio en Cuba del diálogo con las FARC cuando se retomó el diálogo con el ELN. Las negociaciones se retomaron en 2017, pero los acuerdos no llegaron a buen término debido a las permanentes acciones violentas y al gran atentado[113] de 2019 que hizo encallar el proceso de paz bajo la presidencia de Iván Duque.

LA GUERRA DE LOS BALCANES Y LA CRISIS DEL CÁUCASO

La caída del Muro de Berlín supuso la reorganización geopolítica más importante desde la Segunda Guerra Mundial. Decenas de países de la antigua órbita soviética accedieron a la independencia, pero se reactivaron las antiguas rencillas derivadas de conflictos territoriales y étnicos que dieron lugar a la guerra de los Balcanes y la crisis del Cáucaso.

Ambos conflictos tuvieron ciertas similitudes y alguna diferencia. En ambos casos la desaparición del Estado llevó durante la década de los años noventa del siglo XX a un proceso de anarquía que fue utilizado por grupos étnicos, sectores gubernamentales y bandas mafiosas para hacerse con el control de algunos de los territorios. También en las dos crisis se produjeron actos de extrema

---

113. El gran atentado de 2019. El ELN perpetró el 17 de enero de 2019 uno de sus más sangrientos atentados terroristas en la ciudad de Bogotá. Un coche bomba explotó en las instalaciones de la Escuela de Formación de Oficiales de Policía y provocó 23 víctimas mortales y casi un centenar de heridos. Este hecho supuso la ruptura definitiva de las conversaciones de paz entre el gobierno y el ELN.

violencia contrarios a las convenciones internacionales en materia de derecho de guerra y sobre derechos humanos por parte de casi todos los sectores
involucrados en la guerra. La principal diferencia se dio en la implicación de
la comunidad internacional a la hora de la resolución del conflicto. En el caso
de los Balcanes, la Unión Europea y los Estados Unidos tardaron demasiado
tiempo en tomar conciencia de lo que estaba ocurriendo en las repúblicas de
la antigua Yugoslavia. En el Cáucaso, Rusia, Irán y Turquía actuaron de una
manera más enérgica.

Yugoslavia vivió durante los años ochenta del siglo pasado un largo proceso de
transición hacia algunas formas de participación política. Fue un proceso en el que
surgieron nuevas repúblicas y los sectores inmovilistas de varios territorios bloquea-
ron la formación de una federación basada en la igualdad de todos sus miembros y
en un espíritu sincero de cooperación y coordinación. Uno de los factores claves
de la crisis balcánica fue el papel jugado por Slobodan Milosevic (1941-2006). El
presidente serbio accedió en 1987 de manera irregular a la secretaría general de
la Liga Comunista de Serbia, desde donde desarrolló una política nacionalista que
consumó la ruptura del sistema y posteriormente se aplicó en el bloqueo de la Liga
Comunista Yugoslava, la única institución que ejercía una coordinación entre las
nuevas repúblicas. Con esta actitud se despertó un sentimiento nacionalista en los
territorios yugoslavos que llevó a sus líderes más extremistas a ganar las elecciones
que se celebraron en los años noventa.

En este contexto hasta cuatro de las repúblicas celebraron sus referéndums de
autodeterminación, que llevaron a la independencia de Macedonia, Eslovenia y
Croacia en 1991 y de Bosnia en 1992, y una consulta semiclandestina celebrada
en Kósovo, que fue anulada por las autoridades de Serbia. Con estos procesos de
independencia se dio un portazo a la pretensión de los organismos internacionales
de mantener una federación de naciones bajo el paraguas de Yugoslavia y el conflicto bélico comenzó en julio de 1991.

La guerra tuvo diferentes focos. Comenzó con el breve enfrentamiento de
Eslovenia, prosiguió en el segundo semestre de 1991 hasta principios de 1992 en
Croacia y pasó después, en abril de 1992, a Bosnia, donde continuó hasta 1995.
En este periodo se produjo a comienzos del año 1992 el reconocimiento de la
Unión Europea de Eslovenia y Croacia, y ante la situación bélica, la ONU decretó
el embargo internacional a la recién creada República Federal de Yugoslavia. En el

año 1995 tuvo lugar la firma de los Acuerdos de Dayton[114], en los que quedó de manifiesto la limpieza étnica llevada a cabo por todos los bandos, supuso el fin de las hostilidades bélicas, pero no trajo el fin de las tensiones raciales ni la construcción de un Estado verdaderamente multiétnico en Bosnia-Herzegovina. En 1997 Milosevic consiguió convertirse en presidente de la República Federal Yugoslava y en 1998 Croacia recuperó una parte de los territorios perdidos en 1991.

Uno de los elementos que quedaron sin resolver en estos acuerdos de paz fue la situación en Kósovo. La región había perdido en 1990 su condición de provincia autónoma y, desde ese momento, las fricciones fueron constantes y en aumento debido a la política de selección étnica y cambio de la demografía de Kósovo llevada a cabo por Serbia, que tenía por objetivo reducir la población de origen albano. Estas tensiones desembocaron en la aparición de un fuerte sentimiento independentista y en la creación de un Ejército de Liberación Kosovar. En el año 1996 este ejército inició su lucha armada que derivó en un enfrentamiento abierto con las autoridades de Serbia en el año 1998. Ante la nueva crisis bélica, la Organización para la Seguridad y Cooperación en Europa acordó ese mismo año enviar observadores internacionales, pero esta medida no sirvió para detener las acciones violentas. En 1999 un grupo de países compuesto por Alemania, Rusia, Reino Unido, Francia e Italia acordaron el despliegue de soldados de la OTAN para acabar de manera inmediata con la guerra. Serbia se opuso firmemente a la intervención de la Alianza Atlántica y se negó a un acuerdo para celebrar un referéndum de autodeterminación en Kósovo con garantías internacionales. Ante la situación de bloqueo y la continuidad de los ataques bélicos, la OTAN decidió en 1999 atacar a Serbia y Montenegro para detener las acciones de limpieza étnica que estaban teniendo lugar en Kósovo. La política de hechos consumados llevó a que la ONU no pudiera emitir un mandato expreso para el ataque, pero trajo la rendición de la República Federal Yugoslava, la salida de sus tropas de Kósovo y el mantenimiento de una misión de paz por parte de la OTAN. La pérdida de la gue-

---

114. Los Acuerdos de Dayton se celebraron en 1995 impulsados por el presidente Bill Clinton (1946) y fueron firmados en París ese mismo año. Croacia, Yugoslavia y Bosnia-Herzegovina acordaron el fin de las hostilidades, el reconocimiento mutuo como Estados soberanos y un reparto territorial basado en las minorías étnico-culturales de Bosnia-Herzegovina.

rra tuvo consecuencias a nivel interno para Milosevic, que, pese a intentar cometer fraude, perdió las elecciones del año 2000 y, tras una revuelta popular en Belgrado, abandonó el poder. En el año 2001 fue entregado al Tribunal Internacional creado para juzgar los crímenes de guerra en la antigua Yugoslavia.

Milosevic ante La Haya

Slobodan Milosevic fue entregado al Tribunal Internacional de La Haya bajo la acusación de haber cometido crímenes de guerra entre 1992 y 1995. El juicio comenzó, pero él murió en el año 2006 confinado en un centro de detención y sin que el tribunal hubiera tenido tiempo de juzgarlo.

El último de los conflictos derivados de la desintegración de Yugoslavia tuvo lugar en Macedonia en el año 2001. En esta ocasión la rápida intervención de la Unión Europa evitó que la crisis derivara en otro conflicto bélico, las guerrillas fueron desarmadas y se aprobó en 2002 una reforma constitucional que permitió el encaje de la minoría albanesa en el Estado.

La crisis del Cáucaso comenzó tras la disolución del Estado soviético en 1991. El sentimiento nacionalista en esta región venía desde varias décadas atrás, cuando las élites de Georgia, Azerbaiyán o Armenia tuvieron como prioridad romper con cualquier tipo de influencia de Moscú. Esta tarea no fue sencilla porque la propia división administrativa soviética, la delimitación de las fronteras de estos estados bajo la influencia soviética, se había realizado atendiendo a criterios de población y territoriales desde Moscú que no tenían relación real con la composición demográfica o histórica de esta región. Los mejores ejemplos de esta situación fueron los conflictos en las regiones de Osetia del Sur y Abjasia en Georgia, que se independizaron de manera violenta gracias al apoyo de Moscú, mientras la región de Nagorno-Karabaj enfrentó a Armenia con Azerbaiyán e involucró también a Georgia. En esta crisis todos los implicados alegaron razones históricas contra el resto de los estados para justificar su independencia. A los intereses locales se sumaron los de varias potencias regionales en la zona. Rusia, Irán y Turquía tenían intereses enfrentados que les llevaron a apoyar a uno u otro de los implicados. Rusia dio su apoyo a Armenia, pero más tarde cambió de bando y respaldó a Azerbaiyán para contrarrestar la influencia iraní y poder construir bases militares en el país que le garantizaran su control en el caso de que el conflicto armado escalase y existiera una posibilidad de invasión iraní.

En el año 2003 se produjo la Revolución de Terciopelo en Georgia que condujo a elecciones libres tan solo un año después. En Azerbaiyán tuvo lugar la sucesión en clave dinástica en la presidencia del país, que perpetuó la autocracia y provocó fuertes críticas internas y de la comunidad internacional.

La crisis caucásica es uno de los conflictos no solucionados y que, en la actualidad, permanece activo debido a la creciente influencia de Rusia y su injerencia, apoyando la creación de pequeños países títeres en antiguas regiones de sus vecinos, que sirven de Estado tapón bajo la marcada filosofía imperialista del presidente Vladímir Putin.

LA UNIÓN EUROPEA: LA MONEDA ÚNICA

La integración y cooperación reforzada llevada a cabo durante décadas bajo el paraguas de las instituciones comunitarias puso de manifiesto la necesidad de crear una unión monetaria que diera seguridad y fortaleza al mercado común. Después de varias fases de implementación, el euro sustituyó el 1 de enero de 2002 a la mayor parte de monedas de la Unión Europea, dando un salto sin precedentes en el proceso de integración continental.

Durante la crisis económica de los años setenta, varias de las economías comunitarias recurrieron al recurso de devaluar sus monedas para ganar competitividad en los mercados internacionales. Estas devaluaciones causaban grandes alteraciones al mercado interior comunitario. Por esta razón, en 1988 el Consejo Europeo tomó la decisión de avanzar en la integración y trabajar por una Unión Económica y Monetaria, que se llevaría a cabo en tres fases. En la primera, que dio inicio en 1990, se liberalizaron los movimientos de capital dentro de la Unión y se impulsó la utilización del ECU (European Currency Unit), que durante varios años sirvió de referencia para las monedas nacionales. La segunda fase comenzó en 1994 con la creación del Instituto Monetario Europeo, que en etapas sucesivas se transformaría en el actual Banco Central Europeo, y la imposición de unas normas comunes a todos los Bancos Centrales nacionales, como la prohibición de otorgar créditos. La tercera fase llegó en 1999 con la fijación irrevocable de los tipos de cambio entre las monedas del sistema en referencia al euro, después de que los países participantes cumplieran unos criterios de estabilidad. En esta última fase, los Bancos Centrales nacionales traspasaron sus políticas monetarias al Banco Central Europeo.

Los hitos más importantes de estas fases estuvieron ligados a la fijación de unos criterios comunes para el acceso a la eurozona, la determinación del nombre de la moneda y el establecimiento de los países que la adoptarían, así como el procedimiento de su puesta en circulación. El Tratado de Maastricht de 1992 fijó los llamados criterios de convergencia que debían cumplir todos los países candidatos a pertenecer a la eurozona. Se estableció que cada Estado Miembro candidato no podía tener una inflación mayor al 1,5% de la media de los tres Estados con menor inflación de los últimos tres años previos al examen. Las finanzas públicas deberían estar saneadas, por eso, el déficit público no tendría que superar el 3% y la deuda pública debía ser inferior al 60% del PIB. Los tipos de interés nominal a largo plazo no deberían ser mayores del 2% y el tipo de cambio de la moneda nacional con el ECU no tendría que haber sufrido devaluaciones ni tensiones graves en los últimos años.

La siguiente gran decisión que tomaron los Estados Miembros fue en Madrid en 1995 al decidir que la denominación oficial de la moneda fuera euro y fijaron de manera irrevocable su entrada en circulación el 1 de enero de 2002.

En el año 1999 se dio el primer paso para la activación efectiva de la Unión Monetaria y entró el vigor el euro, con lo que las 11 monedas nacionales de los países de la nueva eurozona dejaron de existir. Estas monedas nacionales desde entonces pudieron seguir utilizándose a modo de referencia con respecto a su denominación, fija y anclada, en euros.

20 años de la entrada en circulación del euro

Los 11 países que conformaron la eurozona en 1999 fueron: Alemania, Austria, Bélgica, España, Finlandia, Francia, Irlanda, Italia, Luxemburgo, Países Bajos y Portugal. Grecia no cumplió con los requisitos y se unió en el año 2001. Pero el euro también fue adoptado por pequeños Estados cuyas monedas estaban relacionadas con monedas nacionales de Estados que conformaron la eurozona, como fueron los casos de la Ciudad del Vaticano, San Marino y Mónaco.

Entre 1999 y 2002 se produjo la fabricación física de billetes y monedas de euro, pero todavía no se pusieron en circulación. En este caso, las monedas nacionales, que no cotizaban por ellas mismas en los mercados de divisas, continuaron siendo utilizadas y todas las transacciones se denominaron en euro y su correspondencia con la moneda nacional. El 1 de enero de 2002 los primeros billetes y monedas de euro fueron puestos en circulación y, durante un último periodo, coexistieron con las monedas nacionales, que fueron siendo retiradas de la circulación por los comercios y bancos. Este periodo fue diferente para cada país teniendo en cuenta el tamaño, la población, la implantación bancaria… El euro fue adoptado más adelante por seis de los nuevos países que se adhirieron a la Unión Europea y existe el compromiso de todos los nuevos Estados Miembros de incorporarse a la Unión Monetaria en el futuro.

Los principales beneficios para los países que adoptaron la moneda única fueron la eliminación del riesgo del tipo de cambio y la facilidad de las transacciones intracomunitarias, la eliminación de los costes de conversión, el desarrollo de mercados más profundos y la eliminación de la política monetaria nacional que causaba graves inconvenientes con las devaluaciones o la actuación en solitario sobre los tipos de interés.

La Unión Monetaria abrió un nuevo tiempo en la progresiva integración de los Estados Miembros de la Unión Europea aportando estabilidad, confianza y fortaleza que han sido puestas a prueba en el siglo XXI en momentos como la crisis de deuda, los rescates bancarios, la crisis de la COVID-19 y la respuesta económica ante la invasión rusa de Ucrania del año 2022.

Nuestros días

LOS ATAQUES DEL 11 DE SEPTIEMBRE DE 2001 Y LA GUERRA GLOBAL CONTRA EL TERRORISMO INTERNACIONAL

La mañana del 11 de septiembre de 2001 tuvieron lugar en los Estados Unidos una serie de atentados terroristas que fueron presenciados en directo por millones de personas. Las consecuencias políticas, en las relaciones internacionales, en la economía y en la manera de percibir el mundo por parte de gobiernos y ciudadanos, supusieron el verdadero inicio del cambio al siglo XXI y el punto de partida de la realidad social que vivimos en nuestros días.

Los ataques del 11S fueron un conjunto de cuatro atentados terroristas suicidas en los que cuatro aviones fueron secuestrados y estrellados contra importantes símbolos económicos, políticos y militares en Nueva York y Virginia. Los 19 terroristas crearon tres grupos de cinco atacantes y uno de cuatro. En cada grupo había una persona que había recibido en los meses anteriores una formación específica que les permitió pilotar las naves secuestradas. A las 8.46 de la mañana un primer avión fue estrellado contra la Torre Norte del World Trade Center de Nueva York, uno de los mayores complejos de oficinas de la ciudad y los dos edificios más altos de la misma. A las 9.03 un segundo avión traspasaba la Torre Sur y confirmaba que lo que millones de personas estaban viendo en directo por las televisiones de todo el mundo no era un desgraciado accidente, sino que obedecía a un plan premeditado. Las torres colapsaron menos de dos horas después de los impactos, causando miles de muertos y decenas de miles de millones de dólares en daños a edificios e infraestructuras. A las 9.37 un tercer avión fue estrellado contra el lado oeste del Pentágono (en el condado de Arlington, Virginia), el mayor edificio gubernamental del mundo y que alberga la sede del Departamento de Defensa de los Estados Unidos. El cuarto vuelo se estrelló a las 10.03 contra un área despoblada en Pensilvania. Las investigaciones llevadas a cabo por las autoridades determinaron que el objetivo de este avión era la Casa Blanca o el Capitolio de Washington, sedes del poder ejecutivo y legislativo estadounidense, respectivamente. En este último avión los secuestradores no pudieron mantener a la tripulación bajo su control y algunas de las personas que viajaban a bordo pudieron hacerlos frente y, finalmente, estrellar el avión en un área donde no provocara más muertes que las de los que se encontraban en la aeronave. En total, los ataques terroristas causaron 2996 muertes directas, más de 25 000 heridos y miles de muertes y enfermedades respiratorias derivadas de la inhalación de sustancias tóxicas que aparecieron en la atmósfera tras la caída de las torres. Este conjunto de atentados sigue siendo a día de hoy el mayor ataque terrorista de la historia. Sus consecuencias en materia de seguridad y de nueva legislación cambiaron la forma de viajar en transporte público hasta la fecha.

El presidente de los Estados Unidos, George W. Bush, indicó que los ataques habían sido perpetrados por el grupo terrorista al Qaeda bajo la dirección de Osama bin Laden (1957-2011). Desde la Administración estadounidense se puso en marcha de inmediato la llamada guerra contra el terrorismo, que fue ejecutada desde el año 2001 hasta la actualidad. Este conflicto se inició tras los atentados del 11S con la invasión de Afganistán en 2001, la de Irak en 2003, la guerra contra el Estado Islámico desde 2014 y las operaciones en Yemen desde 2002 y en Somalia desde 2006.

La primera organización terrorista global

Al Qaeda es un grupo terrorista que fue fundado en 1988 por Osama bin Laden y que es responsable de alguno de los mayores atentados terroristas de la historia, como el 11S estadounidense en 2001, los atentados de Madrid de 2004 o varios ataques en Londres, París o Bamako. Se compone de células durmientes de miembros cuya desarticulación resulta muy complicada.

La primera coalición internacional que comenzó la guerra contra el terror estaba compuesta por más de 40 países y organizaciones internacionales. La composición concreta de fuerzas con beligerancia activa sobre el terreno y las de apoyo logístico o en tareas de reconstrucción ha variado de un conflicto a otro y a lo largo del tiempo.

Menos de un mes después de los atentados del 11S de 2001 se inició la Operación Libertad Duradera contra el gobierno talibán de Afganistán, que se había negado a detener y entregar a los Estados Unidos a Osama bin Laden. La OTAN procedió a invadir el país y destruir los campamentos de entrenamiento que al Qaeda tenía en su territorio. Con la caída de los talibanes se dio paso a la construcción de un Estado democrático bajo la organización de elecciones libres. Desde el año 2006 se unió la Fuerza Internacional de Asistencia para la Seguridad, que tenía como objetivo garantizar la estabilidad de Afganistán ante el aumento de la actividad insurgente talibán en las varias regiones del país y el auge de decenas de señores de la guerra que controlaban algunas áreas del país para poder producir diferentes tipos de droga que eran exportadas al exterior. El difícil equilibrio de estos años ha estado marcado por el blindaje de la capital afgana, Kabul, en la que se han sucedido los atentados contra las nuevas instituciones democráticas del país y las sedes diplomáticas de los aliados que conformaban la operación internacional de invasión y ayuda. En el año 2015 el Consejo de Seguridad de Naciones Unidas dio el visto bueno a la misión Apoyo Decidido, que debía garantizar Kabul y sus alrededores. Los miles de soldados de la misión y los miles de millones de dólares aportados por los países cooperantes no fueron suficientes para terminar con el control talibán de algunas regiones del país, lo que dio lugar en los últimos años a una situación en la que el gobierno democrático apenas controlaba las principales ciudades y siempre gracias a la presencia de las tropas extranjeras. Tras múltiples incumplimientos por parte de los talibanes de los compromisos que aceptaron en 2018 para intentar llegar a un acuerdo de paz, el presidente norteamericano Joe Biden decretó en mayo de 2021 la retirada de las tropas estadounidenses, lo que también hicieron el resto de países con presencia en Afganistán. Desde el anuncio de la retirada de las fuerzas de la coalición internacional, se produjo una ofensiva talibán que en apenas dos meses conquistó la mitad del país. En agosto de 2021 las tropas talibanes tomaron pacíficamente Kabul y el presidente Ashraf Ghani abandonó el país junto a los diplomáticos extranjeros. Esta circunstancia ha hecho que, solo 20 años después del inicio de la operación Libertad Duradera, el país haya vuelto a quedar en manos de los talibanes y los extremistas religiosos, siendo uno de los más sonados fracasos bélicos de Occidente.

En el año 2003 dio comienzo la campaña para la invasión de Irak y el derrocamiento de su presidente Sadam Husein (1937-2006). Tras la invasión de Afganistán, Estados Unidos lideró junto al Reino Unido y España una coalición de una veintena de países para hacerse con el control de Irak. En esta ocasión, la misión en Irak apenas contó con la mitad de apoyos internacionales que su predecesora en la guerra contra el terror. Importantes países como China, Francia y Rusia, que contaban con varias empresas petroleras establecidas en el país, fueron firmes defensores de la no injerencia. La invasión fue rápida y Sadam Husein fue hecho preso ese mismo año 2003. El plan se llevó a cabo siguiendo el guion de la invasión de Afganistán, que consistía en el derrocamiento de Sadam Husein y la puesta en marcha de una misión de paz internacional que apoyara a un gobierno de transición, así como la celebración de elecciones democráticas encaminadas a dar al país una arquitectura institucional conforme a estándares democráticos de representación. Si bien la invasión se llevó a cabo de forma rápida, los choques religiosos entre chiíes y suníes y la llegada de miles de combatientes internacionales extremistas y radicalizados mantuvieron la tensión, los atentados terroristas y la confrontación en el país durante toda la invasión. Las fuerzas españolas se retiraron de Irak en el año 2004 tras el cambio de gobierno que tuvo lugar en las elecciones legislativas de ese mismo año. La misión internacional terminó con la retirada de las tropas en el año 2011.

La justificación de la invasión de Irak

El secretario de Estado norteamericano Colin Powell (1937-2021) defendió la invasión de Irak argumentado que, según las informaciones proporcionadas por las agencias de inteligencia de los Estados Unidos, Sadam Husein había construido laboratorios móviles en los que se estaban produciendo armas de destrucción masiva que podían ser utilizadas por grupos terroristas. Varios años después de la intervención se comprobó que Irak no se encontraba en un proceso activo de fabricación de armas químicas ni biológicas.

La guerra contra el terror continuó en Irak y Siria desde el año 2014, en el que un grupo terrorista denominado Estado Islámico tomó el control de un buen número de territorios en Irak y en Siria. El objetivo era proclamar un califato antioccidental que controlara el mayor número de territorios posibles en la región y que pudiera llevar a cabo ataques terroristas en el extranjero. Ante la petición de ayuda de Irak, el presidente estadounidense Barack Obama envió apoyo inmediato de la aviación norteamericana, pero sin intención de desplegar tropas terrestres para no repetir los errores de la invasión de Irak y anunció la creación de una coalición internacional que luchara contra el Estado Islámicos en los territorios de Siria, Irak y del pueblo kurdo en Anatolia. En el año 2015 Rusia entró en la guerra contra el Estado Islámico para apoyar al gobierno sirio. Irán, otra de las potencias regionales, también declaró la guerra a los terroristas con el fin de defender las fronteras de Siria e Irak. La guerra pronto se extendió a regiones de Egipto, Libia, Turquía o Yemen, donde habían surgido grupos insurrectos que pretendían crear Estados fieles al califato del Estado Islámico. En el año 2017 los terroristas fueron vencidos en Siria y en 2021 las tropas de la coalición salieron de territorio iraquí tras haber conseguido su objetivo de devolver a Irak las zonas ocupadas por los combatientes del Estado Islámico.

La guerra contra el terror ha sido una de las constantes que ha marcado los conflictos internacionales desde los atentados del 11S de 2001. Con un mayor o menor número de países, se formaron coaliciones de todo signo político y de todos los continentes para hacer frente en diferentes escenarios a gobiernos que protegían a grupos terroristas como al Qaeda o el Estado Islámico. Durante esta lucha se alcanzó el mayor número de ataques terroristas de la historia en el año 2014. Desde entonces la actividad terrorista internacional ha mantenido un constante descenso y se ha centrado en áreas ya en conflicto, como Siria, Yemen, Somalia o Malí.

LA RUSIA DE VLADÍMIR PUTIN

Tras la renuncia en 1999 de Borís Yeltsin (1931-2007) como presidente de la Federación Rusa, Vladímir Putin (1952) ha asumido el control del país a lo largo de varios mandatos presidenciales y como primer ministro. Durante esta época, Rusia ha vivido una deriva hacia el autoritarismo y un protagonismo internacional derivado de múltiples conflictos territoriales orientados a la recuperación de una Rusia como casa común de decenas de pueblos de Eurasia.

Durante los dos primeros mandatos presidenciales de Putin, entre los años 2000 y 2008, se empezó a conformar el ejercicio personalista de la más alta magistratura del Estado a efectos internos, y a efectos externos, un ejercicio de *realpolitik* que le ha llevado desde un primer acercamiento a los Estados Unidos tras los atentados del 11 de septiembre de 2001, en el que acordaron cerrar varias bases rusas en Vietnam y Cuba, hasta un progresivo desacople tras la invasión norteamericana de Irak en el año 2003. En la primera década del siglo XXI, la política exterior rusa comenzó a separarse de la vía del entendimiento con Occidente después de la incorporación de Lituania, Letonia y Estonia a la OTAN en el año 2004, pese a haberse acordado en 1991 entre ambas potencias que esta incorporación no se iba a producir. Durante este periodo comenzó también su acercamiento a China tras la firma en el año 2001 del Tratado de Buena Vecindad, Amistad y Cooperación, en el que se establecía que sus arsenales nucleares no apuntarían al otro y que ante un ataque contra la integridad territorial de alguno de los dos países el otro no participaría en ningún acuerdo o coalición que apoyara esa ofensiva. Desde entonces ambos países se han apoyado internacionalmente en las crisis de Tíbet o Xinjiang de China o Chechenia y Ucrania por parte de Rusia. Desde este primer mandato presidencial, Putin comenzó a cambiar la tradicional colaboración de las últimas décadas entre la Unión Europea y Rusia debido a los desencuentros en cuestiones como Moldavia o la integración de Polonia en la UE. Rusia consideró estos acuerdos como una injerencia en su ámbito natural de protagonismo exterior y comenzó una competición que permanece en nuestros días. Durante esta época también tuvieron lugar las revoluciones prooccidentales en algunas de exrepúblicas soviéticas: en 2003 la Revolución de las Rosas de Georgia, en 2004 la Revolución Naranja ucraniana y en 2005 la Revuelta de los Tulipanes en Kirguistán. Todas ellas fueron apoyadas desde Occidente como un avance en la democratización de la región, pero para Rusia supusieron el inicio de una serie de acciones de corte imperialista, como la de Georgia, en la que el ejército ruso atacó al país para desmembrarlo, reconociendo la independencia de dos de sus regiones: Abjasia y Osetia del Sur.

Según la Constitución rusa vigente, en el año 2008 Vladímir Putin no podía presentarse a una tercera reelección inmediata. Para ello, se sirvió de una argucia legal con la que consiguió apoyar junto a su partido Rusia Unida a Dmitri Medvédev para que en las elecciones de 2008 fuera elegido presidente de la Federación Rusa. Tras su elección Medvédev encargó al propio Vladímir Putin la presidencia del gobierno federal. Analistas políticos e historiadores coinciden en que Medvédev se sometió a los dictados de Putin para seguir aplicando su política tanto en el interior como en el exterior. En política exterior, se produjo un acercamiento entre los dos nuevos líderes de Rusia y los Estados Unidos, Medvédev y Obama, que intentaron resetear las relaciones entre ambos países con un programa de seis puntos[115]. Con este nuevo espíritu se alcanzaron acuerdos en materia de reducción del arsenal atómico llamados nuevo Tratado START. Con China la relación se estrechó durante el periodo presidencial de Medvédev y ya en el año 2009 pasó a ser el principal socio comercial de Rusia. Este giro de la política hacia China tenía un importante matiz energético y buscaba por parte de Rusia diversificar los mercados a los que vendía su energía, gas y petróleo para evitar que una posición dominante de la Unión Europea pudiera dañar sus intereses a futuro, como se ha visto en la actual crisis de Ucrania de 2022.

En el año 2012 Vladímir Putin pudo volver a presentarse a las elecciones presidenciales con su partido Rusia Unida. Volvió a ganar los comicios con cada vez más sombras acerca de la equidad del sistema electoral, sospechas de corrupción y la manipulación de los medios de comunicación en los que la oposición era obviada por completo. Gracias a una reforma iniciada por Medvédev los nuevos mandatos presidenciales pasarían a ser de seis años, por lo que el tercer mandato de Putin tuvo lugar entre 2012 y 2018. En esta ocasión, fue Putin el que nombró presidente del gobierno a Medvédev, que estuvo en el cargo hasta que renunció en 2021. La política exterior durante este tercer mandato supuso el fin de la política de reseteo y búsqueda de colaboración con los Estados Unidos. La mayor crisis exterior de este mandato tuvo lugar en Ucrania entre 2013 a 2015 con la anexión por parte rusa de Crimea. Esta invasión supuso un hito en las relaciones internacionales del continente, pues suponía la primera anexión realizada por la

---

115. El acuerdo de reseteo entre Rusia y los Estados Unidos tenía seis puntos. El primero hablaba de reconocer mutuamente que ambos países tienen intereses comunes. El segundo pedía ampliar la relación para tratar temas de seguridad o de economía. El tercero buscaba encontrar zonas de común acuerdo en el que el trabajo de ambas potencias reportara igualmente beneficios a las dos partes. En el cuarto, Estados Unidos explicaba que desde entonces tendría una doble comunicación, por una parte, con las autoridades rusas y, por otra parte, con el pueblo ruso. El quinto reconocía que la buena relación entre ambas potencias no tenía que servir de menoscabo a otras relaciones bilaterales con terceros países, en clara referencia hacia China. Y en sexto lugar pedía que la existencia de crisis o problemas puntuales no cerrara los cauces de comunicación diplomática abiertos para otros temas.

fuerza tras los tratados y conferencias que pusieron fin a la Segunda Guerra Mundial. Esta demostración de fuerza tuvo que ver con el afán de mostrar a los rusos su alta capacidad de liderazgo y el empeño total en devolver al país a los viejos triunfos soviéticos. Para muchos analistas supone la demostración de su extrema posición de debilidad internacional en cuanto a los países que solían estar en la órbita soviética, pues la mayoría de las antiguas repúblicas soviéticas del Báltico y Europa del Este se encuentran ya plenamente integradas en las instituciones occidentales, ya sean políticas o de defensa común. Lo mismo ocurre en el Cáucaso, donde la guerra con Georgia supuso un punto de inflexión en la región y en los Balcanes, donde Turquía, China y los Estados Unidos ganan capacidad de influencia en detrimento de Rusia.

En cuanto a las relaciones con los Estados Unidos, la especial personalidad de Donald Trump auguraba una teórica buena relación con Vladímir Putin, como se intuyó tras alguna de las cumbres bilaterales que celebraron. En este periodo, el presidente norteamericano trató de aplicar una cierta política aislacionista para centrarse en los problemas internos de los Estados Unidos e intervenir poco en algunas cuestiones internacionales. Rusia aprovechó este momento para crear en 2019 un frente en la ONU que contrarrestara el discurso norteamericano sobre Venezuela o Cuba. Durante la presidencia de Donald Trump las principales críticas del mandatario no fueron hacia Putin, sino hacia la poca eficacia de la Unión Europea en materia internacional, lo que sirvió para dañar las relaciones dentro del bloque occidental. Desde su tercer mandato Putin ha apostado por fortalecer la relación especial con China, lo que le ha ganado el apoyo de la potencia asiática, pero le ha granjeado el recelo de otros países de la región debido a la cada vez mayor influencia que China quiere tener en el orden mundial.

En el año 2018 Vladímir Putin volvió a ganar un cuarto mandato presidencial e inició una reforma de la Constitución rusa que ahora le permitiría hasta dos nuevas reelecciones más, lo que en teoría pondría el horizonte de su salida de la presidencia, al menos, en el año 2036. La anexión de Crimea de 2014 y la crisis del Dombás de ese mismo año han tenido una continuación con la invasión rusa de Ucrania llevada a cabo desde febrero de 2022. En esta ocasión, la reacción internacional desde Occidente ha sido rápida y se han aprobado importantes medidas contra el gobierno ruso y la élite política y empresarial que lo apoya. El fin de la invasión de Putin en Ucrania todavía se desconoce. Algunos analistas veían que la primera intención de Putin era deponer al actual gobierno de Volodímir Zelenski para sustituirlo por un gobierno títere de actitud prorrusa, mientras que otros consideran que pretende hacerse con dos nuevas repúblicas del este de Ucrania. Pero, La guerra de Ucrania no solo se está librando sobre el campo de batalla, sino que se ha convertido en una llamada de atención ante la dependencia energética de la Unión Europea del gas y el petróleo rusos. La invasión ha supuesto un punto de inflexión en el que Occidente ha descubierto que las intenciones rusas de confrontación son reales y que pueden no tener un límite lógico. La guerra ha despertado viejos miedos sobre el imperialismo ruso, y países de la antigua órbita soviética, como Ucrania, Moldavia y Georgia, han pedido la incorporación a la Unión Europea en mayo de 2022. Otros países occidentales de tradición no militarista, y que guardan frontera con Rusia, como Suecia y Finlandia, han solicitado la adhesión a la OTAN como medida de protección ante la presión rusa. Por tanto, las consecuencias políticas, económicas, militares y de reorganización del orden mundial tras la invasión rusa de Ucrania son todavía de carácter indescifrable.

LA GRAN RECESIÓN

En el año 2008 se desató una crisis financiera global, cuyo epicentro fueron los principales países desarrollados y que, de manera muy rápida, se extendió el resto del mundo provocando la mayor recesión económica desde la Gran Depresión del siglo XX.

La crisis tuvo su origen en la burbuja creada en el mercado hipotecario, que derivó en una crisis bancaria y, en lugares como Europa, evolucionó a un gran problema con la deuda soberana de algunos de los integrantes de la unión monetaria debido a las ingentes cantidades de dinero público que fueron necesarias para rescatar a algunas entidades financieras y crediticias.

El origen de esta crisis en los Estados Unidos tiene que ver con factores como la política expansiva monetaria de la Reserva Federal y del Banco Central Europeo, que mantuvieron los tipos de interés muy bajos, lo que sirvió de acicate para que los bancos buscaran mayores rentabilidades en instrumentos financieros de mayor riesgo, como las hipotecas NINJA, o instrumentos de titulización hipotecaria que permitieron a los bancos sacar de sus balances las hipotecas concedidas para llevarlas a otras entidades de las que a su vez eran partícipes. También tuvieron un importante papel las empresas de calificación crediticia, que prefirieron aumentar el número de buenas calificaciones para poder cobrar su correspondiente comisión al corroborar que los bancos estaban dispuestos a prestar el dinero a la mayor parte de los solicitantes. Por último, se creó una corriente de opinión generalizada por la que los compradores consideraron que en el mercado de la vivienda los precios iban a seguir subiendo de manera ininterrumpida. Por lo tanto, se debía entrar cuanto antes para garantizarse los mejores precios en el instante de compra y mayores rentabilidades a futuro, cuando se fuera a vender el bien. Esto provocó una burbuja de los precios de la vivienda y un bum de la construcción de viviendas y oficinas por parte de las empresas constructoras.

La crisis NINJA

El acrónimo NINJA corresponde a la frase en inglés *No Incomes, No Job or Assets* (Sin ingresos, sin trabajo ni bienes) que expone la facilidad con la que durante un periodo de tiempo previo a la crisis se concedieron hipotecas y también créditos al consumo a clientes con una baja capacidad crediticia.

Desde el año 2004 hasta 2007 la Reserva Federal Americana fue aumentando progresivamente los tipos de interés, lo que causó una menor liquidez en el mercado y un alza de la cuota mensual de la hipoteca de millones de personas. Los tenedores de hipotecas con peor calificación crediticia comenzaron a tener serias dificultades para abonar sus cuotas y la morosidad se disparó. Este aumento se tradujo en la quiebra de las primeras entidades hipotecarias y de varios fondos de inversión que habían invertido en el sector inmobiliario. Las primeras quiebras fueron recibidas por las autoridades como una purga natural dentro del sector y no recibieron ayudas estatales. En septiembre de 2008 se produjo la quiebra de Lehman Brothers, y todo el entramado financiero basado en los mercados de derivados afectó a todo el sistema bancario internacional. Merrill Lynch fue la siguiente entidad en enfrentarse a serios problemas y tuvo que fusionarse con el Bank of America para salvarse de la quiebra. La crisis estalló también en el ámbito de las grandes aseguradoras mundiales. Así, el gigante IAG, que había emitido un gran número de los seguros por impago de Lehman Brothers, declaró que se encontraba en serios problemas financieros para hacer frente a las obligaciones. Fue entonces cuando las autoridades norteamericanas vieron el riesgo en el que se hallaba el sistema financiero y dieron inicio a su programa de rescate y nacionalizaciones. Se inyectó una gran liquidez de dinero al sistema, se volvieron a bajar los tipos de interés y, tras cerrar 2008 con una caída del PIB del 0,1% y 2009 con una del 2,9%, en 2010 se inició la recuperación en Estados Unidos y el PIB volvió a crecer.

Desde este punto, la crisis en Europa difiere de la estadounidense. Los bancos europeos se enfrentaron a grandes problemas de liquidez derivados de la explosión de la burbuja inmobiliaria, el aumento de la morosidad y la retirada masiva de depósitos. El Banco Central Europeo decidió no seguir el ejemplo de la Reserva Federal y mantuvo su política monetaria centrada en controlar la inflación, por lo que se decidió no bajar los tipos de interés ni inyectar liquidez al sistema bancario. Esta decisión cortó drásticamente el crédito bancario, que dejó de financiar cualquier tipo de inversión, ya fuera inmobiliaria o de otro tipo, por lo que en 2009 comenzó una recesión que llevó a una caída del PIB de 4,4%. La ausencia de medidas concretas por parte de las autoridades comunitarias animó a diferentes países europeos a adoptar decisiones por su cuenta, mayoritariamente emitiendo deuda soberana para comprar activos bancarios y financiar rescates parciales de su economía. Esto condujo al siguiente paso de la crisis, en el que países como Irlanda, Grecia, España, Portugal o Italia vieron aumentar significativamente el diferencial a pagar por sus emisiones de deuda, lo que disparó la prima de riesgo y transmitió serias dudas sobre la solvencia de esos países. Se planteó la conveniencia de que los que se encontraban en crisis salieran momentáneamente de la unión monetaria para poder devaluar sus monedas ante la pasividad de un Banco Central Europeo bloqueado por Alemania y algunos países del centro y el norte de Europa.

En 2011 se produjo el siguiente acto de la crisis de la deuda soberana europea, cuando se descubrieron irregularidades a la hora de calcular el déficit de Grecia, lo que arrojó dudas sobre todos los datos macroeconómicos de los países más expuestos a la crisis soberana. Esta duda perjudicó todavía más a la credibilidad de los sistemas bancarios, debido a que estos eran los principales tenedores de deuda pública de los países sobre los que operaban y dio lugar a una caída del PIB todavía superior a la ocurrida en el año 2009. Irlanda, Grecia y Portugal tuvieron que acudir a sendos rescates del Fondo Monetario Internacional y de Europa. España e Italia fueron asistidas por el Mecanismo Europeo de Estabilidad para recapitalizar y limpiar los balances de alguno de sus bancos. Desde los países del norte de Europa, liderados por Alemania, se impuso a los países rescatados y a todos los que solicitaran fondos una política de severa austeridad encaminada a un recorte del gasto público y a la reforma de los sistemas de jubilación pública y de contratación de personal por parte de las administraciones, que llevó a casi una década de políticas fiscales orientadas al control del gasto.

En España, el llamado rescate financiero se produjo sobre un gran número de entidades públicas bancarias, de carácter regional, que tradicionalmente estaban asociadas a los poderes políticos provinciales o regionales. Ninguno de los bancos privados españoles tuvo que ser rescatado, aunque todos sufrieron en su cotización las consecuencias de la crisis y se produjeron movimientos de compra y fusión entre varios de ellos para aumentar el número de activos de calidad. En España se aplicó también la solución de crear una entidad de participación público-privada denominada SAREB en la que se volcaron los activos contaminados de la banca pública y de algunos de los bancos privados con el fin de sacarlos de sus balances y poder mejorar rápidamente su calificación de solvencia. España vivió entre los años 2008 y 2012 un importante aumento del desempleo, que se convirtió en el más alto de la Unión Europea. Esto se tradujo en un mayor gasto del Estado en el pago de la prestación por desempleo y en la quiebra de centenares de miles de empresas. En este periodo gobiernos de diferente signo político tuvieron que plegarse a las medidas de austeridad impuestas desde el exterior que, en algunos casos, trajeron medidas de modernización de la economía, pero que supusieron en el momento de su aplicación una fuerte contracción económica y una devaluación de la economía por la vía de la contención salarial.

Récord de desempleo

En España entre 2008 y 2014 se perdieron más de 3 000 000 de puestos de trabajo y el desempleo alcanzó un máximo histórico de 6 202 700 parados y un porcentaje de más del 27% en 2012.

LAS PRIMAVERAS ÁRABES

Entre los años 2010 y 2012 se produjeron en más de una decena de países del norte de África y la península arábiga una serie de protestas sociales que trajeron algunos cambios de gobierno y varios cambios políticos y sociales de importante calado.

La guerra contra el terror iniciada por los Estados Unidos tuvo entre sus justificaciones la promoción de la vía democrática en Estados árabes, como se vio con el fin de la tiranía de Sadam Husein en Irak. Países como Túnez o Egipto vivían bajo un sistema autocrático, no confesional y de corte republicano que, por otra parte, luchaba contra los extremismos religiosos y combatía con todos los medios en su poder a los grupos terroristas, como al Qaeda, que en ocasiones los habían golpeado. Se dio así la paradoja en la que los dos objetivos de la guerra contra el radicalismo religioso chocaron entre sí en algunos países, lo que supeditaba la promoción de los valores democráticos a la mayor efectividad de la lucha contra el terrorismo de sus autocráticos dirigentes.

A este contexto hay que añadir factores diversos en cada país y causas comunes que venían de largo tiempo, como los factores demográficos con unas sociedades muy jóvenes que no habían vivido la formación de estos gobiernos entre 1950 y 1970, cuando el nacionalismo árabe poscolonial estableció en el poder a figuras de gran personalidad que tomaron el liderazgo de los nuevos países independientes. Esos jóvenes lo que ahora veían eran unos gobiernos anclados en políticas del pasado, repletos de nepotismo y corrupción e incapaces de ofrecer una vertiente más social que atajara el creciente problema del desempleo juvenil o el empeoramiento de las condiciones de vida. Esta grieta que surgió entre la juventud y gran parte de la sociedad y los diferentes gobiernos autocráticos fue ocupada poco a poco y durante décadas por grupos islamistas de diferente tipo, que ofrecían una visión de comunidad que contrastaba con la gran desigualdad social dominante.

Los regímenes árabes fueron incapaces de comprender que las expresiones de descontento social no provenían solo de los movimientos islamistas, a los que estaban empezando a combatir asimilando a todos ellos con grupos terroristas, sino que la movilización estaba calando en una juventud mejor formada, más preparada, más informada gracias a internet y las redes sociales, pero que vivía en un estado permanente de pauperización y de orfandad en cuanto a atención del Estado. Muchos de estos jóvenes habían emigrado durante los años anteriores pero, en los últimos años, la Gran Recesión había limitado los flujos migratorios debido a las cada vez más estrictas condiciones de Occidente y a la falta de trabajo en países como Italia, Francia, España, Turquía...

El inicio de las protestas tuvo lugar el 17 de diciembre de 2010 en Túnez, donde un joven de 26 años se inmoló a lo bonzo en protesta por la difícil situación económica del país. Túnez estaba dirigido desde el año 1987 por Zine El Abidine Ben Ali (1936-2019) con un gobierno republicano autocrático, de corte liberal en lo económico, una élite que copaba los altos puestos de la Administración y de las empresas internacionales y grandes dosis de corrupción. En Túnez, por su propia historia y por la importante apertura al turismo europeo, cuestiones como los derechos de la mujer no suponían un área de conflicto en comparación con otros países de su entorno. Las protestas arraigaron y se extendieron pronto por una sociedad que sufría en aquel año 2010 un 60% de paro juvenil. Las imágenes de aquellas manifestaciones fueron difundidas por las redes sociales y por la televisión Al Jazeera. Se desencadenó entonces una ola continuada, llamada Revolución de los Jazmines, que culminó cuando el ejército desobedeció las órdenes de Ben Ali y comenzó a colaborar con el pueblo hasta conseguir la huida del presidente. En Túnez se produjo una transición a la democracia que se fue consolidando hasta que en el año 2021 el actual presidente Kais Saied suspendió el Parlamento y tomó el poder legislativo.

En Egipto Hosni Mubarak (1928-2020) llevaba en el poder desde el año 1981 con un sistema autocrático de grandes similitudes al tunecino. El 25 de enero comenzaron una serie de protestas en varias ciudades de Egipto, siguiendo el ejemplo de Túnez, en las que se pedía una transición política que terminara con el gobierno de Mubarak y evitara la preparada transmisión del poder a uno de sus hijos que hubiera dado paso a la sucesión dinástica dentro de la república. La Revolución Blanca de Egipto tomó calles y plazas, los ciudadanos se asentaron durante más de 18 días en la plaza Tahrir hasta que el gobierno, tras el antecedente tunecino, decidió cortar el acceso a internet en todo el país. Mubarak reaccionó cesando a todo el gobierno para anunciar grandes cambios, pero las protestas continuaron y el presidente tuvo que dimitir y huir del país junto a su familia. El ejército tomó el control del país, suspendió el Parlamento y la Constitución y prometió realizar elecciones presidenciales en los siguientes meses. Cuando estas se produjeron, Mohamed Morsi (1951-2019), líder del partido islamista

Hermanos Musulmanes, se alzó con el poder al obtener un 51,9% de los votos. Esta victoria trajo una fuerte involución en materia de laicismo y activó nuevas protestas en las calles. En julio de 2013, apenas un año después de su elección, Morsi fue depuesto por un golpe de Estado del ejército, que instauró a Abdelfatah al Sisi en el poder en lo que aparenta ser una reedición autocrática del gobierno de Mubarak.

En Libia, Siria[116] y Yemen las protestas derivaron en conflictos bélicos de carácter internacional, alguno de los cuales todavía sigue enquistado. En Libia, Muamar el Gadafi (1942-2011) llevaba gobernando el país con mano de hierro desde 1969. Ante la primera oleada de protestas en el año 2011 aplicó una férrea represión violenta contra los manifestantes. Estos se organizaron en forma de guerrillas dando lugar a un enfrentamiento de carácter civil. Los manifestantes tomaron la ciudad de Bengasi y unos meses después llegaron a la capital, Trípoli. En este caso, la revuelta difiere de las de Egipto y Túnez debido a que derivó en una guerra civil y a que los rebeldes fueron apoyados por fuerzas de la OTAN, Estados Unidos y Francia en una coalición que resultó decisiva para derrocar a Gadafi, que fue encontrado escondido en un búnker el 20 de octubre de 2011. La ejecución ese mismo día del dictador puso fin a la guerra. A partir de entonces, Libia se enfrenta a una situación en la que las nuevas instituciones no son capaces de tomar el control total del Estado, existen todavía milicias de carácter yihadista que atacan al gobierno y el país ha tenido que recurrir a empresas internacionales de milicianos para proteger sus fronteras.

En Yemen el proceso de transición que se inició tras las protestas terminó con el régimen de Ali Abdullah Saleh (1942-2017), que llevaba en el poder desde el año 1990. En el año 2012 se consiguió la destitución de Saleh y la llegada al poder de un nuevo presidente patrocinado por Arabia Saudí. En 2022 la guerra entre las

---

116. La guerra de Siria. El conflicto se inició en el año 2011, pero las protestas fueron aniquiladas en un proceso contrarrevolucionario en el que se persiguió a sangre y fuego hasta el último manifestante. El régimen de Bashar al-Ássad, que en el año 2000 había sustituido a su padre, Háfez al-Ássad (1930-2000), convirtió la lucha contra las protestas en una guerra civil contra el grupo terrorista Estado Islámico. El conflicto, cuyo único objetivo real es la permanencia en el poder de Al-Ássad, continúa abierto y ha dejado más de 300 000 víctimas mortales y millones de desplazados.

dos facciones continuaba, transformada ahora en un conflicto religioso entre suníes y chiíes que ha traído una de las mayores catástrofes humanitarias de los últimos tiempos en la península arábiga.

Un símbolo de rebelión

Los manifestantes yemeníes llevaban cintas rosas atadas por el cuerpo o el pelo que hacían referencia a la Revolución de los Jazmines tunecina.

EL BREXIT

El proceso de integración europea llevado a cabo en el continente desde mediados del siglo XX, en el que las instituciones comunitarias pasaron de contar con seis miembros en el año 1951 a 28 países en el año 2011, vivió su momento más desconcertante con la salida pactada del Reino Unido de todas las instituciones (llamada Brexit) en el año 2020. Esto abrió un nuevo escenario de desconocidas consecuencias tanto en la nueva relación entre la UE y el Reino Unido como en las relaciones de los restantes Estados Miembros y las instituciones comunitarias.

En el año 2007 el Tratado de Lisboa introdujo, bajo el epígrafe de su artículo 50, la potestad que habilitaba a un Estado Miembro a solicitar su retirada de los acuerdos y pactar la salida de las instituciones comunitarias. Este artículo fue introducido ante el vacío legal existente sobre el supuesto teórico de la intención de un Estado de salir del club europeo. En los tratados estaba regulado el proceso de adhesión e incluso el de suspensión por parte de las autoridades europeas de los derechos de voto de un Estado, pero no había sido regulada la salida voluntaria y pactada.

En el año 2015 el primer ministro británico, David Cameron, prometió durante la campaña electoral que le llevaría a su reelección la celebración de un referéndum con carácter vinculante para saber si los ciudadanos preferían continuar en la Unión Europea o salir de ella. La cita tuvo lugar en el año 2016. El propio Cameron defendió la permanencia, pero durante la campaña se dio una conjunción perfecta de intereses entre el ala más euroescéptica del Partido Conservador y la aparición como firme opositor a la permanencia del Partido de la Independencia del Reino Unido (UKIP) del líder populista conservador Nigel Farage. El UKIP desarrolló una campaña de corte sentimental, antieuropea y centrada en los problemas migratorios que habían tenido lugar debido a la entrada del Reino Unido en la UE. El resultado del referéndum arrojó un 48,1% a favor de la permanencia y un 51,9% a favor de la salida de la UE. David Cameron, que acaba de ganar su reelección con mayoría absoluta, dimitió inmediatamente de su cargo ante la desautorización que supuso que varios de los miembros más destacados de su partido, como el entonces alcalde de Londres Boris Johnson, hiciera campaña pública en contra de la permanencia.

Historia de una salida

En el año 1975 el primer ministro laborista del Reino Unido, Harold Wilson (1916-1995), ya celebró un referéndum sobre la permanencia británica en la Comunidad Europea, que se saldó con la victoria del sí a la permanencia con un 67,23% de los apoyos.

La nueva primera ministra, Theresa May, notificó de manera oficial ante el Consejo Europeo la intención del Reino Unido de ejercer su derecho a la salida y pidió la activación del plazo de dos años que decretaba el artículo 50.3 del Tratado de Lisboa. Los primeros acuerdos terminaron de negociarse a finales del año 2018, pero el Parlamento británico no aceptó una parte de las estipulaciones relativas a cómo iban a resolverse la situación aduanera entre Irlanda, que permanecía en la UE, y la región de Irlanda del Norte, que salía de la UE, especialmente después de haber conseguidos, en 1998 el fin definitivo del terrorismo en la isla tras los acuerdos del Viernes Santo.

Antes de la finalización del plazo de dos años establecido, la UE y el Reino Unido acordaron prolongarlo hasta abril de 2019, pero aun así los textos acordados no terminaban de ser aceptados por el legislativo británico y hubo que acordar dos prórrogas extraordinarias más.

El acuerdo definitivo entró en vigor el 1 de febrero de 2020 y en él se contenían cuestiones relativas a la liquidación de las obligaciones económicas a las que el Reino Unido se había comprometido sufragar cuando era miembro de la UE, la situación de los ciudadanos comunitarios en el Reino Unido y la de los británicos en los Estados Miembros. Una parte fundamental del acuerdo fue la relativa al periodo de transición por el que el derecho de la Unión Europea siguió vigente en el Reino Unido hasta finalizar el año 2020, en especial, las libertades de circulación, de establecimiento de mercado interior y de unión aduanera. El acuerdo incluyó un protocolo para regular la especial situación transitoria en la frontera de Irlanda e Irlanda del Norte. El texto no incluía cómo será el sistema final que regule la difícil relación en la frontera, porque si se optara por una resolución unilateral, como la que planteó el ahora exprimer ministro Boris Johnson, la UE ha indicado que respondería con la implantación de una frontera dura, total, que implicaría un severo perjuicio a las comunidades de ambos países que tienen unos lazos económicos, culturales y sociales de primer orden.

La caótica resolución del Brexit, derivada de la manera en la que se produjo su salida y el abrupto liderazgo de las negociaciones llevadas a cabo por Johnson, no invitan al optimismo acerca de un acuerdo que resuelva satisfactoriamente el problema de la frontera norirlandesa. El Brexit también ha abierto un gran debate acerca de la posibilidad de que otros Estados Miembros, como Polonia o Hungría, que en la actualidad tienen procesos abiertos ante la justicia europea por el posible incumplimiento de los tratados, decidan ejercer su derecho de salida después de haber recibido decenas de miles de millones de euros en inversiones comunitarias.

CHINA, GRAN POTENCIA MUNDIAL

El gigante asiático ha sido uno de los imperios más importantes del mundo durante miles de años. Tras el fin de la dinastía Qing y las humillaciones de Occidente, se produjo el inicio de la China comunista que tras Deng Xiapiong apostó por una apertura económica para alcanzar el desarrollo social. La China de hoy es la China del presidente Xi Jinping, un país con una extraordinaria potencia económica y militar que exige su puesto a nivel internacional y multilateral. Una China con una agenda propia que no sigue los esquemas preestablecidos de Occidente y que, tras la pandemia de la COVID-19, ha decidido avanzar a su propio ritmo y con sus propias reglas.

Xi Jinping, en el poder desde el año 2012, ya ha pasado a la historia como uno de los líderes más importantes de la República Popular China. En el año 2021 se produjo una resolución histórica del Partido Comunista en la que se reconocían los logros históricos y la transformación alcanzada bajo el liderazgo del actual presidente. Este documento también sirvió para anunciar una nueva era en la que Xi Jinping hará a China fuerte y gloriosa.

Una nueva era china

Las resoluciones históricas del Partido Comunista Chino son hitos en los que se declara el inicio de una nueva era para el país y de un nuevo estilo de gobierno. Hasta Xi Jinping solo se habían aprobado resoluciones de este tipo con el fundador Mao Zedong y con Deng Xiaoping, que inició la apertura económica y el socialismo con características chinas.

La acción de gobierno del presidente Xi está guiada por su filosofía del rejuvenecimiento de la Nación China, que busca una revitalización de las propias raíces de la civilización china bajo dos premisas fundamentales. Una de ellas es el progreso con identidad. El brutal desarrollismo que trajo la apertura económica y que transformó la economía del país en apenas dos décadas también provocó una ola de occidentalización que permeó a todas las clases sociales y que fue muy bien admitida por los jóvenes. Xi propone que haya un equilibrio entre el desarrollo o modernización y las tradiciones propias de China. Se pide no caer en la occidentalización y que cada acción gubernamental conlleve el ensalzamiento de alguno de los valores milenarios de la cultura china. El segundo punto de este pensamiento se basa en exigir que se le reconozca a China su especificidad y vía propia e independiente de actuación. Tras las humillaciones de finales del siglo XIX y de principios del XX, la China actual está en condiciones de exigir respeto a sus postulados con respecto a los occidentales. Tal es el caso de la redefinición de los conceptos occidentales de derechos humanos, en los que China apuesta por los de la sociedad frente a los del individuo.

Este rejuvenecimiento de la Nación China ya tiene resultados prácticos en algunos ámbitos y políticas implantadas por China, como su política económica internacional, el programa de la Ruta de la Seda, su política militar y de expansión en el mar del Sur de la China, la política medioambiental, su cooperación con América Latina o su lucha contra la COVID-19.

En el ámbito económico, China ha vivido un espectacular desarrollo desde su entrada en la Organización Mundial del Comercio en el año 2001. Hoy es el segundo PIB más potente del mundo y se espera que antes de finalizar la presente década haya alcanzado a Estados Unidos. Desde 2019 posee el mayor número de millonarios del mundo, hay más de 100 millones de personas que tienen más de 1 millón de dólares en ahorros netos, sin contar bienes raíces. La renta per cápita de ciudades como Shanghái o Pekín supera a la de Grecia o Portugal y se acerca a la española, y su tasa de desempleo ronda el 4,2%. Bajo la nueva filosofía de Xi Jinping ahora China también debe involucrarse en una política económica exterior activa en la que defender con todos sus recursos su comercio exterior. Estas acciones, unidas a las políticas proteccionistas de la administración Trump, dieron lugar a un conflicto comercial de imposición mutua de restricciones y aranceles que ha afectado a toda la economía mundial. Con esta política expansionista entró en vigor en 2022 la Asociación Económica Integral Regional en Asia-Pacífico, en la que 15 países que representan el 30% del PIB mundial y casi un tercio de la población han establecido un acuerdo de libre comercio que tiene enormes beneficios para la economía China. El sistema creado para propiciar la devolución de Macao y Hong Kong de «un país, dos sistemas», en referencia a una única China pero con dos sistemas económicos y de libertades diferentes, ha entrado en crisis por la aplicación desde Pekín de una política de lucha contra la oposición en Hong Kong que ha llevado a que *de facto* la antigua colonia británica haya perdido la categoría de democracia y se encuentre plenamente supeditada a los designios de China, sin haber respetado el plazo dado en el acuerdo de retrocesión con el Reino Unido que establecía que hasta 2048 no se harían cambios en el sistema institucional de Hong Kong.

Otro aspecto comercial, de inversión y de cooperación internacional ha sido la denominada Nueva Ruta de la Seda. Se trata de un proyecto lanzado en el año 2013 y con el que se pretende establecer infraestructuras financiadas por China en terceros países con el objetivo de desarrollar nuevas rutas combinadas marítimas y terrestres. Esto incluye inversiones en puertos de todo el mundo y en rutas ferroviarias, como la que une China con España y que tiene más de 13 000 km de longitud.

El desarrollo militar chino ha ido a la par que su ascenso económico, pasando de un arsenal caduco a una apuesta por la renovación tecnológica que incluye la materia aeroespacial y la construcción de la más potente fuerza naval de la historia. Dentro de este plan existe también la intención de desplegar por todo el mundo una red de bases militares que le permitan defender las rutas comerciales y la acción militar rápida en todos los continentes. En el ámbito militar tiene abierto un importante frente con varios de sus vecinos: Vietnam, Japón, Indonesia, Filipinas, por su expansionismo en el mar del Sur de la China y su reclamación territorial sobre la práctica totalidad de las islas. En este aspecto, el régimen de Xi Jinping ha hecho especial hincapié en dotarse de los medios militares suficientes por si fuera necesaria una acción bélica para cumplir otro de los objetivos del actual presidente, la reunificación territorial de China, con la mirada puesta en la isla de Taiwán.

Medioambientalmente, la política práctica de Xi Jinping está dando importantes pasos para ponerse a la cabeza de la lucha contra el cambio climático. En el año 2020 se anunció que llegaría a 2030 con unos objetivos cumplidos más ambiciosos de los inicialmente propuestos y que sitúan su paso a la neutralidad de emisión de carbono en el año 2060. El descenso de la contaminación y la apuesta por las energías verdes son una total prioridad de la nueva Administración, que se encuentra con los problemas derivados de la crisis energética actual y de su excesiva dependencia de combustibles fósiles.

Taiwán, la isla rebelde

Las tensiones por el control de la isla de Taiwán se remontan a la guerra civil china. Cuando Chiang Kai-shek fue derrocado por Mao Zedong se refugió en Taiwán y obtuvo el respaldo de Estados Unidos, que no reconoció la República Popular China hasta 1979 con la Administración Carter. Desde entonces, la relación entre los 3 países ha sido complicada e incluso han estado al borde del conflicto armado en 2 ocasiones. Las tensiones han aumentado especialmente a partir de 2022 con la visita a Taiwán de Nancy Pelosi, presidenta de la Cámara de Representantes de Estados Unidos. Desde entonces, China ha desplegado diversas maniobras militares como respuesta.

La pandemia de la COVID-19[117] ha cambiado la manera de enfrentar el mundo de la sociedad y de los gobiernos. En China, donde se originó la pandemia, se ha aplicado, incluso en la actualidad, una política de tolerancia cero con el COVID-19. Esta política se ha llevado a cabo mediante un estricto control de las fronteras que ha hecho que en 2022 solo existieran un 2% de los vuelos internacionales que había en 2019 y una cuarentena obligatoria de varias semanas, en habitaciones individuales de hoteles designados por las autoridades a la llegada a China. En el interior se exige el uso de aplicaciones municipales, regionales o nacionales en las que se debe mostrar a la entrada de cada lugar público un código verde que valida estar vacunado, el resultado de la última prueba PCR y, gracias a la geolocalización, que no se ha estado en los anteriores 14 días en ninguna zona en la que se hayan

---

117. La pandemia de la COVID-19. En diciembre de 2019 se identificaron de manera oficial los primeros casos de una extraña neumonía en la ciudad china de Wuhan. Apenas un mes después la Organización Mundial de la Salud decretó la emergencia de salud pública y para el 11 de marzo de 2020 la nueva enfermedad ya había alcanzado el nivel de pandemia al haberse extendido por aquel entonces a más de 114 países. El virus SARS-CoV-2 es el causante de la enfermedad y se transmite principalmente por las gotas de Flügge del aparato respiratorio, por aerosoles y por el contacto con superficies infectadas si entran en contacto con las mucosas. El virus ha sido el más infeccioso desde que se tienen datos. Dos años después del inicio de la pandemia, en marzo de 2022, se habían registrado más de 455 millones de casos en 260 países y había causado más de 6 millones de muertos. El virus supuso un cambio radical para toda la sociedad en cualquier rincón del mundo. Se cerraron fronteras, se paralizaron países, se detuvo la actividad económica y gran parte de la población mundial vivió aislada y confinada en algún momento de la pandemia. Las normas de distancia social se impusieron y cambiaron la manera de relacionarse entre humanos. La pandemia ha tenido varias olas, o subidas del número de infectados, y diferentes cepas del virus han ido evolucionando. Después de la primera ola aparecida en China esta se extendió al resto del mundo causando el mayor número de muertes entre personas mayores de 60 años y con enfermedades crónicas o preexistentes. A la par que se sucedían las infecciones más de media docena de países y consorcios internacionales se lanzaron a la investigación y fabricación de algún tipo de vacuna que rebajara los efectos de la enfermedad, especialmente entre los más expuestos a sus efectos. Vacunas tradicionales y nuevas vacunas de ARN mensajero estuvieron disponibles apenas un año después del inicio de la pandemia, lo que ha supuesto un hito del desarrollo científico técnico. Tras cerca de siete olas, la mayoría de los países volvieron durante 2022 a una cierta normalidad gracias al efecto de las vacunas sobre la población que permitió rebajar drásticamente los fallecimientos, las hospitalizaciones y el número de casos sintomáticos. Sin embargo, las consecuencias económicas y sociales derivadas de la pandemia durarán más tiempo sin que se sepa a ciencia cierta su alcance.

dado casos de COVID-19. Por último, ante la aparición de casos las autoridades imponen el cierre del edificio, barriada o distrito, confinando inmediatamente a todos los vecinos que durante varias semanas no pueden abandonar sus domicilios. Esta estricta política tuvo espectaculares resultados durante las primeras oleadas de la pandemia, permitiendo controlar los brotes y tener una vida y actividad económica de vuelta a la normalidad que le valió a China ser la única de las grandes economías mundiales que no entró en recesión en el año 2020. En la actualidad, y pese a la correcta tasa de vacunación[118] indicada por las autoridades, se sigue aplicando frente a la variante ómicrom la misma política de cero COVID que ha paralizado durante meses la actividad económica en Shanghái, Pekín y otras importantes ciudades del país, deteniendo la producción, el traslado de mercancías y el funcionamiento de los puertos, lo que ha ocasionado una ruptura en la cadena de suministros mundial.

Desde hace tres décadas los presidentes chinos ejercían su cargo durante dos mandatos seguidos de cinco años. En total, cada presidente pasaba una década en el poder y solía dejar el cargo a su último vicepresidente. Desde el año 2017 esta norma no está vigente. El Congreso del Partido Comunista de aquel año aprobó la eliminación de la restricción en los mandatos presidenciales y, por ello, en el Congreso de octubre de 2022 Xi Jinping fue elegido de nuevo como máximo representante del partido y del Estado, abriendo un nuevo horizonte en el que su liderazgo seguirá marcando la evolución de la sociedad china y la agenda internacional en múltiples aspectos.

LOS OBJETIVOS DE DESARROLLO SOSTENIBLE Y LA LUCHA CONTRA EL CAMBIO CLIMÁTICO: UN RETO COMPARTIDO, UN ESFUERZO GLOBAL

El mundo lleva desde finales del siglo XX y durante todo el siglo XXI siendo consciente de que hay problemas globales que no pueden ser enfrentados si no es desde una posición

---

118. La diplomacia de las vacunas. China ha sido una de las primeras naciones en crear y producir en masa una serie de vacunas efectivas frente a los casos más graves de COVID-19. Desde el inicio de la pandemia, y para paliar el efecto negativo a su imagen como país de origen de la enfermedad, ha llevado a cabo una intensa campaña de donación y venta de vacunas a países de África y América Latina.

común del conjunto de las naciones. El desarrollo sostenible, justo e inclusivo de los pueblos y el reto frente a las consecuencias del cambio climático son dos grandes retos que deben ser afrontados como una tarea compartida y que requiere de un esfuerzo global.

La Asamblea General de las Naciones Unidas aprobó en el año 2015 un nuevo programa de trabajo que sustituyó a los Objetivos del Milenio[119], que puso como límite temporal el año 2030. Estos 17 objetivos han de ser alcanzados según unos criterios comunes a los países y que se establecen mediante metas específicas en cada uno de los indicadores.

Los 17 Objetivos de Desarrollo Sostenible son: poner fin al hambre en el mundo, lograr la seguridad alimentaria y la mejora de la nutrición global, promoviendo la agricultura sostenible; garantizar una vida sana y promover el bienestar para todos en todas las edades; garantizar una educación inclusiva, equitativa y de calidad, promoviendo oportunidades de aprendizaje a lo largo de toda la vida; lograr la igualdad entre los géneros; garantizar la disponibilidad de agua y su gestión sostenible, y el saneamiento para todos; garantizar el acceso a una energía asequible, segura, sostenible y moderna para todos; promover el crecimiento económico sostenido, inclusivo y sostenible, el pleno empleo productivo y el trabajo decente para todos; construir infraestructuras resilientes, promover la industrialización inclusiva y sostenible y fomentar la innovación; reducir la desigualdad en y entre los países; lograr que las ciudades y los asentamientos humanos sean inclusivos, seguros, resilientes y sostenibles; garantizar modalidades de consumo y producción sostenibles; adoptar medidas urgentes para combatir el cambio climático y sus efectos; conservar y utilizar de forma sostenible los océanos, los mares y los recursos marinos para proteger el desarrollo sostenible; proteger, restablecer y promover el uso sostenible de los ecosistemas terrestres, gestionar los bosques de forma sostenible, luchar contra la desertificación, detener e invertir la degradación de las tierras y poner freno a la pérdida de diversidad biológica; promover sociedades pacíficas e inclusivas para el desarrollo sostenible, facilitar el acceso a la justicia para todos y crear instituciones

---

119. Los Objetivos del Milenio fueron un conjunto de ocho objetivos y 28 metas aprobadas en el año 2000 por todos los países de las Naciones Unidas. En ellos se fijaba 2015 como fecha para reducir la pobreza extrema, reducir las tasas de mortalidad infantil, luchar contra epidemias y enfermedades como el VIH/SIDA o fomentar un espíritu global de trabajo por el desarrollo.

eficaces, responsables e inclusivas a todos los niveles; fortalecer los medios de ejecución y revitalizar la Alianza Mundial para el Desarrollo Sostenible.

Estos objetivos se diferencian de los Objetivos del Milenio en que aquellos tenían
un marcado carácter social y alcanzar sus objetivos se fiaba al compromiso de los países
desarrollados. En esta ocasión todos los países están llamados a trabajar unidos para
alcanzar los Objetivos de Desarrollo Sostenible, que tienen un marcado fin ambienta-
lista y económico. Los Objetivos de Desarrollo Sostenible han recibido críticas desde
muy diversos ámbitos, indicando que son demasiado ambiciosos a la hora de establecer 169 puntos sobre los que trabajar, cuando sería preferible centrar los esfuerzos
en los más importantes, como la eliminación de la pobreza. Otras críticas se refieren
a la debilidad de las metas puestas en sostenibilidad ambiental, especialmente cuando
se ponen en relación con el objetivo de un crecimiento global económico del 3%.

La lucha contra el cambio climático llegó al seno de Naciones Unidas a finales
del siglo XX, cuando se celebró en Nueva York la Convención Marco de las Naciones
Unidas sobre el Cambio Climático, que empezó a ser ratificada ese mismo año en
Río de Janeiro y entró en vigor en el año 1994. Fueron 197 los países que ratifica-
ron esta convención que tenía como objetivo la estabilización de la concentración
en la atmósfera de gases de efecto invernadero hasta niveles que no permitieran que
la acción del hombre influyera en la normal adaptación de los ecosistemas a estos
gases. Este primer acuerdo, sin embargo, no mencionaba unos niveles concretos de
concentración de estos gases y daba por seguro que el ciclo del cambio climático es
algo inevitable, por lo que, además de tomar acciones para frenar ese cambio, había
que desarrollar políticas que permitieran la adaptación a la nueva situación.

Desde entonces las partes, los países firmantes de la convención, han celebrado
las denominadas Conferencias de las Partes (COP). A la primera COP de Berlín
en 1995 le siguieron otras, como las de Kioto[120] de 1997, Nairobi en 2006, París

---

120. El Protocolo de Kioto es un acuerdo que se alcanzó en la tercera COP sobre cambio
climático celebrada en 1997. En él se plantean metas para reducir seis tipos de gases de
efecto invernadero, en especial, para los países más industrializados, a los que se señalaba como principales emisores: 37 países y la Unión Europea. El protocolo entró en
vigor en el año 2005 y en él se ponía como objetivo la reducción de un 5% de los gases
de efecto invernadero para el año 2008-2012, comparado con los emitidos en 1990. El
plazo finalmente fue ampliado hasta el año 2020.

en 2015 o Glasgow en 2021. En total, en las más de 26 COP celebradas se ha ido haciendo un seguimiento de la situación y se ha dado cuenta de los nuevos descubrimientos científicos y de los datos existentes en cada momento para elaborar planes y objetivos que puedan atajar la situación.

La COP 21 celebrada en París en el año 2015 supuso un importante paso adelante a la hora de lograr por primera vez un acuerdo universal que estableciera los procedimientos para reducir el proceso de cambio climático. Los expertos expusieron en aquella conferencia una serie de estudios que llevaron a los países participantes a acordar que se debía limitar el calentamiento global a menos de 1,5 °C para el año 2100 con respecto a la temperatura existente antes de la industrialización. También pedían que las emisiones de gases de efecto invernadero se redujeran entre un 40 y un 70% para el año 2050 en comparación con las que había en el año 2010, fijando como meta la no emisión en el año 2100.

La COP celebrada en Glasgow en el año 2021, después de haber sido aplazada por la pandemia de COVID-19, fue una conferencia muy ambiciosa, pese a la ausencia de importantes líderes de China, Rusia, Brasil o Sudáfrica. En ella se mencionó por primera vez al carbón como el principal contribuidor al cambio climático y se indicó la necesidad de rebajar la dependencia de la energía producida por este mineral. La COP de 2022, en Sharm El Sheij, en Egipto, siguió impulsando la descarbonización y la regulación de compromisos ecológicos de las empresas.

Los Objetivos de Desarrollo Sostenible y la lucha contra el cambio climático en el marco de las propuestas de Naciones Unidas han demostrado durante varias décadas que, pese a las rivalidades históricas entre naciones, a la falta de entendimiento entre pueblos, a los problemas contemporáneos que incluyen crisis, guerras u otro tipo de conflictos provocados por el hombre, a las siempre presentes catástrofes naturales o de salud, hay una posibilidad de entendimiento en los grandes temas que afectan al hombre en su totalidad y que es necesario el trabajo común para poder alcanzar unos objetivos globales que mejoren la vida en este planeta.

Bibliografía

Bennassar, B. (1980). *La América española y la América portuguesa*. Madrid editorial.

Canal, J. (dir.) (2017). *Historia contemporánea de España. 1808-1931*, volumen 1. Madrid, Taurus.

Elliott, J. (1990). *España y su mundo, 1500-1700*. Madrid editorial.

Elton, G. R. (2016). *La Europa de la Reforma, 1517-1559*. Madrid editorial.

García de Cortázar y Ruiz de Aguirre, F. (dir.) (2002). *La historia en su lugar*. Barcelona, Editorial Planeta.

Hobsbawm, E. (2011). *La era de la revolución 1789-1848*. Barcelona, Crítica.

Hobsbawm, E. (2011). *La era del capital, 1848-1875*. Barcelona, Crítica.

Íñigo Fernández, L. E. (2012). *Breve historia de la Revolución Industrial*. Madrid editorial.

Isla Fernández. A. (2002). *La Alta Edad Media, siglos VIII-XI*. Madrid, Síntesis.

Ladero Quesada, M. A. (2005). *La España de los Reyes Católicos*. Madrid, Alianza.

Miralles, R. (1996). *Equilibrio, hegemonía y reparto. Las relaciones internacionales entre 1870 y 1945*. Madrid, Editorial Síntesis.

Moradiellos, E. (2011). *La historia contemporánea en sus documentos*. Barcelona, RBA Libros.

Pereira, J. C. (2009). *Historia de las relaciones internacionales contemporáneas*. Barcelona, Ariel.

Service, R. (2000). *Historia de Rusia en el siglo XX*. Barcelona, Crítica.

Unesco (1979). *History of Mankind. Cultural and scientific development*. Barcelona, Editorial Planeta.